Johannes Tuchel / Uwe Neumärker

**Der 20. Juli 1944 im**

**„Führerhauptquartier Wolfschanze"**

**Das Innere der zerstörten Lagebaracke am 20. Juli 1944**

**Auf der rechten Bildseite ist erkennbar, dass die Wand zum Nachbarraum mit den Telefonen komplett eingestürzt und in den Raum gefallen ist. Das Lagezimmer selbst hatte an der Stirnwand nur ein Fenster.**

Quelle: BSB, hoff-53896

Johannes Tuchel / Uwe Neumärker

# DER 20. JULI 1944 IM „FÜHRERHAUPTQUARTIER WOLFSCHANZE"

Lukas Verlag Berlin 2021

Erstausgabe, 1. Auflage 2021

Lukas Verlag für Kunst- und Geistesgeschichte
Kollwitzstraße 57
10405 Berlin
www.lukasverlag.com

Umschlag:
von links: Claus Schenk Graf von Stauffenberg,
Karl-Jesko von Puttkamer, Karl Bodenschatz,
Hitler, unbekannt, Wilhelm Keitel am 15. Juli 1944

Quelle:
Bundesarchiv, Bild 146-1984-079-02,
zugleich auch NARA, Record Group 242 HLB-7233-21

Gestaltung:
Braun Engels Gestaltung Ulm
Mitarbeit: Michaela Gleinser,
Sabine Lutz, Armin Parr

Druck: PIEREG Druckcenter Berlin GmbH

Printed in Germany
ISBN 978-3-86732-342-0

Gefördert von:

Stiftung Gedenkstätte Deutscher Widerstand

Die Beauftragte der Bundesregierung für Kultur und Medien

INHALT

## Vorwort

Das Attentat von Claus Schenk Graf von Stauffenberg am 20. Juli 1944, als Ausgangspunkt gedacht für einen verzweifelten Umsturzversuch von Soldaten und Zivilisten, die den Krieg und die nationalsozialistische Diktatur beenden und den Rechtsstaat in Deutschland wiederherstellen wollten, ist das wohl bekannteste Ereignis im ostpreußischen Hauptquartier Hitlers. Im November 1944 wurden die massiven Bunker dort zum Teil gesprengt. Die monumentalen Ruinen ziehen jedes Jahr Zehntausende von Besucherinnen und Besuchern an.

Doch das „Führerhauptquartier Wolfschanze", in dem sich Hitler zwischen Juni 1941 und November 1944 an 768 Tagen aufhielt, ist nicht nur wegen des Attentats vom 20. Juli 1944 ein historisch bedeutsamer Ort. Hier fällten Hitler und die nationalsozialistische Führung grundlegende Entscheidungen über die Kriegsführung, über den Umgang mit den deutsch besetzten Gebieten, über nationalsozialistische Gewaltverbrechen und über den Massenmord an den europäischen Jüdinnen und Juden. In den bisherigen Publikationen über die „Wolfschanze" sind diese Themen eher am Rande gestreift worden. Unser Buch will anders vorgehen: Im ersten Teil stehen die Geschichte des „Führerhauptquartiers" und die dort gefällten politischen und militärischen Entscheidungen im Vordergrund, im zweiten Teil das Attentat vom 20. Juli 1944 und die Vorgeschichte vom 15. Juli 1944.

Selbst in den zeitgenössischen Dokumenten tauchen die Begriffe „Wolfschanze" und „Wolfsschanze" in beiden Schreibweisen auf. Die Autoren haben sich für die auf Hitler zurückgehende Schreibweise „Wolfschanze" entschieden, dessen parteiinterner Deckname seit den frühen 1920er Jahren „Wolf" gewesen war.

Der Band will auch zu einer kritischen Diskussion über den heutigen Umgang mit der „Wolfschanze", vor allem mit ihrer touristischen Nutzung anregen. Besucherinnen und Besucher erleben die massiven Ruinen ohne historische Einordnung und Aufklärung. Sie können im Anschluss an die Besichtigung kleine gläserne Totenköpfe oder anderen Kitsch erwerben. Nachdenklichkeit über einen Ort, von dem aus zwischen 1941 und 1944 die europäische Geschichte maßgeblich beeinflusst wurde, kann auf diese Art und Weise nicht entstehen.

Berlin, im März 2021 Johannes Tuchel Uwe Neumärker

## Die „Führerhauptquartiere"

Nach der „Machtergreifung" im Januar 1933 war Hitler nicht mehr nur Führer seiner Partei, der NSDAP, als Reichskanzler und (ab 1934) auch in der Funktion des Reichspräsidenten begriff er sich auch als „Führer" des Deutschen Reiches und des deutschen Volkes. Zugleich wollte er dessen „Erster Soldat" sein. Nach der Entlassung des Reichskriegsministers Werner von Blomberg im Februar 1938 übernahm Hitler zudem noch dessen Posten. An die Stelle des Reichskriegsministeriums trat das Oberkommando der Wehrmacht (OKW) – und Hitler war fortan Oberbefehlshaber der Wehrmacht.

In Anlehnung an das Große Hauptquartier der Obersten Heeresleitung und des Kaisers Wilhelm II. während des Ersten Weltkrieges im belgischen Spa wurde für Hitler eine entsprechende, ortsungebundene Institution geschaffen, die gleichzeitig Ausdruck der im „Führer" vereinigten Macht von Partei, Staat und Militär war und von der aus deren Geschicke gelenkt werden sollten: das „Führerhauptquartier". Diese Bezeichnung ging bald allgemein auf den jeweiligen Aufenthaltsort dieses Stabes um Hitler über. Hier residierte „Hitlers Hofstaat"[1]. Als Machtzentrale des nationalsozialistischen Herrschaftssystems hielten sich im „Führerhauptquartier" die Spitzen der nationalsozialistischen Führung bzw. deren Vertreter auf. Für seine persönliche Bewachung sorgte der dem Reichsführer-SS Heinrich Himmler unterstehende „Reichssicherheitsdienst" (RSD), für die Bewachung der „Führerhauptquartiere" war das „Führerbegleitbataillon" (FBB) zuständig, das Ende 1939 aus Teilen des motorisierten Infanterie-Regiments „Großdeutschland" entstand.

Seit dem deutschen Überfall auf Polen im Herbst 1939 wurden aus den „Führerhauptquartieren" die Direktiven für die deutsche Kriegsführung ausgegeben. Das „Führerhauptquartier" sollte stets in der Nähe des jeweiligen Kriegsschauplatzes sein, wiederum aber wegen Hitlers Furcht um seine persönliche Sicherheit nicht in unmittelbarer Frontnähe. Es war nicht das Hauptquartier des Feldherren der frühen Neuzeit, der sich in unmittelbarer Nähe seiner Truppen und des Schlachtfelds aufhielt, sondern der Versuch, unter den Kommunikationsbedingungen der frühen 1940er Jahre möglichst rasch umfassenden Einfluss auf das jeweilige Kampfgeschehen nehmen zu können.

**1** Vgl. Heike B. Görtemaker, Hitlers Hofstaat. Der innere Kreis im Dritten Reich und danach, München 2019.

Es gab daher eine Vielzahl fester Anlagen, in denen sich Hitler aufhielt und in deren Nähe weitere Quartiere oder „Feldkommandostellen" für die nationalsozialistische Führungsriege geschaffen wurden. Ständig wechselnde Bezeichnungen, Kürzel und Decknamen lassen auf über 20 „Führerhauptquartiere" schließen: Einige von ihnen wurden lediglich für wenige Tage oder nie benutzt, andere kamen über das Bau- oder das Planungsstadium nicht hinaus. Alle diese Quartiere unterlagen strengster Geheimhaltung.

**Hitler mit seinen engsten Mitarbeitern im „Führerhauptquartier Felsennest", Mai/Juni 1940**

Soweit bekannt von links nach rechts: SA-Obergruppenführer Wilhelm Brückner, Heeresadjutant Major Gerhard Engel, „Reichspressechef" Dr. Otto Dietrich, Hitlers Begleitarzt Dr. Karl Brandt, Chef des OKW Generaloberst Wilhelm Keitel, (direkt hinter Keitel: Fregattenkapitän Karl-Jesko von Puttkamer), Verbindungsoffizier zur Luftwaffe Generalmajor Karl Bodenschatz, Verbindungsmann zum Auswärtigen Amt und Vortragender Legationsrat SS-Standartenführer Walter Hewel, Hitler, Chefadjutant der Wehrmacht Oberst Rudolf Schmundt, persönlicher Chefadjutant Hitlers SS-Gruppenführer Julius Schaub, Chef des Wehrmachtführungsstabes Generaloberst Alfred Jodl, Adjutant SS-Hauptsturmführer Max Wünsche, Adjutant Himmlers und Verbindungsmann zu Hitler SS-Gruppenführer Karl Wolff, Leiter der Parteikanzlei Reichsleiter Martin Bormann, Hitlers Leibarzt Prof. Dr. Theodor Morell, Luftwaffenadjutant Hauptmann Nicolaus von Below, Ordonnanzoffizier SS-Obersturmführer Hansgeorg Schulze sowie der „Reichsbilderstatter" der NSDAP und Hitlers Leibfotograf Heinrich Hoffmann.

Quelle: BSB, hoff-29873

## Hitlers wichtigste Aufenthalte in „Führerhauptquartieren"

Die Reichskanzlei in Berlin und der „Berghof" auf dem Obersalzberg dienten als Basisquartiere. Hierher kehrte Hitler vielfach aus den „Führerhauptquartieren" für kürzere oder längere Zeit zurück. Diese sowie kürzere Abwesenheiten Hitlers in den „Führerhauptquartieren" sind in den unten genannten Daten nicht extra ausgewiesen.

### Standorte der „Führerhauptquartiere" 1939–1945

1. **„Frontnahe Gefechtsstände"**
   **Bad Polzin, (Linde) Groß-Born, Ilnau, Gogolin, Zoppot**
   September 1939
2. **„Felsennest"**
   10. Mai 1940 bis 6. Juni 1940
3. **„Wolfsschlucht I-III"**
   6. Juni 1940 bis 27. Juni 1940
4. **„Tannenberg"**
   27. Juni 1940 bis 5. Juli 1940
5. **„Frühlingssturm"**
   11. April 1941 bis 26. April 1941
6. **„Wolfschanze"**
   24. Juni 1941 bis 16. Juli 1942
   1. November 1942 bis 17. Februar 1943
   22. Februar 1943 bis 25. Februar 1943
   13. Mai 1943 bis 21. Mai 1943
   1. Juli 1943 bis 22. Februar 1944
   14. Juli 1944 bis 20. November 1944
7. **„Wehrwolf"**
   16. Juli 1942 bis 1. November 1942
   17. Februar 1943 bis 22. Februar 1943
   25. Februar 1943 bis 18. März 1943
8. **„Adlerhorst"**
   11. Dezember 1944 bis 15. Januar 1945

Die übrigen Objekte wurden niemals oder nur für einen Tag genutzt bzw. blieben Baustellen.

Die Karte zeigt das „Großdeutsche Reich", die besetzten Gebiete und die verbündeten Staaten nach dem Stand vom März 1943.

Schweden
Reichskommissariat
Ostland
Zoppot
Königsberg
Wolfschanze
Bad Polzin
Danzig
Groß-Born
1
1
1
6
Bialystok
Berlin
Posen
Warschau
Lodz
Großdeutsches Reich
Reichskommissariat
Ukraine
General-
gouvernement
Leipzig
Ilnau
Gogolin
1
1
Wehrwolf
7
Krakau
Lemberg
Reichsprotektorat
Böhmen und Mähren
Slowakei
München
Wien
Frühlingssturm
5
Budapest
Ungarn
Rumänien
Kroatien
Serbien

Zwischen Herbst 1939 und Sommer 1941 eroberte die Wehrmacht Polen, Dänemark und Norwegen, die Beneluxstaaten und große Teile Frankreichs, Jugoslawien und Griechenland. Hitler, der nach dem Sieg über Frankreich vom Chef des Oberkommandos der Wehrmacht als „größter Feldherr aller Zeiten" bezeichnet worden sein soll, hatte ein neues Ziel: die Eroberung der Sowjetunion. Dafür jedoch benötigte er abermals einen Standort für sein „Führerhauptquartier". Fündig wurde er in der östlichsten Provinz des Deutschen Reiches, nahe der Kleinstadt Rastenburg im südlichen Ostpreußen.

**Rastenburg an der Guber, einem Nebenfluss der Alle, liegt an der Grenze von Ermland und Masuren. Die Burg des Deutschen Ordens stammt aus dem Jahr 1329. 1939 wohnten hier fast 20.000 Menschen.**

Quelle: Stiftung Denkmal

# 1

„Wolfschanze" –
Hitlers Hauptquartier in Ostpreußen

Die „Wolfschanze" und die anderen Hauptquartiere in Ostpreußen

Die „Wolfschanze" nach dem deutschen Überfall auf die Sowjetunion – Der „Fall Barbarossa"

Erste Entscheidungen zu Deportationen und zum Mord an den europäischen Juden 1941

Staatsbesuche

Krieg, Terror und Völkermord

Kriegswende

Der totale Krieg – das Jahr 1944

# „Wolfschanze" – Hitlers Hauptquartier in Ostpreußen

Der seit Juli 1940 geplante Überfall der Wehrmacht auf die UdSSR, der „Fall Barbarossa" der Heeresgruppen Nord, Mitte und Süd mit Unterstützung verbündeter Truppen, sollte gleichzeitig und auf der gesamten Länge der Grenze zur Sowjetunion – von der Memel bis Bessarabien – erfolgen. Hitler befahl daher unmittelbar nach dem Besuch des sowjetischen Außenministers Wjatscheslaw Molotow am 15. November des Jahres, entsprechende Befehlsstände anzulegen.[2] Die Anlage „Süd" wurde im galizischen Krosno, am Fuße der Waldkarpaten, errichtet, die Anlage „Mitte" bei Tomaszów, nahe dem polnischen Łódź. Beide Leitstellen trugen „mehr behelfsmäßigen Charakter"[3]; die Anlage bei Łódz bestand „nur aus einem als Unterstand für die Sonderzüge Hitlers und anderer vorgesehenen Tunnel mit Barackenbauten."[4]

Zum eigentlichen und wichtigsten neuen „Führerhauptquartier" wurde die Anlage „Nord" bei Rastenburg. Diese Wahl erfolgte rein logistisch, weil das grenznahe Ostpreußen kein besetztes Territorium, sondern Reichsgebiet war und entsprechend über eine intakte überregionale Infrastruktur verfügte, die durch den Wegfall des polnischen Korridors – jenes Landstreifens, der Ostpreußen seit 1920 vom übrigen Reich getrennt hatte – wieder bis Berlin reichte. Das Gelände im Rastenburger Stadtwald, die Görlitz, wurde vom Flugzeug aus erkundet.[5] Im Dezember 1940 begaben sich der Reichsminister für Bewaffnung und Munition Fritz Todt, Hitlers Chefadjutant der Wehrmacht Oberst Rudolf Schmundt und sein Heeresadjutant Major Gerhard Engel dorthin. Nach ihrer Rückkehr folgte Hitler ihrem Vorschlag, dort ein „Führerhauptquartier" zu errichten.

---

**2** Vgl. Hildegard von Kotze (Hrsg.), Heeresadjutant bei Hitler 1938–1943. Aufzeichnungen des Major Engel, Stuttgart 1982, S. 91.

**3** Ebenda, S. 92.

**4** Vgl. ebenda, S. 100.

**5** Rudolf Grenz, Der Kreis Rastenburg. Ein ostpreußisches Dokumentarwerk, Marburg/Lahn 1976, S. 148.

Hitlers Luftwaffenadjutant von Below hält fest:

*„Eine sehr wichtige und einschneidende Maßnahme veranlaßte Hitler noch in diesem Herbst. Er schickte Dr. Todt mit Schmundt und Engel nach dem Osten, um Standorte für ein Führerhauptquartier auszusuchen. Am geeignetsten erschien Hitler ein Platz in Ostpreußen, der bombensicher ausgebaut werden mußte und genügend Raum für das ganze FHQ [Führerhauptquartier] bot. Die Abgesandten schlugen nach ihrer Rückkehr ein Gelände in der Nähe von Rastenburg zum Ausbau vor. Hitler war einverstanden und gab den Befehl, mit dem Bau des FHQ sofort zu beginnen und ihn bis zum April 1941 abzuschließen. Mit dieser Entscheidung schien mir der Rußland-Feldzug einen wesentlichen Schritt näher gerückt zu sein."*

Nicolaus von Below, Als Hitlers Adjutant 1937–45, Mainz 1980, S. 253.

Der Heeresadjutant Gerhard Engel notiert:

*„19.12.1940 Schm[undt], Min[ister] Todt und ich sind zurück von Rastenburg. Erkundung FHQu. F. [Führer] trug noch besonders auf, Anlage nach Gesichtspunkten für Tarnung, aber auch Sicherung gegen Fallschirmabsprünge vorzunehmen [sic]. Unter Begründung der Auflockerung erreichten wir Abseitsquartiere für Ribb[entrop] und Reichsführer SS. F. [Führer] drängt auf Fertigstellung bis April. Alles soll unter der Devise ‚bombensichere Rüstungsanlage' laufen."*

Hildegard von Kotze (Hrsg.), Heeresadjutant bei Hitler 1938–1943. Aufzeichnungen des Major Engel, Stuttgart 1982, S. 92.

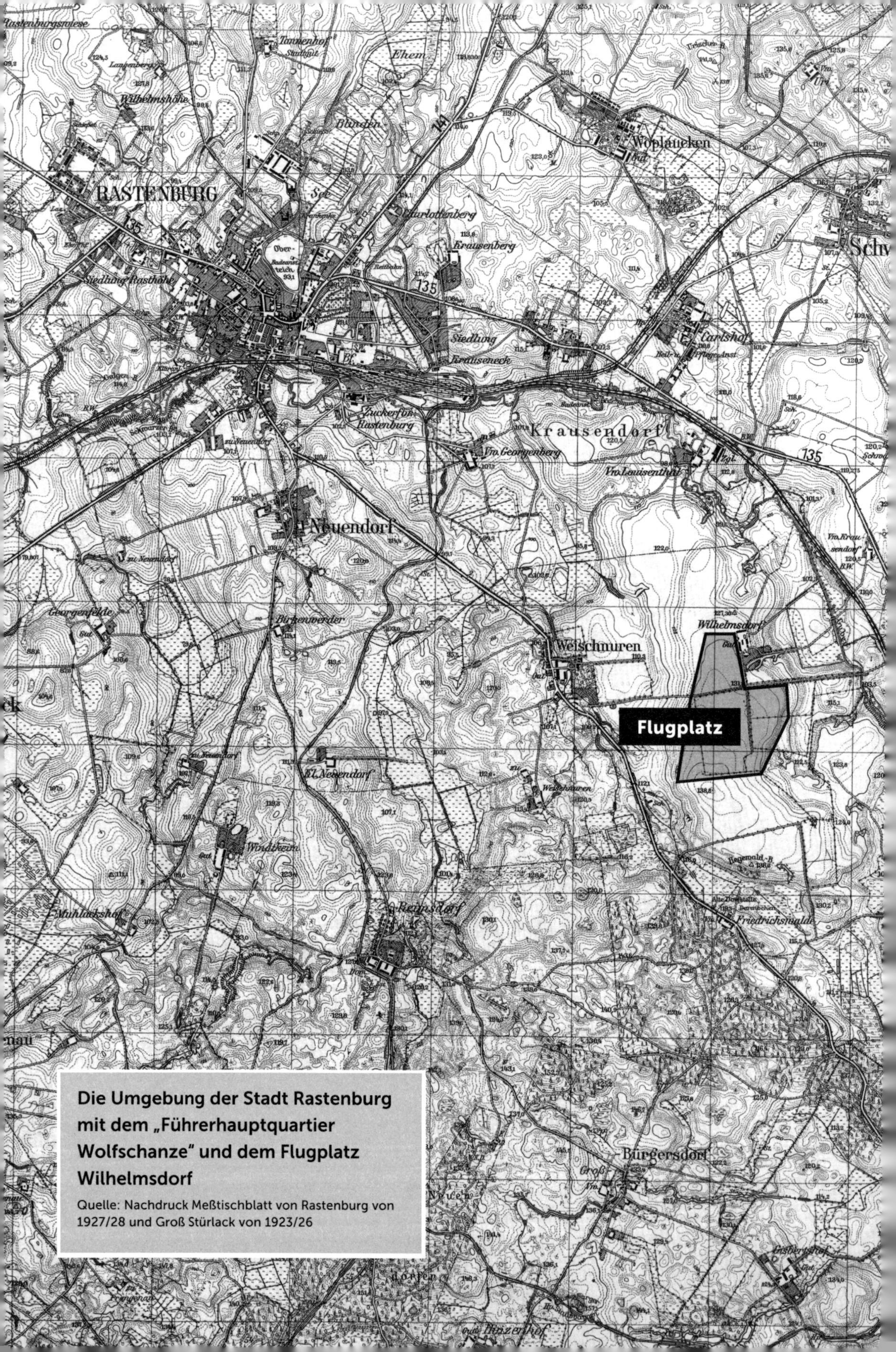


**Die Umgebung der Stadt Rastenburg mit dem „Führerhauptquartier Wolfschanze" und dem Flugplatz Wilhelmsdorf**

Quelle: Nachdruck Meßtischblatt von Rastenburg von 1927/28 und Groß Stürlack von 1923/26

Wolfschanze
Moy-
See
Zeiser-See
GÖRLITZ
Görlitz
Kurhaus
Partsch
Schneidemühle
Wald
Gr.
Tauchel
See
Kl. Tauchel S.
Queden
Wossau
Pohiebels
Kersten-
S.
Mertenheim
Mertenheimer S.
Gr.-
Ballauer
See
135

Das dichte Waldgebiet der Görlitz bot eine natürliche Tarnung und einen Schutz gegen die Einsicht aus der Luft sowie gegen Fallschirmlandungen. Die Seenkette und die Sümpfe in der Umgebung bildeten ein Hindernis gegen feindliche Bodentruppen. Es gab eine Bahnstrecke und eine befestigte Straße, die durch den abgelegenen Wald führten und ihn mit Rastenburg sowie Angerburg verbanden. Hinzu kam, dass die Görlitz ein vergleichsweise freies Baufeld für die geplante Anlage bot, das bei Bedarf erweitert werden konnte. Der Stadt Rastenburg wurde lediglich mitgeteilt, dass ein Stück Land im Stadtforst „für militärische Zwecke" in Anspruch genommen werden müsse.

Die Anlage „Nord" war von Anfang an großflächiger und umfangreicher konzipiert als alle „Führerhauptquartiere" zuvor, obwohl der geplante Raubzug im Osten innerhalb von sechs Wochen beendet sein sollte. Diese neue bauliche Dimension resultierte aus den schlechten Erfahrungen während der bisherigen Feldzüge. Die räumliche Trennung der verschiedenen an der Kriegsführung beteiligten Instanzen hatte immer wieder zu organisatorischen Schwierigkeiten vor allem in der Nachrichtenübermittlung geführt. Hitler tat sich schwer damit, sein Faible für kleine, „abenteuerliche" Feldlager mit möglichst wenig Personal aufzugeben, befahl aber dennoch den Bau dieser größeren, arbeitsfähigeren Anlage, die ebenso der generellen Strukturerweiterung der Institution „Führerhauptquartier" Rechnung tragen sollte.

Den Auftrag für die Anlage „Nord" – unter dem Decknamen „Chemische Werke Askania" – erhielt die paramilitärische Organisation Todt (OT), die für den Bau eines Großteils der militärischen Anlagen des „Dritten Reiches" verantwortlich zeichnete. Ihr Chef war der Generalbevollmächtigte für die Bauwirtschaft (GB-Bau), der Reichsminister für Bewaffnung und Munition Fritz Todt. Die Oberbauleitung Rastenburg, aus Ingenieuren und Verwaltungsfachleuten bestehend, die bereits für die bisherigen Hauptquartiersanlagen verantwortlich gewesen waren, beauftragte die auf Bunkerbau spezialisierten Firmen „Wayss & Freytag" sowie „Dyckerhoff & Widmann" als Generalunternehmer.

Tatsächlich fanden in der Zeit zwischen Spätherbst 1941 und der Sprengung der Anlage im Januar 1945 immer wieder Bau- und Sanierungsarbeiten statt. Dazu gehörten neue Gebäude ebenso wie die Verstärkung der bereits fertiggestellten. Eingesetzt wurden bis zu 4.600 deutsche

Arbeiter der Organisation Todt, auf Zwangsarbeiter wurde aus Sicherheitsgründen verzichtet. Ende 1944 sollen noch fast 2.000 OT-Arbeiter in der „Wolfschanze" beschäftigt gewesen sein.[6]

Nachdem Waggonladungen voller Gerätschaften, Gerüste, riesiger Betonmischanlagen und -pumpen durch die OT in die Görlitz transportiert worden waren, begannen im Herbst 1940 dort Ramm-, Erd- und Betonarbeiten, die offiziell einer „bombensicheren Rüstungsanlage" galten. Da Hitler auf eine Fertigstellung bis spätestens Frühjahr 1941 drängte, wurde auch nachts unter Scheinwerferbeleuchtung gearbeitet. Der Zutritt zum Baustellenbereich, also zum Rastenburger Stadtwald mit seinem beliebten Kurhaus, war nur mit einem Sonderausweis möglich; Soldaten standen Wache.

Ein junger Rastenburger Zeitzeuge berichtet:

*„Wir durften nur den vorderen Teil unseres Waldes, der an die Görlitz grenzte, betreten, merkten aber, daß viele Großbauten im Walde errichtet wurden und sehr viele Angehörige der OT Tag und Nacht am Werken waren. [...] Dann im Jahre 1941 war das Baugeschehen ruhiger geworden. Im Wald waren Sperren aus Stacheldraht sowie Panzersperren errichtet, und die Zufahrtsstraßen nach und um [die] Görlitz durfte niemand ohne Passierschein passieren. Zu dem Zeitpunkt wurden zwei Leute der Geheimen Staatspolizei bei uns einquartiert, die wir in einem Zimmer unseres ohnehin schon überbelegten Hauses unterbringen mussten. Sie gingen in Zivil auf Streife und sicherten die Umgebung bei Tag und Nacht ab."*

Quelle: Edmund Link im Januar 1993, in: Jerzy Szynkowski, Wolfsschanze. Erinnerungen von Zeitzeugen, Kętrzyn 1997, S. 89.

Auf dem Gelände des künftigen „Führerhauptquartiers" wurde eine Vielzahl von Holzbaracken, aber auch Beton- und Ziegelbauten, errichtet – oft auf Pfählen wegen des sumpfigen Bodens. Darunter waren ungefähr zehn schwerere Bunker mit Abschlussdecken aus Stahlbeton. Zur Tarnung wurden die Außenwände der Ziegel- und Betonbauten mit einem groben, seegrasversetzten Spezialputz versehen, der grün

---

**6** Zum Bau vgl. ausführlich Franz W. Seidler/Dieter Zeigert, Die Führerhauptquartiere. Anlagen und Planungen im Zweiten Weltkrieg, München 2000, S. 194 ff.

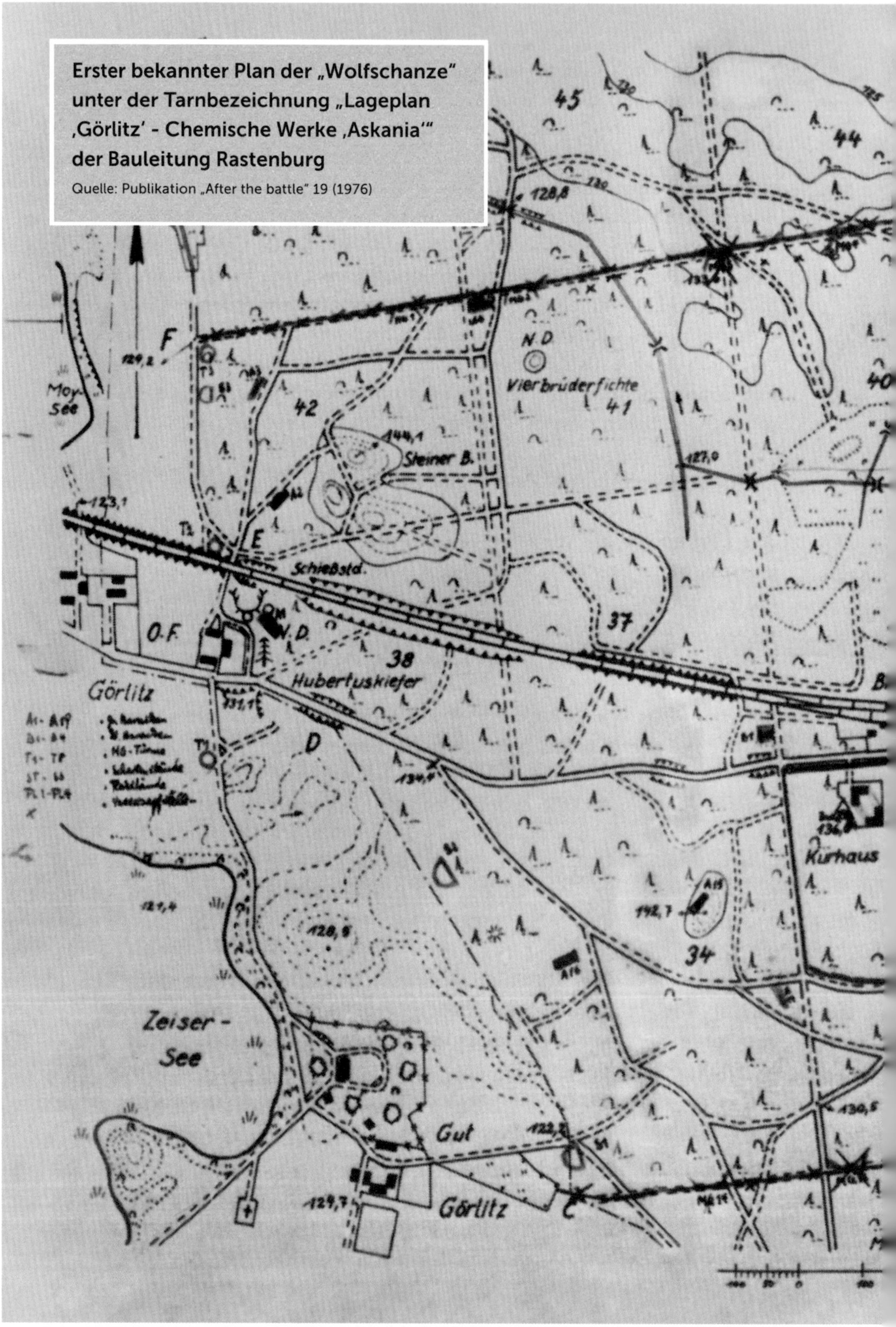


**Erster bekannter Plan der „Wolfschanze" unter der Tarnbezeichnung „Lageplan ‚Görlitz' - Chemische Werke ‚Askania'" der Bauleitung Rastenburg**

Quelle: Publikation „After the battle" 19 (1976)

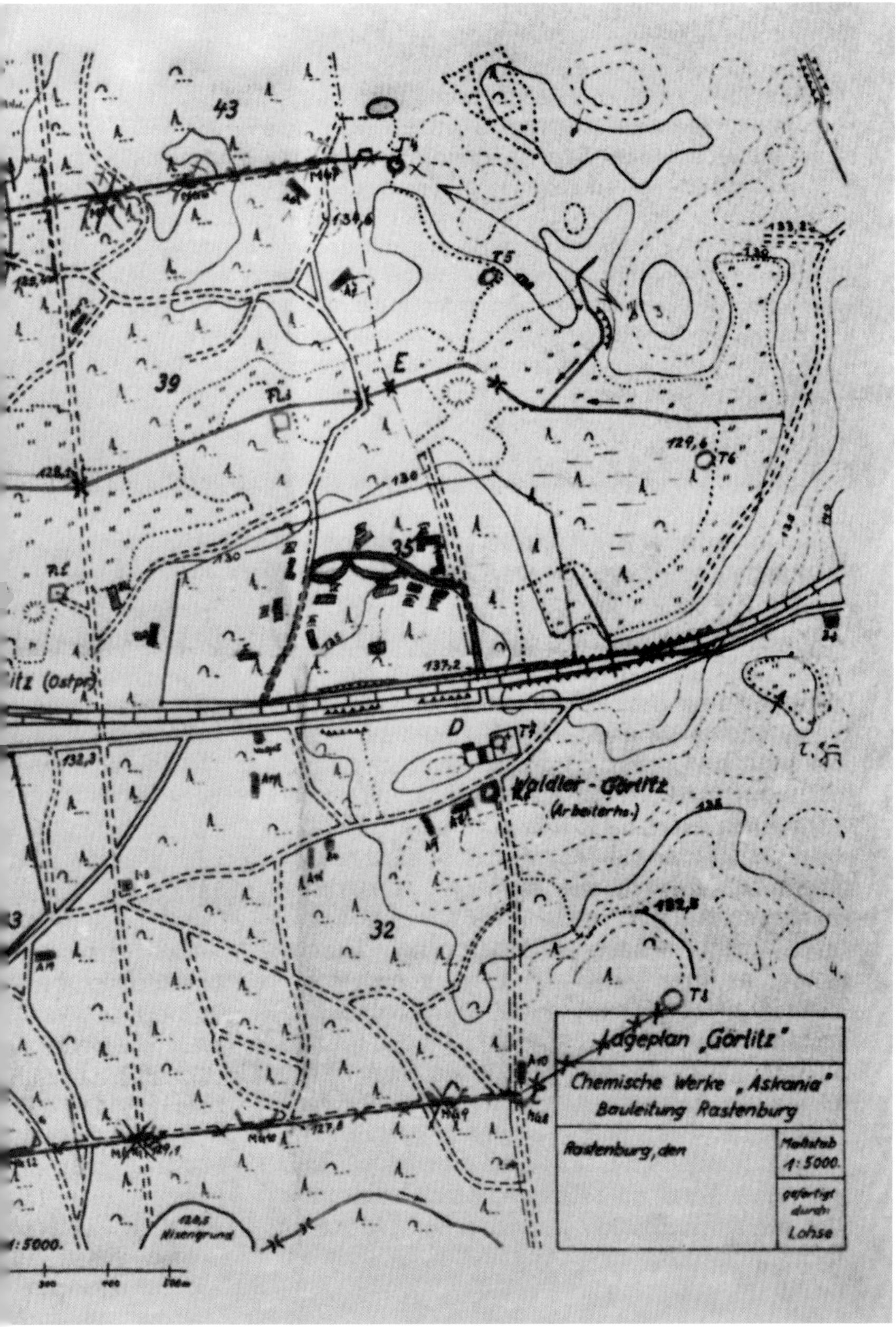
Lageplan „Görlitz"
Chemische Werke „Askania"
Bauleitung Rastenburg
Rastenburg, den
Maßstab 1:5000.
gefertigt durch: Lohse
Waldler-Görlitz
(Arbeiterhs.)
Görlitz (Ostpr)
1:5000.

angestrichen wurde. Die Flachdächer der Gebäude sicherte eine Erdschicht, die mit Bäumen, Moos und Sträuchern bepflanzt wurde. Beim Bau der Anlage wurden lediglich die notwendigsten Lücken in den Wald geschlagen, einige ausgewachsene Bäume mit immensem Kostenaufwand umgesetzt, andere später durch künstliche ersetzt.

Die städtebauliche Grundfigur des Hauptquartiers orientierte sich am vorhandenen Wegenetz des Rastenburger Stadtwaldes, um neue Schneisen im Baumbestand zu vermeiden. In der Nähe wurden Versorgungseinrichtungen geschaffen: zwei zentrale Heizungsanlagen und eine Pumpstelle am Moysee für die Wasserversorgung. Ebenfalls am Moysee lag die Badestelle der „Wolfschanze", ein beliebtes Naherholungsziel der Rastenburger.

Etwa sechs Kilometer südlich des Hauptquartiers, auf dem Vorwerk Wilhelmsdorf, befand sich ein Sportflugplatz, der bereits 1934 unter Zwangsandrohung vom Staat gepachtet worden war und seit 1935 der Luftwaffe diente. 1941 wurde er zum Flugplatz des „Führerhauptquartiers" und die Landebahn verlängert, damit die „Ju 52" und die viermotorige Focke-Wulf 200 Condor der Flugstaffel Hitlers starten und landen konnten.

**„Führermaschine" Focke-Wulf 200 Condor V3**

Quelle: NARA, RG 242, HL 4543

Die „Wolfschanze“ war zudem über den Haltepunkt „Forst Görlitz“ an das Eisenbahnnetz angeschlossen. Im Sommer 1941 erhielt die kleine Station zwei neue Bahnsteige, der vorhandene Bahnsteig wurde erheblich verlängert, damit hier auch für Sonderzüge unter militärischer Bewachung genügend Platz vorhanden war.[7] Schon wenige Wochen nach der Fertigstellung der „Wolfschanze“ wurde dann ab Juli 1941 jeden Abend ein Frachtwagen auf dem Bahnhof Berlin-Zoo an den D 51 angehängt, der auf dem Bahnhof Korschen in der Nähe von Rastenburg abgekoppelt und zum Haltepunkt Görlitz gebracht wurde.[8]

---

**7** Seidler/Zeigert, Führerhauptquartiere, S. 195.
**8** Schreiben von Hitlers Adjutant NSKK-Brigadeführer Albrecht vom 18. September 1941 (Regest 15206), in: Nationalsozialismus, Holocaust, Widerstand und Exil 1933–1945. Online-Datenbank. De Gruyter. 17.03.2021.

RK. 12148 B 16. AUG. 1941

Abschrift

Führer und Kanzler des Deutschen Reiches
Adjutantur

Berlin W 8, den 13.8.1941

32

NSKK.-Oberführer A.D. Albrecht

Br.B.No.112/VIII/41

An das
Auswärtige Amt – Ministerbüro

An das
Büro Reichsleiter Martin Bormann

An den
Persönlichen Stab Reichsführer SS.

An die
Adjutantur Reichsminister Dr. Lammers

In Ergänzung der telefonisch erfolgten Mitteilung, daß täglich Gelegenheit gegeben ist, mit einem Schnellzug Expreßgut ins Führerhauptquartier zu befördern, übersendet die Persönliche Adjutantur des Führers in der Anlage Abschrift einer "Anweisung für Frachtbeförderung zum Führerhauptquartier", die für die hiesige Dienststelle erlassen worden ist. Es wird noch einmal besonders darauf hingewiesen, daß vor allen Dingen Gemüsesendungen und schwere, unhandliche Gegenstände mit den Kuriermaschinen nicht mehr befördert werden. Da der immer mehr ansteigende Umfang des Postgutes für das Führerhauptquartier in keinem Verhältnis mehr zu dem zur Verfügung stehenden Gepäckraum in den Kuriermaschinen stand, wurde diese Regelung erforderlich. Der Gepäckraum muß in erster Linie für die zu befördernde Post ausgenutzt werden.

Falls von der dortigen Dienststelle Sendungen als Expressgut abgehen sollen wird gebeten, sie bis zu den in der Anweisung angegebenen Zeiten anzuliefern unter Angabe des Empfängers. Die Adressierung usw. wird von hier erledigt. Die Adjutantur des Führers bittet für Sendungen der Mitropa gleiche Regelung zu veranlassen.

I.A.
gez. Albrecht
Persönlicher Adjutant des Führers

101 08556

Schreiben von Hitlers Adjutant NSKK-Brigadeführer Albrecht vom 18. September 1941

Quelle: Online-Datenbank. De Gruyter. 17.03.2021

**Abschrift**

Der Führer und Kanzler des Deutschen Reiches
Adjutantur

Berlin W 8, den 25.Juli 1941
Reichskanzlei

**Anweisung für Frachtbeförderung zum Führerhauptquartier.** 33

1. Beginnend am Sonnabend, den 19.7.1941 wird ein Teil des bisherigen Kuriergepäcks, das sich für Frachtbeförderung eignet, insbesondere feste Kisten, als Bahn-Expreßgut befördert. Die Sendung läuft täglich mit dem D-Zug D 51 (Abfahrt: 21.25 Uhr) vom Bahnhof Z o o nach Korschen.

2. Für die Beförderung sind jeweils Expreßgutkarten auszufüllen, die von dem Verkehrsbüro der Reichsbahndirektion Berlin abgestempelt sind. Gleichzeitig ist für jedes Frachtstück ein Anhänger zum Befestigen bzw. Aufheften auszufüllen. Ein Vordruck für Expreßgutkarten und Anhänger liegt bei der Adjutantur des Führers, Berlin.

3. In der rechten oberen Ecke der Anhänger ist durch einen Buchstaben mit R o t s t i f t jeweils der Empfänger der Sendung zu bezeichnen und zwar gelten folgende Buchstaben:
   1. für Führerhauptquartier: F
   2. " Auswärtiges Amt : A
   3. " Reichsführer ꞩꞩ : S
   4. " Reichskanzlei " R

   Anschriften, aus denen das Führerhauptquartier, bezw. die anderen in Frage kommenden Dienststellen als Empfänger zu ersehen sind, sind nicht statthaft. Bei zerbrechlichem Inhalt sind die Frachtstücke mit entsprechenden Aufschriften zu versehen (z.B.: Vorsicht Glas! )

4. Sämtliche für Frachtbeförderung in Frage kommenden Sendungen sind bis 19.00 Uhr abends in der Garage der Kraftfahrbereitschaft Adjutantur des Führers abzugeben. Der Durchgang der Sendungen bei der Kraftfahrbereitschaft ist in einem dort zu führenden Frachtbuch zu vermerken. Das Frachtbuch wird der Kraftfahrbereitschaft von der Adjutantur des Führers ausgehändigt. Die Unkosten für die Fracht werden von der Adjutantur des Führers übernommen und sind von der Kraftfahrbereitschaft zu verrechnen. Die Aufgabestätigungen sind in einen besonderen Schnellhefter zu sammeln.

5. Der Postdienst der Adjutantur stellt täglich gegen 19.00 Uhr durch telefonische Anfrage bei der Kraftfahrbereitschaft Umfang und Art der jeweiligen Frachtsendung fest und stellt die erforderlichen Expreßgutkarten und Anhänger aus.

6. Abfahrt des Frachtgutes von der Garage hat so zu erfolgen, daß der Fahrer etwa um 19.15 Uhr täglich Expreßgutkarten und Anhänger bei dem Postdienst der Persönlichen Adjutantur in Empfang nehmen kann. Im Anschluß daran ist die Sendung bei der Gepäckabfertigung des Bahnhofs Z o o aufzugeben. Nähere Einzelheiten für die Durchführung werden vom Leiter der Kraftfahrbereitschaft angeordnet.

gez. A l b r e c h t
Persönlicher Adjutant des Führers

**Lageplan der „Wolfschanze" vom 26. Oktober 1942**

Quelle: Bundesarchiv/Militärarchiv RW 47/68K

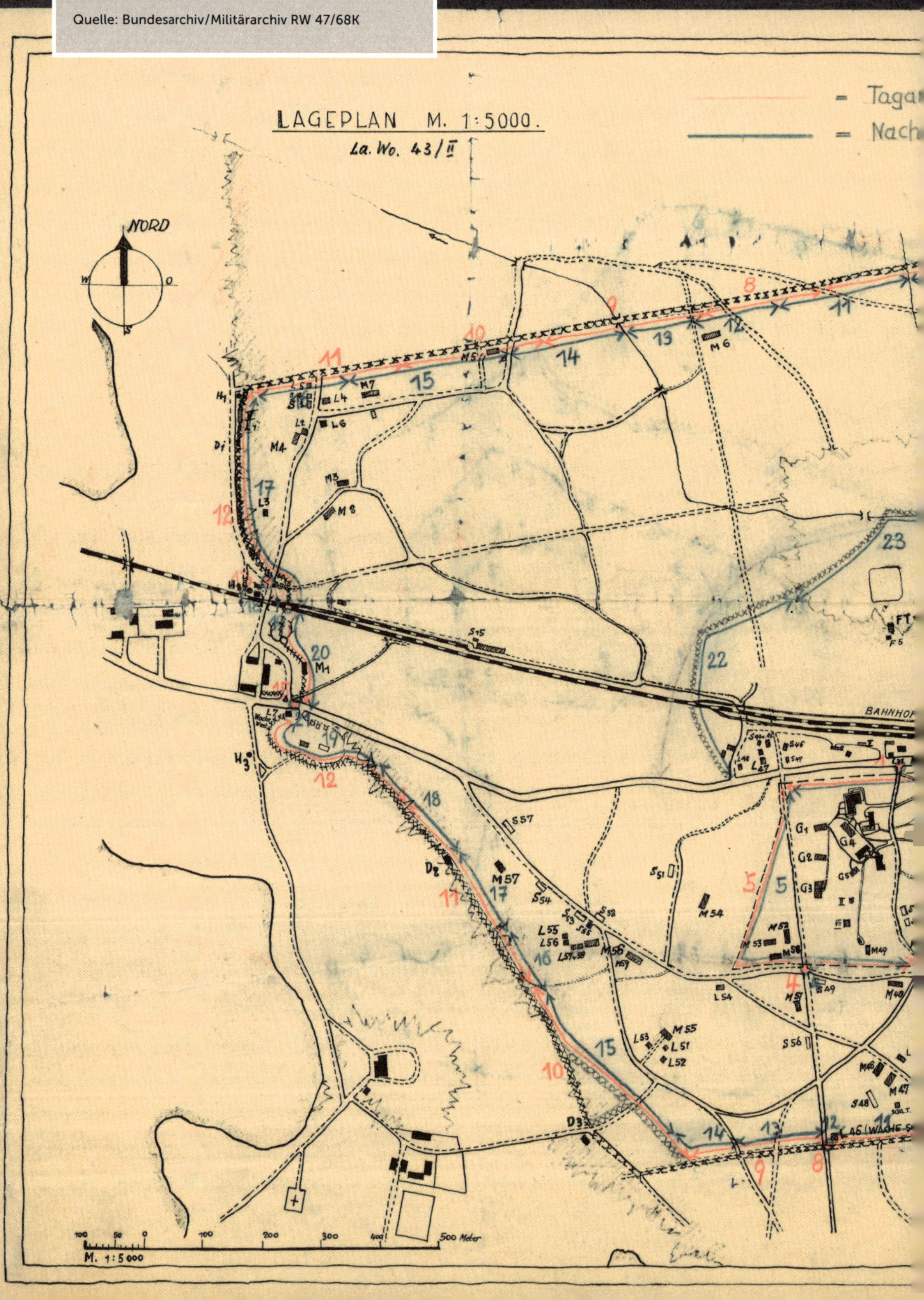

ERKLÄRUNG:
H - HOCHSTÄNDE
F - FLAKSTÄNDE
I - ORTSKOMMANDANT.
II - HAUS KOMMANDANT
III - HAUS GEN. WARLIMONT
IV - ORTSKRANKENSTUBE
V - KRANKEN-REVIER
VI - WASCHBAR. / VII - SAUNA. I
- BUNKER
- BARACKEN
- SCHLEPPDACH (SCHUPPEN)
WACH OST
NACH WACHE OST L13
O.U. AM 26.10.42
Posten 4, Sperrkreis II
fällt von 20⁰⁰ - 7⁰⁰ Uhr aus

**Adolf Hitler mit seiner Schäferhündin und einigen Offizieren vor seinem Sonderzug auf dem Haltepunkt „Forst Görlitz", im Hintergrund (im Ledermantel) ein Leibwächter des „Reichssicherheitsdienstes"**
Photo: Walter Frentz, Quelle: Walter-Frentz-Collection, Berlin

Die Anlage des „Führerhauptquartiers" von etwa 250 Hektar sowie 800 Hektar sie umgebender Wald war eine regelrechte kleine Stadt, verborgen hinter Stacheldrahtverhauen und Panzersperren. Sie wurde Tag und Nacht von Patrouillen bestreift. In ihr lebten ungefähr 2.000 Menschen, darunter lediglich etwa 20 Frauen, die als Köchinnen oder Sekretärinnen arbeiteten. Die „Wolfschanze", beiderseits der ehemaligen Hauptstraße und Zugstrecke von Rastenburg nach Angerburg gelegen, war in drei Sicherheitszonen, sogenannte Sperrkreise, unterteilt, die die Machtstrukturen innerhalb des „Führerhauptquartiers" widerspiegelten. Alle Sperrkreise konnten nur mit entsprechenden Sonderausweisen betreten werden, die als Tages-, Wochen-, Monats- bzw. als Dauerausweise ausgestellt wurden und allein in Verbindung mit dem Soldbuch oder dem Personalausweis galten. Die drei Sperrkreise waren voneinander durch jeweils zwei Meter hohe, grob behauene Baumstämme getrennt, zwischen denen Maschen- und Stacheldraht gespannt war. Ein umfangreiches Straßen- und vor allem Wegesystem verband sämtliche Bereiche des „Führerhauptquartiers".

Bereits im Frühjahr 1940 waren Teile der wenige Kilometer entfernten Carlshöfer Anstalten, einer diakonischen Einrichtung, zwangsgeräumt und ein Teil der Patienten nach Soldau gebracht worden. Dort wurden sie in den Gaswagen des „SS-Sonderkommandos Lange" ermordet. Ab dem 11. Februar 1941 war die Einrichtung an die SS verpachtet und diente als Unterkunft für die Wachmannschaften der „Wolfschanze" und als „Reservelazarett Karlshof".

Im äußeren Sperrkreis III lagen Holzbaracken von Flakbesatzungen, Wachen und Feuerwehr, im inneren – weiträumig um die Sperrkreise I und II verteilt – Mannschaftsunterkünfte und Dienstgebäude für etwa 1.800 Offiziere und Soldaten, darunter auch Nachrichtentruppen (nach heutigem Begriff: Fernmeldetruppen). Hier befanden sich zudem die Badestelle am Moysee und die Bahnhaltestelle. Der Sperrkreis II, um das frühere Kurhaus in der Görlitz herum, bot Quartier für den Wehrmachtsführungsstab und das „Führerbegleitbataillon".

Generalmajor a.D. Bernhard von Loßberg berichtet:

*„Der unmittelbar neben dem Sperrkreis I gelegene Sperrkreis II war für uns Offiziere des Wehrmachtführungsstabes unter General Warlimont bestimmt. Unsere Arbeitsbaracken gruppierten sich um ein früheres Rastenburger Ausflugslokal, das uns als Eßraum und Kantine diente. Wir wohnten in einer engen, langen Betonbaracke, in der jeder Offizier einen fensterlosen, elektrisch gelüfteten Schlafraum von der Größe und Einrichtung eines Schlafwagenabteils hatte. Diese Vorsichtsmaßnahmen haben sich als unnötig erwiesen, da das Hauptquartier erstaunlicherweise bis zum Schluß des Krieges nie von feindlichen Bomberverbänden angegriffen worden ist; sie hätten bestimmt gute Wirkungen erzielen können."*

Quelle: Bernhard von Loßberg, Im Wehrmachtführungsstab. Bericht eines Generalstabsoffiziers, 2. Auflage Hamburg 1950, S. 120.

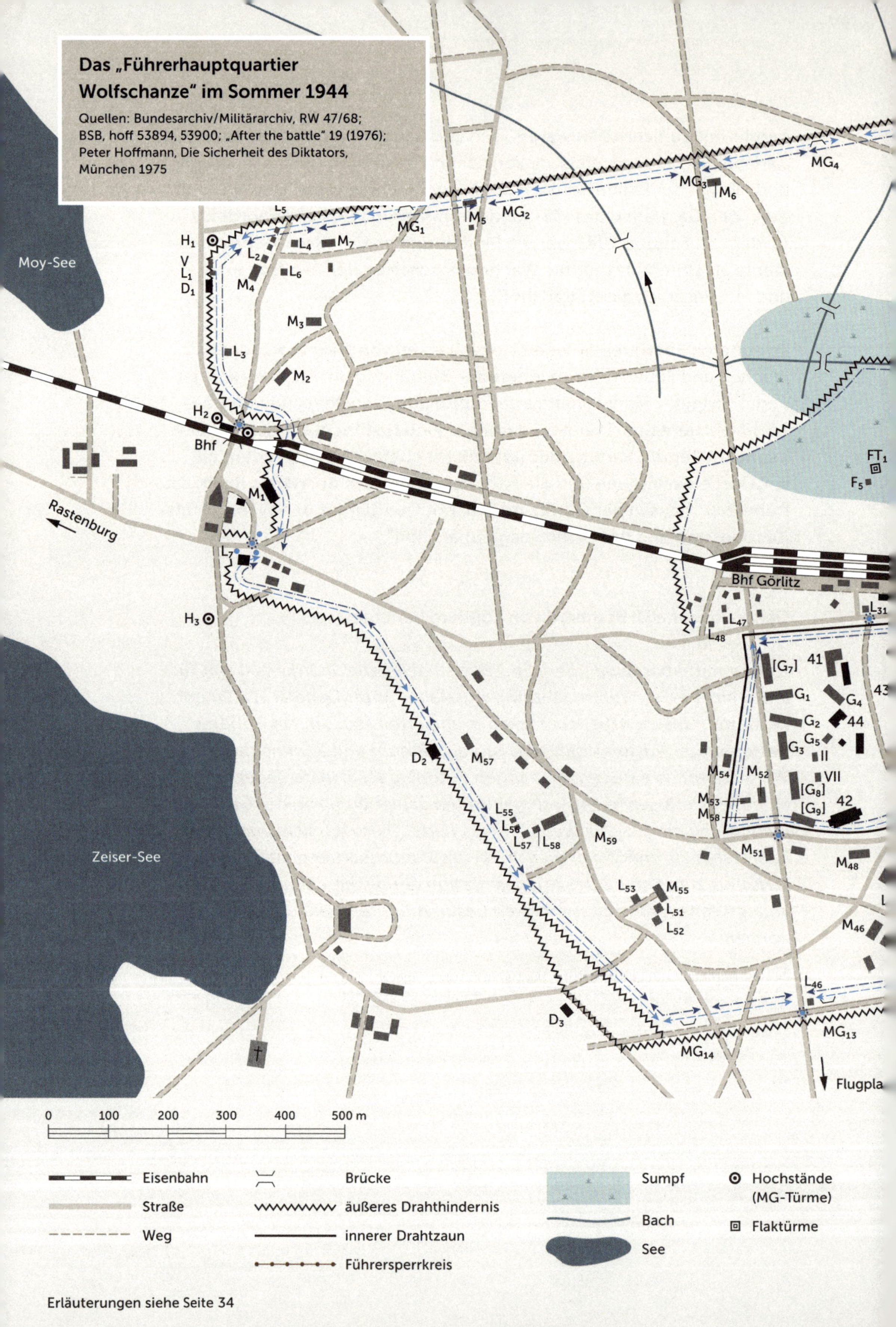


**Das „Führerhauptquartier Wolfschanze" im Sommer 1944**

Quellen: Bundesarchiv/Militärarchiv, RW 47/68; BSB, hoff 53894, 53900; „After the battle" 19 (1976); Peter Hoffmann, Die Sicherheit des Diktators, München 1975

Erläuterungen siehe Seite 34

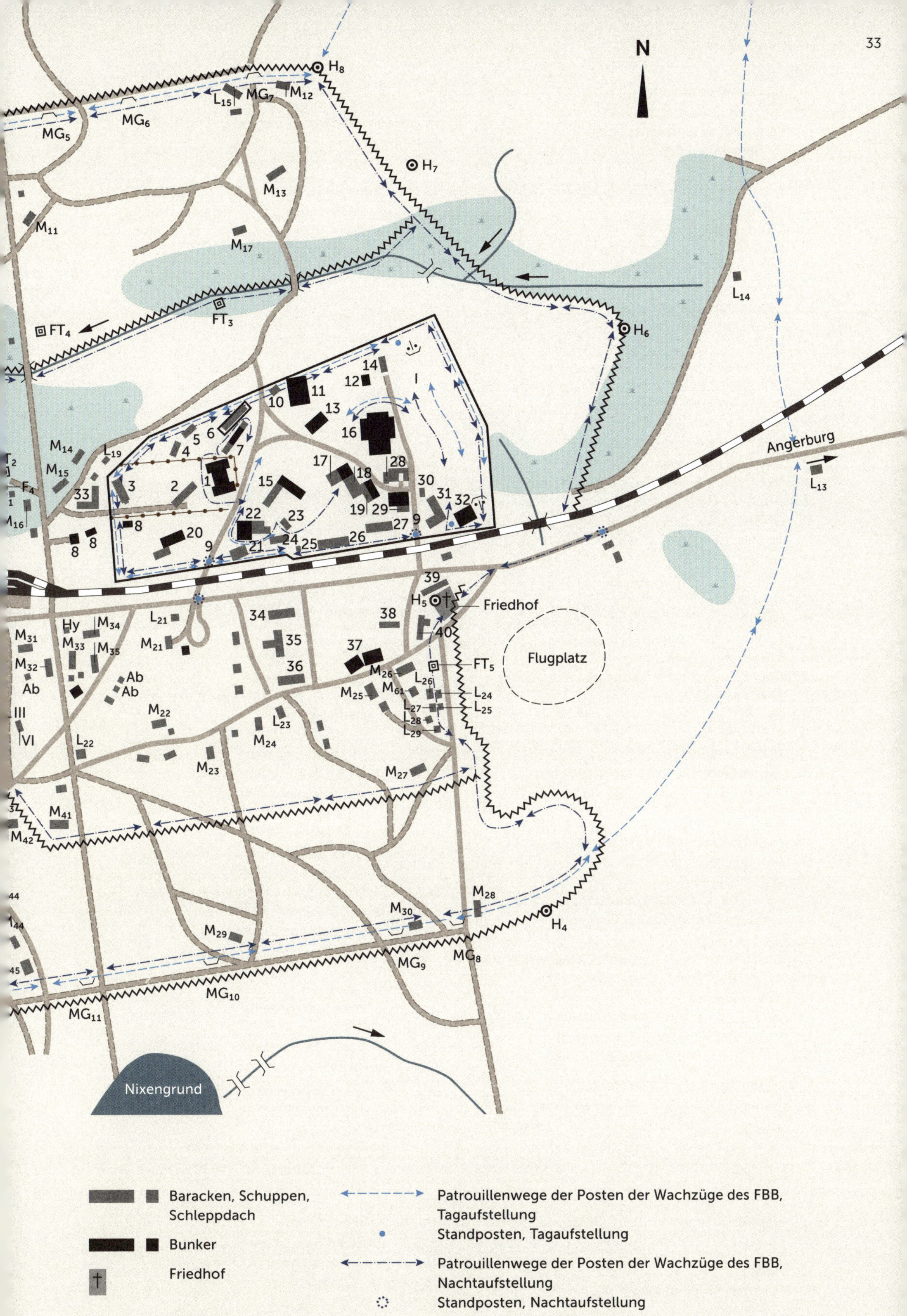
N
Angerburg
Friedhof
Flugplatz
Nixengrund
Baracken, Schuppen, Schleppdach
Bunker
Friedhof
Patrouillenwege der Posten der Wachzüge des FBB, Tagaufstellung
Standposten, Tagaufstellung
Patrouillenwege der Posten der Wachzüge des FBB, Nachtaufstellung
Standposten, Nachtaufstellung

**Sperrkreis I**

1 Gästebunker
2 Lagebaracke
3 Reichssicherheitsdienst (RSD), SS-Begleitkommando
4 RSD
5 SS-Begleitkommando, Persönlicher Dienst
6 Stenographen
7 Leitung RSD, Poststelle
8 Bunker
9 Schranken zum Sperrkreis I
10 Sauna
11 Allgemeiner Bunker
12 Flakbunker
13 Bormann
14 Löschwasserbecken
15 Verbindungsmänner oberster Reichsbehörden, Dr. Morell, Friseur Wollenhaupt
16 Hitler
17 Persönliche Adjutantur Hitlers
18 Heerespersonalamt
19 Adjutantur der Wehrmacht beim Führer
20 Reichspressechef
21 Garagen
22 Nachrichtenbunker (Fernschreibvermittlung)
23 Kino
24 Fahrer
25 Heizhaus
26 Kasino II
27 Chef des Wehrmachtführungsstabes
28 Kasino I und Teehaus
29 Chef des Oberkommandos der Wehrmacht
30 Altes Teehaus
31 Göring
32 Bunker Görings
33 SS-Begleitkommando
34 Verbindungsstab Reichsaußenminister Ribbentrop
35 Gäste, Speer

**Wichtige Objekte außerhalb von Sperrkreis I**

36 Unterkünfte
37 Allgemeine Bunker
38 Verbindungsstab Oberbefehlshaber der Marine
39 Verbindungsstab Oberbefehlshaber der Luftwaffe
40 Verbindungsstab Oberbefehlshaber der Marine
41 Kasino des Wehrmachtführungsstabes (ehem. Kurhaus)
42 Nachrichtenbunker (Fernsprechvermittlung)
43 Stab Führer-Begleit-Bataillon (FBB)
44 Heizbunker, Fernschreibvermittlung

**Andere Objekte in der „Wolfschanze"**
**(ab hier auch Legende zur Karte auf Seite 28/29)**

I Ortskommandant
II Haus Kommandant
III Haus General Warlimont
IV Ortskrankenstube
V Krankenrevier
VI Waschbaracke
VII Sauna II

Ab Latrinen
D Schartenstände (Bunker)
F Flakstände
FT Flaktürme
H Hochstände (MG-Türme)
Hy Hydranten
MG Maschinengewehrstellungen

$G_1$ – $G_3$ Wehrmachtführungsstab
$G_4$ Kommandant des „Führerhauptquartiers"
$G_5$ Stab FBB
$G_6$ – [$G_9$] Wehrmachtführungsstab

$L_1$ – $L_6$ Unterkünfte
$L_7$ Wache West
$L_{13}$ Wache Ost
$L_{14}$ Wachunterkunft
$L_{15}$ Wachunterkunft
$L_{19}$ Wachunterkunft
$L_{21}$ Wache 1
$L_{22}$ Oblt. Kessel
$L_{23}$ Geschäftszimmer 1. Kompanie
$L_{24}$ – $L_{29}$ Unterkünfte
$L_{31}$ Wache II
$L_{41}$ Sonderkommando „W" Rechnungsführer
$L_{42}$ Unterkunft
$L_{43}$ Sonderkommando „W" Geschäftszimmer
$L_{44}$ Major Gnass, Wohnung
$L_{46}$ Wache Süd (früher Wache Südwest)
$L_{47}$, $L_{48}$, $L_{51}$, $L_{52}$ Unterkünfte
$L_{53}$ Offz.-Kasino 3. Kp. FBB
$L_{55}$ – $L_{58}$ Unterkünfte

$M_1$ – $M_{10}$ Unterkünfte FBB
$M_{11}$ III. Zug 2. Kompanie FBB
$M_{12}$ Wachzug 7. Führer-Flak-Abteilung
$M_{13}$ Scheinwerferstaffel
$M_{14}$ II. Zug 1. Kompanie FBB (Lt. Jansson)
$M_{15}$ II. Zug 1. Kompanie FBB (Lt. Christiansen)
$M_{16}$, $M_{17}$ Unterkünfte
$M_{21}$ 1. Kompanie-Trupp. FBB
$M_{22}$ Nachrichtenzug
$M_{23}$ 1. Zug 1. Kompanie FBB
$M_{24}$ 1. Zug 1. Kompanie FBB (Lt. Stumpf)
$M_{25}$ III. Zug 1. Kompanie FBB (Oblt. Seldte)
$M_{26}$–$M_{30}$ Unterkünfte ($M_{28}$ früher Wache-Süd)
$M_{31}$ Fernmeldebaracke
$M_{32}$ Oberwachtmeister Hildebrand
$M_{33}$ Mannschaftsbaracke
$M_{34}$ Wirtschaftsbaracke
$M_{35}$ Offizierbaracke
$M_{41}$ Troß 1. Kompanie FBB
$M_{42}$ Sonderkommando „W"
$M_{43}$ Uffz. Stab Kommandant
$M_{44}$ Unterkunft
$M_{45}$ Sonderkommando „W"
$M_{46}$ Feuerlösch-Kompanie
$M_{47}$ Unterkunft
$M_{48}$ Mannschaften Stab Kommandant
$M_{51}$ II. Zug 3. Kompanie (Lt. Krieger)
$M_{52}$, $M_{53}$ Uffz. und Mannschaften WFSt
$M_{54}$ III. Zug 3. Kompanie (Oblt. Grotesmann)
$M_{55}$ FBB (Oblt. Pieper)
$M_{56}$ Geschäftszimmer 3. Kompanie
$M_{57}$ I. Zug 3. Kompanie (Oblt. Wegmann)
$M_{58}$, $M_{59}$, $M_{61}$ Unterkünfte

Der Sperrkreis I, um die 30 Hektar, war von einem zwei Meter hohen Sicherheitszaun umschlossen, der als unüberwindlich galt. Im Inneren der Sperrkreise patrouillierten Beamte des „Reichssicherheitsdienstes", während der Schutz nach außen dem „Führerbegleitbataillon" oblag. Hier befand sich der „Führerbunker". „Den Sperrkreis I, in dem später der engere Wohnbezirk Hitlers als Sperrkreis A besonders abgeschlossen worden ist, bewohnte Hitler mit seinen nächsten Mitarbeitern, zu denen an Soldaten nur Keitel und Jodl mit geringer Begleitung sowie die Adjutanten gehörten. Die Parteileute waren zahlreicher, ihr höchster Funktionär der Reichleiter Bormann."[9]

Neben den Garagen des Fuhrparks der Fahrbereitschaft lag hier als eine der wichtigsten Einrichtungen die Fernsprechzentrale. Aufgrund der hochmodernen Technik bei der Nachrichtenübermittlung, die größtenteils über das „Amt 500" in Zossen abgewickelt wurde und über ein ausgeklügeltes Verschlüsselungssystem verfügte, war jederzeit eine unmittelbare Verbindung mit den militärischen Befehlshabern auf den verschiedenen Kriegsschauplätzen sowie mit den militärischen und zivilen Dienststellen in Berlin oder deren jeweiligen Standorten möglich.

In einem Holzgebäude dahinter befand sich das Kino. Laut einer Weisung der „Persönlichen Adjutantur des Führers" vom 12. Dezember 1942 wurde, „um weitere Missverständnisse über die Filmvorführungen [...] zu beseitigen", befohlen: „Der Besuch der Filmvorführungen ist nur den Angehörigen des Sperrkreises I gestattet. Es finden folgende Filmveranstaltungen statt: a) täglich um 20.15, b) täglich gegen 22.15 (genaue Anfangszeit wird von dem dienstältesten Herrn des Speiseraums I befohlen), c) jeden Freitag um 17.00 Uhr die neue Wochenschau. [...] Wegen der erhöhten Brandgefahr der Holzbaracke ist das Rauchen im Kinoraum verboten. Es ist nicht unter der Würde eines Rotten- oder Unterschar-Führer (Gefreiter-Uffz.) einem höheren Dienstgrad oder einer Dame seinen Platz anzubieten."[10]

**9** Bernhard von Loßberg, Im Wehrmachtführungsstab. Bericht eines Generalstabsoffiziers, 2. Auflage Hamburg 1950, S. 120.

**10** Hoover Institution Stanford, Germany: Reichskanzlei, Adjutantur des Führers Records, box 3.

**Das „Führerhaus", 1941**
Quelle: Rochus Misch

Weiterhin residierten im Sperrkreis I der Chef des Oberkommandos der Wehrmacht, Generalfeldmarschall Wilhelm Keitel, der Chef des Wehrmachtführungsstabes, Generaloberst Alfred Jodl, der ständige Vertreter des Auswärtigen Amtes bei Hitler, SS-Brigadeführer Walther Hewel, mit seinem Stab, die Verbindungsoffiziere der Luftwaffe, General der Flieger Karl Bodenschatz, und der Marine, Konteradmiral Hans-Erich Voß, sowie Himmlers Verbindungsmann, SS-Obergruppenführer Karl Wolff, darüber hinaus Hitlers Leibärzte, Theodor Morell und SS-Gruppenführer Karl Brandt, sowie sein persönlicher Friseur August Wollenhaupt.

**Blick in den Friseursalon mit August Wollenhaupt im Juli 1941**

Quelle: BSB, hoff-35898

Franz von Sonnleithner, der schon im Herbst 1943 Walther Hewel als Verbindungsmann zum Auswärtigen Amt vertrat, erinnert sich:

*„Ich wohnte mit meinem Beamten, Herrn Döhler, in insgesamt 4 Räumen. Die Holzbaracke hatte an der Längsseite in der Mitte den Eingang, zu beiden Seiten des Mittelganges lagen die Zimmer. Rechts hinten war zunächst Döhlers einfenstriger Schlafraum, dann kamen sein und mein Arbeitsraum, je zweifenstrig und schließlich mein Schlafraum, genauso groß wie der Döhlers, aber mit einer anschließenden Dusche. Die Einrichtung war einfach, bei mir Schreibtisch, Stuhl, Sessel, Schränke und eine Couch, die Fenster hatten Vorhänge, für elektrisches Licht und eine Heizung war gesorgt. Leider war die Baracke sehr laut, und ich erinnere mich noch, daß ich das erste Mal, als ich General Bodenschatz, den Vertreter Görings, neben mir in seinem Waschraum gurgeln hörte, aus meinem Bett sprang, da ich im Halbschlaf Angst hatte, er würde sein Zahnputzglas auf mich entleeren. So genau konnte man hören und miterleben, was sich in den anliegenden Räumen abspielte. Frühstück, Mittag- und Abendessen nahm man in einer Kantine ein, die Hauptmahlzeiten gemeinsam, und nachmittags konnte man in einer anderen Baracke, im ‚Teehaus', Tee, Kommißbrot und Marmelade bekommen."*

Quelle: Franz von Sonnleithner, Als Diplomat im „Führerhauptquartier". Aus dem Nachlaß, München, Wien 1989, S. 20 f.

Etwas abseits befanden sich die Reichspressestelle mit ihrem Chef, SS-Obergruppenführer Dr. Otto Dietrich, der Gästebunker, die Baracken von OT-Chef Fritz Todt, des SS-Begleitkommandos und des „Reichssicherheitsdienstes" sowie die Kommandozentrale dieser „Prätorianergarde" mit SS-Oberführer Johann Rattenhuber und seinem Stellvertreter, SS-Sturmbannführer und Kriminaldirektor Peter Högl, sowie zehn Mitarbeitern. Als Leibwächter folgten sie Hitler bei seinen Ausfahrten mit jeweils ein oder zwei Mercedes-Wagen.

**Zeltanbau in der „Wolfschanze" mit Arbeitstischen, Sommer 1941**

Quelle: BSB, hoff-35870

Besprechungsraum in der „Wolfschanze", undatiert

Ähnlich möbliert, aber erheblich kleiner war der Lageraum, in dem am 20. Juli 1944 Stauffenberg seinen Sprengkörper zündete. Er war vor allem mit denselben Hockern und Stühlen aus Flechtgewebe ausgestattet, wie sie hier um den langen Tisch zu sehen sind.

Quelle: BSB, hoff-53864 und BSB, hoff-53862

**Hitlers Arbeitszimmer in der „Wolfschanze", Juni 1942**
Quelle: BSB, hoff-44472

Darüber hinaus lag im Sperrkreis I der Bunker des Leiters der Parteikanzlei Martin Bormann. Nur durch einen „Vorgarten" war Bormann von Hitler im „Führerbunker" getrennt. Die Lage des Bunkers entsprach seinem Wunsch nach einer Absonderung vom alltäglichen Betrieb. Dieser Bereich war nochmals zusätzlich mit einem hohen Stacheldrahtzaun abgesperrt.

In unmittelbarer Nähe hatte sich Hitler auf einer weiten Waldlichtung ein weiteres, privates Refugium reserviert: Dieses Freigelände nutzte er für seine täglichen kurzen Spaziergänge und für seine erklärte Lieblingsbeschäftigung, das Beisammensein mit seiner Schäferhündin Blondi. Für Blondi gab es einen eigenen Zwinger und einen Hundeführer.

Der „Führerbunker" war schon 1941/42 durch einige hölzerne Anbauten erweitert worden. Hier wohnten und arbeiteten Hitlers engste Mitarbeiter: die Adjutanten, die SS-Obersturmbannführer Schaub und Darges sowie Sturmbannführer Günsche, seine Diener Junge und Linge, ebenso die Sekretärinnen. Die Räume in der Bunkerunterkunft waren zum Teil mit Holz verkleidet oder verputzt und weiß gekalkt worden. Einige aufgehängte Bilder und Fenstervorhänge sollten für eine wohnliche Atmosphäre sorgen. Je nach Nutzung waren die Fußböden der einzelnen Zimmer mit groben Teppichen ausgelegt oder als Parkett ausgeführt. Die Inneneinrichtung entsprach gehobenem Wehrmachtsstandard, so war der Bau mit einer separaten Dusche und Toilette ausgestattet. Im Gegensatz zum Pomp der Neuen Reichskanzlei in Berlin lebte der Feldherr in der „Wolfschanze“ eine demonstrative Kriegsbescheidenheit vor.

Der Funker Alfons Schulz erinnert sich:

*„In den letzten Oktobertagen [1942] wurde das Hauptquartier wieder in die Wolfschanze zurückverlegt. Dort trafen von nun an vorwiegend negative Meldungen von den Kriegsschauplätzen ein. Ich war bereits fünf Tage früher in die Wolfsschanze beordert worden. Hitler befand sich noch in Werwolf. Da bot sich mir eine einmalige Gelegenheit, den Schlafraum des ‚Chefs‘, wie Hitler intern oft genannt wurde, zu besichtigen. Es war nach dem Nachtdienst, als ich am Führerbunker vorbeikam und bemerkte, wie dieser im Moment nur von einem SS-Offizier des Sicherheitsdienstes, den ich inzwischen ziemlich gut kennengelernt hatte, bewacht wurde. Ich überredete ihn, ich weiss heute nicht mehr wie, mich für einen Augenblick in Hitlers Schlafzimmer zu führen. Natürlich riskierten wir beide dabei, wie man so schön sagt, ‚Kopf und Kragen‘.*

*Hitlers Schlafzimmer war spartanisch eingerichtet. Ich sah nur ein Feldbett, darüber ein Regal mit zwei Büchern, einen Schrank, eine Waschecke, einen Tisch und zwei Stühle. Mich interessierte, mit welcher Literatur sich ‚mein Führer‘ wohl beschäftigte. Enttäuscht stellte ich fest, dass es sich um zwei Werke über Magenerkrankungen handelte. Dann waren wir auch schon wieder draussen. Ich bedankte mich und verschwand schleunigst.“*

Alfons Schulz, Drei Jahre in der Nachrichtenzentrale des Führerhauptquartiers, Stein am Rhein 1996, S. 133.

**Das „Führerhaus" 1942/43**

Photo: Walter Frentz, Quelle: Walter-Frentz-Collection, Berlin

**Von links: Filmvorführer Stein, August Körber und Rochus Misch vom Führerbegleitkommando sowie ein Mitarbeiter des „Reichssicherheitsdienstes", geschützt durch Moskitonetze**

Quelle: Rochus Misch

Südlich, in unmittelbarer Nähe zum „Führerbunker", lag das Kasino I, dem Chefkoch Otto Günter aus dem Berliner Hotel „Kaiserhof" vorstand. An einer großen Tafel nahmen Hitler und sein engstes Gefolge ihre Mahlzeiten ein.

Allerdings hatte die OT die „Wolfschanze" in einem bekannten Mückennest errichtet. Im Sommer lief das Personal der „Wolfschanze" zum Schutz mit Moskitonetzen umher.

Der Chefpilot Hitlers, Hans Baur, berichtet später von einem wahren „Schildbürgerstreich“ gegen die „blutgierigen“ Mückenschwärme:

*„In unmittelbarer Nähe von Hitlers Unterkunft gab es auch eine Anzahl Pfützen. In ihnen lebten eine Menge Frösche, die abends und in den Nächten ein mächtiges Konzert anstimmten. Eines Tages blieb es stumm. Es dauerte einige Zeit, bis Hitler das Gequake der Frösche vermisste, und er ließ nachfragen, was da los sei. Es wurde ihm gemeldet, dass man der Mückenplage zu Leibe gegangen sei. In die Tümpel waren einige hundert Liter Petroleum geschüttet worden, und das hatten die Frösche nicht überstanden – sie waren eingegangen, das Konzert war zu Ende. Sicherlich waren auch viele, viele Mückenlarven vernichtet worden, aber viele, viele Mücken waren geblieben, ihr Nachschub war unheimlich. Hitler machte gehörigen Lärm: ‚Hat man solche Idioten schon gesehen? Die Frösche haben sie uns beseitigt, die Mücken sind geblieben! Die Frösche fangen uns doch täglich Tausende von Mücken weg!‘ – Die mit Petroleum verseuchten Pfützen wurden in mühseliger Arbeit wieder gesäubert, frisches Wasser eingefüllt, und es wurden – wieder Frösche eingesetzt.“*

Hans Baur, Mit Mächtigen zwischen Himmel und Erde, Preußisch-Oldendorf 1971, S. 233.

Zum 22. September 1943 wurden die Sicherheitsmaßnahmen in der „Wolfschanze“ auf direkten Befehl Hitlers durch die Schaffung des Sperrkreises A innerhalb des Sperrkreises I noch einmal verschärft. Zu diesem Sperrkreis gehörten dann noch die Bunker oder Häuser von Hitler, Keitel, Bormann, das Kasino 1 und das Teehaus, die persönliche Adjutantur Hitlers und die Adjutantur der Wehrmacht beim „Führer“. Nur noch ein sehr eingeschränkter Kreis von Personen hatte Zutritt zum Sperrkreis A.

UNCLASSIFIED

RHAUPTQUARTIER FHQu., den 20.9.1943

1.) Innerhalb des Sperrkreises 1 wird der Sperrkreis A neu geschaffen. Am 22. September 1943 um 17.00 Uhr tritt die Neuregelung in Kraft.

2.) Zum Sperrkreis A gehören die Häuser:
7 : Feldmarschall Keitel,
8 : Persönliche Adjutantur des Führers,
10 : Kasino 1 und Teehaus,
11 : Führer
12 : Reichsleiter Bormann,
13 : Adjutantur der Wehrmacht beim Führer,
813 : HPA usw.,
Lagehaus.

3.) Der Sperrkreis A ist auf Grund einer Anordnung des Führers gebildet worden. Der Führer hat befohlen : Die Geheimhaltung von Ereignissen, Absichten, Besprechungen usw., die sich bei ihm und in seiner nächsten Umgebung im Führerhauptquartier abspielen, ist mit allen Mitteln sicherzustellen.
Der Führer hat angeordnet, daß Personen, die anderen gegenüber von geheimzuhaltenden Dingen sprechen, über die diese nicht unterrichtet sein müssen, ihm persönlich zur disziplinaren Bestrafung zu melden sind. Neben der Geheimhaltung ist für die Schaffung des Sperrkreises A die Sicherheit der Person des Führers maßgebend.

4.) Die Befehle des Führers zwingen zu scharfen Maßnahmen, die für den einen oder anderen Härten mit sich bringen. Der Forderung nach erhöhter Sicherheit und Geheimhaltung gegenüber muß jeder persönliche Wunsch zurücktreten.

5.) Zum Personenkreis des Sperrkreises A gehören nur die beim Führer unmittelbar diensttuenden Persönlichkei-

UNCLASSIFIED

Quelle S. 46 bis 51: Bundesarchiv, NS 6/49

ten, nicht aber deren Gehilfen. Ausnahme besteht nur für die im Sperrkreis A wohnenden Personen.

6.) Als wichtigstes muß der Besucherverkehr im Sperrkreis eingeschränkt werden. Die für einige Dienststellen im Sperrkreis 1 unvermeidlichen Besuche zu Besprechungen sowie der laufende Kurierverkehr werden daher durch Bildung des Sperrkreises A abgetrennt.

7.) Für die im Sperrkreis A wohnenden Personen und für die außerhalb untergebrachten, aber dauernd im Sperrkreis A dienstlich anwesenden Personen wird ein neuer Dauer-Ausweis mit Lichtbild ausgegeben. Weitere Dauerausweise für den Sperrkreis A werden vom Kommandanten des Führerhauptquartiers nur mit Genehmigung des Chefadjutanten der Wehrmacht beim Führer oder dessen Stellvertreter in Vereinbarung mit SS-Obergruppenführer Schaub bezw. dessen Vertreter ausgegeben.
Die bisher gültigen Ausweise werden eingezogen.

8.) Tagesausweise für den Sperrkreis A dürfen von der Wache nur nach vorheriger Genehmigung eines Persönlichen oder militärischen Adjutanten des Führers ausgegeben werden. Entsprechende Anforderungen sind rechtzeitig bei den zuständigen Adjutanten anzumelden.
Es darf keine Person ohne Ausweis den Sperrkreis A betreten, auch nicht in Begleitung einer Person, die einen gültigen Ausweis besitzt. Allein die an den Toren diensthabenden Beamten des RSD. sind berechtigt, in dringenden Fällen Personen ohne Ausweis in den Sperrkreis A zu lassen, jedoch nur in ihrer Begleitung. Die Beamten bringen dann den Besucher an den Bestimmungsort und überzeugen sich, ob der Einlaß zu Recht besteht. Es ist dann sofort dafür zu sorgen, daß ein Ausweis nachträglich ausgestellt wird, oder der Besucher muß vom Beamten des RSD.

wieder zum Tor geleitet werden. Es darf nicht vorkommen daß sich irgendeine Person im Sperrkreis A ohne Ausweis allein aufhält. Die Posten und Beamten haben Anweisung, in solchen Fällen die betreffende Person aus dem Sperrkreis zu weisen oder festzunehmen.
Die Regelung für den Sperrkreis 1 bleibt gemäß Anordnung vom 9.9.1943.

9.) Der Kraftwagenverkehr im Sperrkreis A wird weitgehendst eingeschränkt. Parken im Sperrkreis A ist grundsätzlich verboten. In den Sperrkreis A dürfen mit Pkw nur Persönlichkeiten vom Reichsminister, Reichsleiter und Generalfeldmarschall an aufwärts fahren. Diese und ihre Begleiter müssen im Besitz eines gültigen Ausweises sein und auf Verlangen jederzeit vorzeigen. Alle anderen Besucher müssen an den Toren des Sperrkreises A die Kraftfahrzeuge verlassen, ausgenommen die im Sperrkreis A wohnenden Personen im Offiziersrang und Wirtschaftsfahrzeuge.

10.) Der Verkehr zu den Dienststellen Chef OKW, Adj.d.Wehrm. b./Führer, HPA, Admiral Voß, General Scherff und WNO ist durch das Tor III A, für Fahrzeuge durch Tor II A zu leiten. Der Verkehr zur Parteikanzlei, zur Persönlichen Adjutantur und zur Küche läuft durch das Tor I A.

11.) Kuriere dürfen den Sperrkreis A nicht betreten. Kuriersachen sind von den im Sperrkreis A untergebrachten Dienststellen von unmittelbar zu vereinbarenden Plätzen abzuholen.

12.) Die Einlaßtore zum Sperrkreis A (Tor I A am Bunker 12, Tor II A am Reichsmarschallhaus, Tor III A zwischen Haus 7 und 77) sind besetzt durch je einen Unteroffizier des Führer-Grenadier-Bataillons und je einen Beamten des RSD. Die Aufgabe des Uffz. ist, bei jedem Passanten den Ausweis zu kontrollieren. Er darf niemanden ohne Ausweis durchlassen, mit Ausnahme, wenn der jeweilige RSD.-Posten persönlich den Besucher in den Sperrkreis A begleitet. Beim Verlassen des Sperrkreises sind die Ausweise mit derselben Genauigkeit zu prüfen. Bei Unstimmigkeiten sind die Besucher durch den RSD.-Posten zur Wache zu bringen oder abzuholen.

13.) Innerhalb des Sperrkreises A patroulliert ständig ein Beamter des RSD. mit der Aufgabe, alle Personen zu überwachen und nicht berechtigte aus dem Sperrkreis zu verweisen.

14.) Für Presse und Fernschreiber sind als Läufer stets dieselben Soldaten einzuteilen und mit Ausweis zu versehen.

15.) Der Kreis der Essenteilnehmer im Kasino 1 Speiseraum 1 ist nach dem Befehl des Führers seine engste Umgebung (Siehe anliegende Liste). Gäste zu dieser Tafel, sowie zu Mahlzeiten im Teehaus, werden nur von Obergruppenführer Schaub oder Generalleutnant Schmundt oder durch deren Vertreter, im Auftrag des Führers gebeten. Wünsche sind rechtzeitig anzumelden.

16.) Alle von außerhalb zum Führer oder zu einer Dienststelle des Sperrkreises A befohlenen Personen halten sich bis zu ihrer Abberufung im Sperrkreis 1 und Kasino 2 auf und werden dort als Gäste des Führers betreut.

Albert Bormann
NSKK-Gruppenführer.

Schmundt
Generalleutnant.

7

UNCLASSIFIED

Essenteilnehmer im Kasino 1

Speiseraum 1.

Generalfeldmarschall K e i t e l
Reichsleiter B o r m a n n
Reichsleiter Dr. D i e t r i c h
Botschafter H e w e l
General d.Art. J o d l
General der Flieger B o d e n s c h a t z
ϟϟ-Obergruppenführer S c h a u b
Generalleutnant B u h l e
Generalleutnant S c h m u n d t
NSKK-Gruppenführer B o r m a n n
Konteradmiral V o s s
Konteradmiral von P u t t k a m e r
Generalmajor Sch e r f f
Professor B r a n d t
Professor von H a s s e l b a c h
Professor M o r e l l
Professor H o f f m a n n
Stabsleiter S ü n d e r m a n n
ϟϟ-Oberführer R a t t e n h u b e r
Oberst B a u r
Oberst G a i m
Oberstleutnant S a n d e r
Oberstleutnant E n g e l
Oberstleutnant von B e l o w
Oberstleutnant D o l d i
Major W e i s s
Major B e t z
Major W a i z e n e g g e r
Major von J o h n
ϟϟ-Sturmbannführer D a r g e s
ϟϟ-Sturmbannführer H ö g l
ϟϟ-Sturmbannführer K e m p k a
Hauptmann F u c h s
Hauptmann von S c y m o n s k i
ϟϟ-Hauptsturmführer P f e i f f e r
Oberlandesgerichtsrat M ü l l e r
Oberbereichsleiter L o r e n z
Oberleutnant F r e n t z

UNCLASSIFIED

**Essenteilnehmer im Kasino 1**

Speiseraum 2.

SS-Stubaf. Gesche
SS-Hauptstuf. Körber
SS-Oberstuf. Hansen
" Dirr
" Linge
" Beermann
SS-Ustuf. Weichelt
" Lindloff
SS-Ostuf. Eickenberg
SS-Oberschf. Bussmann
SA-Hauptstuf. Vater
SS-Obstuf. Küfner
SS-Ustuf. Erdle
" Bergmüller
" Oppelt
" Grill
SS-Sturmschf. Gruber
" Henschel
Frl. Wolf
" Schröder
Frau von Exner
Frau Christian
Frau Junge

Herr Dr. Peschel
" Berger
" Dr. Jonuschat
" Dr. Reydnitz
" Dr. Hagen
" Tödt
" Helling
" Lutz
" Krieger
" Buchholz
Frl. Braun
" Dietrich
" Kress
" Koller
" Wernich
" Winterholler
" Stenglein
" Silberhorn
" Wagner
" Zuckermayr
Presse
Döhler
Reicherter

10

UNCLASSIFIED

# Die „Wolfschanze“ und die anderen Hauptquartiere in Ostpreußen

Im „Führerhauptquartier Wolfschanze“ befand sich nicht nur die höchste politische und militärische Instanz der nationalsozialistischen Herrschaft. Es bildete zugleich das Zentrum in einem Netz von umliegenden Befehlsstellen – die Macht- und Kriegsführungszentrale des NS-Staates. Von Goebbels' Propagandaministerium in Berlin und dem Oberkommando der Kriegsmarine bei Bernau (Deckname „Koralle“) abgesehen, wurden für die wichtigsten NS- und Militärspitzen, die nicht direkt zum „Führerhauptquartier“ gehörten, östlich der „Wolfschanze“ Quartiere erbaut oder eingerichtet.

In einem Wald bei Rosengarten lag das Hauptquartier von Hans Heinrich Lammers, dem Chef der Reichskanzlei. Etwa acht Kilometer nordöstlich davon, am Ufer des Mauersees, ließ sich der Reichsminister des Auswärtigen, Joachim von Ribbentrop, im Barockschloss Steinort nieder; offiziell sein „Feldquartier“. Das Schloss, um 1600 begründet und seitdem Familiensitz der Grafen von Lehndorff, verfügte über einen sorgsam gepflegten Park mit Alleen alter Eichen und galt als Muster ostpreußischer Landschaftspflege. Von hier aus ließ sich Ribbentrop zur täglichen Rasur Barbier Pichottka aus dem 20 Kilometer entfernten Angerburg kommen.

### Umgebungskarte der „Wolfschanze“

1. „Führerhauptquartier Wolfschanze“
2. Flugplatz Wilhelmsdorf
3. Oberkommando des Heeres „Mauerwald“ mit den Bereichen „Fritz“ und „Quelle“
4. Schloss Steinort, Feldquartier des Reichsaußenministers Joachim von Ribbentrop
5. „Feldkommandostelle Hochwald“ des Reichsführer-SS Heinrich Himmler
6. „Feldkommandostelle Hegewald“ des Reichsführer-SS Heinrich Himmler
7. „Feldkommandostelle Friedrichsruh“ (Gut Gansenstein) des Reichsführer-SS Heinrich Himmler
8. Flugplatz Lötzen

Quelle: Gedenkstätte Deutscher Widerstand

# Masurische Seen

**Schloss Steinort, Sitz des Reichsaußenministers**

Quelle: gemeinfrei

**Reichsaußenminister Joachim von Ribbentrop mit Gottliebe von Lehndorff und Heinrich Graf von Lehndorff, bei einem Abendessen auf Schloss Steinort 1942/43**

Quelle: Privatbesitz

**Baracken des Oberkommandos des Heeres (OKH) in „Mauerwald"**

Quelle: Bundesarchiv/Militärarchiv, NL 220/134 (Nachlass Franz Halder)

Ebenfalls am Mauersee, sechs Kilometer nördlich, lag das neben der „Wolfschanze" größte der ostpreußischen Hauptquartiere, das Lager „Mauerwald" des Oberkommandos des Heeres (OKH). Es war zeitgleich mit dem „Führerhauptquartier" entstanden und ebenfalls unter der Tarnbezeichnung „Chemische Werke Askania" errichtet worden. Bis zum 19. Dezember 1941 unter dem Oberbefehlshaber des Heeres Generalfeldmarschall Walter von Brauchitsch, dann, nachdem Hitler den Oberbefehl über das Heer persönlich übernommen hatte, unter dem Chef des Generalstabs des Heeres Franz Halder, lebten und arbeiteten hier um die 1.500 Stabsangehörige in etwa 220 Holzbaracken sowie bunkerartigen Gebäuden.

**Franz Halders Arbeitszimmer im OKH-Lager „Mauerwald"**

Quelle: Bundesarchiv/Militärarchiv, NL 220/134
(Nachlass Franz Halder)

**Getarntes Gebäude im Lager „Mauerwald"**

Quelle: www.mamerki.com

**Hitler gratuliert dem Oberbefehlshaber des Heeres Walter von Brauchitsch am 4. Oktober 1941 im Oberkommando des Heeres „Mauerwald“ zum Geburtstag.**

**Von links: Oberst Rudolf Schmundt, Hitler, Generalfeldmarschall Wilhelm Keitel, Generaloberst Franz Halder, Generalfeldmarschall Walter von Brauchitsch, Oberst Adolf Heusinger**

Quelle: BSB, hoff-38377

Hitler kam nur selten und dann zumeist mit Staatsgästen in das Lager „Mauerwald“.

Nach der Ersetzung von Franz Halder als Generalstabschef des Heeres im September 1942 durch General Kurt Zeitzler besuchte Hitler nur noch einmal, am 1. Juli 1943, „Mauerwald“, um mit Zeitzler das Unternehmen „Zitadelle“ (eine geplante deutsche Großoffensive im Raum von Kursk) zu besprechen und eine Ansprache vor den Offizieren des Oberkommandos des Heeres zu halten.

**Görings Reichsjägerhof in der Rominter Heide**

Quelle: Zentralblatt der Bauverwaltung, 3. Februar 1937

In der Rominter Heide befand sich der Reichsjägerhof des „Zuständigkeitsgiganten“ und zweiten Mannes des „Dritten Reiches“ Reichsmarschall Hermann Göring.

In einem Waldstück nahe dem Kirchdorf Possessern (seit 1938 Großgarten) nutzte Reichsführer-SS Heinrich Himmler das „Hegewaldheim“, das vor 1941 als Ferienanlage diente, als seine „Feldkommandostelle Hegewald“ und ergänzte dieses mit mehreren Bunkern und Baracken. Später fanden im „Hegewaldheim“ vor allem größere Besprechungen statt.

**„Hegewaldheim“, 15. Juli 1942, Empfang des indischen Nationalisten Subhas Chandra Bose**

**Links neben Himmler Bose, neben Bose (Rückansicht) SS-Standartenführer Walter Wüst, gegenüber von Himmler SS-Gruppenführer Kurt Knoblauch, links neben Himmler SS-Obersturmbannführer Josef Tiefenbacher**

Quelle: Bundesarchiv Bild 101III-Alber-064-16A

An diesem Gespräch über die antibritische deutsch-indische Zusammenarbeit nahm für das „Sonderreferat Indien“ des Auswärtigen Amtes auch der Diplomat und Widerstandskämpfer Adam von Trott zu Solz teil. Bereits am 29. Mai 1942 war Bose von Hitler in der „Wolfschanze“ empfangen worden. Die aus britischen Kriegsgefangenen indischer Herkunft aufgestellte „Legion Freies Indien“ wurde auf Subhas Chandra Bose und Adolf Hitler gleichermaßen vereidigt. Im August 1944 erfolgte die Unterstellung dieser etwa 2.600 Mann starken Truppe unter die Waffen-SS.

**Von links: Himmler, SS-Gruppenführer Kurt Knoblauch, SS-Obersturmbannführer Josef Tiefenbacher (Kommandant der „Feldkommandostelle“), Subhas Chandra Bose, Adam von Trott zu Solz, 15. Juli 1942**

Quelle: Bundesarchiv Bild 101III-Alber-064-31A

**Subhas Chandra Bose und Adam von Trott zu Solz auf der Terrasse von Heinrich Himmlers „Feldkommandostelle Hegewald“ am 15. Juli 1942**

Quelle: BSB, hoff-69773

**Reste eines Bunkers von Himmlers „Feldkommandostelle Hochwald“**

Quelle: Uwe Neumärker

Die später von Himmler als „Feldkommandostelle Hochwald" bezeichnete, etwas westlicher als „Hegewald" gelegene Anlage, war mit ihren starken Bunkeranlagen 1941 erst im Bau.

In der Feste Boyen in Lötzen wiederum waren Teile des bis 1944 von Admiral Wilhelm Canaris geleiteten Amtes Ausland/Abwehr im Oberkommando der Wehrmacht, des militärischen Nachrichtendienstes, untergebracht, während die ab Herbst 1942 von Abteilungsleiter Oberst i. G. Reinhard Gehlen geleitete Dienststelle des Oberkommandos des Heeres „Fremde Heere Ost" zur nachrichtendienstlichen Auswertung der Sowjetunion im Lager „Mauerwald" stationiert war.[11]

**11** Vgl. Rolf-Dieter Müller, Reinhard Gehlen. Geheimdienstchef im Hintergrund der Bonner Politik. Die Biografie. Teil 1: 1902–1950, Berlin 2017, S. 259 ff.

# Die „Wolfschanze" nach dem deutschen Überfall auf die Sowjetunion – Der „Fall Barbarossa"

In den frühen Morgenstunden des 22. Juni 1941, einem Sonntag, überschritten deutsche Truppen – eine Streitmacht von mehr als drei Millionen Mann, gruppiert in 148 Divisionen, mit 3.350 Panzern, mehr als 7.000 Geschützen, 600.000 Kraftfahrzeugen, 625.000 Pferden und fast 2.000 kampfverwendungsfähigen Flugzeugen[12] – sowie die Truppen ihrer Verbündeten die Demarkationslinie zur Sowjetunion. Am 23. Juni 1941 bestiegen Hitler und sein engeres Gefolge mittags den „Führersonderzug" am Anhalter Bahnhof in Berlin. Um 0.30 Uhr am 24. Juni trafen sie in der „beinahe fertig ausgebauten"[13] Anlage „Nord" ein, die Hitler als erste Amtshandlung auf den Namen „Wolfschanze" taufte.[14] Auch die übrigen Spitzen bezogen ihre Hauptquartiere für diesen erklärten Vernichtungsfeldzug, der den „jüdischen Bolschewismus" beseitigen und „Lebensraum im Osten" schaffen sollte. Fortan fanden täglich eine Mittags- und eine Abendbesprechung statt, während derer sich Hitler über die Lage an den Fronten informierte und durch eigene Befehle das Geschehen lenkte.

Nach wenigen Tagen in Ostpreußen gab sich Hitler siegesgewiss: „In vier Wochen sind wir in Moskau. Moskau wird dem Erdboden gleichgemacht."[15] Bereits am 5. Juli stießen Hitlers Truppen bis zur „Stalin-Linie" am Dnjepr vor, der sowjetischen Staatsgrenze bis Herbst 1939. Fünf Tage später vermeldete das Oberkommando der Wehrmacht den erfolgreichen Abschluss der Doppelschlacht von Białystok und Minsk als der „größten Material- und Umfassungsschlacht der Weltgeschichte"[16]. Am Abend empfing Hitler als ersten ausländischen Gast im ostpreußischen Hauptquartier den Botschafter des Kaiserreiches Japan beim Deutschen Reich, Graf Hiroshi Ôshima.

---

**12** Vgl. Militärgeschichtliches Forschungsamt (Hrsg.), Das Deutsche Reich und der Zweite Weltkrieg, Band 4: Der Angriff auf die Sowjetunion, Stuttgart 1983, S. 183, S. 270, S. 312.

**13** Alfons Schulz, Drei Jahre in der Nachrichtenzentrale des Führerhauptquartiers. Stein am Rhein 1996, S. 39.

**14** Vgl. Kotze, Heeresadjutant, S. 91, Anm. 277; „Wolf" war Hitlers Deckname schon in den 1920er Jahren gewesen. Vgl. Werner Jochmann (Hrsg.), Adolf Hitler – Monologe im Führerhauptquartier 1941–1944. Die Aufzeichnungen Heinrich Heims, Hamburg 1980, S. 203.

**15** Christa Schroeder, Brief vom 28. Juni 1941, zit. nach Diess., Er war mein Chef. Aus dem Nachlass der Sekretärin von Adolf Hitler, München und Wien 1985, S. 114.

**16** Max Domarus, Hitler. Reden und Proklamationen 1932–1945, München 1965, S. 1744.

Der Japaner gratulierte Hitler und drückte seine Bewunderung für die „Todesverachtung und Tapferkeit der deutschen Soldaten" aus. Hitler glaubte nicht, dass „der Widerstand im europäischen Russland noch länger als sechs Wochen dauern würde."[17]

Der 16. Juli war ab 15 Uhr mit einer über fünfstündigen Besprechung Grundsatzfragen der nationalsozialistischen Besatzungspolitik gewidmet. Neben Hitler nahmen Göring, Keitel, der Reichsminister und Chef der Reichskanzlei Hans Heinrich Lammers, Martin Bormann sowie der NSDAP-Chefideologe Alfred Rosenberg teil. Martin Bormann ließ die Besprechung protokollieren.

17 Andreas Hillgruber (Hrsg.), Staatsmänner und Diplomaten bei Hitler. Vertrauliche Aufzeichnungen über Unterredungen mit Vertretern des Auslandes 1939–1941, Bd. 1, Frankfurt/Main 1967, S. 598.

**Hitler mit Oberst Werner Mölders, der am 15. Juli 1941 nach 101 Luftsiegen als erster Offizier die höchste deutsche Tapferkeitsauszeichnung, den Brillanten zum Ritterkreuz mit Eichenlaub und Schwertern, erhielt**

**Von links: Keitel, Mölders, Karl Bodenschatz, Hitler, Luftwaffenadjutant Nicolaus von Below und Göring**

Quelle: BSB, hoff-37206

Aktenvermerk Martin Bormanns vom 16. Juli 1941:

*„Auf Anordnung des Führers fand heute bei ihm um 15 Uhr eine Besprechung mit Reichsleiter Rosenberg, Reichsminister Lammers, Feldmarschall Keitel, mit dem Reichsmarschall und mir statt. Die Besprechung begann um 15 Uhr und dauerte mit einer Kaffeepause bis gegen 20 Uhr.*

*Einleitend betonte der Führer, er wolle zunächst einige grundsätzliche Feststellungen treffen. Verschiedene Maßnahmen seien jetzt notwendig; dies bewiese u. a. ein von einer unverschämten Vichy-Zeitung gebrachter Hinweis, der Krieg gegen die Sowjetunion sei ein Krieg Europas; er sei also auch für ganz Europa zu führen. Offenbar wolle diese Vichy-Zeitung mit diesen Hinweisen erreichen, dass die Nutznießer dieses Krieges nicht allein die Deutschen sein dürften, sondern dass alle europäischen Staaten daraus ihren Nutzen ziehen müssten.*

*Wesentlich sei es nun, dass wir unsere Zielsetzung nicht vor der ganzen Welt bekanntgäben; dies sei auch nicht notwendig, sondern die Hauptsache sei, dass wir selbst wüssten, was wir wollten. Keinesfalls solle durch überflüssige Erklärungen unser eigener Weg erschwert werden. Derartige Erklärungen seien überflüssig, denn soweit unsere Macht reiche, könnten wir alles tun und was außerhalb unserer Macht liege, könnten wir ohnehin nicht tun.*

*Die Motivierung unserer Schritte vor der Welt müsse sich also nach taktischen Gesichtspunkten richten. Wir müssten hier genau so vorgehen, wie in den Fällen Norwegen, Dänemark, Holland und Belgien. Auch in diesen Fällen hätten wir nichts über unsere Absichten gesagt und wir würden dies auch weiterhin klugerweise nicht tun.*

*Wir werden also wieder betonen, dass wir gezwungen waren, ein Gebiet zu besetzen, zu ordnen und zu sichern; im Interesse der Landeseinwohner müssten wir für Ruhe, Ernährung, Verkehr usw. usw. sorgen; deshalb unsere Regelung. Es soll also nicht erkennbar sein, dass sich damit eine endgültige Regelung anbahnt! Alle notwendigen Maßnahmen – Erschießen, Aussiedeln etc. – tun wir trotzdem und können wir trotzdem tun.*

*Wir wollen uns aber nicht irgendwelche Leute vorzeitig und unnötig zu Feinden machen. Wir tun also lediglich so, als ob wir ein Mandat ausüben wollten. Uns muss aber dabei klar sein, dass wir aus diesen Gebieten nie wieder herauskommen.*

*Demgemäß handelt es sich darum:*

*1. Nichts für die endgültige Regelung zu verbauen, sondern diese unter der Hand vorzubereiten;*

*2. wir betonen, dass wir die Bringer der Freiheit wären.*

*Im Einzelnen:*
*Die Krim muss von allen Fremden geräumt und deutsch besiedelt werden. Ebenso wird das alt-österreichische Galizien Reichsgebiet. Jetzt ist unser Verhältnis zu Rumänien gut, aber man weiß nicht, wie künftig zu jeder Zeit unser Verhältnis sein wird. Darauf haben wir uns einzustellen, und danach haben wir unsere Grenzen einzurichten. Man soll sich nicht vom Wohlwollen Dritter abhängig machen; danach müssen wir unser Verhältnis zu Rumänien einrichten.*

*Grundsätzlich kommt es also darauf an, den riesenhaften Kuchen handgerecht zu zerlegen, damit wir ihn erstens beherrschen, zweitens verwalten und drittens ausbeuten können.*

*Die Russen haben jetzt einen Befehl zum Partisanen-Krieg hinter unserer Front gegeben. Dieser Partisanenkrieg hat auch wieder seinen Vorteil: er gibt uns die Möglichkeit auszurotten, was sich gegen uns stellt.*

*Grundsätzliches:*
*Die Bildung einer militärischen Macht westlich des Ural darf nie wieder in Frage kommen und wenn wir hundert Jahre darüber Krieg führen müssten. Alle Nachfolger des Führers müssen wissen: die Sicherheit des Reiches ist nur dann gegeben, wenn westlich des Ural kein fremdes Militär existiere; den Schutz dieses Raumes vor allen eventuellen Gefahren übernimmt Deutschland.*

*Eiserner Grundsatz muss sein und bleiben: Nie darf erlaubt werden, dass ein anderer Waffen trägt als der Deutsche!*

*Dies ist besonders wichtig; selbst wenn es zunächst leichter erscheint, irgendwelche fremden unterworfenen Völker zur Waffenhilfe heranzuziehen, ist es falsch! Es schlägt unbedingt und unweigerlich eines Tages gegen uns aus. Nur der Deutsche darf Waffen tragen, nicht der Slawe, nicht der Tscheche, nicht der Kosak oder der Ukrainer!*

*Keinesfalls dürfen wir eine Schaukel-Politik führen, wie dies vor 1918 im Elsass geschah. Was den Engländer auszeichnet, ist sein immer gleichmäßiges Verfolgen einer Linie und eines Zieles! In dieser Hinsicht müssen wir unbedingt vom Engländer lernen. Wir dürfen demgemäß unsere Stellungnahme auch nie abhängig machen von einzelnen vorhandenen Persönlichkeiten: auch hier ist das Verhalten der Engländer in Indien gegenüber den indischen Fürsten usw. ein Beispiel: Immer muss der Soldat das Regime sicherstellen!*

*Aus den neugewonnenen Ostgebieten müssen wir einen Garten Eden machen; sie sind für uns lebenswichtig; Kolonien spielen dagegen eine ganz untergeordnete Rolle.*

*Auch wenn wir einzelne Gebietsteile jetzt schon abteilen, immer müssen wir als Schützer des Rechts und der Bevölkerung vorgehen. Demgemäß seien die jetzt notwendigen Formulierungen zu wählen, wir sprechen nicht von einem neuen Reichsgebiet, sondern von einer durch den Krieg notwendigen Aufgabe. […]*

*Reichsleiter Rosenberg schnitt dann die Frage der Sicherung der Verwaltung an.*

*Der Führer sagt dem Reichsmarschall und dem Feldmarschall, er habe immer darauf gedrängt, dass die Polizei-Regimenter Panzerwagen bekämen; für den Einsatz der Polizei in den neuen Ostgebieten sei dies höchst notwendig, denn mit einer entsprechenden Anzahl von Panzerwagen könne ein Polizei-Regiment natürlich ein Vielfaches leisten. Im übrigen, betont der Führer, aber sei die Sicherung natürlich sehr dünn. Der Reichsmarschall werde aber alle seine Übungs-Flugplätze in die neuen Gebiete verlegen und wenn es notwendig sei, dann könnten selbst Ju 52 bei Aufruhr Bomben schmeißen. Der Riesenraum müsse natürlich so rasch wie möglich befriedet werden; dies geschehe am besten dadurch, dass man jeden, der nur schief schaue, totschieße. Feldmarschall Keitel betont, für ihre Dinge müsse man die Einwohner selbst verantwortlich machen, denn es sei natürlich nicht möglich, für jeden Schuppen und für jeden Bahnhof eine Wache zu stellen. Die Einwohner müssten wissen, dass jeder erschossen würde, der nicht funktioniere, und dass sie für jedes Vergehen haftbar gemacht würden."*

Aktenvermerk Bormanns vom 16. Juli 1941, Nürnberger Beweisdokument 221-L, abgedruckt in: Der Prozess gegen die Hauptkriegsverbrecher vor dem Internationalen Militärgerichtshof, Band XXXVIII, S. 86 ff.

Einen Tag später ernannte Hitler Alfred Rosenberg zum „Reichsminister für die besetzten Ostgebiete".[18] Die „früheren Freistaaten Litauen, Lettland und Estland sowie der von Weißruthenen bewohnte Raum" hießen fortan „Ostland".

Der neuernannte „Ostminister" Alfred Rosenberg triumphiert:

*„Um 8 waren wir im wesentlichen fertig. Ich hatte eine Riesen-Aufgabe erhalten, wohl die grösste, die das Reich zu vergeben hat, die Sicherung für Jahrhunderte, die Unabhängigkeitmachung [sic] Europas von Übersee. Aber die gesamte Vollmacht dafür habe ich nicht erhalten, da G.[öring] als Beauftr. f. d. 4-Jahresplan das Recht, ja für einige Zeit das Vorrecht auf wirtschaftl. Eingriffe hat, die, ohne klare Koordination durchgeführt, u. U. die politischen Zielsetzungen gefährden können. Zudem Koch in Kiew, der wichtigsten Stadt, der sich mehr an G. als an mich anlehnen wird. Ich werde hier sehr aufpassen müssen, dass meine Direktiven eingehalten werden. Im übrigen sagte der Führer: alle Erlasse sind eben Theorie. Wenn sie den Notwendigkeiten nicht entsprechen, müssen sie geändert werden."*

Quelle: Alfred Rosenberg. Die Tagebücher von 1934 bis 1944. Hrsg. von Jürgen Matthäus und Frank Bajohr, Frankfurt am Main 2015, S. 399, Eintrag vom 20. Juli 1941.

**18** Erlass des Führers über die Verwaltung der neu besetzten Ostgebiete vom 17. Juli 1941, in: Martin Moll (Hrsg.), „Führer-Erlasse" 1939–1945, Stuttgart 1997, S. 186–188.

**Alfred Rosenberg, Reichsminister und Chef der Reichskanzlei SS-Obergruppenführer Hans Heinrich Lammers und Hitler am 29. September 1941 in der „Wolfschanze"**

Quelle: BSB, hoff-38305

Raub- und Weltanschauungskrieg und rassistische Verfolgung gehörten für Hitler unmittelbar zusammen. Am 21. Juli 1941 empfing er den kroatischen Verteidigungsminister Slavko Kvaternik, dem er unter anderem erklärte: „Gäbe es keine Juden mehr in Europa, so würde die Einigkeit der europäischen Staaten nicht mehr gestört werden. Wohin man die Juden schicke, nach Sibirien oder nach Madagaskar, sei gleichgültig. Er werde an jeden Staat mit dieser Forderung herantreten."[19] Der Historiker und Zeitzeuge Saul Friedländer vermerkt mit Recht dazu: „Augenscheinlich benutzte Hitler den Begriff ‚Madagaskar' als Standardmetapher für die Vertreibung der Juden aus Europa."[20]

---

**19** Aufzeichnung des Gesandten Walter Hewel vom 22. Juli 1941, abgedruckt in: Die Verfolgung und Ermordung der europäischen Juden durch das nationalsozialistische Deutschland 1933–1945 (VEJ), Band 14, S. 359 ff.

**20** Saul Friedländer, Die Jahre der Vernichtung. Das Dritte Reich und die Juden. Zweiter Band 1939–1945, München 2006, S. 231.

# Erste Entscheidungen zu Deportationen und zum Mord an den europäischen Juden 1941

Einige Wochen später, am 18./19. August 1941, erschien Propagandaminister Joseph Goebbels zu einem ersten Besuch in der „Wolfschanze". Der Gauleiter von Berlin trug bei Hitler seine Idee einer unverzüglichen Ausweisung der 70.000 Juden der Reichshauptstadt vor, was ihm dieser aber nicht gestattete. Erst nach Abschluss des Feldzuges sollten die Berliner Juden „sobald sich die erste Transportmöglichkeit bietet, von Berlin in den Osten" abgeschoben werden. „Dort werden sie dann unter einem härteren Klima in die Mache genommen werden."[21] Goebbels erreichte jedoch, dass alle Deutschen, die nach der Ersten Verordnung zum Reichsbürgergesetz vom 15. September 1935 als „Jude" galten und das sechste Lebensjahr vollendet hatten, durch eine im Reichsgesetzblatt veröffentlichte Polizeiverordnung ab dem 1. September einen gelben „Judenstern" als besondere Kennzeichnung tragen mussten.[22]

Goebbels notiert:

*„Wir reden über das Judenproblem. Der Führer ist der Überzeugung, daß seine damalige Prophezeiung im Reichstag, daß, wenn es dem Judentum gelänge, noch einmal einen Weltkrieg zu provozieren, er mit der Vernichtung der Juden enden würde, sich bestätigt. Sie bewahrheitet sich in diesen Wochen und Monaten mit einer fast unheimlich anmutenden Sicherheit. Im Osten müssen die Juden die Zeche bezahlen; in Deutschland haben sie sie zum Teil schon bezahlt und werden sie in Zukunft noch mehr bezahlen müssen."*

Joseph Goebbels, Tagebucheintrag vom 19. August 1941, in: Elke Fröhlich (Hrsg.), Die Tagebücher von Joseph Goebbels. Teil II: Diktate 1941–1945. Bd. 1, München 1996, S. 269.

**21** Joseph Goebbels, Tagebucheintrag vom 19. August 1941, in: Elke Fröhlich (Hrsg.), Die Tagebücher von Joseph Goebbels. Teil II: Diktate 1941–1945. Bd. 1, München 1996, S. 265 f. sowie Below, Hitlers Adjutant, S. 290 f.

**22** Reichsgesetzblatt 1941, Teil I, S. 347, Abdruck auch in VEJ, Band 3, S. 522 f.

Über die Mordaktionen im Osten, wo „die Juden die Zeche bezahlen", war Hitler vermutlich unmittelbar davor aus erster Hand informiert worden. Der Reichsführer-SS und Chef der deutschen Polizei Heinrich Himmler war in Begleitung seines Adjutanten SS-Gruppenführer Karl Wolff und des Höheren SS- und Polizeiführers Rußland-Nord SS-Gruppenführer Hans-Adolf Prützmann am 14. August 1941 von Lötzen nach Baranowicze geflogen und hatte sich dort mit einigen Praktikern des Massenmords wie SS-Gruppenführer Erich von dem Bach-Zelewski, SS-Oberführer Arthur Nebe und SS-Standartenführer Hermann Fegelein getroffen. Fegelein hatte zu diesem Zweck eine „Abschlussmeldung" vorbereitet, wonach die SS-Kavalleriebrigade 1 unter seiner Führung zwischen Ende Juli und dem 13. August 1941 13.788 „Plünderer", also Juden, erschossen hatte.[23]

Arthur Nebe konnte berichten, dass die von ihm geleitete Einsatzgruppe B bis zu diesem Zeitpunkt mehr als 15.000 jüdische Männer erschossen hatte. Abends fuhr Himmler weiter nach Minsk. Erster Punkt seines Tagesprogramms am 15. August 1941 war: „Vormittags Beiwohnen bei einer Exekution von Partisanen und Juden in der Nähe von Minsk."[24] Im Anschluss daran soll Himmler gegenüber den anwesenden Männern des Einsatzkommandos 8 die Verantwortung Hitlers für die Befehle zum Mord an den Juden noch einmal betont haben.

Am nächsten Tag flog Himmler nach Rastenburg zurück, landete um 13.45 Uhr und saß bereits eine Viertelstunde später bei Hitler am Mittagstisch in der „Wolfschanze". Auch am 17. August 1941 sprach Himmler ausführlich mit Hitler. Er konnte ihn aus erster Hand über das Mordgeschehen in den deutsch besetzten Gebieten der Sowjetunion informieren. Waren bis dahin vor allem jüdische Männer erschossen worden, so fielen in den folgenden Monaten ab Anfang August 1941 unterschiedslos mehrere hunderttausend jüdische Männer, Frauen und Kinder den Mordaktionen der Einsatzgruppen der Sicherheitspolizei und des Sicherheitsdienstes oder anderen Mordkommandos zum Opfer.

**23** Abschlussmeldung Fegeleins vom 13. August 1941, Faksimile in: Unsere Ehre heisst Treue. Kriegstagebuch des Kommandostabes Reichsführer-SS, Tätigkeitsbericht der 1. und 2. SS-Inf.-Brigade, der 1. SS-Kav.-Brigade und von Sonderkommandos der SS, Wien u.a. 1965, S. 224 ff.
**24** Forschungsstelle für Zeitgeschichte in Hamburg (Hrsg.): Der Dienstkalender Heinrich Himmlers 1941/42. Hamburg 1999, S. 195.

Heinrich Himmler (3. von rechts) am 15. August 1941 bei der Besichtigung eines Durchgangslagers mit sowjetischen Kriegsgefangenen

Quelle: BSB, hoff-37554

Terror und Gewalt waren für Hitler nicht nur Mittel der Außenpolitik und des Raubkrieges. In der Nacht vom 14. auf den 15. September 1941 postulierte er auch sein innenpolitisches Credo und begründete es in „historischer" Perspektive: „Die Herrschaft des Untermenschentums 1918 erklärt sich daraus, daß auf der einen Seite der vierjährige Krieg einen starken Verlust bester Kräfte mit sich gebracht hatte, während andererseits das Verbrechertum im Mutterland gehegt war. Todesstrafen wurden so gut wie nicht verhängt. Es brauchten nur die Gefängnisse geöffnet zu werden, so hatte die revolutionäre Masse ihre Führung. Ich habe dem Reichsführer-SS Weisung gegeben, falls einmal mit inneren Unruhen zu rechnen sein sollte, alles aus der Welt zu räumen, was sich in den Konzentrationslagern findet; damit ist der Masse die Anführerschaft genommen."[25]

Hatte Hitler im August 1941 noch die Ansinnen von Goebbels und von SS-Gruppenführer Reinhard Heydrich, dem Chef der Sicherheitspolizei und des SD, die deutschen Juden „in den Osten" zu deportieren, aus transporttechnischen Gründen abgelehnt und Goebbels auf die „erste Transportmöglichkeit, die sich bietet", vertröstet, so änderte er in der Siegeseuphorie des Spätsommers 1941 diese Entscheidung. Heinrich Himmler hatte hierfür ab Anfang September 1941 sorgfältig Verfahrensweisen vorbereitet. Nachdem er am 1. September 1941 ausführlich in seinem Feldquartier „Hegewald" mit Heydrich gesprochen und am 2. September 1941 an der Mittagstafel Hitlers in der „Wolfschanze" teilgenommen hatte, traf er sich am Nachmittag des 2. September 1941 im „Hegewald" mit dem Höheren SS- und Polizeiführer im „Generalgouvernement" SS-Obergruppenführer Friedrich-Wilhelm Krüger und besprach neben einem Korruptionsfall und den „Schwierigkeiten mit der Verwaltung" auch die „Judenfrage – Aussiedlung aus dem Reich." Dies war nur der Auftakt.

Hitler entschied Mitte September 1941, dass die Deportation der deutschen Juden aus dem Reich beginnen könnte. Heinrich Himmler, dessen „Schriftgutverwaltung" peinlich auf die Einhaltung der administrativen Umgangsformen bedacht war, wählte für sein grundsätzliches Schreiben an den Posener Gauleiter und Reichsstatthalter Arthur Greiser nicht die übliche „Feldkommandostelle" als Absendeort, sondern bewusst das „Führer-Hauptquartier".

**25** Jochmann, Monologe, S. 59, Eintrag für die Nacht vom 14. auf den 15. September 1941.

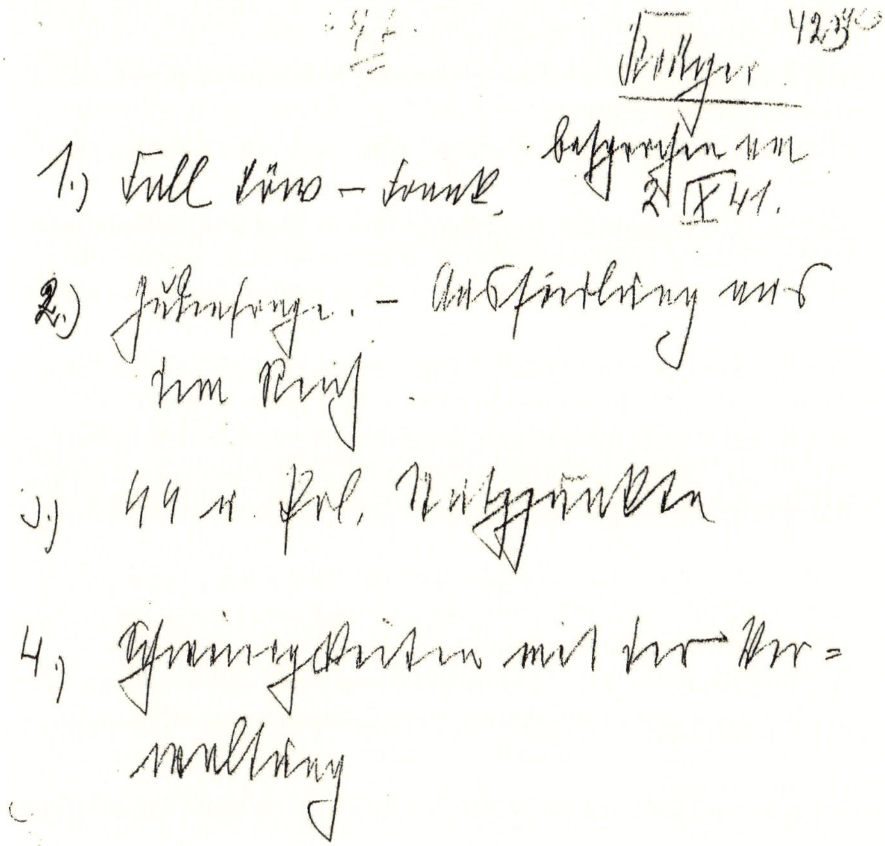

**Besprechungsnotiz Himmlers über sein Gespräch mit Krüger am 2. September 1941**

Quelle: Sonderarchiv Moskau, 1372-5-23, Blatt 421. Faksimile in: Der Dienstkalender Heinrich Himmlers 1941/42, S. 202.

Umschrift:

*<u>Krüger</u>*
*besprochen am 2. IX.41.*

*1.) Fall Löw [Löv] – Frank*

*2.) Judenfrage. – Aussiedlung aus dem Reich*

*3.) SS u. Pol. Stützpunkte*

*4.) Schwierigkeiten mit der Verwaltung*

Himmler teilte mit: „Der Führer wünscht, daß möglichst bald das Altreich und das Protektorat von Westen nach dem Osten von Juden geleert und befreit werden. Ich bin daher bestrebt, möglichst noch in diesem Jahr die Juden des Altreichs und des Protektorats zunächst einmal als erste Stufe in die vor zwei Jahren neu zum Reich gekommenen Ostgebiete zu transportieren um sie im nächsten Frühjahr dann weiter nach dem Osten abzuschieben. Ich beabsichtige, in das Litzmannstätter [sic!] Ghetto, das, wie ich hörte, an Raum aufnahmefähig ist, rund 60 000 Juden des Altreichs und des Protektorats für den Winter zu verbringen. Ich bitte sie, diese Maßnahme, die sicherlich für Ihren Gau Schwierigkeiten und Lasten mit sich bringt, nicht nur zu verstehen, sondern im Interesse des Gesamtreiches mit allen Kräften zu unterstützen. SS-Gruppenführer Heydrich, der diese Judenwanderung vorzunehmen hat, wird sich rechtzeitig unmittelbar oder über SS-Gruppenführer Koppe an Sie wenden."[26]

Eine typisch nationalsozialistische Lösung: Die deutschen und tschechischen Juden sollten aus dem „Altreich" in den „Reichsgau Wartheland" deportiert werden. Damit verließen sie formal nicht das „Großdeutsche Reich" und benötigten weniger Transportkapazität, als wenn sie weiter „in den Osten" deportiert worden wären, aber sie wären, wie es Goebbels gefordert hatte, aus dem deutschen Straßenbild verschwunden.

Über den weiteren Umgang mit den Verschleppten – außer sie im besetzten Polen zu ghettoisieren – waren noch keine endgültigen Entscheidungen getroffen. Alfred Rosenbergs Verbindungsmann im „Führerhauptquartier", Werner Koeppen, notierte am 21. September: „Der Führer hat bisher noch keine Entscheidung in der Frage der Ergreifung von Repressalien gegen die deutschen Juden wegen der Behandlung der Wolgadeutschen getroffen. Wie der Gesandte von Steengracht mir mitteilte, erwägt der Führer, sich diese Maßnahmen für einen eventuellen Eintritt Amerikas in den Krieg aufzuheben."[27]

---

**26** Bundesarchiv, NS 19/2655, fol. 3.

**27** Herbst 1941 im Führerhauptquartier. Berichte Werner Koeppens an seinen Minister Alfred Rosenberg. Hrsg. und kommentiert von Martin Vogt, Koblenz 2002, S. 34 f.

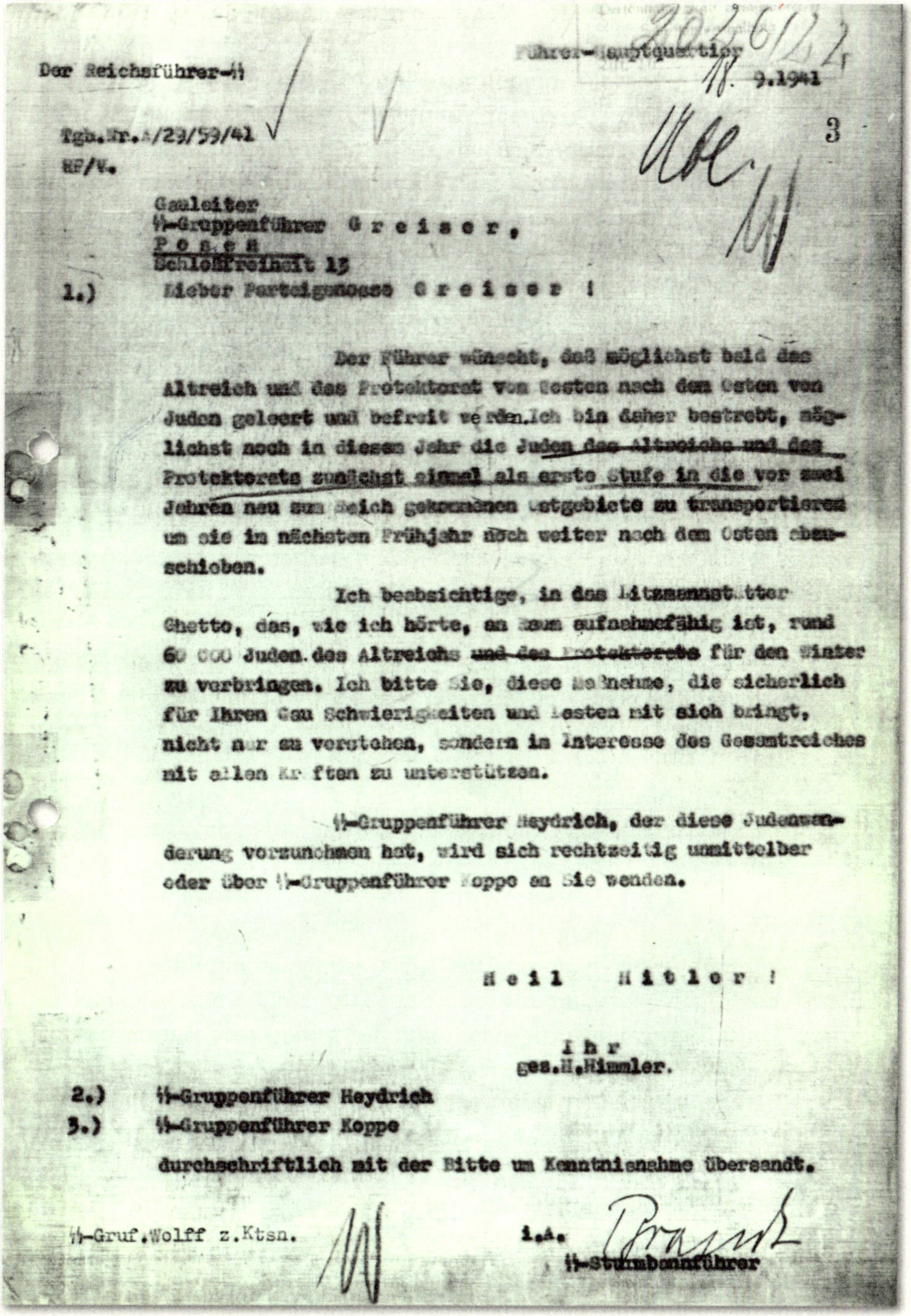

Der Reichsführer-SS

Führer-Hauptquartier 18. 9.1941

Tgb.Nr. A/29/59/41
RF/V.

Gauleiter
SS-Gruppenführer Greiser,
Posen
Schloßfreiheit 13

1.) Lieber Parteigenosse Greiser !

Der Führer wünscht, daß möglichst bald das Altreich und das Protektorat vom Westen nach dem Osten von Juden geleert und befreit werden. Ich bin daher bestrebt, möglichst noch in diesem Jahr die Juden des Altreichs und des Protektorats zunächst einmal als erste Stufe in die vor zwei Jahren neu zum Reich gekommenen Ostgebiete zu transportieren, um sie im nächsten Frühjahr noch weiter nach dem Osten abzuschieben.

Ich beabsichtige, in das Litzmannstädter Ghetto, das, wie ich hörte, an Raum aufnahmefähig ist, rund 60 000 Juden des Altreichs und des Protektorats für den Winter zu verbringen. Ich bitte Sie, diese Maßnahme, die sicherlich für Ihren Gau Schwierigkeiten und Lasten mit sich bringt, nicht nur zu verstehen, sondern im Interesse des Gesamtreiches mit allen Kräften zu unterstützen.

SS-Gruppenführer Heydrich, der diese Judenwanderung vorzunehmen hat, wird sich rechtzeitig unmittelbar oder über SS-Gruppenführer Koppe an Sie wenden.

Heil Hitler !

Ihr
gez. H. Himmler.

2.) SS-Gruppenführer Heydrich
3.) SS-Gruppenführer Koppe
durchschriftlich mit der Bitte um Kenntnisnahme übersandt.

SS-Gruf. Wolff z.Ktsn.

i.A. Brandt
SS-Sturmbannführer

**Schreiben Himmlers vom 18. September 1941 an Reichsstatthalter Arthur Greiser über die Deportation der Juden aus Deutschland**

Quelle: Bundesarchiv, NS 19/2655, fol. 3

## Staatsbesuche

Um 6.05 Uhr am Montagmorgen des 25. August 1941 gingen bei Schwarzstein an der Straße zwischen Rastenburg und der „Wolfschanze" sowie bei Masehnen nordöstlich des „Führerhauptquartiers" „zwei schwere Batterien der Res. Flak-Abt. 136, Königsberg" zum Schutz der „Wolfschanze" in Stellung.[28] Um acht Uhr wurden die Sicherungen am Bahnhof Görlitz des „Führerhauptquartiers" durch die 4. Kompanie aufgezogen, wo sich knapp drei Stunden später, um 10.45 Uhr, Hitler in Begleitung von Reichsaußenminister Ribbentrop, Generalfeldmarschall Keitel, General Jodl, Reichsleiter Bormann und „Reichspressechef" Dietrich einfand, um seinen ersten Staatsgast zu erwarten. Um 11.05 Uhr traf der Gästesonderzug mit Benito Mussolini, dem Duce, dort ein.

Es folgten ein Lagevortrag in Keitels Bunker, ein Besuch im OKH-Lager „Mauerwald" sowie, gegen 19 Uhr, ein Abendessen „im engsten Kreise im Führerbunker"[29]. Am nächsten Morgen starteten die „Führermaschine" sowie fünf Begleitflugzeuge vom Flugplatz Wilhelmsdorf in Richtung Osten. In Brest-Litowsk besichtigten der Duce und Hitler die Festung und ließen sich kurz die Kämpfe darstellen. Nach dem Rückflug und einem Besuch bei Göring in der Johannisburger Heide fuhren Mussolini und Hitler in Sonderzügen zu ihren Truppen Richtung Ostfront ab.
Am 29. August wurde im „Führerhauptquartier" ein Kommuniqué über das Treffen veröffentlicht, in dem vom „Geiste der engen Kameradschaft und der Schicksalsverbundenheit" wie auch der „Vernichtung der bolschewistischen Gefahr"[30] die Rede war.

Vom 8. bis 10. September fand eine weitere „denkwürdige" Zusammenkunft im „Führerhauptquartier" statt: Auf Einladung Hitlers besuchten der Reichsverweser des Königreiches Ungarn, Admiral Nikolaus von Horthy, sein Ministerpräsident und Außenminister Laszló von Bardossy sowie der Chef des ungarischen Generalstabes, Feldmarschall-Leutnant Ferenc Szombathelyi, die „Wolfschanze". Nach dem Eintreffen der Delegation auf dem Bahnhof Görlitz um 11 Uhr folgte das bereits mit Mussolini erprobte Programm: Begrüßung, Besichtigung der Anlage, erste Besprechung im „Führerbunker", Lagevortrag im Kartenraum des

**28** Bundesarchiv/Militärarchiv, RW 47/v. 9., Kriegstagebuch des Kommandanten des Führerhauptquartiers Nr. 6, Bl. 174–182.
**29** Ebenda.
**30** Domarus, Hitler, S. 1749.

**Benito Mussolini und Adolf Hitler auf dem Bahnhof Görlitz des „Führerhauptquartiers Wolfschanze" am Vormittag des 25. August 1941**

Quelle: BSB hoff-37598

**Dritter von links Horthy, daneben Hitler, Jodl, Keitel und Major Eckhard Christian beim Lagevortrag im Kartenraum des OKW am 8. oder 9. September 1941. Die rechte obere Ecke des Fotos ist abgeschnitten, es war damit für eine Veröffentlichung gesperrt.**

Quelle: BSB, hoff-38137

OKW, Mittagstafel beim „Führer", dann Tee, später die Abendtafel. Für 17.08 Uhr wurde im „Kriegstagebuch des Führerhauptquartiers" notiert: „Die geplanten Frontfahrten fallen aus, da der Reichsverweser nicht fliegt. Die Aufträge der Frontgruppen [die Sicherheit des Gastes zu gewährleisten] werden durch Funksprüche rückgängig gemacht. Die Frontgruppen bleiben zunächst in ihren Unterbringungsräumen."[31]

Am selben 8. September 1941 begann die Wehrmacht auf Hitlers Befehl, Leningrad zu belagern. Bald darauf verkündete dieser in der „Wolfschanze" seine Pläne für die Metropole an der Newa: „Der Führer ist entschlossen, die Stadt Petersburg vom Erdboden verschwinden zu lassen. Es besteht nach der Niederwerfung Sowjetrußlands keinerlei Interesse an dem Fortbestand dieser Großsiedlung. Auch Finnland hat gleicherweise kein Interesse an dem Weiterbestehen der Stadt unmittelbar an seiner neuen Grenze bekundet."[32] Dazu kam es nicht, aber die Hungerblockade dauerte bis zum 27. Januar 1944 und kostete etwa eine Million Menschen das Leben.

Am nächsten Tag, dem 9. September, erfolgte der obligatorische Abstecher Horthys in das OKH-Hauptquartier „Mauerwald" samt Rundfahrt und Mittagessen. Für Mittwoch, den 10. September, stand eine Besichtigung der Marienburg auf dem Programm, dann eine Stippvisite bei Göring in dessen Reichsjägerhof Rominten. Am Abend erhielt Horthy in seiner Eigenschaft als oberster Befehlshaber der Königlich-Ungarischen Wehrmacht das Ritterkreuz, einen Monat nach seinem rumänischen Rivalen Antonescu. Das folgende Kommuniqué wusste – trotz des bekanntermaßen distanzierten Verhältnisses beider Herrscher – vom „Geist der traditionellen Waffenbrüderschaft" zu berichten, der „im gemeinsamen Kampf gegen den Bolschewismus [seine] erneute Bewährung"[33] finde.

**31** Bundesarchiv/Militärarchiv, RW 47/v. 9., Kriegstagebuch des Kommandanten des Führerhauptquartiers Nr. 6, Bl. 188.
**32** Tagebuch der Seekriegsleitung vom 29. September 1941, zit. nach: Domarus, Hitler, Bd. II, S. 1755.
**33** DNB-Meldung vom 11. September 1941, zit. nach: Domarus, Hitler, S. 1751.

**Dr. Tiso und Hitler auf dem Bahnhof des „Führerhaupt-quartiers", dahinter Rudolf Schmundt und Julius Schaub**

Quelle: BSB, hoff-38448

Die „Anstrengungen" der letzten Zeit veranlassten Hitler am 18. September 1941, sich sowie seinen 21 Reichsministern und 23 Reichsstatthaltern eine Erhöhung der „Tagegelder und Entschädigungen für Reisekosten" zu genehmigen – eine Art „Buschzulage" für den Russlandfeldzug.[34] Im Gegensatz dazu hatte Hitler Goebbels' Ansinnen, Winterbekleidung für die Frontsoldaten zu beschaffen, dagegen kurz zuvor entschieden abgelehnt.[35]

Pünktlich zum Abschluss der Kesselschlachten bei Brjansk und Wjasma fand am Montag, dem 20. Oktober, ein weiterer Staatsgast seinen Schienenweg in die Bunkerstadt im Wald bei Rastenburg: In Begleitung seines Ministerpräsidenten Dr. Vojtech Tuka hatte sich der slowakische Staatspräsident Dr. Jozef Tiso aus Pressburg (Bratislava) in die „Wolfschanze" begeben.

Dolmetscher Schmidt erinnert sich:

*„Es war ein eigenartiges Bild, diesen katholischen Geistlichen von Hitler freundlich begrüßt zu sehen. Klein und rundlich stand der geistliche Herr vor dem Manne, den man nicht gerade als einen Freund der katholischen Kirche bezeichnen konnte. Aber wenn Tiso etwas für seine Slowakei erreichen wollte, wäre er wohl selbst zum Teufel persönlich gegangen. ‚Wenn ich mich aufgeregt habe', erzählte er uns einmal, ‚esse ich ein halbes Pfund Schinken, das beruhigt meine Nerven wieder'."*

Quelle: Paul Schmidt, Statist auf diplomatischer Bühne 1923–45, Bonn 1953, S. 552.

**34** Reichsgesetzblatt (RGBl.) 1941, Teil I, S. 571.
**35** Bereits Ende August hatte der Propagandaminister sich erstmalig für die Ausstattung der Ostfrontsoldaten mit Winterbekleidung ausgesprochen. Vgl. Alan Bullock, Hitler und Stalin. Parallele Leben, Berlin 1991, S. 914.

Auch Tiso und seiner Begleitung wurde das Touristenprogramm des „Führerhauptquartiers" zuteil[36], weiterhin gab es Besprechungen „im Geiste der herzlichen Freundschaft [...] und [...] der Waffenbrüderschaft"; so auch beim Nachmittagstee in Steinort, wo die Pressburger Politiker, als erste verbündete Regierung, dem deutschen Plan zur Deportation der Juden nach Osteuropa zustimmte.[37] Der Chronist Max Domarus bewertete später das obligatorische Kommuniqué: „Man konnte wahrhaftig glauben, nach diesem Besuch der Slowaken sei der siegreiche Ausgang des Krieges endgültig gesichert."[38]

Ähnlich verlief fünf Tage darauf die Begegnung zwischen dem „Führer" und dem Königlich-Italienischen Außenminister Graf Ciano. Hitler erging sich in schwelgerischen Beschreibungen der „unvorstellbaren" sowjetischen Verluste und beschwor ein neu entstehendes Europa, Ciano unterbreitete die persönliche Bitte des Duce, sich stärker an den militärischen Leistungen beteiligen zu wollen.[39] An seinen Chef und Schwiegervater Mussolini schrieb Ciano im Anschluss wenig respektvoll: „In der Vergangenheit haben wir gesehen, wie eine Reihe von Schlagworten, die dem Gehirn des Führers entsprossen, auftauchten und versanken, nachdem sie bis hinab zu seinen letzten Mitarbeitern wiederholt worden waren. Jetzt ist das Schlagwort ‚Europäische Solidarität' in Mode."[40]

**36** Bundesarchiv/Militärarchiv, RW 47/v. 9., Kriegstagebuch des Kommandanten des Führerhauptquartiers Nr. 6, Bl. 204 f.

**37** Vgl. Forschungsstelle (Hrsg.), Der Dienstkalender Heinrich Himmlers 1941/42, S. 241, Anm. 61.

**38** Domarus, Hitler, S. 1769.

**39** Hillgruber, Staatsmänner und Diplomaten, S. 626–638.

**40** Zit. nach Domarus, Hitler, S. 1769.

# Krieg, Terror und Völkermord

Mitte September 1941 war die Siegeseuphorie im „Führerhauptquartier" riesig. Mehr als 1,5 Millionen sowjetische Kriegsgefangene in weniger als drei Monaten – mehr als im gesamten Ersten Weltkrieg –, wie Hitler betonte, riesige Raumgewinne, Kiew war gefallen und die deutschen Truppen überall auf dem Vormarsch. Vor diesem Hintergrund erfolgten die weiteren Planungen zur Ausbeutung der eroberten Gebiete und die Fortsetzung der Massenmordaktionen. Gleichzeitig wurden immer mehr völkerrechtswidrige Befehle in der „Wolfschanze" ausgearbeitet.

Der „Kommissar-Befehl" war ergangen, bevor Hitler sich in die „Wolfschanze" begab. Er hatte am 6. Juni 1941 bestimmt, dass „politische Kommissare" der Roten Armee „noch auf dem Gefechtsfelde abzusondern" seien: „Sie sind nach durchgeführter Absonderung zu erledigen."[41] Am 18. August 1941 weitete der Chef des Wehrmachtführungstabes Alfred Jodl den Befehl aus der „Wolfschanze" noch auf die „politischen Gehilfen bei den Kompanien (Politruks)" aus.[42]

Bereits seit 1940 hatte es auf verschiedenen Kriegsschauplätzen Erschießungen von Zivilpersonen als Geiseln bei Taten gegen die Besatzungsmacht gegeben. Am 16. September 1941 fasste Keitel eine Weisung Hitlers in einem Befehl zusammen. Danach musste „bei jedem Vorfall der Auflehnung gegen die deutsche Besatzungsmacht ... auf kommunistische Ursprünge geschlossen werden." Daher seien „beim ersten Anlaß unverzüglich die schärfsten Mittel anzuwenden, um die Autorität der Besatzungsmacht durchzusetzen und einem weiteren Umsichgreifen vorzubeugen. Dabei ist zu bedenken, daß ein Menschenleben in den betroffenen Ländern vielfach nichts gilt und eine abschreckende Wirkung nur durch ungewöhnliche Härte erreicht werden kann. Als Sühne für ein deutsches Soldatenleben muß in diesen Fällen im allgemeinen die Todesstrafe für 50-100 Kommunisten als angemessen gelten. Die Art der Vollstreckung muß die abschreckende Wirkung noch erhöhen."[43] Dieser Befehl war ebenso unmenschlich wie völkerrechtswidrig.

---

**41** Bundesarchiv/Militärarchiv, RW 4/578, Bl. 42–44.
**42** Bundesarchiv/Militärarchiv, RW 4/578, Bl. 128.
**43** Bundesarchiv/Militärarchiv, RH 26-104/11, Befehl vom 16. September 1941.

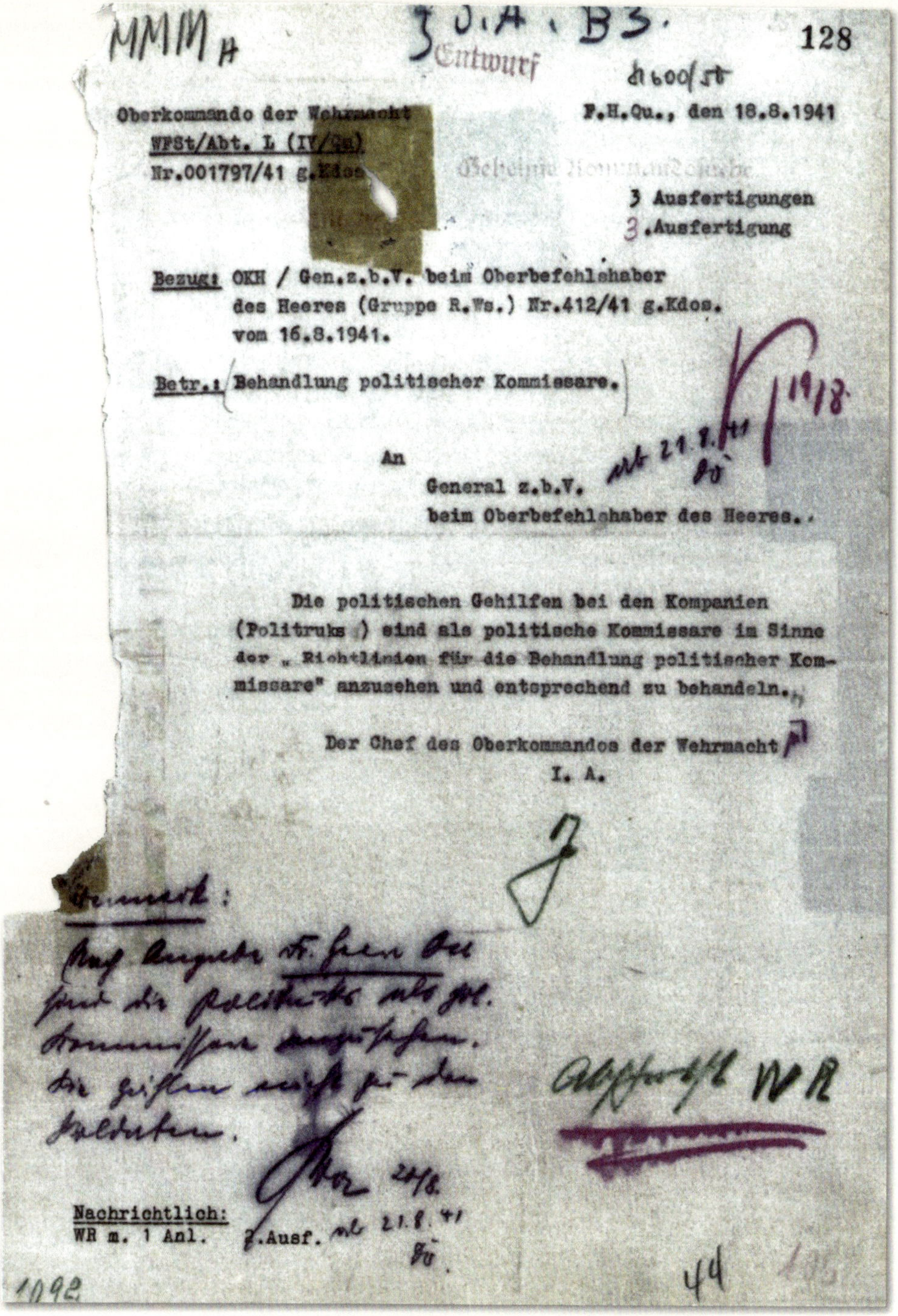

128

Oberkommando der Wehrmacht F.H.Qu., den 18.8.1941
WFSt/Abt. L (IV/Qu)
Nr.001797/41 g.Kdos.

Geheime Kommandosache

3 Ausfertigungen
3.Ausfertigung

Bezug: OKH / Gen.z.b.V. beim Oberbefehlshaber des Heeres (Gruppe R.Ws.) Nr.412/41 g.Kdos. vom 16.8.1941.

Betr.: Behandlung politischer Kommissare.

An
General z.b.V.
beim Oberbefehlshaber des Heeres.

Die politischen Gehilfen bei den Kompanien (Politruks) sind als politische Kommissare im Sinne der „Richtlinien für die Behandlung politischer Kommissare" anzusehen und entsprechend zu behandeln.

Der Chef des Oberkommandos der Wehrmacht
I. A.

Nachrichtlich:
WR m. 1 Anl. 2.Ausf.

**Befehl Jodls vom 18. August 1941 über die Ausweitung des „Kommissarbefehls"**

Quelle: Bundesarchiv/Militärarchiv, RW 4/578, Bl. 128

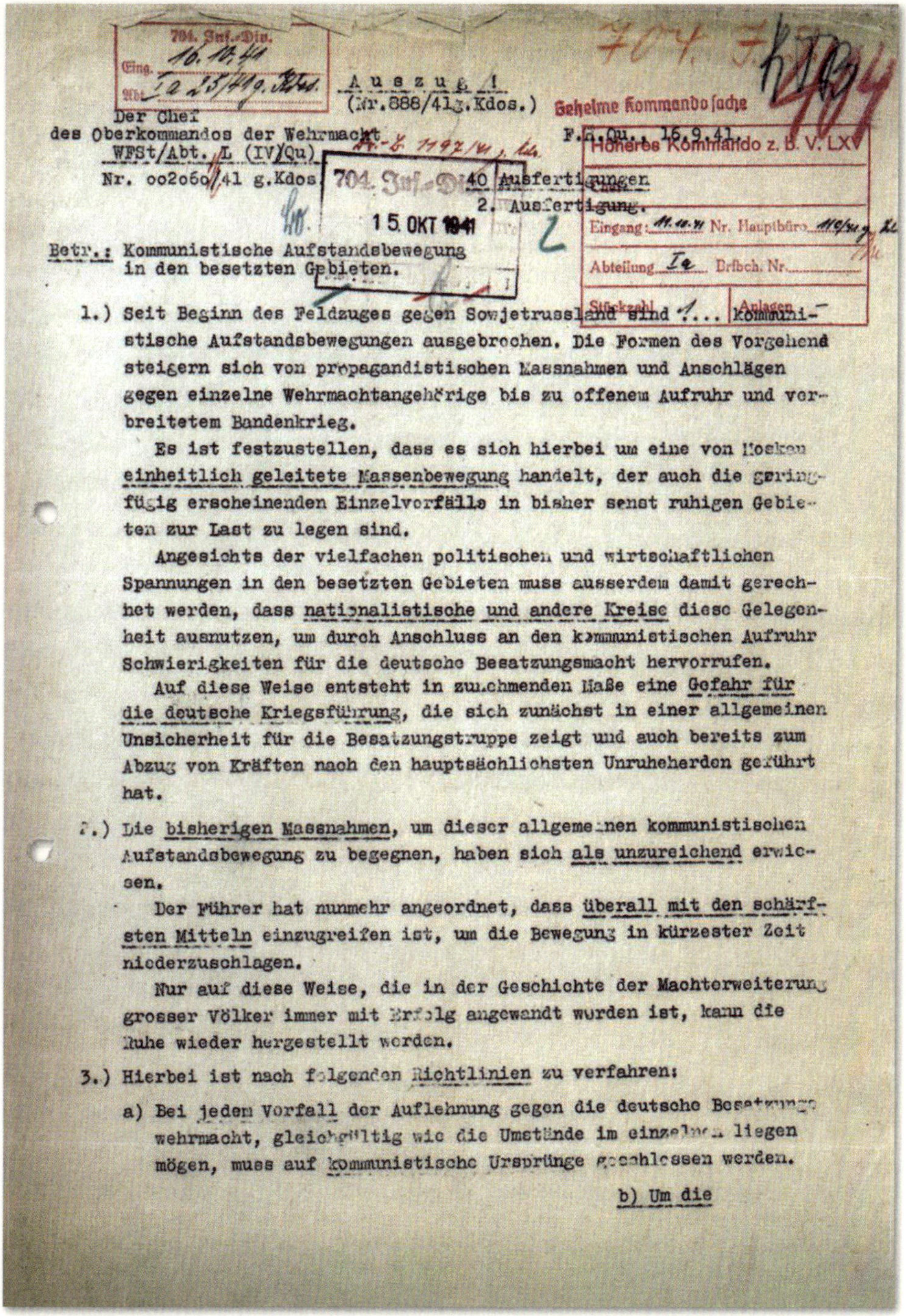

704. Inf.-Div.
Eing. 16.10.41
Abt. Ia 25/41 g. Kdos.

Auszug !
(Nr. 888/41 g. Kdos.)

Geheime Kommandosache

Der Chef
des Oberkommandos der Wehrmacht
WFSt/Abt. L (IV/Qu)
Nr. 002060/41 g.Kdos.

F.H.Qu., 16.9.41.

40 Ausfertigungen
2. Ausfertigung.

704. Inf.-Div.
15. OKT 1941

Höheres Kommando z. b. V. LXV
Eingang: 11.10.41 Nr. Hauptbüro
Abteilung Ia Brfbch. Nr.
Stückzahl 1 Anlagen –

Betr.: Kommunistische Aufstandsbewegung in den besetzten Gebieten.

1.) Seit Beginn des Feldzuges gegen Sowjetrussland sind ... kommunistische Aufstandsbewegungen ausgebrochen. Die Formen des Vorgehens steigern sich von propagandistischen Massnahmen und Anschlägen gegen einzelne Wehrmachtangehörige bis zu offenem Aufruhr und verbreitetem Bandenkrieg.

Es ist festzustellen, dass es sich hierbei um eine von Moskau einheitlich geleitete Massenbewegung handelt, der auch die geringfügig erscheinenden Einzelvorfälle in bisher sonst ruhigen Gebieten zur Last zu legen sind.

Angesichts der vielfachen politischen und wirtschaftlichen Spannungen in den besetzten Gebieten muss ausserdem damit gerechnet werden, dass nationalistische und andere Kreise diese Gelegenheit ausnutzen, um durch Anschluss an den kommunistischen Aufruhr Schwierigkeiten für die deutsche Besatzungsmacht hervorrufen.

Auf diese Weise entsteht in zunehmenden Maße eine Gefahr für die deutsche Kriegsführung, die sich zunächst in einer allgemeinen Unsicherheit für die Besatzungstruppe zeigt und auch bereits zum Abzug von Kräften nach den hauptsächlichsten Unruheherden geführt hat.

2.) Die bisherigen Massnahmen, um dieser allgemeinen kommunistischen Aufstandsbewegung zu begegnen, haben sich als unzureichend erwiesen.

Der Führer hat nunmehr angeordnet, dass überall mit den schärfsten Mitteln einzugreifen ist, um die Bewegung in kürzester Zeit niederzuschlagen.

Nur auf diese Weise, die in der Geschichte der Machterweiterung grosser Völker immer mit Erfolg angewandt worden ist, kann die Ruhe wieder hergestellt werden.

3.) Hierbei ist nach folgenden Richtlinien zu verfahren:

a) Bei jedem Vorfall der Auflehnung gegen die deutsche Besatzungswehrmacht, gleichgültig wie die Umstände im einzelnen liegen mögen, muss auf kommunistische Ursprünge geschlossen werden.

b) Um die

**„Sühnebefehl" Keitels vom 16. September 1941**

Quelle: Bundesarchiv/Militärarchiv, RH 26-104/11

- 2 -

b) Um die Umtriebe im Keime zu ersticken, sind beim ersten Anlass unverzüglich die schärfsten Mittel anzuwenden, um die Autorität der Besatzungsmacht durchzusetzen und einem weiteren Umsichgreifen vorzubeugen. Dabei ist zu bedenken, dass ein Menschenleben in den betroffenen Ländern vielfach nichts gilt und eine abschreckende Wirkung nur durch ungewöhnliche Härte erreicht werden kann. Als Sühne für ein deutsches Soldatenleben muss in diesen Fällen im allgemeinen die Todesstrafe für 50 - 100 Kommunisten als angemessen gelten. Die Art der Vollstreckung muss die abschreckende Wirkung noch erhöhen.

Das umgekehrte Verfahren, zunächst mit verhältnismässig milden Strafen vorzugehen und zur Abschreckung sich mit Androhung verschärfter Massnahmen zu begnügen, entspricht diesen Grundsätzen nicht und ist daher nicht anzuwenden.

c) . . . . . .

d) Landeseigene Kräfte werden im allgemeinen zur Durchsetzung solcher Gewaltmassnahmen versagen. Ihre Verstärkung bringt erhöhte Gefahren für die eigene Truppe mit sich und muss daher unterbleiben.

Dagegen kann von Prämien und Belohnungen für die Bevölkerung in reichem Maße Gebrauch gemacht werden, um ihre Mithilfe in geeigneter Form zu sichern.

e) . . . . . .

4.). . . . . . .

gez. K e i t e l

Für die Richtigkeit
des Auszuges:

[Unterschrift]

Oberstlt.i.Genst.

Verteiler:

| | | |
|---|---|---|
| Höh. Kdo. LXV zugl.f.Div. | 1. - 5. | Ausfertigung |
| 342. J.D. | 6. | " |
| J. R. 125 | 7. | " |
| ~~Höh. Nachr.Führ.~~ | ~~8.~~ | " |
| Kps. Pi. Führ. | 9. | " |
| Kps. Nachr. Führ. | 10. | " |
| Kps. Nachsch.Führ. | 11. | " |
| Ob. Fz. Stab 5 | 12. | " |
| Gen.Bev.f.d.Wirtschaft | 13. | " |
| Wehrwirtschaftsstab Südost | 14. | " |
| | 14 Ausfertigungen. | |

Im September 1941 hielten sich Himmler und Heydrich mehrere Tage im „Führerhauptquartier" auf. Sowohl am Abend des 21. September als auch am Mittag des 22. September und am Mittag des 23. September waren sie Gäste Hitlers. Am Vormittag des 22. September entschied Himmler in einer Besprechung mit dem Inspekteur der Konzentrationslager, SS-Brigadeführer Glücks, 200.000 sowjetische Kriegsgefangene in die Konzentrationslager zu übernehmen. Dies war der Beginn der riesenhaften Entwicklungsplanungen für die Konzentrationslager in Auschwitz-Birkenau und Lublin-Majdanek. Mittags holte Heydrich Himmler in dessen Hauptquartier ab, mit Hitler besprachen sie dann in der „Wolfschanze" die Situation im annektierten tschechischen Gebiet. Auch am Mittag des 23. September fuhren Himmler und Heydrich ins „Führerhauptquartier" und blieben dort mehrere Stunden. Am selben Tag traf dort der „Reichsprotektor für Böhmen und Mähren", Konstantin Freiherr von Neurath, ein, der offenbar über die politischen Veränderungen und seine Entmachtung informiert werden sollte.

Joseph Goebbels notiert:

*„Im Führerhauptquartier ist großer Prominentenaufmarsch. Neurath und Frank aus Prag sind da, Heydrich, Backe, Himmler und noch eine ganze Reihe von maßgebenden Männern aus Staat, Wehrmacht und Partei. Die Dinge in Prag sind ziemlich krisenhaft geworden, und der Führer hat jetzt den Entschluß gefaßt, energisch durchzugreifen. Da er das mit Neurath nicht durchführen kann, ist er entschlossen, zur Bereinigung der dortigen Verhältnisse Heydrich abzudelegieren. Neurath soll etwas in den Hintergrund treten, und er wird wahrscheinlich die augenblicklich so außerordentlich zugespitzte Lage mit dem Verlust seiner Position bezahlen müssen. In solchen kritischen Situationen müssen starke Männer ans Ruder. Diese starken Männer müssen im Besitz einer festen und unbeirrten Hand sein; sie dürfen sich nicht durch Sentimentalitäten vom eigentlich [sic!] Ziel abbringen lassen."*

Quelle: Joseph Goebbels, Tagebucheintrag vom 24. September 1941, in: Elke Fröhlich (Hrsg.), Die Tagebücher von Joseph Goebbels. Teil II: Diktate 1941–1945. Bd. 1, München 1996, S. 480.

Einen Tag später, am 24. September 1941 gab es mittags eine weitere mehrstündige Besprechung zwischen Hitler, Himmler, Heydrich, Lammers, dem Staatssekretär im „Protektorat" Karl-Hermann Frank und Bormann, in deren Ergebnis Heydrich zum Vertreter Neuraths und zum

SS-Obergruppenführer befördert wurde.[44] Mit dieser Ernennung begann eine neue, erheblich gewalttätigere Politik: Heydrich bilanzierte am 2. Februar 1942, es habe 400–500 Standgerichtsurteile und 4.000–6.000 Festnahmen gegeben.[45] Nach Heydrichs Tod am 4. Juni 1942 infolge eines Attentats tschechischer Fallschirmspringer verstärkten sich diese Repressalien noch.

Am 2. Oktober 1941 begann die „Operation Taifun", die deutsche Offensive in Richtung Moskau. In seinem Aufruf „An die Soldaten der Ostfront" verband Hitler antikommunistische, antikapitalistische und antisemitische Motive: „In einem Lande, das durch seine Weite und Fruchtbarkeit die ganze Welt ernähren könnte, herrscht eine Armut, wie sie für uns Deutsche unvorstellbar ist. Dies ist das Ergebnis einer nunmehr bald 25jährigen jüdischen Herrschaft, die als Bolschewismus nur der allergemeinsten Form des Kapitalismus gleicht. Die Träger dieses Systems sind aber auch in beiden Fällen die gleichen: Juden und nur Juden."[46]

Am selben Tag war Reinhard Heydrich wieder in der „Wolfschanze" und berichtete über die ersten Maßnahmen im „Protektorat". Im Anschluss an die tägliche Lagebesprechung befassten sich Hitler, Keitel, Jodl, Schmundt, Himmler und Heydrich mit dem Schicksal der zu deportierenden Juden, da hier auch die Beteiligung oder zumindest Information an die Wehrmacht erforderlich war.

---

**44** Forschungsstelle (Hrsg.), Dienstkalender Himmlers, S. 217, Eintrag vom 24. September 1941.
**45** Ansprache Heydrichs vom 4. Februar 1942, in: Miroslav Kárný u.a. (Hrsg.), Deutsche Politik im „Protektorat Böhmen und Mähren" unter Reinhard Heydrich. Eine Dokumentation, Berlin 1977, S. 221 ff.
**46** Adolf Hitler, Aufruf an die Soldaten der Ostfront vom 2. Oktober 1941, in: Der großdeutsche Freiheitskampf. III. Band. Reden Adolf Hitlers vom 16. März 1941 bis 13. März 1942, München 1943, S. 67.

Hitlers Heeresadjutant Engel notiert:

*„Himmler berichtet über Verlagerung von Fremdrassigen (Juden), kommt auf Lage im Baltikum und Ruthenien zu sprechen. Hauptpunkte Riga, Reval und Minsk. Schneidet Frage der jüdischen Bevölkerung in Saloniki an behauptet, Saloniki sei eine Stadt mit einer der größten jüdischen Gemeinden; Gefahr wegen Verflechtung zwischen Juden und Levantinern. F. [Hitler] pflichtet ihm bei und verlangt, jüdische Elemente aus S. zu entfernen. Himmler verlangt hierfür Vollmacht und erhält sie. SD-Kommandos würden verstärkt eingesetzt. Keitel fragt, ob Militärbefehlshaber eingeschaltet werden soll. F.[Hitler] antwortet: Nur soweit dringend erforderlich. Bittet jedoch Keitel, Mil.Bef. darüber zu unterrichten, daß Reichsführer SS Sondervollmachten erhalten habe, welche nicht zu stören seien. Schm. [Schmundt] und ich froh, daß Wehrmacht und Truppe hiervon nicht berührt werden."*

Quelle: Tagebucheintrag Gerhard Engel vom 2. Oktober 1941,
zit. nach Kotze, Heeresadjutant, S. 111.

Besser hätte es der Heeresadjutant nicht ausdrücken können: Die Wehrmachtspitze war genauestens über die Deportationsplanungen informiert, ebenso über die Massenerschießungen im Baltikum.
Noch liefen die Vorbereitungen für die Deportationen der deutschen Juden, da erteilte Hitler Himmler schon die Vollmacht für die Verschleppung der Juden aus Saloniki. Aber die Wehrmachtführung wollte eine Illusion aufrechterhalten wissen: „daß Wehrmacht und Truppe davon nicht berührt werden." In Wirklichkeit waren diese aber schon längst am Vernichtungsgeschehen beteiligt.

Der Abend des 2. Oktober 1941 zeigte auch, wie beiläufig manchmal tiefgreifende Entscheidungen über das weitere Schicksal von Verfolgtengruppen in der nationalsozialistischen Diktatur getroffen wurden. Rosenbergs Verbindungsmann Werner Koeppen notierte über das Abendessen: „Die Unterhaltung kam dann auf das Problem der Zigeuner. In Deutschland sind sogar einige Zigeuner, die unsere Staatsangehörigkeit haben, zum Wehrdienst eingezogen worden, wie Heydrich erzählte. Feldmarschall Keitel will das sofort abstellen. Der Führer hält die Zigeuner für die größte Plage der bäuerlichen Bevölkerung. Mischlinge zwischen Zigeunern und Deutschen sind nach Heydrichs Erfahrungen die asozialsten Elemente. Zigeuner, die man zwangsweise seßhaft gemacht habe, hätten ihre Fruchtbarkeit verloren. Der Führer erzählte von den ungarischen u[nd] rumänischen Zigeunerdörfern, in denen der Taschendiebstahl schulmäßig gelehrt wird."[47] Keitel hielt Wort: Tatsächlich wurden viele Sinti und Roma, die noch in Wehrmacht Dienst taten, in den folgenden Monaten ausgeschlossen – und oft kurze Zeit später nach Auschwitz deportiert.

Am 7. Oktober 1941 teilte Generaloberst Alfred Jodl aus dem „Führerhauptquartier" dem Oberkommando des Heeres Hitlers Entscheidung mit, eine mögliche Kapitulation der Städte Moskau und Leningrad nicht anzunehmen: „Das Chaos in Rußland wird umso größer, unsere Verwaltung und Ausnützung der besetzten Ostgebiete umso leichter werden, je mehr die Bevölkerung der sowjetrussischen Städte nach dem Innern Rußlands flüchtet. Dieser Wille des Führers muß sämtlichen Kommandeuren zur Kenntnis gebracht werden."[48]

---

**47** Herbst 1941 im Führerhauptquartier, S. 52.
Eintrag vom 2. Oktober 1941.
**48** Bundesarchiv/Militärarchiv, RM 7/1014.

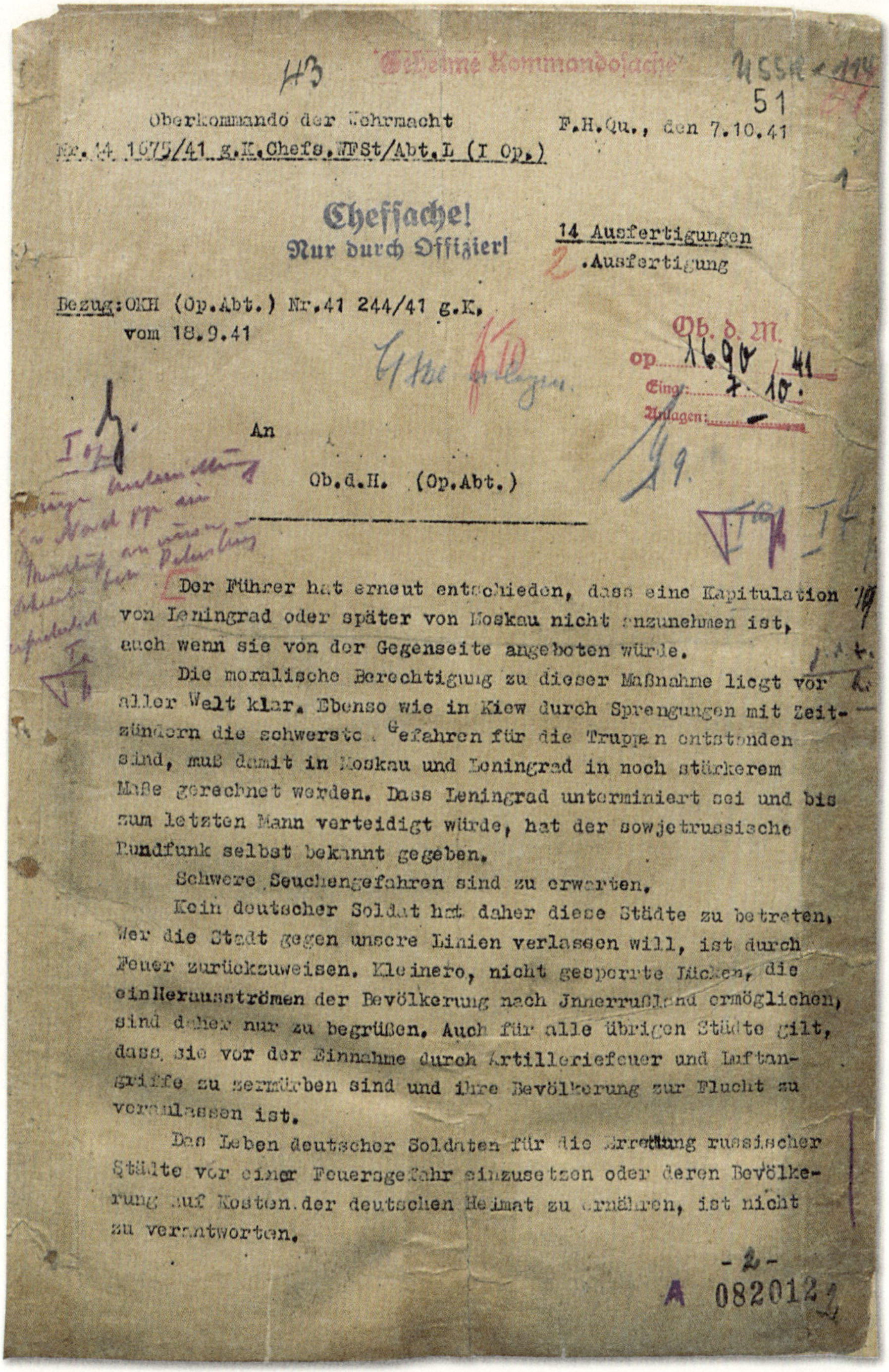

Geheime Kommandosache

51

Oberkommando der Wehrmacht F.H.Qu., den 7.10.41

Nr. 44 1675/41 g.K.Chefs.WFSt/Abt.L (I Op.)

Chefsache!
Nur durch Offizier!

14 Ausfertigungen
2. Ausfertigung

Bezug: OKH (Op.Abt.) Nr.41 244/41 g.K.
vom 18.9.41

Ob. d. H.
op. 1690 41
Eing.: 7. 10.
Anlagen: –

An

Ob.d.H. (Op.Abt.)

Der Führer hat erneut entschieden, dass eine Kapitulation von Leningrad oder später von Moskau nicht anzunehmen ist, auch wenn sie von der Gegenseite angeboten würde.

Die moralische Berechtigung zu dieser Maßnahme liegt vor aller Welt klar. Ebenso wie in Kiew durch Sprengungen mit Zeitzündern die schwersten Gefahren für die Truppen entstanden sind, muß damit in Moskau und Leningrad in noch stärkerem Maße gerechnet werden. Dass Leningrad unterminiert sei und bis zum letzten Mann verteidigt würde, hat der sowjetrussische Rundfunk selbst bekannt gegeben.

Schwere Seuchengefahren sind zu erwarten.

Kein deutscher Soldat hat daher diese Städte zu betreten. Wer die Stadt gegen unsere Linien verlassen will, ist durch Feuer zurückzuweisen. Kleinere, nicht gesperrte Lücken, die ein Herausströmen der Bevölkerung nach Innerrußland ermöglichen, sind daher nur zu begrüßen. Auch für alle übrigen Städte gilt, dass sie vor der Einnahme durch Artilleriefeuer und Luftangriffe zu zermürben sind und ihre Bevölkerung zur Flucht zu veranlassen ist.

Das Leben deutscher Soldaten für die Errettung russischer Städte vor einer Feuersgefahr einzusetzen oder deren Bevölkerung auf Kosten der deutschen Heimat zu ernähren, ist nicht zu verantworten.

-2-

A 082012

**Befehl des Oberkommandos der Wehrmacht an den Oberbefehlshaber des Heeres über die Ablehnung von möglichen Kapitulationsangeboten aus Leningrad oder Moskau vom 7. Oktober 1941**

Quelle: Bundesarchiv/Militärarchiv, RM 7/1014

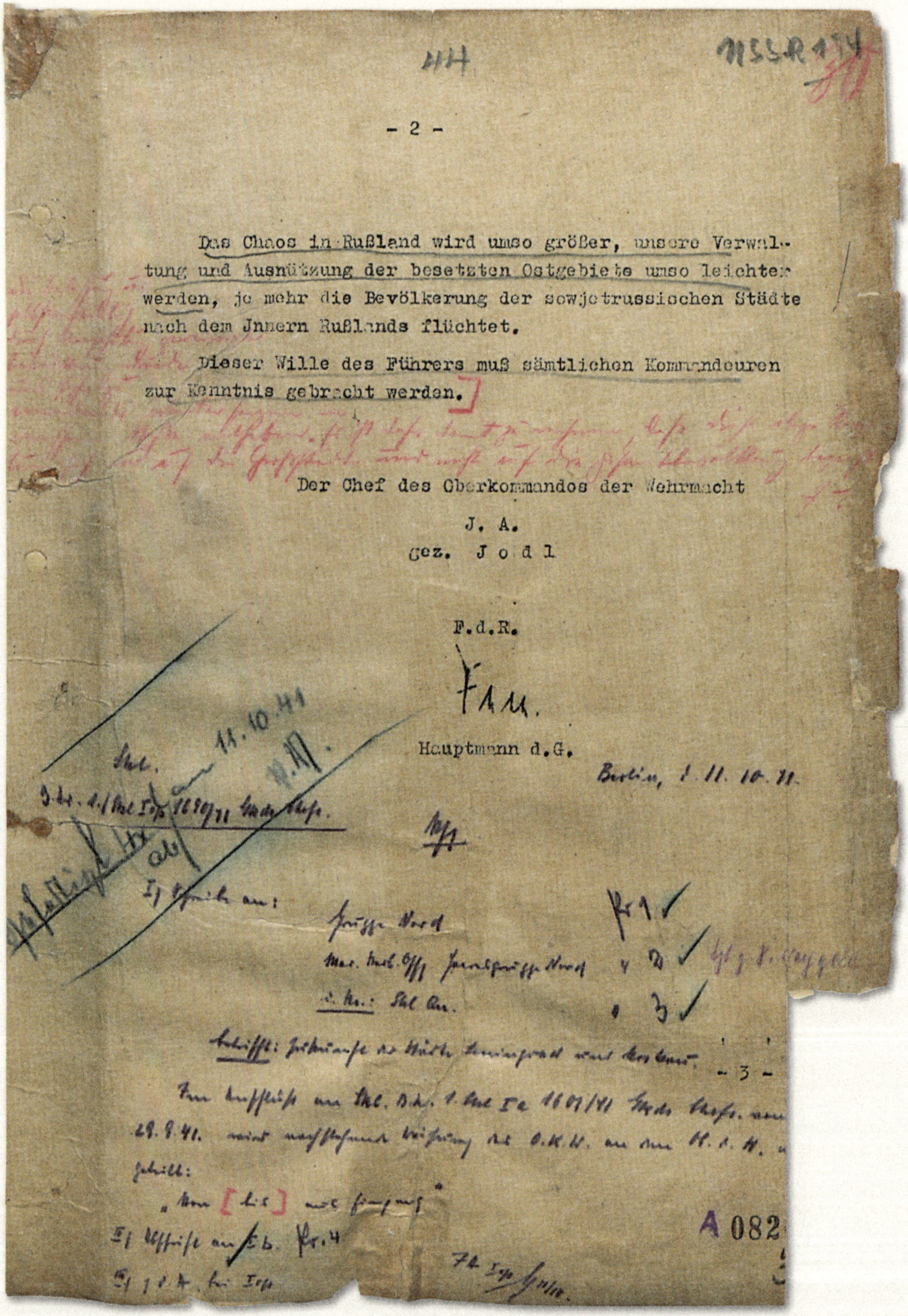

- 2 -

Das Chaos in Rußland wird umso größer, unsere Verwaltung und Ausnützung der besetzten Ostgebiete umso leichter werden, je mehr die Bevölkerung der sowjetrussischen Städte nach dem Innern Rußlands flüchtet.

Dieser Wille des Führers muß sämtlichen Kommandeuren zur Kenntnis gebracht werden.

Der Chef des Oberkommandos der Wehrmacht

J. A.

gez. J o d l

F.d.R.

Hauptmann d.G.

11.10.41

- 3 -

A 082

Am 13. Oktober telefonierte Himmler von seiner „Feldkommandostelle" aus mit Heydrich unmittelbar bevor er sich mit dem Höheren SS- und Polizeiführer im „Generalgouvernement" SS-Gruppenführer Friedrich-Wilhelm Krüger und dem SS-Polizeiführer im Distrikt Lublin SS-Brigadeführer Odilo Globocnik zu einer längeren Besprechung traf. Die Forschung geht davon aus, dass Himmler bei diesem Treffen Globocnik den Auftrag zur Errichtung des Vernichtungslagers in Belzec gab, in dem ab Frühjahr 1942 mehr als 400.000 vor allem polnische Juden durch Motorenabgase ermordet wurden.

Einen Tag später traf Heydrich in der „Wolfschanze" ein, berichtete Hitler über die Lage im „Protektorat" und nahm gemeinsam mit Himmler an Hitlers Mittagstafel teil. Am Abend hatten Himmler und Heydrich noch fünf Stunden Zeit, um eine Vielzahl von Themen zu besprechen, von Personalfragen bis zu „Exekutionen" als Teil der Abschreckungsstrategie in den annektierten tschechischen Gebieten.

Schon drei Tage zuvor hatte Heydrich enge Mitarbeiter über die geplanten Deportationen der deutschen und tschechischen Juden nicht nur in das Ghetto Litzmannstadt, sondern auch nach Minsk und Riga unterrichtet: „Vorläufig muss noch viel Rücksicht auf die Litzmannstädter Behörden genommen werden. Es sollen die lästigsten Juden herausgesucht werden. Minsk und Riga sollen 50 000 bekommen. ... SS-Brif. [Brigadeführer] Nebe und Rasch könnten in die Lager für kommunistische Häftlinge im Operationsgebiet Juden mit hineinnehmen. Dies ist bereits nach Angabe von SS-Stubaf. [Sturmbannführer] Eichmann eingeleitet. ... Die zu evakuierenden Zigeuner könnten nach Riga zu Stahlecker gebracht werden, dessen Lager nach dem Muster von Sachsenhausen eingerichtet ist.

Da der Führer wünscht, daß noch Ende d. J. möglichst die Juden aus dem deutschen Raum herausgebracht sind, müssen die noch schwebenden Fragen umgehend gelöst werden. Auch die Transportfrage darf dabei keine Schwierigkeit bedeuten."[49] War Wochen zuvor nur das Ghetto Litzmannstadt in Łódź das Ziel gewesen, kamen jetzt Minsk und Riga hinzu – die Deportationen der deutschen und tschechischen Juden sollten schnell abgeschlossen werden.

---

**49** Protokoll einer Besprechung bei Heydrich in Prag am 10. Oktober 1941, Abdruck in VEJ, Band 6, S. 660 ff.

Am Abend des 25. Oktober 1941 traf Hitler in kleiner Runde Himmler und Heydrich. Dieser hatte am 21. Oktober gebeten, „eine Reihe von grundsätzlichen Fragen und verschiedenen Einzelheiten" über die Lage im Protektorat zu besprechen.[50] Himmler war gerade von einer Reise in die Ukraine zurückgekehrt und hatte darüber hinaus im weißrussischen Mogilew Planungen über den – später nicht umgesetzten – Bau von stationären Gaskammern und eines Krematoriums diskutiert.

Dieser Besuch der beiden SS-Oberen in der „Wolfschanze" diente der Vorbereitung der planmäßigen Judentransporte aus ganz Europa in die Vernichtung, deren Auftakt die Ghettoisierung und die Massenerschießungen in den besetzten Gebieten Polens und der Sowjetunion gewesen waren und die auch in die Koordinationsbemühungen der Wannsee-Konferenz am 20. Januar 1942 mündete. Die systematischen Verschleppungen aus dem Deutschen Reich nach Osten hatten bereits zehn Tage zuvor, am 15. Oktober 1941, begonnen. Die Massenexekutionen an den sowjetischen Juden liefen seit Monaten, die Massenvergasungen der polnischen Juden wurden vorbereitet und die deutschen Juden wurden „in den Osten" deportiert – ohne dass eine endgültige Entscheidung über ihr Schicksal bereits gefallen war.

Hitler äußerte dabei unmissverständlich: „Vor dem Reichstag habe ich dem Judentum prophezeit, der Jude werde aus Europa verschwinden, wenn der Krieg nicht vermieden bleibt. Diese Verbrecherrasse hat die zwei Millionen Toten des Weltkrieges auf dem Gewissen, jetzt wieder Hunderttausende. Sage mir keiner: Wir können sie doch nicht in den Morast schicken! Wer kümmert sich denn um unsere Menschen? Es ist gut, wenn uns der Schrecken vorausgeht, dass wir das Judentum ausrotten. Der Versuch, einen Judenstaat zu gründen, wird ein Fehlschlag sein."[51]

Doch für die Deportation der deutschen und zentraleuropäischen Juden waren an den Zielorten nur unzureichende Vorbereitungen getroffen worden. So wurden am 7. November 1941 etwa 12.000 Bewohnerinnen und Bewohner des Minsker Ghettos erschossen. Im Ghetto wurde dann einen Tag später der erste Transport mit Hamburger Juden untergebracht. Die ersten für Riga bestimmten Züge mit etwa 5.000 deutschen und österreichischen Juden wurden in der zweiten Novemberhälfte

---

**50** So Bormann in seiner Einladung vom 21. Oktober 1941, zit. nach Forschungsstelle (Hrsg.), Dienstkalender Himmlers, S. 246.

**51** Jochmann, Monologe, S. 106, Eintrag vom 25. Oktober 1941.

nach Kowno (Kaunas) umgeleitet und dort im Fort IX von Angehörigen des Einsatzkommandos 3 erschossen. In Riga wurden am 30. November rund 14.000 lettische Juden – Männer, Frauen und Kinder – erschossen. Himmler hatte dies Mitte November 1941 befohlen, um Platz für die geplanten Deportationen aus dem Reichsgebiet zu schaffen. Doch der neue Höhere SS- und Polizeiführer Ostland, SS-Gruppenführer Friedrich Jeckeln, hatte entgegen den Direktiven des Reichssicherheitshauptamtes, dass die Berliner Juden im Ghetto zur Zwangsarbeit einzusetzen seien, alle 1.035 Menschen aus dem Deportationszug am Morgen dieses 30. November im Wald von Rumbula bei Riga erschießen lassen. Aus dem Bunker der „Wolfschanze" telefonierte Himmler um 13.30 Uhr mit Heydrich in Prag und befahl ausdrücklich: „Judentransport aus Berlin. Keine Liquidierung."[52]

Doch dieser Befehl kam zu spät. Am Abend legte Himmler nach. Er funkte um 19.30 Uhr an Jeckeln: „Die in das Gebiet Ostland ausgesiedelten Juden sind nur nach den von mir bezw. vom Reichssicherheitshauptamt in meinem Auftrage gegebenen Richtlinien zu behandeln. Eigenmächtigkeiten und Zuwiderhandlungen würde ich bestrafen."[53] In einem zweiten Funkspruch wurde Jeckeln per Funktelegramm zum Rapport in Himmlers Hauptquartier bestellt, wo er am Abend des 4. Dezember 1941 erschien. Himmler hatte die Massenerschießungen von deutschen Juden verboten – vorläufig und für kurze Zeit.

52 Forschungsstelle (Hrsg.), Der Dienstkalender, S. 278. Eintrag vom 30. November 1941.
53 Public Record Office, HW 16/32. German Police Decodes, No. 2 Traffic: 1.12.41

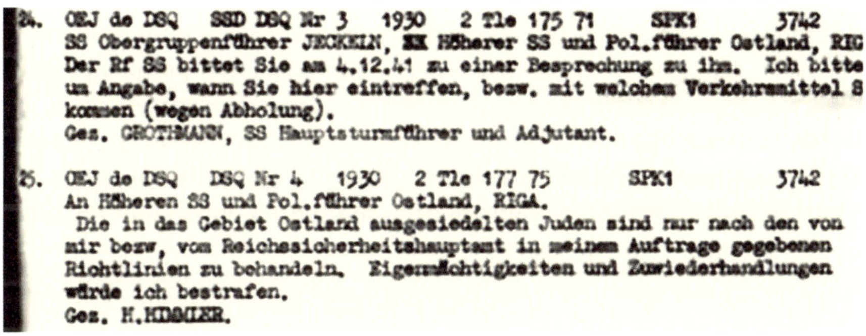

24. OEJ de DSQ SSD DSQ Nr 3 1930 2 Tle 175 71 SPK1 3742
SS Obergruppenführer JECKELN, XX Höherer SS und Pol.führer Ostland, RIG
Der Rf SS bittet Sie am 4.12.41 zu einer Besprechung zu ihm. Ich bitte
um Angabe, wann Sie hier eintreffen, bezw. mit welchem Verkehrsmittel S
kommen (wegen Abholung).
Gez. GROTHMANN, SS Hauptsturmführer und Adjutant.

25. OEJ de DSQ DSQ Nr 4 1930 2 Tle 177 75 SPK1 3742
An Höheren SS und Pol.führer Ostland, RIGA.
Die in das Gebiet Ostland ausgesiedelten Juden sind nur nach den von
mir bezw, vom Reichssicherheitshauptamt in meinem Auftrage gegebenen
Richtlinien zu behandeln. Eigenmächtigkeiten und Zuwiederhandlungen
würde ich bestrafen.
Gez. H.HIMMLER.

**Funksprüche von Himmler an Jeckeln vom 30. November 1941 in den Akten des britischen Nachrichtendienstes**

Quelle: Public Record Office, HW 16/32. German Police Decodes, No. 2 Traffic: 1.12.41

An der „Kampffront gegen den Bolschewismus" ging der Vormarsch gen Moskau zu dieser Zeit zwar noch immer voran, doch 40 Grad unter null bei fehlender oder zumindest mangelhafter Winterbekleidung, Nachschubschwierigkeiten der Heeresgruppe Mitte und eine unerwartet starke Gegenwehr der sowjetischen Truppen beeinträchtigten Moral und Leistungsfähigkeit der kämpfenden Truppe unter Generalfeldmarschall Fedor von Bock in hohem Maße. Generalmajor Eduard Wagner, Oberquartiermeister des OKW, informierte am 27. November 1941 Generalstabschef Franz Halder: „Wir sind am Ende unserer personellen und materiellen Kraft."[54]

Am 30. November ließ Generalfeldmarschall Gerd von Rundstedt das unter schwersten Verlusten eine Woche zuvor eroberte Rostow am Don räumen und die Front zurückverlegen. Als Hitler in der „Wolfschanze" vom ersten strategischen Zurückweichen seiner Armee in diesem Krieg erfuhr – offiziell eine „Frontbegradigung" –, telegraphierte er umgehend an Rundstedt: „Bleiben Sie, wo Sie sind. Kein Rückzug mehr!"[55] Der kampferprobte Generalfeldmarschall bezeichnete Hitlers Haltebefehl als „Wahnsinn", bot seinen Rücktritt an und wurde umgehend seines Amtes enthoben. Am 5. und 6. Dezember 1941 begann die sowjetische Gegenoffensive mit 14 sowjetischen Armeen, denen die Heeresgruppe Mitte nicht mehr die notwendige Kampfkraft entgegenzusetzen hatte.

Der „Nacht-und-Nebel-Erlass" aus dem „Führerhauptquartier" vom 7. Dezember 1941, der die Todesstrafe auf praktisch alle „Straftaten von nichtdeutschen Zivilpersonen, die sich gegen das Reich oder die Besatzungsmacht richten und deren Sicherheit oder Schlagfertigkeit gefährden"[56], ausdehnte, offenbarte die Schwierigkeiten der Deutschen, ihre eroberten Gebiete unter Kontrolle zu halten.

Keitel übersandte am 12. Dezember 1941 die „Nacht-und-Nebel-Richtlinien" an die obersten Reichsbehörden sowie an die Befehlshaber der Wehrmacht. In der Ausführungsverordnung zu den Richtlinien wurden in den besetzten Gebieten „Anschläge gegen Leib und Leben, Spionage, Sabotage, kommunistische Umtriebe" sowie „Straftaten, die geeignet sind, Unruhe zu stiften", „Feindbegünstigung" und „unerlaubter Waffenbesitz" grundsätzlich mit der Todesstrafe bedroht.[57]

**54** Kriegstagebuch. Tägliche Aufzeichnungen des Chefs des Generalstabes des Heeres 1939–1942. Hrsg. vom Arbeitskreis für Wehrforschung, bearbeitet von Hans-Adolf Jacobsen, Band 3: Der Rußlandfeldzug bis zum Marsch auf Stalingrad. 22. Juni 1941–24. September 1942, Stuttgart 1964, S. 311.

**55** Zit. nach Domarus, Hitler, S. 1785.

**56** Moll, „Führer-Erlasse", S. 213 f.

**57** Bundesarchiv, R 3001/1152, Bl. 22.

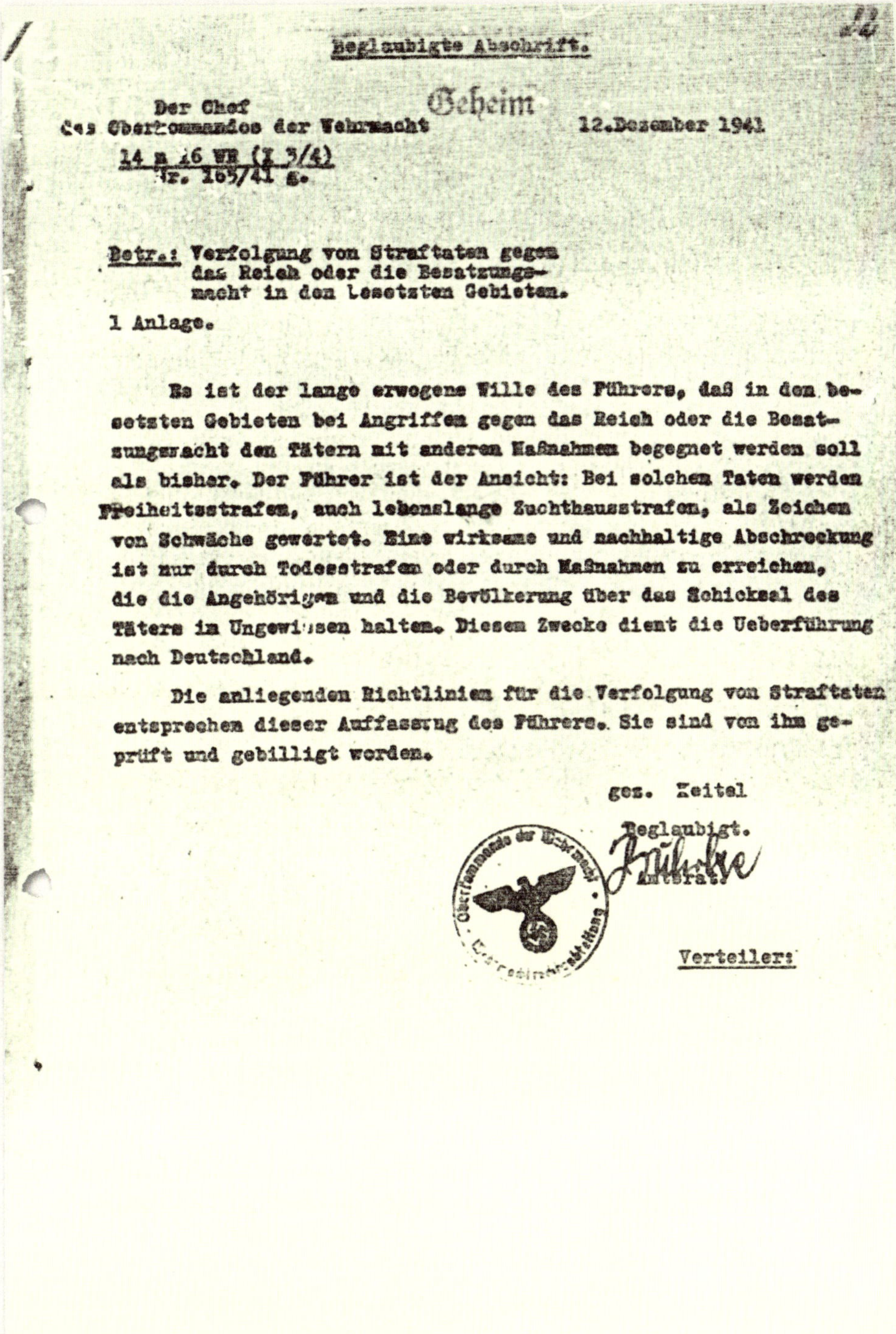

Beglaubigte Abschrift.

Der Chef
des Oberkommandos der Wehrmacht

Geheim

12.Dezember 1941

14 n 16 WR (I 3/4)
Nr. 165/41 g.

Betr.: Verfolgung von Straftaten gegen das Reich oder die Besatzungsmacht in den besetzten Gebieten.

1 Anlage.

Es ist der lange erwogene Wille des Führers, daß in den besetzten Gebieten bei Angriffen gegen das Reich oder die Besatzungsmacht den Tätern mit anderen Maßnahmen begegnet werden soll als bisher. Der Führer ist der Ansicht: Bei solchen Taten werden Freiheitsstrafen, auch lebenslange Zuchthausstrafen, als Zeichen von Schwäche gewertet. Eine wirksame und nachhaltige Abschreckung ist nur durch Todesstrafen oder durch Maßnahmen zu erreichen, die die Angehörigen und die Bevölkerung über das Schicksal des Täters im Ungewissen halten. Diesem Zwecke dient die Ueberführung nach Deutschland.

Die anliegenden Richtlinien für die Verfolgung von Straftaten entsprechen dieser Auffassung des Führers. Sie sind von ihm geprüft und gebilligt worden.

gez. Keitel

Beglaubigt.
Amtsrat.

Verteiler:

**Übersendung der „Nacht-und-Nebel-Richtlinien" durch Keitel am 12. Dezember 1941**

Quelle: Bundesarchiv, R 3001/1152, Bl. 22

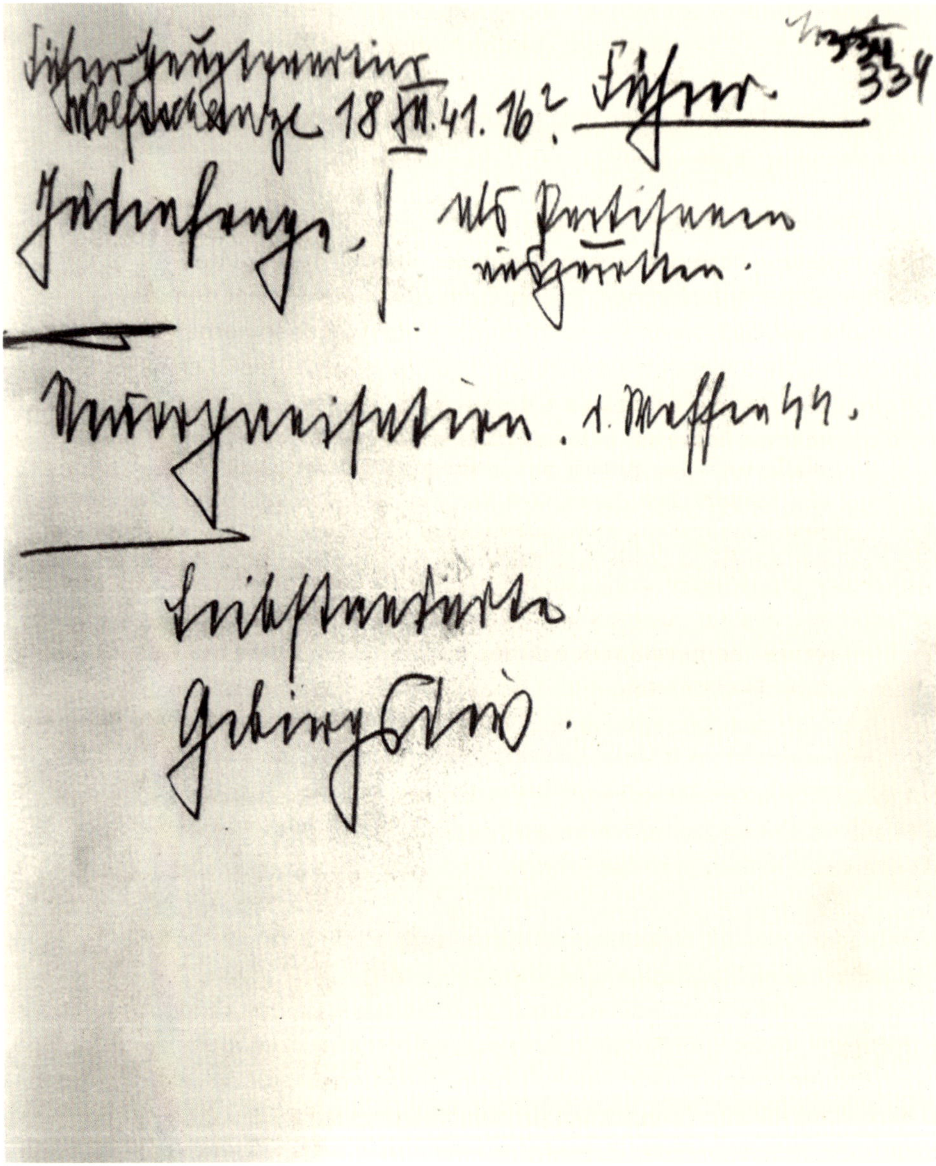

Führerhauptquartier Führer 334
Wolfsschanze 18. XII.41 16 h
Judenfrage | als Partisanen auszurotten
Neuorganisation d. Waffen SS
Leibstandarte
Gebirgsdiv.

**Vortragsnotiz von Heinrich Himmler vom 18. Dezember 1941**

Quelle: Sonderarchiv Moskau, 1372-5-23

Umschrift:

*Führerhauptquartier* *<u>Führer</u>*
*Wolfsschanze 18. XII.41 16 h*
*Judenfrage | als Partisanen auszurotten*
*Neuorganisation d. Waffen SS*
*Leibstandarte*
*Gebirgsdiv.*

Die deutsche Offensive vor Moskau stockte, gleichzeitig überfiel Japan am 7. Dezember 1941 die US-amerikanische Marinebasis Pearl Harbor. Am 9. Dezember 1941 traf Hitler von der „Wolfschanze" kommend in Berlin ein, um am 11. Dezember 1941 in einer Reichstagsrede in der Krolloper den Vereinigten Staaten den Krieg zu erklären.

Über eine Rede Hitlers einen Tag später in der „Führerwohnung" in der Alten Reichskanzlei notierte Joseph Goebbels: „Bezüglich der Judenfrage ist der Führer entschlossen, reinen Tisch zu machen. Er hat den Juden prophezeit, daß, wenn sie noch einmal einen Weltkrieg herbeiführen würden, sie dabei ihre Vernichtung erleben würden. Das ist keine Phrase gewesen. Der Weltkrieg ist da, die Vernichtung des Judentums muß die notwendige Folge sein. Diese Frage ist ohne jede Sentimentalität zu betrachten. Wir sind nicht dazu da, Mitleid mit den Juden, sondern nur Mitleid mit unserem deutschen Volk zu haben. Wenn das deutsche Volk jetzt wieder im Ostfeldzug an die 160.000 Tote geopfert hat, so werden die Urheber dieses blutigen Konflikts dafür mit ihrem Leben bezahlen müssen." Damit waren alle Grundsatzentscheidungen für die Ermordung der europäischen Juden gefallen – jetzt ging es vor allem darum, sie in den folgenden Monaten in die Tat umzusetzen.

Am 16. Dezember 1941 traf Hitler wieder in der „Wolfschanze" ein und verbot jede Rückwärtsbewegung an der Ostfront ohne seine ausdrückliche Erlaubnis. Die deutsche Wehrmacht befand sich jetzt in der schwersten Krise seit Beginn des Krieges.

Am Donnerstag, den 18. Dezember, diktierte Hitler Himmler in der „Wolfschanze" seine Begründung für die angebliche „Notwendigkeit" der Ermordung der europäischen Juden: „Judenfrage – als Partisanen auszurotten."[58] Vieles spricht dafür, dass sich dies nicht nur auf die weiteren Mordaktionen in der Sowjetunion bezog, sondern auf die Sprachregelung für den Gesamtplan für den Massenmord an den Juden Europas – die „Endlösung der Judenfrage", mit deren Vorbereitung Göring Heydrich bereits am 31. Juli 1941 beauftragt hatte.

Am selben Tag verteilte Himmler „Öfchen, Strohschuhe, warme Sachen" für seine Waffen-SS-Divisionen an der Ostfront – Dinge, von denen der gemeine Soldat nur träumen konnte.

---

**58** Vgl. Forschungsstelle (Hrsg.), Der Dienstkalender Himmlers, S. 294.

Am folgenden Tag, dem 19. Dezember 1941, willigte Hitler in das wiederholte Rücktrittsgesuch seines Heereschefs Walther von Brauchitsch ein und übernahm den Oberbefehl mit dem Satz „Das bißchen Operationsführung kann jeder machen" selbst.[59] Seine erste Amtshandlung am 20. Dezember war das kategorische Verbot jeglicher Rückzugsmanöver an der Ostfront. Während ihres fünfstündigen Gesprächs in der „Wolfschanze" zeigte sich der gereizte Hitler von den Ausführungen des Panzergenerals Heinz Guderian über die verzweifelte Lage der kämpfenden Truppe gänzlich unbeeindruckt und beurlaubte diesen sofort.[60]

Nur vier Wochen später, am 24. Januar 1942, einem Sonnabend, gab das Oberkommando der Roten Armee in einem Sonderkommuniqué bekannt, dass die eigenen Truppen „um 100 Kilometer auf breiter Front" vorgerückt seien: „Gegnerische Versuche, unsere Offensive durch Gegenangriffe zum Stillstand zu bringen, sind gescheitert. Der Feind zog sich unter Zurücklassung von Toten, Verwundeten und Kriegsmaterial zurück."[61]

Das Blatt des Krieges hatte sich für Hitlers Wehrmacht zum ersten Mal seit dem Angriff auf Polen im September 1939 gewendet. Hitler kommentierte bei der Mittagstafel am 27. Januar 1942 gegenüber seinen Tischgästen in der „Wolfschanze", unter ihnen Himmler, verachtungsvoll: „Da bin ich auch hier eiskalt: Wenn das deutsche Volk nicht bereit ist, für seine Selbsterhaltung sich einzusetzen, ganz gut: Dann soll es verschwinden."[62]

Das stärkste nicht-deutsche Kontingent an der Ostfront stellten die Rumänen, weshalb Hitlers Hauptverbündeter im Krieg gegen die Sowjetunion, Conducător Ion Antonescu, auch als einziger ausländischer Regierungschef während der Winterschlacht 1941/42 in die „Wolfschanze" gebeten wurde. Am 11. Februar um elf Uhr traf der Sonderzug aus Bukarest auf dem Bahnhof Görlitz ein, gleich darauf fand die erste Besprechung beider Kriegsherren in Hitlers Bunker statt. Hitler lamentierte über die harten Witterungsbedingungen, versprach aber für das Frühjahr: „Die Operationen gegen die Russen sollten dann

**59** Franz Halder, Hitler als Feldherr, München 1949, S. 45.
**60** Vgl. Wilhelm Keitel, Rußland 1941/43, in: Walter Görlitz (Hrsg.), Generalfeldmarschall Keitel – Verbrecher oder Offizier? Schnellbach 1998, S. 373 f.
**61** Zit. nach Janusz Piekalkiewicz, Die Schlacht um Moskau. Die erfrorene Offensive, Herrsching 1989, S. 257.
**62** Jochmann, Monologe, S. 239.

**Hitler und Antonescu in der „Wolfschanze" am 11. Februar 1942, links: Chefdolmetscher Paul Otto Schmidt vom Auswärtigen Amt**

Quelle: BSB, hoff-44127

**Besuch des bulgarischen Zaren Boris III. am 24. März 1942**
**Von links: Zar Boris III., Julius Schaub, Hitler, Hitlers Adjutant SS-Sturmbannführer Richard Schulze-Kossens**

Quelle: BSB, hoff-44204

mit dem Ziel der endgültigen Zerschlagung der russischen Macht geführt werden. Es würde sich nicht nur darum handeln, Gebiete zu besetzen, sondern vor allen Dingen darauf ankommen, die letzten russischen Verbände zu zertrümmern und zu entwaffnen." Nach Ausfällen von Antonescu gegen die verbündeten Ungarn versprach Hitler, „Ungarn zu zwingen, auch seinerseits Opfer zu bringen und nicht faul im Kampf abseits zu stehen".[63] Bereits am späten Abend verließ der Rumäne die „Wolfschanze" wieder – „mit neuem Mut" und dem Großkreuz des Ordens vom Deutschen Adler.[64]

„Die Monate März und April verliefen im Großen und Ganzen verhältnismäßig ruhig. Auch die Russen schienen entweder soweit angeschlagen, dass sie keine Kraft für neue Angriffe mehr hatten, oder sie bereiteten Angriffsunternehmen vor, die längere Vorbereitungszeiten benötigten. Hitler war ruhig und ausgeglichen und legte den Schwerpunkt seiner Arbeiten auf Rüstungsfragen, gemeinsam mit Speer", erinnert sich Adjutant von Below.[65]

Neben wehrwirtschaftlichen Überlegungen standen dabei auch die Vorbereitungen für die Sommeroffensive auf dem Plan. So empfing Hitler am 2. März 1942 den Oberbefehlshaber der Heeresgruppe „Nord", Generaloberst Georg von Küchler, am 10. März den (kommissarisch wieder eingesetzten) Oberbefehlshaber der Heeresgruppe „Süd", Generalfeldmarschall Gerd von Rundstedt, sowie am Tag darauf den Oberbefehlshaber der Heeresgruppe „Mitte", Generalfeldmarschall Günther von Kluge in seinem „Führerhauptquartier".[66]

Der prominenteste Gast, den Feldherr Hitler in seine Sommerpläne einweihte, war Zar Boris III. von Bulgarien, der am Dienstag, dem 24. März, um elf Uhr in der „Wolfschanze" eintraf. Nach der Begrüßung begaben sich die Staatsoberhäupter zum „Führerbunker", wo Hitler sich vergeblich darum bemühte, Boris III. dafür zu gewinnen, die bulgarische Neutralität gegenüber der Sowjetunion aufzugeben und eigene Truppen an der Südfront einzusetzen. Bereits nach der Mittagstafel verabschiedete der sichtlich verstimmte Hitler seinen Gast aus Sofia.

---

**63** Aufzeichnung des Gesandten P. O. Schmidt vom 17. Februar 1942, in: Andreas Hillgruber (Hrsg.), Staatsmänner und Diplomaten bei Hitler, Bd. 2, Frankfurt am Main 1970, S. 44–57.

**64** Vgl. Percy E. Schramm (Hrsg.), Das Kriegstagebuch des OKW, München 1982, Bd. 1, S. 28 f. (im Folgenden als KTB mit Jahresangabe) sowie Schmidt, Statist, S. 560 f.

**65** Below, Als Hitlers Adjutant, S. 307.

**66** Bundesarchiv/Militärarchiv, RW 47/v. 9., Kriegstagebuch des Kommandanten des Führerhauptquartiers Nr. 6, Bl. S. 246–250.

**Am Vormittag des 20. April 1942 trafen 20 ausgesuchte Jungen und Mädchen aus Rastenburg ein, um dem „Führer" zu seinem 53. Geburtstag die Grüße „seiner" Jugend zu überbringen. Sie überreichten Blumen und sangen. Als Dank erhielt der Jungvolkchor Kakao und Gebäck im Speisewagen von Hitlers Sonderzug.**

Quelle: Privatbesitz Klaus Kaiser

Am 28. März fuhr dann Generalstabschef Halder vom Hauptquartier „Mauerwald" in die „Wolfschanze", um Hitler den Kriegsplan des Heeres für das Jahr 1942 zu überbringen.[67] Wenige Tage darauf, am 5. April 1942, erließ Hitler die Weisung Nr. 41 für die Sommeroperationen: den „Fall Blau".[68]

Am 17. Mai berief Hitler in der „Wolfschanze" den Chef der Kriegsgeschichtlichen Abteilung des OKW, Oberst Scherff, zum „Beauftragten des Führers für die militärgeschichtliche Geschichtsschreibung". Scherff sollte eine „grundlegende Darstellung des großdeutschen Freiheitskampfes" verfassen und das „gesamte militärische Schrifttum" dementsprechend auf Linie bringen.[69] Bereits wenige Tage später konnte Scherff loslegen: Die Wehrmacht siegte bei Charkow und marschierte weiter in Richtung Krim. Die folgenden Wochen verliefen für die Deutschen siegreich: Am 3. Juni wurde nach schwersten Abwehrkämpfen der Roten Armee Sewastopol erobert.

„Wüstenfuchs" Rommel eroberte in Nordafrika die britischen Festungen Bir Hachein sowie Tobruk und wurde aus der „Wolfschanze" zum Generalfeldmarschall ernannt. Der deutsche Vormarsch hatte auch konkrete Folgen für die „Wolfschanze": Wenige Wochen später, am 16./17. Juli 1942, bezogen Hitler und sein Gefolge für die Sommeroffensive das neu errichtete Feldhauptquartier bei Winniza in der Ukraine, knapp 800 Kilometer südöstlich von Rastenburg, das noch am selben Tag den Namen „Wehrwolf"[70] erhielt. Hier blieb Hitler – mit Ausnahme kurzer Reisen – bis zum 1. November 1942, als er in die „Wolfschanze" zurückkehrte. In der Zwischenzeit hatte sich die Lage an der Ostfront im Herbst erheblich verschlechtert. Die sowjetische Gegenoffensive drohte, die deutschen Truppen in Stalingrad einzuschließen.

**67** Vgl. KTB 1942, Bd. 1, S. 46.

**68** Vgl. Walther Hubatsch, Hitlers Weisungen für die Kriegführung 1939-1945. Dokumente des Oberkommandos der Wehrmacht, 2. Auflage Koblenz 1983, S. 183 ff.

**69** Moll, „Führer-Erlasse", S. 251 f.

**70** Hitler verfügte ausdrücklich die Schreibweise mit »h« – wie der Titel des gleichnamigen Romanepos über den Kampf niedersächsischer Bauern gegen die schwedische Soldateska im 30jährigen Krieg von Hermann Löns (1910). Vgl. Helmut Heiber (Hrsg.), Hitlers Lagebesprechungen. Die Protokollfragmente seiner militärischen Konferenzen 1942 – 1945, Stuttgart 1962, S. 143.

# Kriegswende

Nach seiner Rückkehr in die „Wolfschanze" am 1. November 1942 erhielt der „Führer" der Reihe nach weiter nur schlechte Nachrichten. Die Afrikafront brach zusammen, in Stalingrad waren die deutschen Einheiten nunmehr eingekesselt. Am 12. Dezember verkündete Hitler während der „Mittagslage" gegenüber Generalstabschef Kurt Zeitzler – „Kugelblitz" genannt –, der sich immer wieder vehement für einen Rückzug aussprach: „Wenn wir das [Stalingrad] preisgeben, geben wir eigentlich den ganzen Sinn dieses Feldzuges preis. Sich einzubilden, dass ich das nächste Mal noch hierherkomme, ist ein Wahnsinn. Jetzt im Winter können wir mit den Kräften eine Riegelstellung bauen. Der andere [die Rote Armee] hat die Möglichkeit auf seiner Bahn heranzutransportieren. Er weiß, was davon abhängt. Hier kommen wir also nicht mehr her. Daher dürfen wir auch hier nicht mehr weggehen. Dazu ist auch zu viel Blut vergossen worden."[71]

Angesichts des Kampfes und der Verluste auch der 8. italienischen Armee reiste Außenminister Graf Ciano am 18. Dezember zu dreitägigen Besprechungen in Ostpreußen an. Der Heerführer des „Großdeutschen Reiches" belehrte den Gast aus Rom darüber, dass die Erfolge der Roten Armee vor allen Dingen „durch eine mangelhafte Zusammenarbeit zwischen den verbündeten Armeen an der Ostfront zu erklären" seien. Ciano seinerseits lenkte das Gespräch auf Mussolinis Pläne für einen neuen „Brest-Litowsk-Frieden", also Waffenstillstandsverhandlungen mit den Sowjets. Der „Führer" wies diese Avance strikt von sich, weil erstens keine Einigung über die gegenseitigen Interessensphären erreichbar sei und zweitens sollten die sowjetischen Truppen keine Atempause für eine Reorganisation ihrer Kräfte erhalten. Dolmetscher Schmidt bezeichnete derlei Unterredungen als „Schattenspiele im dunklen Walde bei Rastenburg"[72].

---

**71** Hitler in der Lagebesprechung am 12. Dezember 1942, in: Heiber (Hrsg.), Hitlers Lagebesprechungen. Die Protokollfragmente seiner militärischen Konferenzen 1942–1945, Stuttgart 1962, S. 84.
**72** Schmidt, Statist, S. 578.

**Unterredung Hitlers mit dem Ministerpräsidenten des „État Français", Pierre Laval, und Italiens Außenminister Graf Ciano am 19. Dezember 1942 im Kartenraum der „Wolfschanze"; im Hintergrund der große Kartentisch mit Lampen. Von links: Ribbentrop, Dolmetscher Paul Otto Schmidt, Laval, Hitler, Graf Ciano, Göring**

Quelle: BSB, hoff- 45764

Eine Rettung der 6. Armee in Stalingrad lehnte Hitler weiterhin ab. Heeresadjutant Major Engel vertraute am 22. Dezember seinem Tagebuch an: „Tiefste Depression bei uns. Fast alle hatten gehofft, dass P. [Paulus] bei allem Risiko nunmehr selbständig ausbrechen würde. Mit Masse wäre er durchgekommen, wenn auch unter größten materiellen Verlusten. Heute abend sprach Jodl sehr ernst, und man merkte, daß auch er mit diesem selbständigen Entschluß fest gerechnet hatte."[73]

Stalingrad dürfte auch bei der Lagebesprechung am Heiligen Abend 1942 zwischen 0.15 und 1.35 Uhr das beherrschende Thema gewesen sein, an der unter anderen Himmler und Keitel teilnahmen. Nur drei Tage darauf gab der „Führer" den Befehl für „den totalen Einsatz des deutschen Volkes zur Erhöhung des Kriegspotentials"[74].

Mehrfach ordnete Hitler in dieser Zeit weitergehende Verfolgungsmaßnahmen gegen politische Gegner an. Im Dezember 1942 befahl er, gegen ihm offensichtlich besonders gefährlich erscheinende Regimegegner die Todesstrafe durch Erhängen zu vollstrecken, so etwa gegen Helmut Klotz, der vor 1933 als Journalist und Reichsbannermann die NSDAP erbittert bekämpft hatte, oder gegen die führenden Köpfe des von der Geheimen Staatspolizei so genannten Widerstandsnetzwerks „Rote Kapelle".

Daraufhin wurde im Strafgefängnis Berlin-Plötzensee ein Galgen errichtet, an dem in den folgenden Monaten und vor allem nach dem Umsturzversuch vom 20. Juli 1944 viele Todesurteile vollstreckt wurden.

Tatsächlich ordnete Hitler dann am 21. Dezember die Vollstreckungen der Todesurteile durch Erhängen an und hob die Freiheitsstrafen gegen Mildred Harnack und Erika von Brockdorf auf. Ein anderer Senat des Reichskriegsgerichts verurteilte beide daraufhin im Januar 1943 wie erwartet zum Tode.

---

**73** Kotze, Heeresadjutant, S. 142.

**74** Vgl. Jochen von Lang, Der Sekretär. Martin Bormann: Der Mann, der Hitler beherrschte, Stuttgart 1977, S. 235 f.

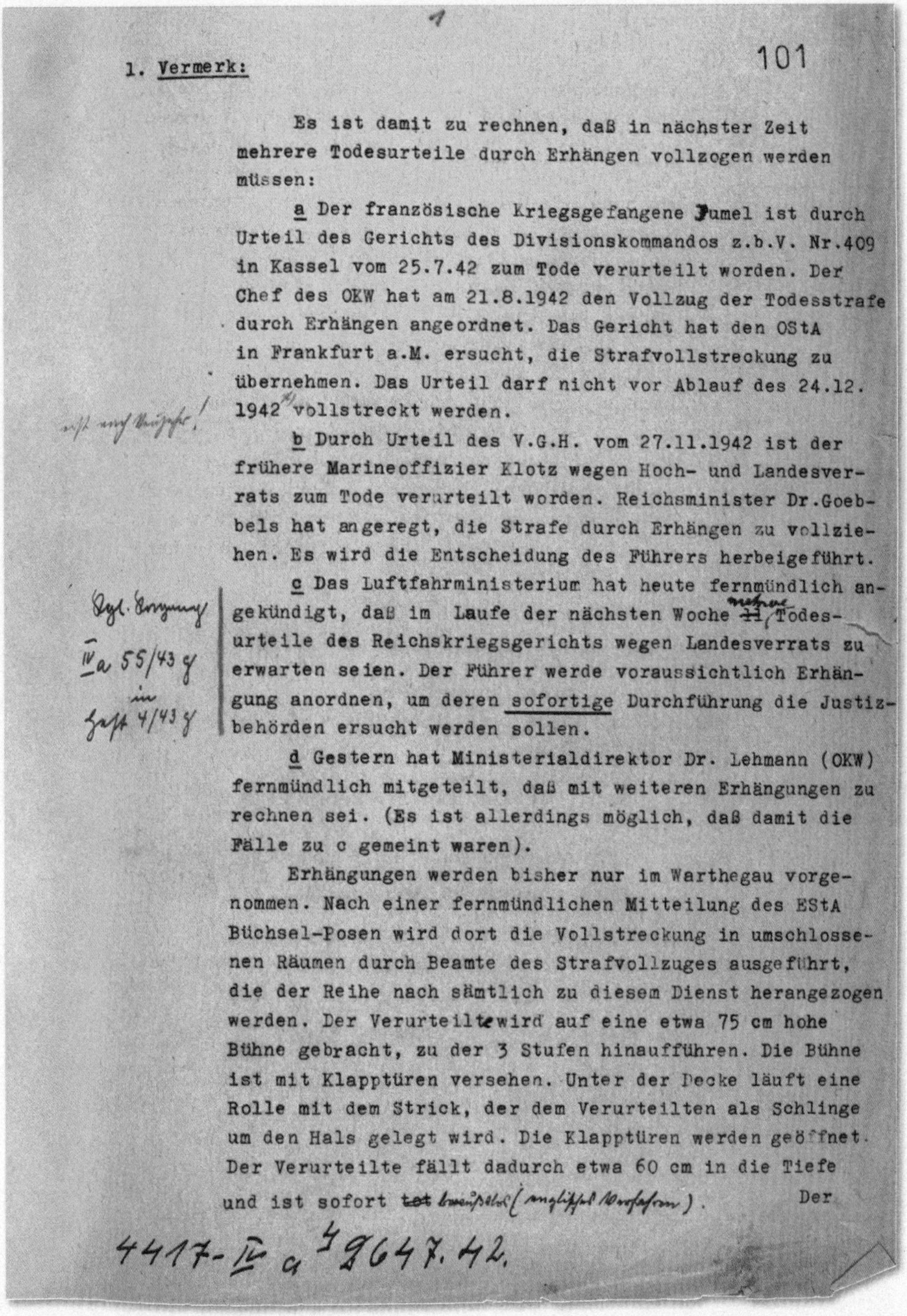

1. Vermerk: 101

Es ist damit zu rechnen, daß in nächster Zeit mehrere Todesurteile durch Erhängen vollzogen werden müssen:

a Der französische Kriegsgefangene Jumel ist durch Urteil des Gerichts des Divisionskommandos z.b.V. Nr.409 in Kassel vom 25.7.42 zum Tode verurteilt worden. Der Chef des OKW hat am 21.8.1942 den Vollzug der Todesstrafe durch Erhängen angeordnet. Das Gericht hat den OStA in Frankfurt a.M. ersucht, die Strafvollstreckung zu übernehmen. Das Urteil darf nicht vor Ablauf des 24.12. 1942 vollstreckt werden.

b Durch Urteil des V.G.H. vom 27.11.1942 ist der frühere Marineoffizier Klotz wegen Hoch- und Landesverrats zum Tode verurteilt worden. Reichsminister Dr.Goebbels hat angeregt, die Strafe durch Erhängen zu vollziehen. Es wird die Entscheidung des Führers herbeigeführt.

c Das Luftfahrtministerium hat heute fernmündlich angekündigt, daß im Laufe der nächsten Woche ~~11~~ mehrere Todesurteile des Reichskriegsgerichts wegen Landesverrats zu erwarten seien. Der Führer werde voraussichtlich Erhängung anordnen, um deren sofortige Durchführung die Justizbehörden ersucht werden sollen.

d Gestern hat Ministerialdirektor Dr. Lehmann (OKW) fernmündlich mitgeteilt, daß mit weiteren Erhängungen zu rechnen sei. (Es ist allerdings möglich, daß damit die Fälle zu c gemeint waren).

Erhängungen werden bisher nur im Warthegau vorgenommen. Nach einer fernmündlichen Mitteilung des EStA Büchsel-Posen wird dort die Vollstreckung in umschlossenen Räumen durch Beamte des Strafvollzuges ausgeführt, die der Reihe nach sämtlich zu diesem Dienst herangezogen werden. Der Verurteilte wird auf eine etwa 75 cm hohe Bühne gebracht, zu der 3 Stufen hinaufführen. Die Bühne ist mit Klapptüren versehen. Unter der Decke läuft eine Rolle mit dem Strick, der dem Verurteilten als Schlinge um den Hals gelegt wird. Die Klapptüren werden geöffnet. Der Verurteilte fällt dadurch etwa 60 cm in die Tiefe und ist sofort ~~tot~~ bewußtlos (englisches Verfahren). Der

4417-IVa 9647.42.

**Vermerk aus dem Reichsjustizministerium über die Anordnungen Hitlers zur Errichtung eines Galgens im Strafgefängnis Berlin-Plötzensee im Dezember 1942**

Quelle: Bundesarchiv, R 3001/1317, fol. 101

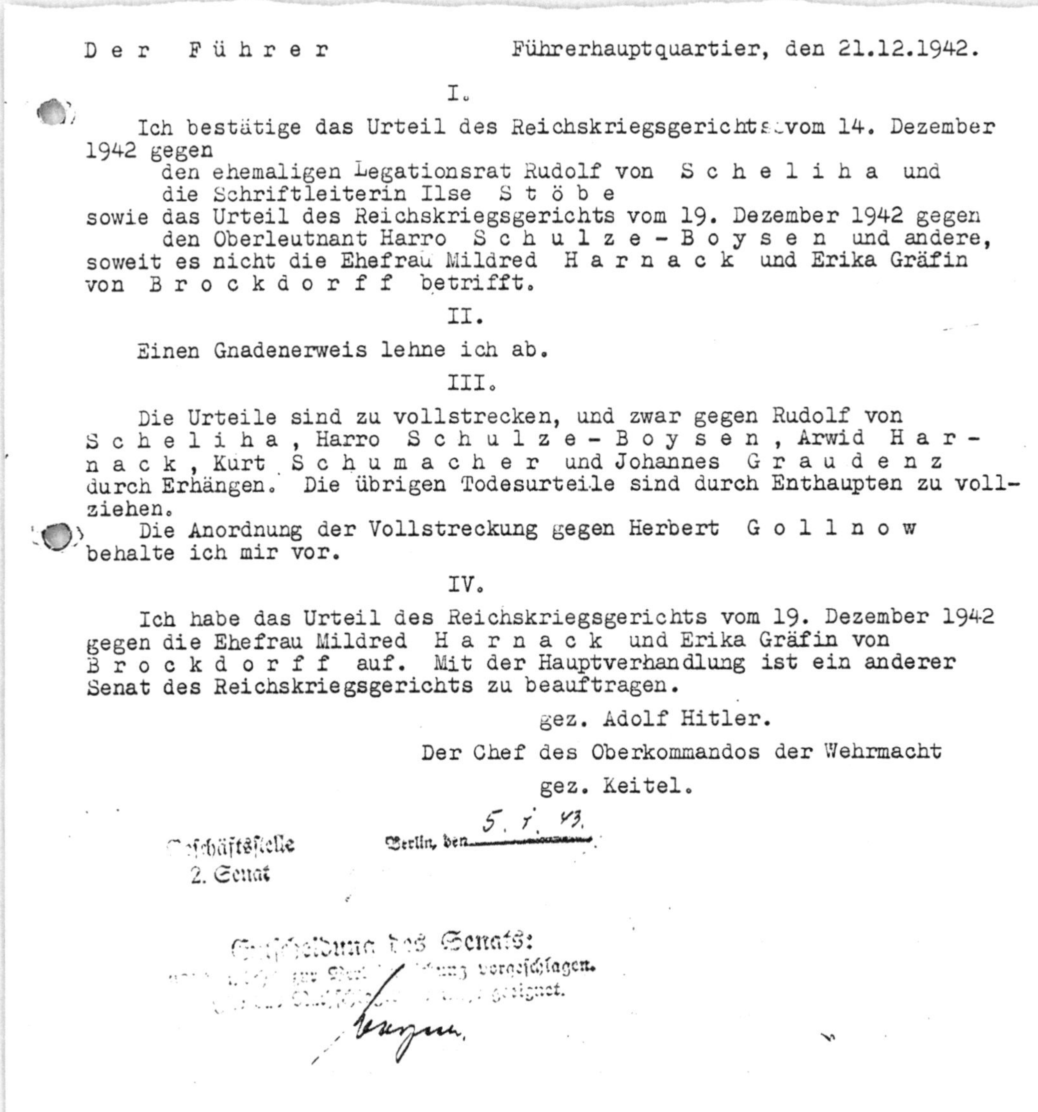

D e r   F ü h r e r   Führerhauptquartier, den 21.12.1942.

I.

Ich bestätige das Urteil des Reichskriegsgerichts vom 14. Dezember 1942 gegen
den ehemaligen Legationsrat Rudolf von S c h e l i h a und
die Schriftleiterin Ilse S t ö b e
sowie das Urteil des Reichskriegsgerichts vom 19. Dezember 1942 gegen
den Oberleutnant Harro S c h u l z e - B o y s e n und andere,
soweit es nicht die Ehefrau Mildred H a r n a c k und Erika Gräfin von B r o c k d o r f f betrifft.

II.

Einen Gnadenerweis lehne ich ab.

III.

Die Urteile sind zu vollstrecken, und zwar gegen Rudolf von S c h e l i h a , Harro S c h u l z e - B o y s e n , Arwid H a r - n a c k , Kurt S c h u m a c h e r und Johannes G r a u d e n z durch Erhängen. Die übrigen Todesurteile sind durch Enthaupten zu vollziehen.

Die Anordnung der Vollstreckung gegen Herbert G o l l n o w behalte ich mir vor.

IV.

Ich habe das Urteil des Reichskriegsgerichts vom 19. Dezember 1942 gegen die Ehefrau Mildred H a r n a c k und Erika Gräfin von B r o c k d o r f f auf. Mit der Hauptverhandlung ist ein anderer Senat des Reichskriegsgerichts zu beauftragen.

gez. Adolf Hitler.

Der Chef des Oberkommandos der Wehrmacht

gez. Keitel.

Geschäftsstelle
2. Senat

Berlin, den 5. 1. 43.

Entscheidung des Senats:
... vorgeschlagen.
... geeignet.

**Bestätigungsvermerk im Feldurteil des Reichskriegsgerichts vom 19. Dezember 1942 im Verfahren StPL (RKA) III 495/42, III 496/42 und III 497/42 gegen Harro Schulze-Boysen und elf andere Angeklagte**

Quelle: MHA Prag, Verfahren StPL (RKA) III 495/42

Das Jahr 1943 begann in der „Wolfschanze" mit einem weiteren Besuch aus Bukarest. Am 8. Januar 1943 empfing Hitler Conducător Antonescu und stellte ihn ab 11.30 Uhr „stehend 3,5 Stunden lang zur Rede"[75]. Beide Kriegsherren stritten heftig über die Schuld an der militärischen Niederlage bei Stalingrad, fanden bei der Abendbesprechung ab 19.30 Uhr dann jedoch wieder zur „vollen Übereinstimmung" zurück. Angesichts des bevorstehenden zehnten Jahrestages der „Machtergreifung" am 30. Januar verbot Hitler erneut eine Kapitulation der 6. Armee, ließ allerdings aus dem Nachrichtenbunker seines Sperrkreises nach Stalingrad funken: „Der Führer kennt die Lage seiner Soldaten. Er wird es schon schaffen. Wir müssen nur gehorchen. Wir haben nichts zu fragen, sondern blind zu gehorchen."[76]

Am 31. Januar kapitulierte der „Südkessel" der 6. Armee. Friedrich Paulus, noch am Vormittag des Tages von der „Wolfschanze" aus zum Generalfeldmarschall ernannt, begab sich in sowjetische Gefangenschaft, wie auch die meisten Offiziere, nachdem sie ihre Soldaten bis zum letzten Atemzug hatten kämpfen lassen. Hitler tobte während der „Mittagslage" am 1. Februar in seinem Hauptquartier; am Tag darauf musste auch der „Nordkessel" die Waffen niederlegen. In seinem Schlusskommuniqué resümierte Hitler: „Sie starben, damit Deutschland lebe. Ihr Vorbild wird sich auswirken bis in die fernsten Zeiten, aller unwahren bolschewistischen Propaganda zum Trotz. Die Divisionen der 6. Armee aber sind bereits im neuen Entstehen begriffen."[77]

Wenige Tage später, bei der Abendlage des 6. Februar, demonstrierte Hitler einmal mehr seine Fähigkeit, „sich kalt planend auf ein bevorstehendes Gespräch einstellen zu können": „Die Anwesenden gruppierten sich stehend um den hell beleuchteten Kartentisch. Hitlers Platz in der Mitte der Breitseite war noch frei. Eine goldumrandete Brille lag dort für ihn bereit. General Schmundt erschien in der Tür und verkündete laut: ‚Meine Herren – der Führer.' Die Gespräche der Wartenden verstummten, und Hitler grüßte wortlos mit angewinkeltem Arm. Er blickte einmal in die Runde, um dann nur Feldmarschall Manstein mit Handschlag zu begrüßen. Eine lähmende Stille war im Raum. [...] Was ich jetzt miterlebte, war ein Meisterstreich Hitlerscher Psychologie: ‚Meine Herren', begann er, ‚vorweg möchte ich ein Wort zu Stalingrad sagen. Für Stalingrad trage allein ich die Verantwortung. Und nun', zu General Zeitzler

75 KTB 1943, Bd. 2, S. 1491.
76 DNB-Sondermeldung vom 3. Februar 1943, zit. nach Domarus, Hitler, S. 1974.
77 Zit. nach Domarus, Hitler, S. 1985.

gewandt, ‚bitte die heutige Lage im Osten.' [...] Der Wirkung dieser fast wie ein Schuldbekenntnis klingenden Worte Hitlers folgte dann auch einen kurzen Augenblick betretenes Schweigen. Offenbar war Manstein, ebenso wie Zeitzler, überrascht", wie Mansteins Ordonnanzoffizier Alexander Stahlberg notierte.[78]

Als sich anderntags alle Reichs- und Gauleiter im „Führerhauptquartier" einfanden, baute Hitler seine ausschweifende Rede über das Geschehen der vergangenen Monate so auf, „dass keiner der Zuhörer auch nur den geringsten Hinweis auf die katastrophale Lage mit nach Hause nahm".[79] Stattdessen strahlte Hitler „größte Entschlossenheit und absolute Siegeszuversicht" aus.[80] Generaloberst Guderian hingegen vermerkte über Hitlers körperlichen Zustand nach einem Besuch in der „Wolfschanze": „Die linke Hand zitterte, die Haltung war gebeugt, der Blick starr, die Augen quollen leicht hervor, sie waren glanzlos; die Wangen zeigten rote Flecken. Seine Erregbarkeit hatte zugenommen. Er verlor leicht jede Haltung in seinem Jähzorn und war dann unberechenbar in seinen Worten und Entschlüssen. Die äußeren Anzeichen einer Erkrankung steigerten sich immer mehr, der täglichen Umgebung infolge Gewöhnung kaum wahrnehmbar."[81]

Am 12. Februar 1943 wurde Himmler telefonisch in die „Wolfschanze" einbestellt, wo er am Folgetag um 16 Uhr einen Termin bei Hitler wahrnahm. Vor allem ging es um militärische Fragen. Doch dürfte Himmler auch von seinem Besuch im Vernichtungslager Sobibor am Tag zuvor berichtet haben, wo eigens als Demonstration für ihn 200 jüdische Mädchen und Frauen aus der Umgebung mit Motorabgasen ermordet worden waren. Anschließend hatte er Globocnik und Krüger eine schriftliche Aufstellung der im Rahmen der „Aktion Reinhardt" geraubten Werte aus jüdischem Besitz befohlen.[82]

---

**78** Alexander Stahlberg, Die verdammte Pflicht. Erinnerungen, 2. Auflage Berlin 1993, S. 275 f.

**79** Below, Als Hitlers Adjutant, S. 329.

**80** Zit. nach Domarus, Hitler, S. 1987.

**81** Auszug aus dem Memoiren Guderians, abgedruckt in: KTB 1945, Bd. 2, S. 1722 f.

**82** Matthias Uhl u.a. (Hrsg), Die Organisation des Terrors, Der Dienstkalender Heinrich Himmlers 1943–1945, München 2020, S. 145–148. „Aktion Reinhardt" ist die Tarnbezeichnung für die planmäßige Ermordung der jüdischen Bevölkerung im „Generalgouvernement" in den Vernichtungslagern Belzec, Sobibor und Treblinka, der in den Jahren 1942/43 zwischen 1,6 und 1,9 Millionen Juden und etwa 50.000 Roma zum Opfer fielen.

Die deutsche Niederlage bei Stalingrad hatte die sowjetische Front in Bewegung gesetzt. Deshalb flogen Hitler, seine Generäle Jodl und Zeitzler am 17. Februar 1943 um zwei Uhr früh vom Flugplatz der „Wolfschanze" gen Osten, zum Hauptquartier der Heeresgruppe Süd in Saporoshe, wo er seine Soldaten über „immer neue Divisionen", die im Anrollen begriffen seien, und von „unbekannten, einzigartig dastehenden Waffen" in Kenntnis setzte. Zwei Tage später, beim Abflug war schon sowjetisches Artilleriefeuer zu hören, flog Hitler weiter nach „Wehrwolf", wo er unter anderen Goebbels traf, der ihm über die verheerenden Folgen des Luftkrieges über Deutschland berichtete. Nach drei Wochen „im Felde" (aber immer in sicherem Abstand zur Front) stand für den 13. März 1943 der Rückflug in die „Wolfschanze" auf dem Plan. Unterwegs machte Hitler beim Hauptquartier der Heeresgruppe Mitte in Smolensk Station, wo er sich mit Generalfeldmarschall von Kluge besprach.

Währenddessen gelang es einem Offizier im Generalstab des Oberbefehlshabers der Heeresgruppe Mitte, Oberst Henning von Tresckow, zwei als Alkoholflaschen getarnte Sprengladungen in Hitlers „Focke-Wulf" zu schmuggeln. Das Flugzeug hob am frühen Nachmittag auch planmäßig in Richtung Ostpreußen ab; Tresckow selbst blieb im sicheren Smolensk. Die nach einer halben Stunde erwartete Detonation blieb wegen Vereisung des Zünders allerdings aus, und die Maschine landete unversehrt auf dem Flugplatz der „Wolfschanze" in Wilhelmsdorf. Bereits am 19. März verließ der „Führer" den Wald bei Rastenburg wieder und reiste in seinem Sonderzug nach Berlin, in seinen „Berghof" bei Berchtesgaden, später in das Barockschloss Kleßheim – „offiziell" Dienst in seinem ostpreußischen Hauptquartier leistend.[83]

Nach einem kurzen einwöchigen Aufenthalt im Mai 1943 begab sich Hitler erst am 1. Juli 1943 für längere Zeit zurück in die „Wolfschanze". Für die Operation „Zitadelle" empfing der „Erste Soldat" seines Reiches am 1. Juli alle beteiligten Oberbefehlshaber und Kommandierenden Generäle im „Führerhauptquartier", hielt ihnen einen längeren Vortrag und verkündete: „Der Schlag, den die deutschen Streitkräfte austeilen werden, muss von entscheidender Bedeutung sein und eine Wendung

**83** Schmidt, Statist, S. 562.

Der Frontarbeiter OT

ILLUSTRIERTE ZEITUNG FÜR DIE FRONTARBEITER DER ORGANISATION TODT

20. APRIL 1943 FOLGE 142

Der Führer, der am 20. April seinen 54. Geburtstag vollendet, im Gespräch mit Reichsminister Speer, dem Chef der OT und genialen Vollender des Schutzwalls am Atlantik, im Führerhauptquartier

Aufnahme: Presse-Hoffmann

**Titelblatt des Presseorgans der Organisation Todt vom 20. April 1943**

**Rüstungsminister Albert Speer und Hitler in der „Wolfschanze" beim Passieren der Bahngleise, im Hintergrund ein Flakturm**

Quelle: Der Frontarbeiter OT

des Krieges mit sich bringen. Der Schlag muss die letzte Schlacht für den Sieg der deutschen Waffen sein."[84] Der deutsche Ansturm gegen den sowjetischen Frontbogen bei Kursk, die größte Panzerschlacht der Geschichte und die letzte militärische Initiative der Wehrmacht gegen die Sowjetunion, brach im Morgengrauen des 5. Juli los, lief alsbald fest und musste am 13. Juli erfolglos eingestellt werden. Diese Niederlage mit ihren hohen personellen und materiellen Verlusten gilt als der Beginn der endgültigen und tödlichen Krise des deutschen Ostheeres.

In diese Situation fiel die Nachricht von der Landung alliierter Verbände auf Sizilien. Hitler verfügte ein sofortiges Treffen mit Mussolini, das am 19. Juli im oberitalienischen Feltre bei Belluno stattfand. Ohne Unterbrechung kanzelte der schäumende „Führer" seinen „Achsen"-Partner drei Stunden lang ab, dann kehrte er umgehend in die „Wolfschanze" zurück. Der Duce fuhr nach Rom, wo der Große Faschistische Rat ihn absetzte und in Haft nehmen ließ. Hitler berief einige aufgeregte Konferenzen in seinem Hauptquartier ein. Auch während des Mittagessens am 27. Juli beherrschte das Thema Italien die Tischgespräche zwischen Hitler, Goebbels, Göring, Ribbentrop, Rommel, Dönitz, Speer, Keitel und Bormann. Am Folgetag gab Goebbels aus dem Nachrichtenbunker des „Führerhauptquartiers" seine Anweisungen über die verbindliche Propagandastrategie zum italienischen Staatsstreich nach Berlin durch.[85] Aus dem Sturz des Duces und der Einsetzung seines Nachfolgers Marschall Badoglio wurde ein unspektakulärer Regierungswechsel aufgrund des schlechten Gesundheitszustandes Mussolinis.

Der zweite Besuch des Zaren Boris III. von Bulgarien am 14./15. August verlief ähnlich unerfreulich wie der erste: Hitler befürchtete ein Vorrücken der Roten Armee Richtung Balkan, zugleich misstraute er seinem Gast – vor allem wegen dessen Weigerung, am Kampf gegen die Sowjetunion teilzunehmen. Boris III. entspannte sich in der „Wolfschanze" auf seine Weise, wie der Gesandte des Auswärtigen Amtes Franz Sonnleithner zu berichten wusste: „In den Gesprächspausen ging er [...] seinem Hobby nach: Er kroch auf der Zuglokomotive herum. Wir wussten schon, dass er sich für alles, was mit Dampfloks zusammenhing,

**84** Zit. nach Domarus, Hitler, S. 2022.
**85** Vgl. Joseph Goebbels, Tagebucheintrag vom 27. Juli 1943, in: Elke Fröhlich (Hrsg.), Die Tagebücher von Joseph Goebbels. Teil II: Diktate 1941–1945. Bd. 9, München 1993, S. 169.

sehr interessierte, und es wurde dafür gesorgt, dass immer ein Experte da war, mit dem er Fachgespräche führen konnte und auch eine Lok unter Dampf stand, mit der er selbst fahren konnte."[86] Wenige Tage später erreichte Hitler in Ostpreußen die Nachricht vom plötzlichen Tode des bulgarischen Zaren.

Italien und das Ableben Boris III. bildeten den Auftakt seiner Unterredung mit Rumäniens Conducător, Marschall Antonescu, am 2. September. Weiterhin bestand Einigkeit, dass die Lage an der Ostfront „ziemlich schwierig sei". Doch Antonescu betonte, Rumänien werde „treu an der Seite seines deutschen Verbündeten weiterkämpfen"[87]. Im Gegensatz zu Italien, das dieser Tage einen Waffenstillstand mit den Alliierten schließen wollte; Hitler tobte und befahl die Besetzung des Landes – den „Fall Achse". Am 10. September verlas dieser dann eine von Goebbels vorbereitete Rede über den „Ausfall Italiens", die seine Treue gegenüber dem „Bundesgenossen" betonte und erstaunlich religiös endete: „Dem Volke, das diese Prüfungen vor der Vorsehung besteht, wird am Ende der Allmächtige als Lohn den Lorbeerkranz des Sieges und damit den Preis des Lebens reichen. Dies muss und wird aber unter allen Umständen Deutschland sein."[88] Die praktische Folge dieser Treue bestand in der Befreiung Mussolinis aus seinem Hotelgefängnis im Gran-Sasso-Gebirge am 12. September. Am selben Tag saßen Hitler, Himmler, Bormann, Lammers und Speer sowie die Gauleiter von Tirol und Kärnten, Franz Hofer und Friedrich Rainer, in der „Wolfschanze" zusammen, um einen weiteren Schachzug gegen Italien zu beraten: Als ein Ergebnis der Besprechung verleibte Hitler dem Reich ostentativ Südtirol ein – erweitert um jenes Gebiet nördlich von Trient, das er dem Duce beim „Anschluss" Österreichs 1938 zum Dank für die Unterstützung des faschistischen Italien überlassen hatte. Zwei Tage später traf der Duce, ein „gebrochener Mann"[89] in dunklem Zivilanzug und schwarzem Mantel, auf dem Flugplatz der „Wolfschanze" ein. Bis zum 18. September berieten Hitler und sein Gast über die für Mussolini geschaffene Faschistische Republik im norditalienischen Salò.

**86** Franz von Sonnleithner, Als Diplomat im „Führerhauptquartier". Aus dem Nachlaß, München, Wien 1989, S. 142 f.
**87** Aufzeichnung von P. O. Schmidt vom 2. September 1943, in: Hillgruber, Staatsmänner und Diplomaten, Bd. 2, S. 301–314.
**88** Zit. nach Domarus, Hitler, S. 2035–2039.
**89** Schulz, Drei Jahre in der Nachrichtenzentrale, S. 155.

**Hitler und Mussolini beim Abschied auf dem Flugplatz der „Wolfschanze" bei Wilhelmsdorf am 18. September 1943**

**Von links: Albert Bormann, Botschafter Walther Hewel, Joachim von Ribbentrop, Hitler, Mussolini**

Quelle: BSB hoff-48524

Nach dessen Abreise bat Hitler am späten Abend des 22. September Goebbels „um eine Unterredung unter vier Augen" in seinem Bunker. Goebbels notierte: „Wir gehen noch stundenlang in seinem Kartenzimmer auf und ab und besprechen vor allem die italienische Frage von den intimsten Seiten aus."[90] Die kommenden Wochen waren dann jedoch vor allem von Rückschlägen an der Ostfront geprägt.

Die Weihnachtstage verbrachte Hitler im ostpreußischen Hauptquartier und widmete sich dem Entwerfen neuer Orden und ihrer Satzungen.[91] Einer seiner letzten Befehle dieses Schicksalsjahres 1943 galt Generalfeldmarschall Manstein, der sich wegen der bedrohlichen Frontsituation aus dem von ihm als Gefechtsstand genutzten früheren „Führerhauptquartier Wehrwolf" zurückziehen sollte: „Ich halte eins für notwendig: daß er sofort von Winniza weggeht, damit er die Nerven behält. Er verliert die Nerven, das hat keinen Sinn. ... Er muss von Winniza weg, das hat keinen Sinn! In Winniza muß ein Kommando sein, das den ganzen Laden niederbrennt und sprengt!"[92]

**90** Joseph Goebbels, Tagebucheintrag vom 23. September 1943, in: Fröhlich, Die Tagebücher von Joseph Goebbels, Bd. 9, S. 590.

**91** Reichsgesetzblatt (RGBl.), 1944 Teil I, S. 1–3.

**92** Hitler in der abendlichen Lagebesprechung am 28. Dezember 1943, zit. nach: Heiber, Hitlers Lagebesprechungen, S. 498.

**Reste des „Führerhauptquartiers Wehrwolf"
nahe der ukrainischen Stadt Winniza im Herbst 2017**

Quelle: Uwe Neumärker

## Der totale Krieg – das Jahr 1944

Das neue Jahr begann in der „Wolfschanze" – mit alten Problemen an der Ostfront und in Italien, aber auch mit neuen: Am 17. Januar 1944 ermächtigte Hitler den Oberbefehlshaber West Generalfeldmarschall von Kluge an den belgischen und französischen Küsten „Kampfzonen" zu bilden. Denn: „Wenn die Invasion nicht abgeschlagen wird, dann ist der Krieg für uns verloren."[93] Zehn Tage darauf zitierte Hitler alle Oberbefehlshaber im Osten und weitere höhere Militärs in sein Hauptquartier, um ihnen „persönlich einen Vortrag über die Notwendigkeit nationalsozialistischer Erziehung innerhalb des Heeres"[94] zu halten und sie erneut auf seine Person einzuschwören: „In der letzten Konsequenz müsste ich, wenn ich als oberster Führer jemals verlassen sein würde, als letztes um mich das gesamte Offizierkorps haben, das müsste dann mit gezogenem Degen um mich geschart stehen. Genau wie jeder Feldmarschall, jeder Generaloberst, jeder kommandierende General, jeder Divisionär und Regimentskommandeur erwarten muss, dass die ihm Untergebenen in der kritischen Stunde bei ihm stehen."[95]

Zu dieser Zeit tauchte Heinz Rühmann im Sperrgebiet der „Wolfschanze" auf. Im Gepäck hatte er fünf Filmrollen mit seinem neuesten Werk „Die Feuerzangenbowle". Rühmann hatte sich zu diesem ungewöhnlichen Schritt entschlossen, weil Reichserziehungsminister Bernhard Rust die Freigabe des Streifens verhindern wollte, da es ohnehin an Nachwuchs für den Lehrerberuf fehle und ein solcher Film die Autorität von Schule und Lehrern in schwierigen Zeiten gefährden würde. Er hatte über einen Kontaktmann im Reichsluftfahrtministerium erreicht, dass sich Hermann Göring den Film ansehen würde. Nach zwei Tagen im winterlichen Hauptquartier erhielt Rühmann dann die Nachricht, dass Göring sich den Film im Kreis seines Stabes angesehen und mit Hitler gesprochen habe. Dieser habe lediglich gefragt: „Ist er wirklich so komisch?" Als Göring versicherte: „Wir haben uns auf die Schenkel geschlagen!" habe Hitler angewiesen: „Dann soll er sofort anlaufen."[96]

Die ungarische Regierung nahm den rasanten weiteren Vormarsch der Roten Armee an der Ostfront zum Anlass, ihre Fühler nach den Alliierten auszustrecken. Umgehend befahl Hitler am 12. März die Besetzung des

**93** Ein „häufig genug wiederholtes Wort Hitlers", in: Heiber, Hitlers Lagebesprechungen, S. 444.
**94** Erich von Manstein, Verlorene Siege, Frankfurt am Main u.a. 1955, S. 578.
**95** Institut für Zeitgeschichte, F 19/3, Ansprache des Führers an die Feldmarschälle und Generäle am 27.1.1944 in der Wolfsschanze, S. 49.
**96** Zitate nach Heinz Rühmann, Das war's. Erinnerungen. Berlin u.a. 1982, S. 154.

Landes, „um die schwerste Gefahr für die kämpfenden Truppen aller verbündeten europäischen Staaten und für den Bestand der ungarischen Nation selbst abzuwenden".[97] Am Sonntag, dem 19. März 1944, um zwei Uhr früh, überschritt die Wehrmacht die Grenze zu Ungarn, SS-Obersturmbannführer Adolf Eichmann begab sich alsbald nach Budapest, um die Verschleppung Hunderttausender Juden in das Vernichtungslager Auschwitz-Birkenau zu organisieren. Hitler verließ Ostpreußen, um der Gefährdung und Unruhe während der anstehenden Verstärkungsarbeiten an den Bunkern seines „Führerhauptquartiers" zu entfliehen.

Bereits am 21. August 1943 hatte Goebbels in seinem Tagebuch für den Tag davor „einen anderthalbstündigen Spaziergang durch die Anlagen des Hauptquartiers" mit Hitler notiert. Sie sprachen über Probleme des Luftkriegs, in dem Hitler „das Kardinalproblem der gegenwärtigen Kriegslage" sah. Er befürchtete auch, „dass demnächst das Hauptquartier angegriffen werden würde und hat dafür die entsprechenden Vorbereitungen treffen lassen."[98] Für dieses „Sonderbauvorhaben Rastenburg" erhielt Ende August 1943 die Firma „Wayss & Freytag" den alleinigen Auftrag: Gemäß den Vorstellungen des Bauherrn Hitler wurden die Abschlussdecken und -wände von Gäste-, Nachrichten- und Führerbunker verstärkt und erhielten einen bis zu fünf Meter dicken Stahlbetonmantel. Auch Görings und zwei allgemeine Bunker wurden nach diesem Prinzip der Ummantelung eines inneren Bunkerkerns neu errichtet. Anfang April 1944 waren rund 3.600 Beschäftigte aus 500 Firmen mehr oder weniger unkontrolliert auf dem Gelände der „Wolfschanze" tätig, viele von ihnen in auch in Sperrkreis I. Ob es sich dabei weiterhin ausschließlich um deutsche Arbeiter der „Organisation Todt" handelte, oder ob auch Zwangsarbeiter eingesetzt wurden, darüber konnten keine Informationen ermittelt werden.

Nicht nur Propagandaminister Goebbels sah rückblickend am 20. Juli 1944 in diesem Wirrwarr ein eklatantes Sicherheitsrisiko.[99] Der Bahnhof Görlitz diente zur Verteilung der Baustoffe, an dem das Material von Eisenbahnwaggons auf die Loren einer Kleinbahn oder auf Lkw verladen und mit diesen zu den verschiedenen Baustellen gebracht wurde.

---

**97** Moll, „Führer-Erlasse", S. 399–402.

**98** Joseph Goebbels, Tagebucheintrag vom 21. August 1943, in: Elke Fröhlich (Hrsg.), Die Tagebücher von Joseph Goebbels. Teil II: Diktate 1941–1945. Bd. 9, München 1993, S. 329 f.

**99** Vgl. Dan van der Vat, Der gute Nazi. Albert Speers Leben und Lügen, Berlin 1997, S. 317.

Außerdem wurden die äußeren Absperrmaßnahmen gegen feindliche Fallschirmjäger und Spione rings um die Bauarbeiten verstärkt: „Das um die ganze Anlage herumgeführte Drahthindernis wurde in einem Abstand von etwa 100 Metern durch einen zweiten Drahtverhau ergänzt, der Zwischenraum mit Minen gespickt. Die Zugangstore zur Anlage an der Straße Rastenburg – Partsch und Görlitz – Queden wurden stark verschanzt und bewacht."[100] Die bereits im Januar 1944 angekündigten Minenfelder wurden dann allerdings erst im Juni 1944 gelegt.[101]

Insgesamt kosteten die Arbeiten bis Herbst 1944 etwa 36 Millionen Reichsmark.[102] Letzte Abrechnungen des „Sonderbauvorhabens Rastenburg" gingen noch Anfang März 1945 in der OT-Rechnungsstelle ein.

Im Februar 1944 verließ Hitler die „Wolfschanze" und verbrachte die kommenden Monate auf dem Obersalzberg und bei Staatsbesuchen verbündeter Politiker auf Schloss Kleßheim bei Salzburg. Erst in der Nacht zum 15. Juli 1944 – fünf Wochen nach der Landung der Westalliierten in der französischen Normandie – traf Hitler auf dem inzwischen abermals erweiterten Flugplatz Wilhelmsdorf ein und fuhr in die „Wolfschanze". Er wollte näher an der Ostfront sein, wo sich die militärische Lage in den vergangenen Wochen ebenfalls katastrophal verschlechtert hatte; die Heeresgruppe Mitte stand vor dem Zusammenbruch.

In der „Wolfschanze" fand er „ein völlig verändertes Bild vor", wie sein Kammerdiener Linge niederschrieb. „Die Umbauten waren zum größten Teil fertiggestellt. Ich fühlte mich ‚nach Ägypten versetzt', da die Bunker Pyramiden glichen. Der Führerbunker war noch nicht fertig, und Hitler bezog Quartier im sogenannten Gästebunker, der bereits durch Eisenbeton verstärkte Wohnräume hatte. Die Lagebesprechungen mussten in einer Baracke stattfinden, die nur notdürftig gegen Bombensplitter geschützt war."[103] Diese lag in einem Sondersperrkreis, der innerhalb des Sperrkreises I geschaffen worden war. Tatsächlich fanden hier alle mittäglichen Lagebesprechungen zwischen dem 15. und 20. Juli 1944 statt.

---

**100** Dodo Freiherr von und zu Knyphausen, in: Grenz, Der Kreis Rastenburg, S. 152.
**101** Schreiben des Kommandanten des „Führer-Hauptquartiers" vom 7. Januar 1944 über die Anlage eines Minengürtels um die „Wolfsschanze". (Regest 17432) In: Nationalsozialismus, Holocaust, Widerstand und Exil 1933–1945. Online-Datenbank. DeGruyter. 01.01.2021.
**102** Vgl. Albert Speer, Erinnerungen, Frankfurt am Main 1969, S. 547, Anm. 7.
**103** Heinz Linge, Bis zum Untergang. Als Chef des Persönlichen Dienstes bei Hitler. Hrsg. von Werner Maser, München 1982, S. 224.

FÜHRER-HAUPTQUARTIER
KOMMANDANT

7. Januar 1944

8.1.44

Betr.: Minenfeld Wolfsschanze.

Zur Verstärkung der Sicherung der Anlage "Wolfsschanze" wird die HKL durch einen Minengürtel umgeben. Die Minenfelder sind durch einen Flandernzaun und zusätzlich durch einen Drahtzaun abgegrenzt, sowie durch Schilder: "Minen" gekennzeichnet.

Das Übersteigen des Ringsum-Drahthindernisses, das Zerschneiden des Drahtes und das Abnehmen der Warnschilder ist verboten. Posten und Streifen haben entsprechende Wachbefehle.

Beim Betreten des Feldes zwischen den beiden Drahthindernissen besteht Lebensgefahr.

Schwe

Oberstleutnant

Verteiler:
Pers. Adj. d. Führers
Adjutantur d.W.b. Führer
Adjutantur Chef OKW
Chef des Heeresstabes
WFSt
Stab Reichsleiter Bormann
Stab Reichspressechef
SS-Begleitkdo
RSD

Entwurf: Ia

124 05094

00179

Schreiben des Kommandanten des „Führer-Hauptquartiers" vom 7. Januar 1944 über die Anlage eines Minengürtels um die „Wolfschanze"

Quelle: (Regest 17432) In: Nationalsozialismus, Holocaust, Widerstand und Exil 1933-1945. Online-Datenbank. DeGruyter. 01.01.2021.

**Der neu errichtete Mannschaftsbunker im Sperrkreis III mit 60 Metern Länge, 23 Metern Breite und einer Höhe von 9,5 Metern, der praktisch nie genutzt wurde**
Photo: Walter Frentz, Quelle: Walter-Frentz-Collection, Berlin

Chefdolmetscher Schmidt beschrieb die düstere Atmosphäre zwischen den entstandenen „sieben Meter starken, fensterlosen Betonmauern", die „wie vorweltliche Ungeheuer, grau und grün getarnt, in dem Walde zu hocken schienen. Wie die Stollen eines Bergwerks zogen sich niedrige Korridore durch diese ‚montagnes synthetiques' oder synthetischen Berge, wie der rumänische Außenminister Mihai Antonescu diese Gebilde einmal sehr treffend bezeichnet hatte. Die Räume waren recht klein. Man fühlte sich in ihnen immer irgendwie beengt. Die feuchten Ausstrahlungen der Betonmassen, das dauernde künstliche Licht und das ständige Sausen der Belüftungsanlagen erhöhten die Unwirklichkeit dieses Milieus, in dem ein bleicher und aufgedunsener werdender Hitler seine ausländischen Besucher empfing. Das Ganze wirkte wie der Schlupfwinkel eines sagenhaften, bösen Geistes. Beobachter, denen die düstere Sagenwelt ferner lag, fühlten sich ins Filmland versetzt. ‚Der Märchenwald für den soeben beendeten Hänsel-und-Gretel-Film wird morgen abgebaut', erklärte mir einmal ein witziger Kollege, ‚und übermorgen fangen wir mit den Aufnahmen zu Antonius und Cleopatra an, die Pyramiden stehen schon da'."[104]

**104** Schmidt, Statist, S. 555 f.

**Arbeitszimmer Hitlers im Juli 1944**
Quelle: BSB, hoff-53865

# 2

## Claus Schenk Graf von Stauffenberg im „Führerhauptquartier Wolfschanze"

15. Juli 1944

20. Juli 1944

# Claus Schenk Graf von Stauffenberg im „Führerhauptquartier Wolfschanze"

Viermal befand sich Claus Schenk Graf von Stauffenberg im Sommer 1944 in der unmittelbaren Nähe Hitlers: Am 6. und 11. Juli in Hitlers „Berghof" auf dem Obersalzberg, am 15. und 20. Juli 1944 in der ostpreußischen „Wolfschanze". Die Rekonstruktion von Vorbereitung und Verlauf der beiden Aufenthalte ist wegen der problematischen Überlieferung aus methodischen Gründen nicht leicht und widerspruchsfrei möglich. Obwohl es sich nur um zwei Daten handelt, weichen Berichte und Einschätzungen doch vielfach voneinander ab. Da mehrere der an Attentat und Umsturzversuch Beteiligten noch in der Nacht vom 20. auf den 21. Juli 1944 im Innenhof des Bendlerblocks erschossen, andere unmittelbar danach von der Gestapo festgenommen und später Opfer der NS-Unrechtsjustiz wurden, gibt es nur wenige Quellen von den Augenzeugen selbst. Wichtige Informationen finden sich in den zusammenfassenden Ermittlungsberichten der Sonderkommission 20. Juli 1944, andere wiederum in den auch nur spärlich überlieferten Akten des „Volksgerichtshofes". Hinzu kommen Berichte einiger der überlebenden Beteiligten, die in unterschiedlichem Grad über Planungen und Aktionen informiert waren. Weitere Berichte, die in der Zeit nach 1945 verfasst wurden, lassen sich nur schwer mit den Informationen in Einklang bringen, die wir primären Quellen verdanken.

Die folgende Darstellung stützt sich möglichst auf Primärquellen. Nach 1945 entstandene Erinnerungsberichte wurden nach Möglichkeit durch weitere Überlieferung abgesichert. Doch um die Atmosphäre dieser Tage im Juli 1944 möglichst dicht schildern zu können, haben wir uns trotz aller Begrenzung subjektiver Darstellungen und mancher faktischen Fehler für die Berücksichtigung dieser Zeitzeugenberichte entschieden. Alle Zeitangaben erfolgen nach bestem Wissen, Abweichungen und Irrtümer sind jedoch nicht ausgeschlossen.

# 15. Juli 1944

### Gegen 9.35 Uhr
### Flugplatz Rastenburg

Oberst i. G. Claus Schenk Graf von Stauffenberg, Generaloberst Friedrich Fromm und Leutnant Friedrich Karl Klausing landen mit einer Kuriermaschine, die gegen 7.00 Uhr vom Flugplatz Rangsdorf südlich von Berlin gestartet ist. Erst einen Tag zuvor ist das „Führerhauptquartier" vom Obersalzberg nach Ostpreußen verlegt worden. Der Befehlshaber des Ersatzheeres Fromm und sein Chef des Stabes Stauffenberg sollen über die Vorbereitungen für die Aufstellung von 15 neuen Divisionen berichten, die Hitler am 6. Juli 1944 befohlen hat.

Am 15. Juli hat Stauffenberg – wie bereits am 6. und am 11. Juli 1944 – Sprengkörper und Zünder dabei. Am 11. Juli hat er darauf verzichtet, diese zu zünden, weil Reichsinnenminister und Reichsführer-SS Heinrich Himmler sowie der Oberbefehlshaber der Luftwaffe, Hermann Göring, bei der damaligen Lagebesprechung nicht anwesend waren. Vier Tage später ist Stauffenberg entschlossen, das Attentat auszuführen, auch wenn Himmler und Göring nicht anwesend sein sollten. Stauffenberg ist erstmals wieder im erheblich veränderten „Führerhauptquartier Wolfschanze"; er muss sich erst einmal einen Überblick über die räumlichen Verhältnisse und organisatorischen Abläufe verschaffen.

Den Entschluss, selbst das Attentat durchzuführen, hat Stauffenberg erst wenige Tage zuvor, nach dem 6. Juli 1944, gefasst. Der Sprengstoff, den Stauffenberg an diesem Tag mit sich führte, war für General Hellmuth Stieff gedacht, der damit an einem der folgenden Tage das Attentat durchführen sollte. Stieff ist jedoch dazu nicht mehr bereit gewesen; die Gründe für seine Entscheidung sind unbekannt. Stauffenberg hat den Sprengstoff wieder mit nach Berlin genommen.

Als Chef des Stabes beim Befehlshaber des Ersatzheeres ist Stauffenberg für die Durchführung des Staatsstreichs in Berlin fast zwingend erforderlich. Doch nach dem 6. Juli 1944 weiß Stauffenberg, dass in der Umgebung Hitlers niemand mehr zu diesem Zeitpunkt zur Tat bereit ist. Stauffenberg hat das Risiko seiner Festnahme oder seines Todes beim Attentat gegen die aus seiner Sicht zwingende Notwendigkeit abgewogen, dass möglichst sofort der Umsturzversuch eingeleitet werden muss.

**Claus Schenk Graf von Stauffenberg als Rittmeister, 1941**
Quelle: Gedenkstätte Deutscher Widerstand

Oberst Claus Schenk Graf von Stauffenberg ist nach seiner schweren Verwundung im April 1943 seit September 1943 Chef des Stabes im Allgemeinen Heeresamt des Oberkommandos des Heeres unter General der Infanterie Friedrich Olbricht. Gemeinsam mit Generalmajor Henning von Tresckow und Oberst i. G. Albrecht Ritter Mertz von Quirnheim treibt er seit dieser Zeit die Umsturzplanungen unter dem Deckmantel der „Operation Walküre" voran. Seit Juni 1944 ist Stauffenberg Chef des Stabes beim Befehlshaber des Ersatzheeres und Chef der Heeresrüstung, Generaloberst Friedrich Fromm, und hat jetzt auch Gelegenheit, an Lagebesprechungen bei Hitler teilzunehmen. Anfang Juli 1944 entschließt sich Stauffenberg, selbst den Anschlag auf den Diktator durchzuführen. Nach dem Scheitern des Umsturzversuches werden noch in der Nacht vom 20. auf den 21. Juli 1944 Claus Schenk Graf von Stauffenberg, Werner von Haeften, Albrecht Ritter Mertz von Quirnheim und Friedrich Olbricht im Hof des Bendlerblocks erschossen.

**Friedrich Karl Klausing**

Quelle: Bundesarchiv, Bild 146II-760

Friedrich Karl Klausing ist 1944 Hauptmann im Stab des Allgemeinen Heeresamtes. Am 20. Juli 1944 hält er sich im Bendlerblock, der Zentrale des Umsturzversuches in Berlin, auf und ist dort für die Übermittlung der „Walküre"-Befehle mitverantwortlich. In der Nacht vom 20. auf den 21. Juli kann Klausing zunächst entkommen und sich bei Freunden verstecken. Am nächsten Morgen stellt er sich jedoch der Gestapo und wird im ersten Schauprozess gegen die Verschwörer vom „Volksgerichtshof" am 8. August 1944 zum Tode verurteilt. Friedrich Karl Klausing wird noch am selben Tag im Strafgefängnis Berlin-Plötzensee erhängt.

**Generaloberst Friedrich Fromm (hier als General der Artillerie 1940)**

Quelle: Gedenkstätte Deutscher Widerstand

Generaloberst Friedrich Fromm ist Befehlshaber des Ersatzheeres und Chef der Heeresrüstung im Oberkommando des Heeres. Er ist damit für alle Ersatz- und Ausbildungseinheiten der Wehrmacht im „Heimatkriegsgebiet" und für die Rüstung des Heeres zuständig. Als Friedrich Fromm am 20. Juli 1944 vom Attentat auf Hitler und von dessen Überleben erfährt, verweigert er sich dem Umsturzversuch. Auf seinen Befehl werden Stauffenberg und seine engsten Mitverschworenen in der Nacht vom 20. auf den 21. Juli 1944 im Hof des Bendlerblocks erschossen. Noch am 21. Juli 1944 in „Ehrenhaft" genommen, wird Fromm im August 1944 in das „Hausgefängnis" des Reichssicherheitshauptamtes in der Prinz-Albrecht-Straße 8 überführt und am 7. März 1945 aufgrund der ihm unterstellten Nähe zu den Verschwörern in seiner Dienststelle und wegen „Feigheit" zum Tode verurteilt. Friedrich Fromm wird am 12. März 1945 im Zuchthaus Brandenburg-Görden erschossen.

Nach dem Attentatsversuch sollen alle Aufenthalte Stauffenbergs in der Nähe Hitlers rekonstruiert werden. Ein Mitarbeiter des Stenographischen Dienstes, Dr. Kurt Peschel, legt wenige Tage später, am 22. Juli 1944, die erste Auflistung der Termine vor, die Stauffenberg im Juli 1944 in den „Führerhauptquartieren" auf dem „Berghof" und in der „Wolfschanze" wahrgenommen hat. Der von ihm angegebene Termin am 18. Juli 1944 stellt sich später als Irrtum heraus. Dieser Bericht gehört zu den Unterlagen, die NSDAP-Reichsleiter Martin Bormann 1944 vom Reichssicherheitshauptamt und vom „Reichssicherheitsdienst" erhält und dem NSDAP-Hauptarchiv überlässt.

Diese werden in der bayerischen Ausweichdienststelle Neumarkt/St.-Veit im Herbst 1944 geordnet und später von Einheiten der US-Army beschlagnahmt. Sie liegen nach 1945 im Berlin Document Center, werden anschließend in den Vereinigten Staaten in der World War II Records Division in Alexandria/Va. mikroverfilmt und erst in den 1960er Jahren wieder an die Bundesrepublik Deutschland zurückgegeben. Heute befinden sie sich im Bestand NS 6 (Hauptarchiv der NSDAP) im Bundesarchiv.

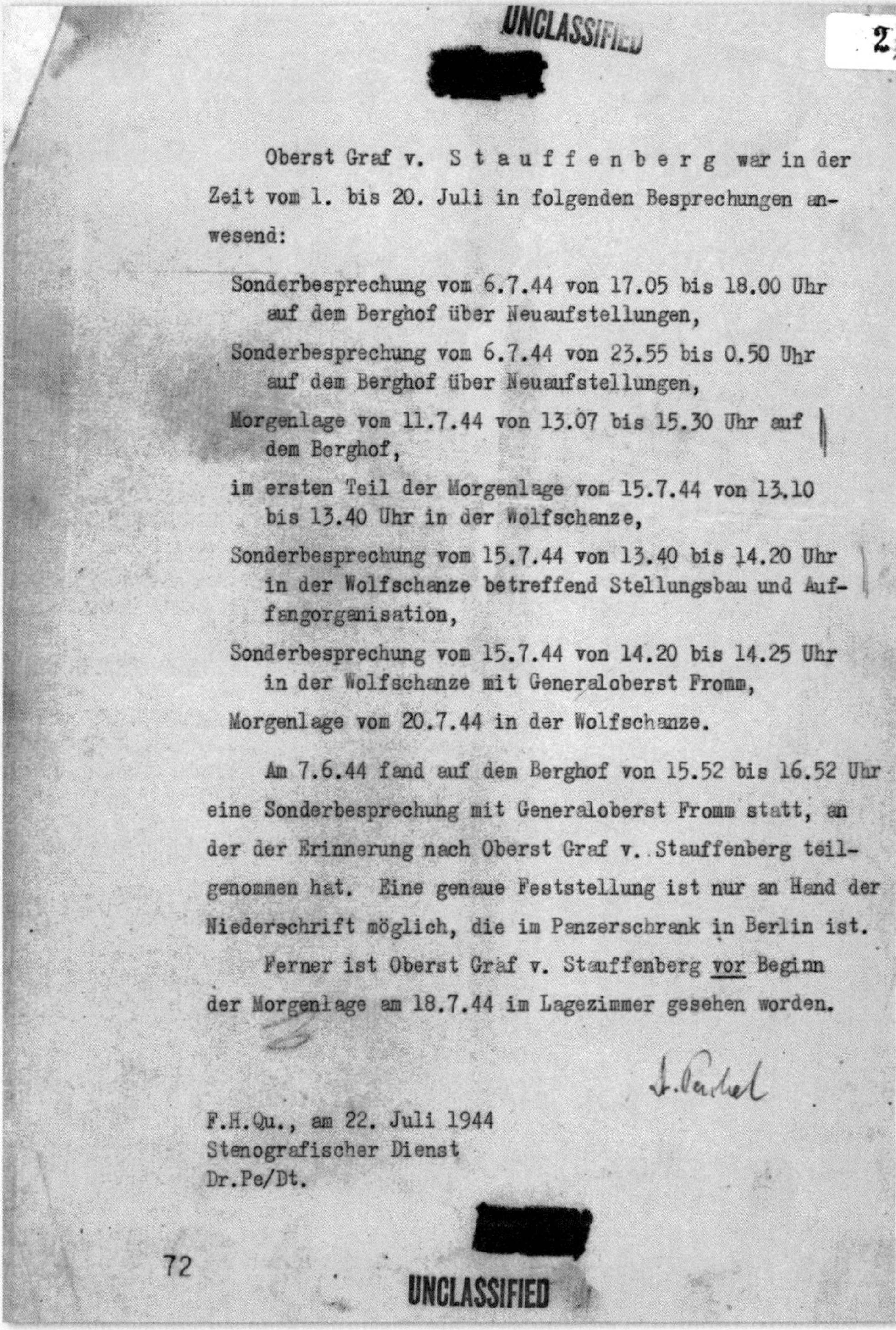


Oberst Graf v. S t a u f f e n b e r g war in der Zeit vom 1. bis 20. Juli in folgenden Besprechungen anwesend:

Sonderbesprechung vom 6.7.44 von 17.05 bis 18.00 Uhr auf dem Berghof über Neuaufstellungen,

Sonderbesprechung vom 6.7.44 von 23.55 bis 0.50 Uhr auf dem Berghof über Neuaufstellungen,

Morgenlage vom 11.7.44 von 13.07 bis 15.30 Uhr auf dem Berghof,

im ersten Teil der Morgenlage vom 15.7.44 von 13.10 bis 13.40 Uhr in der Wolfschanze,

Sonderbesprechung vom 15.7.44 von 13.40 bis 14.20 Uhr in der Wolfschanze betreffend Stellungsbau und Auffangorganisation,

Sonderbesprechung vom 15.7.44 von 14.20 bis 14.25 Uhr in der Wolfschanze mit Generaloberst Fromm,

Morgenlage vom 20.7.44 in der Wolfschanze.

Am 7.6.44 fand auf dem Berghof von 15.52 bis 16.52 Uhr eine Sonderbesprechung mit Generaloberst Fromm statt, an der der Erinnerung nach Oberst Graf v. Stauffenberg teilgenommen hat. Eine genaue Feststellung ist nur an Hand der Niederschrift möglich, die im Panzerschrank in Berlin ist.

Ferner ist Oberst Graf v. Stauffenberg vor Beginn der Morgenlage am 18.7.44 im Lagezimmer gesehen worden.

F.H.Qu., am 22. Juli 1944
Stenografischer Dienst
Dr.Pe/Dt.

72

UNCLASSIFIED

**Vermerk des Stenographischen Dienstes vom 22. Juli 1944**

Quelle: Bundesarchiv, NS 6/3, fol. 2

Einen Tag später, am 23. Juli 1944, übermittelt Oberleutnant Wilhelm Geisberg, der zum Stab des Kommandanten des „Führerhauptquartiers" gehört, einen ausführlichen Bericht über Stauffenbergs Aufenthalt am 15. Juli und die damaligen Besprechungen. Geisberg hat am 15. Juli 1944 als „Begleitoffizier" für Fromm, Stauffenberg und Klausing in der „Wolfschanze" fungiert.

## 15. Juli 1944 / 9.35 Uhr

12

UNCLASSIFIED

G e i s b e r g , Oblt. O.U., 23. 7. 1944
Stab Kdt FHQu

**M e l d u n g .**

Am 15.7.1944 holte ich gegen 9.35 Uhr

Generaloberst Fromm
Oberst Graf Stauffenberg und
Hauptmann Klausing

vom Flugplatz Rastenburg ab, brachte sie zum Kasino Kurhaus, wo ein Frühstück für nach dem Flug vorbereitet war. Bei diesem Frühstück waren anwesend:

Generaloberst Fromm
Oberst Graf Stauffenberg
Oberstleutnant Streve
Hauptmann Pieper
Rittmeister von Möllendorff
Hauptmann Klausing
Oberleutnant Geisberg.

Da ich sehr oft während des Frühstücks dienstlich abberufen wurde, kann ich über die Gesprächsthemen nichts Besonderes aussagen. Ich hörte nur, dass es sich meist um die Frage der Auffüllung des FGB handelte.

Nach etwa 45 Minuten begleitete ich

Generaloberst Fromm
Oberst Graf Stauffenberg und
Hauptmann Klausing

im Pkw zum alten Sperrkreis I, um die Herren dort bei Feldmarschall Keitel abzuliefern.

Gleich nach Ankunft der Herren im Kasino Kurhaus hatte Oberst Graf Stauffenberg gebeten, einige wichtige Telefongespräche führen zu können. Soviel ich mich erinnern kann, wurden diese mit Amt Anna verbunden und Gespräche mit General Stieff und General Fellgiebel
17 geführt.

Ich erinnere mich weiter, dass Generaloberst Fromm und Oberst Graf Stauffenberg mit noch einigen anderen Persönlichkeiten zur Lage gingen. Ob Hptm.Klausing mit dabei war, kann ich nicht mehr genau

UNCLASSIFIED

**Meldung von Oberleutnant Geisberg vom 23. Juli 1944**

Quelle: Bundesarchiv, NS 6/3, fol. 12–14

UNCLASSIFIED

- 2 -

13

sagen. Ich glaube aber nicht. Ganz genau weiss ich, dass bei Ankunft des Führers am Lagehaus der Führer die beiden Offiziere mit Handschlag begrüßte. Nach der Lage begab sich Generaloberst Fromm in Begleitung einiger Herren wieder in Richtung Sperrkreis I. Ich selbst konnte noch nicht mit, da Oberst Graf Stauffenberg noch Unterhaltungen vor dem Lagehaus hatte. Als diese schließlich beendet waren, begab ich mich in Sichtabstand von Oberst Graf Stauffenberg zum Parkplatz, wo das Fahrzeug wartete. Ich wollte dort schnellstens feststellen, wo sich der Generaloberst hinbegeben hatte und hörte, dass er sich schon mit Feldmarschall Keitel zum Sonderzug Bruanschweig - Moysee-Haltestelle - begeben hatte. Am Fahrzeug wartete auch Hauptmann Klausing, und ich glaube mich erinnern zu können, dass dieser während der Lage eine Besprechung mit irgend einem anderen Herrn gehabt hatte. Kurz darauf kam auch Oberst Graf Stauffenberg, und als ich ihm sagte, wo sich der Generaloberst befände, meinte er, ich solle mich noch gedulden, denn er habe noch wichtige Gespräche mit General Stieff und General Fellgiebel Diese beide Herren befanden sich aber schon am Parkplatz und so wurde gleich an Ort und Stelle die Besprechung abgehalten. Kurz vor Abfahrt des Sonderzuges Braunschweig führte Oberst Graf Stauffenberg noch ein Telefongespräch mit Berlin. Wir fuhren dann zu dritt, also

Oberst Graf Stauffenberg,
Hauptmann Klausing und

ich zum Feldmarschall-Zug. Dort führte ich die Herren zum Speisewagen und übergab sie an Hauptmann Starke. Das Essen hatte schon begonnen, und daher mußten

Oberst Graf Stauffenberg und
Hauptmann Klausing

im Nebenspeiseraum, in dem auch ich mich befand, etwas essen. Während dieser Zeit telefonierte ich mit dem Flugplatz Rastenburg, um die Maschine - Ju 52 - vom Flugplatz Rastenburg nach Flugplatz Lötzen - Startzeit 17.oo Uhr - umzuleiten. Diesen Auftrag hatte ich vom Oberst Graf Stauffenberg nach vielen Ermahnungen "dies nicht zu vergessen" erhalten. Nach einer guten 1/2 Stunde verließ Generaloberst Fromm den Hauptspeisewagen und wir eilten zum Wagen. In Begleitung von Generaloberst Fromm war General Buhle. Generaloberst Fromm sagte mir, dass er jetzt nach Mauerwald gefahren werden möchte, denn er
18 habe dort wichtige Besprechungen. Da ich einen Viersitzer (Opel-Admiral) als Fahrzeug für die Herren hatte, musste ich unbedingt da bleiben. Dies befahl mir ~~auch noch~~ der Generaloberst, da ja durch das Mitkommen von General [geschwärzt] agen restlos ausgenutzt war und

UNCLASSIFIED

14

UNCLASSIFIED

- 3 -

hinten 3 Herren sitzen mußten.]

Der Generaloberst verabschiedete sich dann sehr herzlich von mir und beauftragte mich, dem Kommandanten seine nochmaligen Dankesgrüße zu übermitteln.

Nach Abfahrt des Wagens begab ich mich selbst wieder zu meinem Geschäftszimmer.

Geisberg

Oberleutnant.

19

UNCLASSIFIED

Oberstleutnant Gustav Streve ist im Juli 1944 Kommandant des „Führerhauptquartiers". Er legt am selben Tag wie sein Untergebener Geisberg, am 23. Juli 1944, seinen Bericht über Stauffenbergs Besuch am 15. Juli 1944 vor, auf dem SS-Sturmbannführer Peter Högl, stellvertretender Chef von Hitlers Leibwache, dem „Reichssicherheitsdienst" vermerkt: „Urschriftlich Herrn Reichsleiter M. Bormann m.d.B [mit der Bitte] um Kenntnisnahme." Am linken Rand notiert Högl: „Von einem Besuch am 18. ist angeblich nichts bekannt. Da er [Stauffenberg] keinen Ausweis besitzt, müßte er unbedingt in einem Wachbuch eingetragen sein. Högl." Tatsächlich hielt sich Stauffenberg am 18. Juli 1944 in Berlin auf, nicht, wie zunächst vermutet, in der „Wolfschanze".

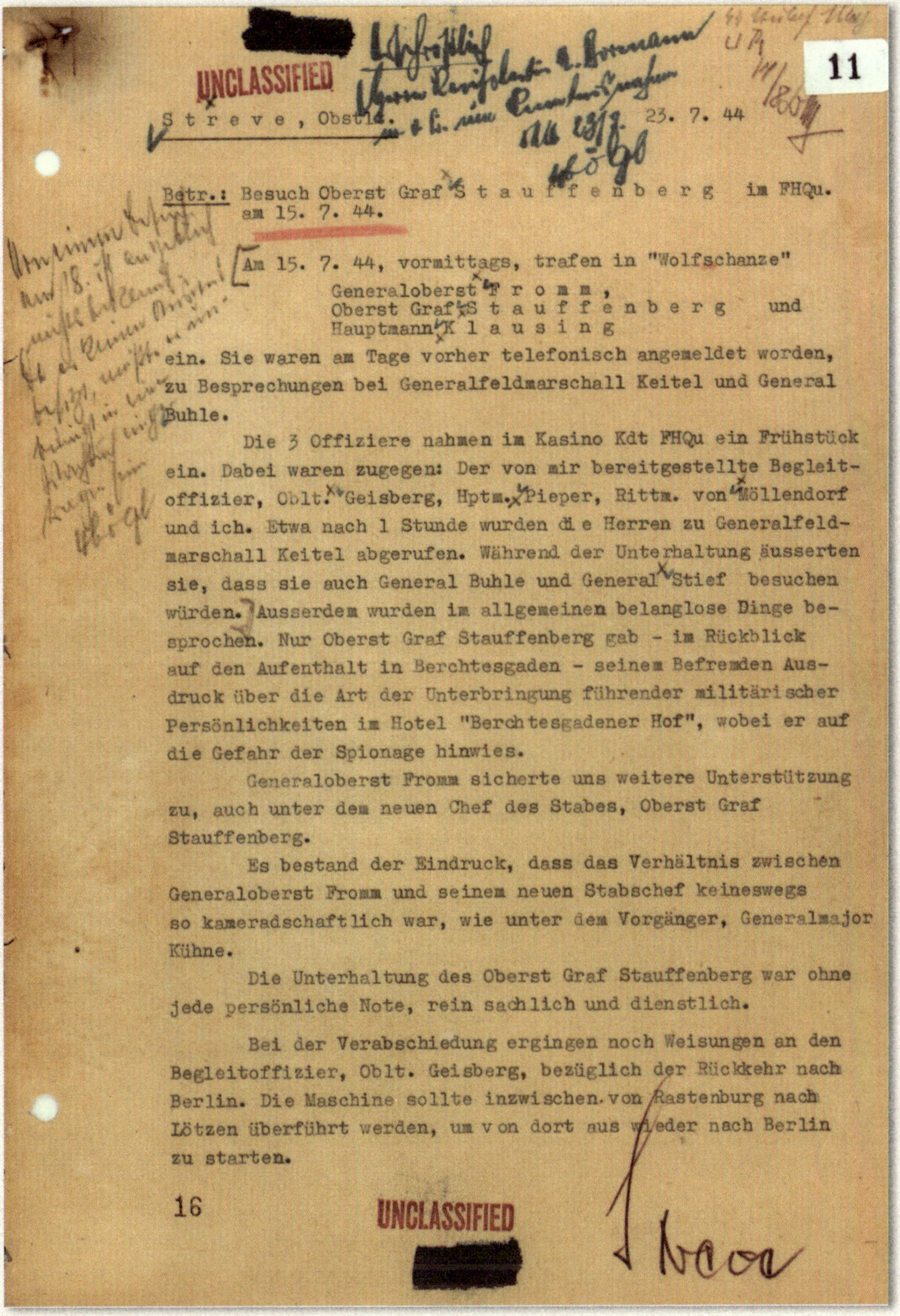

11

UNCLASSIFIED

Streve, Obstlt. 23. 7. 44

Betr.: Besuch Oberst Graf Stauffenberg im FHQu. am 15. 7. 44.

Am 15. 7. 44, vormittags, trafen in "Wolfschanze"
Generaloberst Fromm,
Oberst Graf Stauffenberg und
Hauptmann Klausing

ein. Sie waren am Tage vorher telefonisch angemeldet worden, zu Besprechungen bei Generalfeldmarschall Keitel und General Buhle.

Die 3 Offiziere nahmen im Kasino Kdt FHQu ein Frühstück ein. Dabei waren zugegen: Der von mir bereitgestellte Begleitoffizier, Oblt. Geisberg, Hptm. Pieper, Rittm. von Möllendorf und ich. Etwa nach 1 Stunde wurden die Herren zu Generalfeldmarschall Keitel abgerufen. Während der Unterhaltung äusserten sie, dass sie auch General Buhle und General Stief besuchen würden. Ausserdem wurden im allgemeinen belanglose Dinge besprochen. Nur Oberst Graf Stauffenberg gab – im Rückblick auf den Aufenthalt in Berchtesgaden – seinem Befremden Ausdruck über die Art der Unterbringung führender militärischer Persönlichkeiten im Hotel "Berchtesgadener Hof", wobei er auf die Gefahr der Spionage hinwies.

Generaloberst Fromm sicherte uns weitere Unterstützung zu, auch unter dem neuen Chef des Stabes, Oberst Graf Stauffenberg.

Es bestand der Eindruck, dass das Verhältnis zwischen Generaloberst Fromm und seinem neuen Stabschef keineswegs so kameradschaftlich war, wie unter dem Vorgänger, Generalmajor Kühne.

Die Unterhaltung des Oberst Graf Stauffenberg war ohne jede persönliche Note, rein sachlich und dienstlich.

Bei der Verabschiedung ergingen noch Weisungen an den Begleitoffizier, Oblt. Geisberg, bezüglich der Rückkehr nach Berlin. Die Maschine sollte inzwischen von Rastenburg nach Lötzen überführt werden, um von dort aus wieder nach Berlin zu starten.

16

UNCLASSIFIED

**Vermerk von Oberstleutnant Streve über Stauffenbergs Besuch am 15. Juli 1944**

Quelle: Bundesarchiv, NS 6/3, fol. 11

## 15. Juli, gegen 9.45 Uhr

Der Verlauf des Aufenthalts von Stauffenberg am 15. Juli 1944 lässt sich verlässlich rekonstruieren. Nachdem Oberleutnant Wilhelm Geisberg Friedrich Fromm, Stauffenberg und Klausing am Flugplatz abgeholt hat, frühstücken sie im Kasino „Kurhaus" im Sperrkreis II unmittelbar südlich der Bahnstrecke.

**Kurhaus Görlitz, undatiert**

Quelle: ostpreussen.net/ostpreussen/karten/galerie/images/osty9251-7973.jpg

Während des Frühstücks telefoniert Stauffenberg mit Generalmajor Hellmuth Stieff und mit dem General der Nachrichtentruppe Erich Fellgiebel, um letzte Details für das geplante Attentat und den Umsturzversuch abzusprechen. Stieff, Chef der Organisationsabteilung im Oberkommando des Heeres, hat sich schon seit einigen Jahren kritisch gegenüber dem Nationalsozialismus geäußert und ist seit Mitte 1943 an den Vorbereitungen für den Umsturzversuch beteiligt. In seinen Verhören bei der Gestapo Ende Juli 1944 und auch bei seiner Befragung vor dem „Volksgerichtshof" am 7. August 1944 behauptet Stieff, er habe Stauffenberg am 15. Juli 1944 davon abgeraten, das Attentat durchzuführen. Dass diese Schutzbehauptung der Tatsache entsprach, lässt sich nicht belegen.

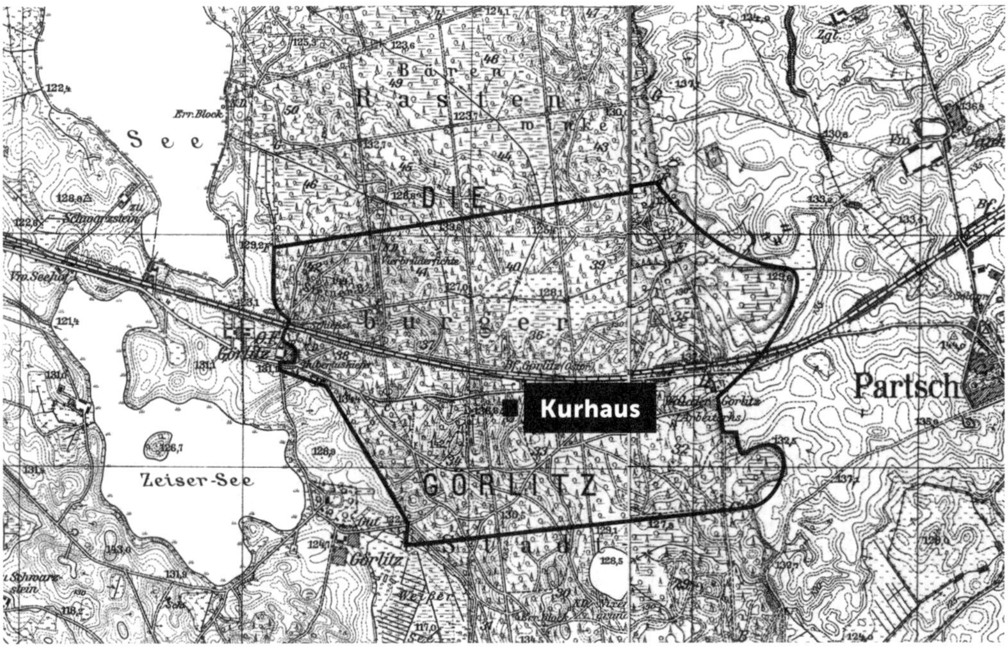


**Kartenausschnitt mit Kasino „Kurhaus"**

Quelle: Gedenkstätte Deutscher Widerstand

**Generalmajor Hellmuth Stieff, 1944**

Quelle: Privatbesitz

Generalmajor Hellmuth Stieff ist seit Oktober 1942 Chef der Organisationsabteilung im Oberkommando des Heeres. Seine Dienststelle ist im Oberkommando des Heeres im Lager „Mauerwald" in der Nähe des „Führerhauptquartiers" in Ostpreußen untergebracht. Nach Gesprächen mit Henning von Tresckow entschließt sich Stieff im Sommer 1943, an der Vorbereitung eines Attentates auf Hitler mitzuwirken. Er versucht, Generalfeldmarschall Günther von Kluge zur Teilnahme an diesem Umsturzversuch zu bewegen und verwahrt in den folgenden Monaten mehrfach Sprengstoff für einen Anschlag auf Hitler. Allerdings lehnt Stieff es ab, das Attentat selbst auszuführen. Noch in der Nacht vom 20. auf den 21. Juli 1944 wird er in der „Wolfschanze" festgenommen und bei den nachfolgenden Vernehmungen von der Gestapo schwer misshandelt. Hellmuth Stieff wird am 8. August 1944 vom „Volksgerichtshof" zum Tode verurteilt und noch am Nachmittag desselben Tages im Strafgefängnis Berlin-Plötzensee erhängt.

**General Erich Fellgiebel, um 1943**

Photo: Walter Frentz, Quelle: Walter-Frentz-Collection, Berlin

General der Nachrichtentruppe Erich Fellgiebel ist Chef des Heeresnachrichtenwesens und Chef der Wehrmachtnachrichtenverbindungen im Oberkommando der Wehrmacht. Durch seinen früheren Vorgesetzten Generaloberst Ludwig Beck und dessen Nachfolger Generaloberst Franz Halder findet Fellgiebel Kontakt zu den militärischen Widerstandskreisen. Seine Dienststelle befindet sich im Lager „Mauerwald“ in der Nähe der „Wolfschanze“. Fellgiebel beteiligt sich maßgeblich an den Vorbereitungen für den Umsturzversuch im Sommer 1944 und soll dann sämtliche Nachrichtenverbindungen zwischen dem „Führerhauptquartier“ und der Außenwelt unterbrechen. Erich Fellgiebel wird in der Nacht vom 20. auf den 21. Juli 1944 in der „Wolfschanze“ festgenommen, am 10. August 1944 vom „Volksgerichtshof“ zum Tode verurteilt und am 4. September 1944 im Strafgefängnis Berlin-Plötzensee erhängt.

**Oberst Kurt Hahn**
Quelle: Privatbesitz

Kurt Hahn tritt 1922 in Königsberg als Kavallerist in die Reichswehr ein und unterstützt als junger Unteroffizier in München Hitlers Putschversuch am 9. November 1923. 1934 wird er als Offizier in die Nachrichtenabteilung versetzt und kommt als Ausbilder für Funk- und Fernmeldetechnik an die Heeresnachrichtenschule nach Halle, 1937 zur Inspektion der Nachrichtentruppe nach Berlin. Nach dem deutschen Überfall auf Polen im September 1939 nimmt Hahn an den Feldzügen in Polen und in der Sowjetunion teil. 1943 wird er als Oberst Chef des Stabes unter dem Chef des Heeresnachrichtenwesens General Erich Fellgiebel. Hahn ist in die Umsturzpläne der Verschwörer eingeweiht und befindet sich am 20. Juli 1944 im OKH-Lager „Mauerwald" bei Lötzen in Ostpreußen, etwa 15 Kilometer vom Ort des Anschlags entfernt. Der Versuch, nach dem Attentat auf Hitler alle Nachrichtenwege zu blockieren, misslingt, obwohl Hahn die Abschaltung der Fernmeldeanlagen in den Standorten „Anna" und „Emma" veranlassen kann. Kurt Hahn wird am 12. August 1944 festgenommen, am 4. September 1944 mit sechs weiteren Offizieren vom „Volksgerichtshof" zum Tode verurteilt und am selben Tag im Strafgefängnis Berlin-Plötzensee erhängt. Erst drei Wochen nach seiner Ermordung wird seiner Frau die Vollstreckung mitgeteilt.

### 15. Juli, gegen 10.00 Uhr

Stauffenberg telefoniert mit General Fellgiebel. Über den Inhalt des Telefongesprächs gibt es keine Informationen.

### 15. Juli, nach 10.30 Uhr

Oberleutnant Geisberg begleitet Fromm, Stauffenberg und Klausing in einem Wagen der Fahrbereitschaft in den inneren Sperrkreis I, wo Fromm und Stauffenberg gegen 11.00 Uhr ein erstes Gespräch mit Generalfeldmarschall Wilhelm Keitel führen. Fromm soll Keitel über die Vorbereitungen für die neuen Ersatzeinheiten informieren. Innerhalb der folgenden zwei Stunden sieht Stauffenberg keine Möglichkeit, unbeobachtet den Zünder des Sprengkörpers zu aktivieren. Über die Gründe dafür ist viel spekuliert worden. Weil Stauffenberg erstmals wieder im „Führerhauptquartier Wolfschanze" ist, sind ihm die örtlichen Verhältnisse nicht vertraut. Zudem wurden überraschend zusätzliche Besprechungen angesetzt, an denen Stauffenberg nicht nur teilnehmen, sondern bei ihnen auch vortragen muss.

Berichte, denen zufolge Stauffenberg schon während der Lagebesprechung mehrfach „mit Berlin" telefoniert hätte, lassen sich mit den rekonstruierten Terminen des Tages nicht in Übereinstimmung bringen. Tatsächlich hat er erst nach dem Ende der Lagebesprechung nachmittags „mit Berlin" telefonieren können.

Der Ermittlungsbericht des Chefs der Sicherheitspolizei und des SD vom 24. Juli 1944 enthält Aussagen von Berthold Schenk Graf von Stauffenberg über die Vorbereitungen des Umsturzes und die Pläne von Claus Schenk Graf von Stauffenberg für den 15. Juli 1944.

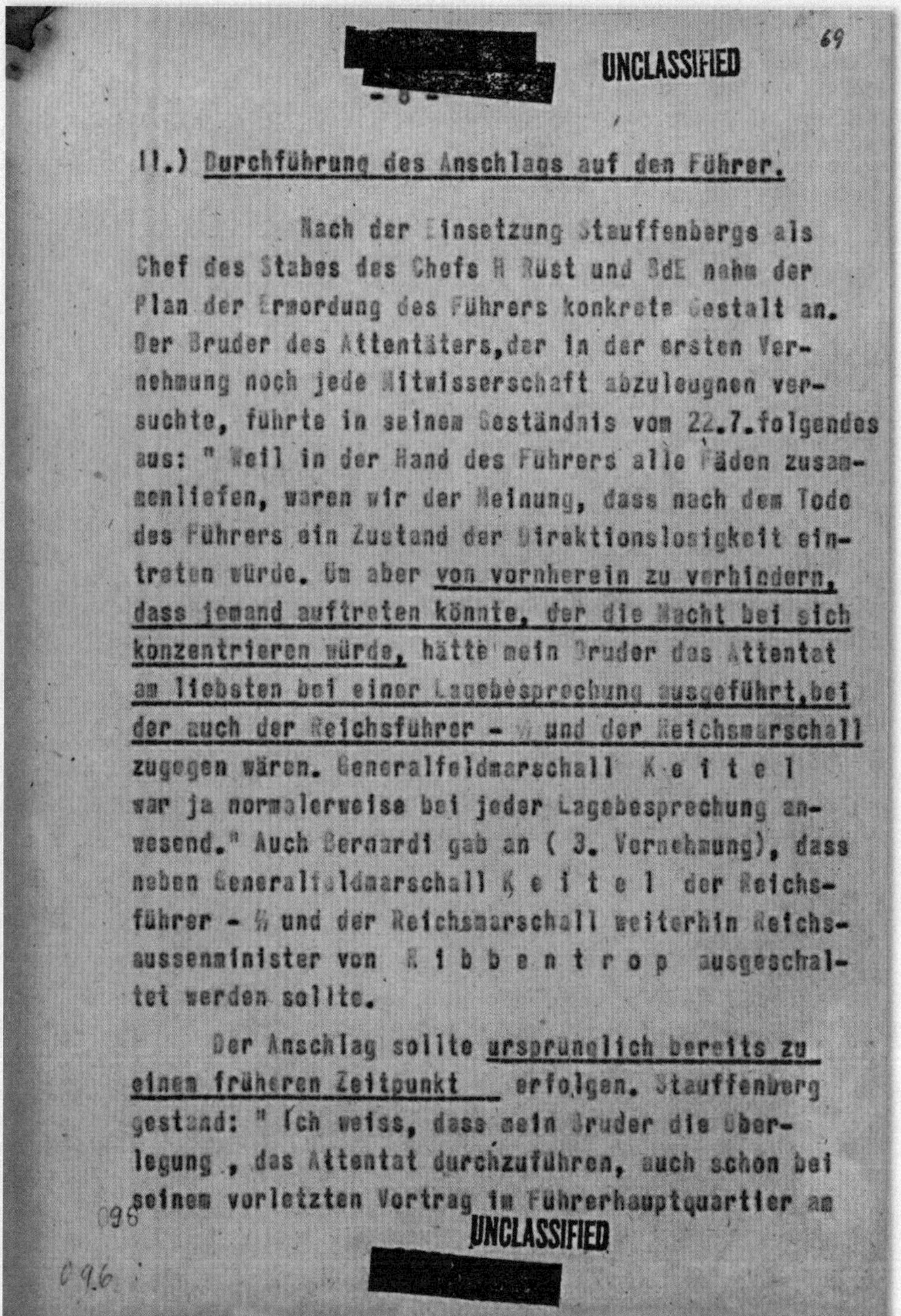

UNCLASSIFIED 69

- 8 -

II.) Durchführung des Anschlags auf den Führer.

Nach der Einsetzung Stauffenbergs als Chef des Stabes des Chefs H Rüst und BdE nahm der Plan der Ermordung des Führers konkrete Gestalt an. Der Bruder des Attentäters, der in der ersten Vernehmung noch jede Mitwisserschaft abzuleugnen versuchte, führte in seinem Geständnis vom 22.7. folgendes aus: " Weil in der Hand des Führers alle Fäden zusammenliefen, waren wir der Meinung, dass nach dem Tode des Führers ein Zustand der Direktionslosigkeit eintreten würde. Um aber von vornherein zu verhindern, dass jemand auftreten könnte, der die Macht bei sich konzentrieren würde, hätte mein Bruder das Attentat am liebsten bei einer Lagebesprechung ausgeführt, bei der auch der Reichsführer - ᛋᛋ und der Reichsmarschall zugegen wären. Generalfeldmarschall K e i t e l war ja normalerweise bei jeder Lagebesprechung anwesend." Auch Bernardi gab an ( 3. Vernehmung), dass neben Generalfeldmarschall K e i t e l der Reichsführer - ᛋᛋ und der Reichsmarschall weiterhin Reichsaussenminister von R i b b e n t r o p ausgeschaltet werden sollte.

Der Anschlag sollte ursprünglich bereits zu einem früheren Zeitpunkt erfolgen. Stauffenberg gestand: " Ich weiss, dass mein Bruder die Überlegung, das Attentat durchzuführen, auch schon bei seinem vorletzten Vortrag im Führerhauptquartier am

096

UNCLASSIFIED

096

**Ermittlungsbericht des Chefs der Sicherheitspolizei und des SD vom 24. Juli 1944**

Quelle: Bundesarchiv, NS 6/4

UNCLASSIFIED

- 9 -

vergangenen Sonnabend gehabt hat. Mein Bruder hat mir gesagt, dass plötzlich eine Besprechung angesetz worden sei, bei der er selbst habe vortragen müssen, so dass er keine Möglichkeit gehabt habe, das Attentat zu verüben."

## 15. Juli, nach 12.00 Uhr

Der 15. Juli ist ein heller Sommertag. Die Ereignisse im „Führerhauptquartier" werden von Hitlers Fotograf Heinrich Hoffmann festgehalten. Die strahlenden Gesichter einiger von ihm fotografierten Offiziere wollen nicht zu den Themen der folgenden Besprechungen passen. Sie befassen sich mit der katastrophalen Lage der deutschen Wehrmacht an der Ostfront. Am 22. Juni 1944 hatte die „Operation Bagration" begonnen, die sich gegen die deutsche Heeresgruppe Mitte richtete. Die sowjetischen Truppen, die in vier Fronten vorrückten, hatten nicht nur ihr ursprüngliches Ziel der Rückeroberung der weißrussischen Großstadt Minsk erreicht, sondern konnten erheblich weiter nach Westen vorstoßen.

Am 15. Juli 1944 gibt es eine aktuelle Bedrohung Ostpreußens. Die sowjetischen Truppen stehen nur wenig mehr als hundert Kilometer westlich der Grenzen des Deutschen Reiches. Auch deshalb ist Hitler einen Tag zuvor vom „Berghof" in die „Wolfschanze" zurückgekehrt. Heinrich Hoffmanns Film, von dem ein Kontaktbogen in den US-National Archives überliefert ist, gestattet die Rekonstruktion einiger Ereignisse unmittelbar vor der Lagebesprechung und den nachfolgenden Konferenzen. Er erlaubt auch, Klarheit über einige der Teilnehmer zu gewinnen und zeigt durch deren politische und militärische Bedeutung, dass es sich an diesem Tag nicht um Routinebesprechungen handelt. Gleichzeitig fallen an diesem Tag wesentliche Entscheidungen, die dem Reichsführer-SS Heinrich Himmler großen Einfluss auf die Ausbildung, Organisation und Befehlsgewalt neuer Truppenverbände geben wird. Die jetzt in seiner Verantwortung aufzustellenden neuen „Sperrdivisionen" bedeuten auch einen erheblichen Kompetenzverlust für den Befehlshaber der Ersatzheeres, Generaloberst Friedrich Fromm, dessen Dienststelle bisher für die Ausbildung und Neuaufstellung von neuen Truppen zuständig gewesen ist, und damit für die gesamte Wehrmacht. Himmler drängt sich vor dem Hintergrund der katastrophalen Lage an der Invasionsfront im Westen und an den Fronten auf den östlichen Kriegsschauplätzen immer stärker in den Vordergrund. Er will seinen Einfluss auf das Heer vergrößern und hat dabei die volle Unterstützung Hitlers.

Friedrich Fromm als Befehlshaber des Ersatzheeres und sein Chef des Stabes, Claus Schenk Graf von Stauffenberg, müssen an diesem Tag den weiteren Bedeutungsverlust des Heeres und die weitere Zersplitterung von Zuständigkeiten in der Wehrmachtführung miterleben.

Stauffenberg ist seit einiger Zeit entschlossen, an diesem Tag persönlich den Anschlag auf den Diktator zu wagen, der den Umsturzversuch der „Operation Walküre" in Berlin und in den Wehrkreisen auslösen soll. Die enge Abfolge der Besprechungen verhindert das Attentat jedoch an diesem Tage.

General der Infanterie Walter Buhle ist seit 1942 Chef des Heeresstabes im Oberkommando der Wehrmacht. Generalleutnant Adolf Heusinger ist seit 1940 Chef der Operationsabteilung des Generalstabes im Oberkommando des Heeres. Generalleutnant Hans Krebs ist seit März 1943 Chef des Stabes der Heeresgruppe Mitte und damit an einer für die Abwehr der sowjetischen Offensive im Sommer 1944 zentralen Position.

**Vorne von links Major i. G. Herbert Büchs, unbekannt, General der Infanterie Walter Buhle, Generalleutnant Adolf Heusinger, Generalleutnant Hans Krebs auf dem Weg zur Lagebesprechung am 15. Juli 1944**

Quelle: NARA, Record Group 242 HLB-7233-07

Generalfeldmarschall Model ist seit Mai 1944 Oberbefehlshaber der Heeresgruppe Nordukraine, seit dem 28. Juni 1944 auch mit der Führung der Heeresgruppe Mitte beauftragt. Model hat am 13. Juli 1944 um Vortrag bei Hitler gebeten, weil sich der ostpreußische Gauleiter Erich Koch darüber beschwert hatte, dass sich „tausende Soldaten" der Heeresgruppe Mitte im Bereich Białystok nach Westen bewegten und „es unverständlich sei, warum diese Soldaten nicht sofort zum Stellungsbau eingesetzt werden würden". Model hatte dies empört zurückgewiesen. Auch Gauleiter Koch, am 22. Juni 1944 von Hitler mit dem Stellungsbau in Ostpreußen beauftragt, ist am 15. Juli 1944 in der „Wolfschanze", um an den Besprechungen über die weiter geplanten Befestigungen teilzunehmen.

**Generalfeldmarschall Walter Model (links) mit Begleitoffizieren auf dem Weg zur Lagebesprechung am 15. Juli 1944**

Quelle: NARA, Record Group 242 HLB-7233-08

**Generalfeldmarschall Wihelm Keitel (links), Hitler und Generaloberst Alfred Jodl auf dem Weg zur Lagebesprechung am 15. Juli 1944**

Quelle: NARA, Record Group 242 HLB-7233-09

**Hitler begrüßt Generalfeldmarschall Walter Model vor der Lagebesprechung am 15. Juli 1944**

Quelle: NARA, Record Group 242 HLB-7233-10

**Hitler begrüßt Generalleutnant Hans Krebs vor der Lagebesprechung am 15. Juli 1944**

Quelle: NARA, Record Group 242 HLB-7233-11

**Hitler vor Beginn der Lagebesprechung am 15. Juli 1944 (links von Hitler dessen Marineadjutant Konteradmiral Hans-Erich Voss)**

Quelle: NARA, Record Group 242 HLB-7233-14

**Offiziere vor der Gästebaracke vor der Lagebesprechung am 15. Juli 1944 (Bildmitte: Generalleutnant Rudolf Schmundt, Chef des Heerespersonalamtes und Chefadjutant der Wehrmacht bei Hitler)**

Quelle: NARA, Record Group 242 HLB-7233-15

## 15. Juli, kurz nach 12.30 Uhr

Hitler begrüßt den General der Flieger Karl Bodenschatz vor der Lagebesprechung. Stauffenberg ist bereits eingetroffen und steht neben Bodenschatz in Hab-Acht-Stellung. Es ist anzunehmen, dass Hitler danach Stauffenberg (als Rangniedrigeren nach dem General) begrüßt. Alle Lagebesprechungen, die mittags stattfinden und wegen des nach hinten verschobenen Tagesablauf Hitlers den euphemistischen Namen „Morgenlage“ tragen, finden zwischen dem 15. und 20. Juli in der Lagebaracke statt. Dieses ist das einzige gemeinsame Foto von Stauffenberg und Hitler, auf dem zudem noch Keitel (rechts) und Hitlers Marineadjutant Karl-Jesko von Puttkamer (rechts neben Stauffenberg) zu sehen sind. Bemerkenswert ist, dass auf keinem der überlieferten Fotos vor der Lagebesprechung am 15. Juli 1944 Generaloberst Friedrich Fromm zu sehen ist. Oberleutnant Geisberg erinnert sich in seinem oben abgedruckten Bericht, dass Hitler vor der Lagebesprechung sowohl Fromm als auch Stauffenberg mit Handschlag begrüßt hat.

Quelle: Bundesarchiv, Bild 146-1984-079-02 zugleich auch NARA, Record Group 242 HLB-7233-21

**Hitler mit Generalleutnant Hans Krebs und anderen Offizieren (rechts mit Brille: Franz von Sonnleithner, Verbindungsmann des Auswärtigen Amtes im „Führerhauptquartier")**

Quelle: NARA, Record Group 242 HLB-7233-22

Dieses Foto kann nur nach der Lagebesprechung entstanden sein. Es ist das 22. Bild des Filmes, den Heinrich Hoffmann an diesem Tag benutzt. Die weiteren Fotos zeigen Hitler mit seiner Schäferhündin Blondi und auf einem Spaziergang mit seinem Arzt Karl Brandt. Auf dem letzten Foto des Tages (hier nicht abgebildet) sind Hitler, Brandt und Hitlers Pressesekretär Heinz Lorenz zu sehen.

**15. Juli, 13.10 bis 13.40 Uhr**

Stauffenberg nimmt in der Lagebaracke an der „Morgenlage", Hitlers regelmäßiger militärischer Lagebesprechung, teil. Neben Hitler und Keitel sind daran in der Regel etwa 20 Personen beteiligt. Den Kern bildet ein fester Kreis, unter anderen Generalfeldmarschall Wilhelm Keitel, Generaloberst Alfred Jodl als Chef des Wehrmachtführungsstabes, Generalleutnant Rudolf Schmundt als Chefadjutant der Wehrmacht bei Hitler, General der Artillerie Walter Warlimont als ständiger Vertreter Jodls im Wehrmachtführungsstab und andere hochrangige Offiziere als Vertreter der Luftwaffe und der Marine sowie die Verbindungsmänner einiger Reichsministerien. Hinzu stoßen von Fall zu Fall andere Teilnehmer, die zu aktuellen Fragen vortragen. Hitler wird in der „Morgenlage" an diesem Tag vor allem über die kritische Lage an der Ostfront informiert. Vermutlich deshalb nimmt an dieser Besprechung auch Generalfeldmarschall Walter Model teil. Model führt im Sommer 1944 nacheinander die Heeresgruppen Nord, Nord-Ukraine (ehemals Süd) und Mitte. Am 16. August 1944 wird Model an die Westfront versetzt.

Ein Protokoll dieser sehr kurzen Lagebesprechung ist nicht überliefert.

Friedrich Karl Klausing wartet während der Lagebesprechung mit einem Wagen auf dem Parkplatz vor dem Bunker 88/8.

## 15. Juli, 13.40 bis 14.20 Uhr

In einer „Sonderbesprechung“ im Anschluss an die Lagebesprechung wird über die Situation des Stellungsbaus in Ostpreußen und über die Notwendigkeit diskutiert, eine Auffangorganisation für versprengte, also von ihren Einheiten getrennte Soldaten an der Ostfront aufzubauen. Dabei gilt es, die zwischen Model und Koch aufgebrochenen Konflikte auszugleichen.

Im Tätigkeitsbericht des Chefs des Heerespersonalamtes heißt es dazu:

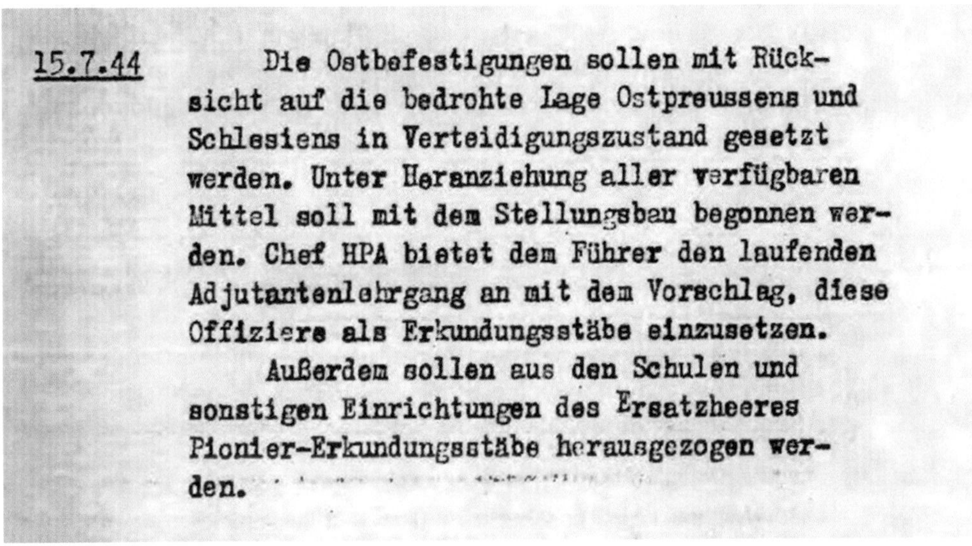

15.7.44 Die Ostbefestigungen sollen mit Rücksicht auf die bedrohte Lage Ostpreussens und Schlesiens in Verteidigungszustand gesetzt werden. Unter Heranziehung aller verfügbaren Mittel soll mit dem Stellungsbau begonnen werden. Chef HPA bietet dem Führer den laufenden Adjutantenlehrgang an mit dem Vorschlag, diese Offiziere als Erkundungsstäbe einzusetzen.

Außerdem sollen aus den Schulen und sonstigen Einrichtungen des Ersatzheeres Pionier-Erkundungsstäbe herausgezogen werden.

Quelle: Rudolf Schmundt, Tätigkeitsbericht des Chefs des Heerespersonalamtes, General der Infanterie Rudolf Schmundt, fortgeführt von General der Infanterie Wilhelm Burgdorf, 1.10.1942-29.10.1944, Osnabrück 1984, S. 158.

### 15. Juli, 14.20 bis 14.25 Uhr

Nach der „Sonderbesprechung" findet noch ein kurzes Gespräch zwischen Hitler und Fromm statt, an dem auch Stauffenberg teilnimmt. Es spricht viel dafür, dass Hitler in diesem Gespräch Fromm einschneidende Veränderungen seiner Zuständigkeiten mitteilt. Am 7. Juli war entschieden worden, dass von den 15 geplanten Divisionen sechs „in der Zeit der Aufstellung dem Reichsführer SS zur Betreuung übergeben" werden sollten. Jetzt, wenige Tage später, stand fest, dass alle 15 Divisionen nicht mehr dem für die Ausbildung neuer Formationen zuständigen Fromm als Befehlshaber des Ersatzheeres, sondern sowohl in der Ausbildung als auch im Truppendienst Heinrich Himmler und der Waffen-SS unterstellt werden. Damit war Himmler seinem offensichtlichen Ziel, selbst das Ersatzheer zu übernehmen, nähergekommen. Die SS hatte ihren Einfluss auf die Ausbildung und Organisation von Heereseinheiten ausgeweitet.

### 15. Juli, gegen 14.30 Uhr

Fromm und Keitel fahren zu Keitels Sonderzug „Braunschweig" am Haltepunkt Moysee, um während des Mittagessens die Konsequenzen von Hitlers neuer Weisung zu erörtern. Stauffenberg begibt sich auf den Parkplatz vor dem Bunker 88/8, wo Friedrich Karl Klausing auf ihn wartet und spricht dort mit Stieff und Fellgiebel.

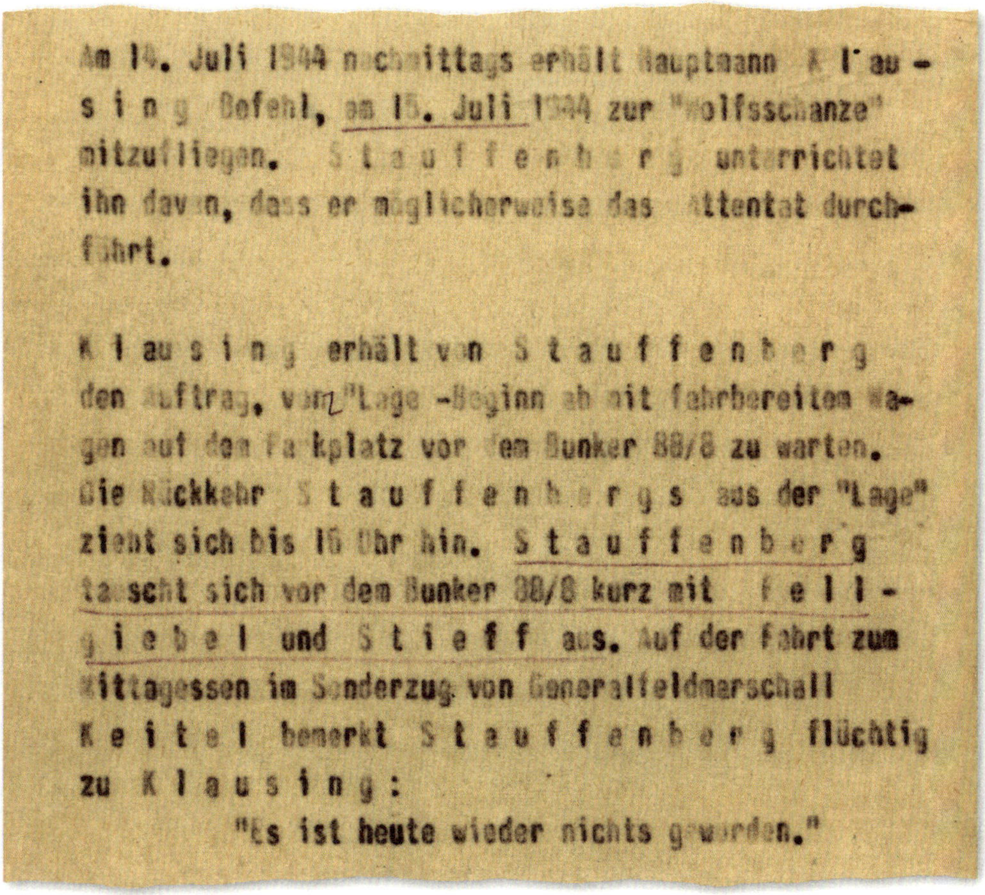
Am 14. Juli 1944 nachmittags erhält Hauptmann K l a u - s i n g Befehl, am 15. Juli 1944 zur "Wolfsschanze" mitzufliegen. S t a u f f e n b e r g unterrichtet ihn davon, dass er möglicherweise das Attentat durchführt.

K l a u s i n g erhält von S t a u f f e n b e r g den Auftrag, vom "Lage -Beginn ab mit fahrbereitem Wagen auf dem Parkplatz vor dem Bunker 88/8 zu warten. Die Rückkehr S t a u f f e n b e r g s aus der "Lage" zieht sich bis 15 Uhr hin. S t a u f f e n b e r g tauscht sich vor dem Bunker 88/8 kurz mit F e l l - g i e b e l und S t i e f f aus. Auf der Fahrt zum Mittagessen im Sonderzug von Generalfeldmarschall K e i t e l bemerkt S t a u f f e n b e r g flüchtig zu K l a u s i n g :

"Es ist heute wieder nichts geworden."

**Auszug aus dem Ermittlungsbericht des Chefs der Sicherheitspolizei und des SD vom 3. August 1944**

Quelle: Bundesarchiv, NS 6/6, fol. 43

Nach dem Gespräch mit Stieff und Fellgiebel telefoniert Stauffenberg „mit Berlin“. Dies ist das einzige nachweisbare Telefongespräch von ihm aus der „Wolfschanze“ am 15. Juli 1944. Stauffenberg führt es mit Albrecht Ritter Mertz von Quirnheim, der sich in seiner Berliner Wohnung aufhält. Mertz informiert daraufhin General Friedrich Olbricht, der nach 15 Uhr die bereits in Berlin angelaufene „Operation Walküre“ stoppt und als Übung ausgibt.

## 15. Juli 1944 / 14.30 Uhr

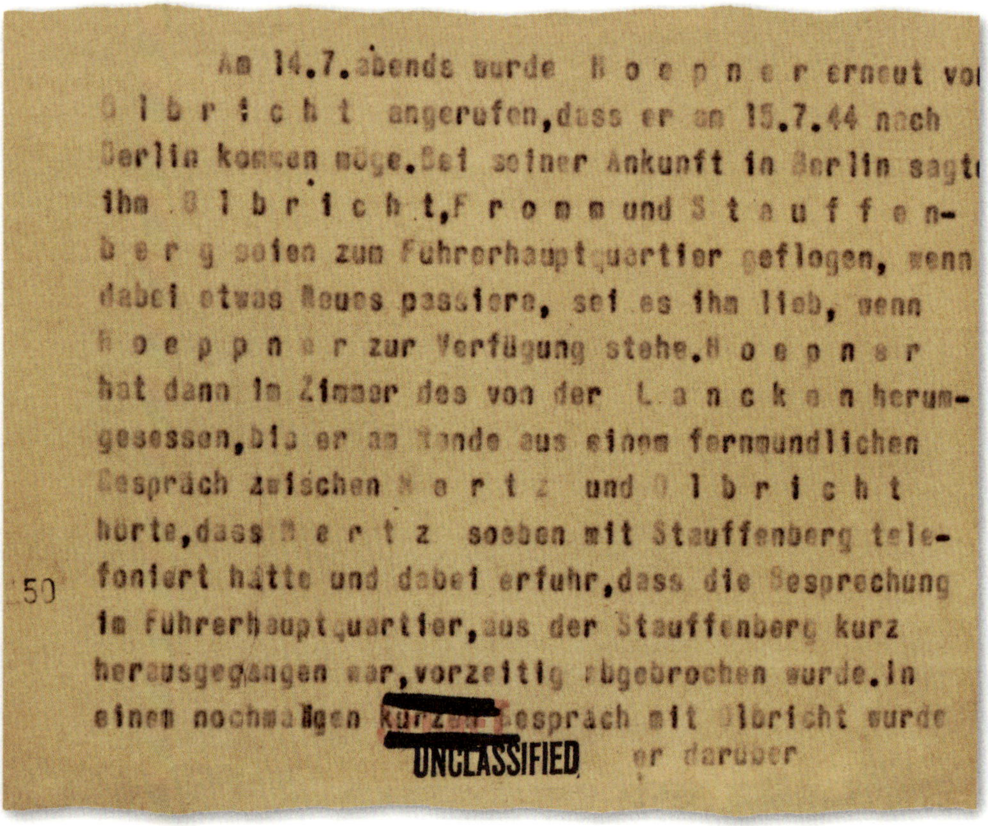
Am 14.7.abends wurde H o e p n e r erneut von
O l b r i c h t angerufen,dass er am 15.7.44 nach
Berlin kommen möge.Bei seiner Ankunft in Berlin sagte
ihm O l b r i c h t,F r o m m und S t a u f f e n-
b e r g seien zum Führerhauptquartier geflogen, wenn
dabei etwas Neues passiere, sei es ihm lieb, wenn
H o e p p n e r zur Verfügung stehe.H o e p n e r
hat dann im Zimmer des von der L a n c k e n herum-
gesessen,bis er am Rande aus einem fernmündlichen
Gespräch zwischen M e r t z und O l b r i c h t
hörte,dass M e r t z soeben mit Stauffenberg tele-
50 foniert hätte und dabei erfuhr,dass die Besprechung
im Führerhauptquartier,aus der Stauffenberg kurz
herausgegangen war,vorzeitig abgebrochen wurde.In
einem nochmaligen Kurzen Gespräch mit Olbricht wurde
UNCLASSIFIED er darüber

**Auszug aus dem Ermittlungsbericht des Chefs der Sicherheitspolizei und des SD vom 3. August 1944**

Quelle: Bundesarchiv, NS 6/4, fol. 120

# 15. Juli 1944 / 15.00 Uhr

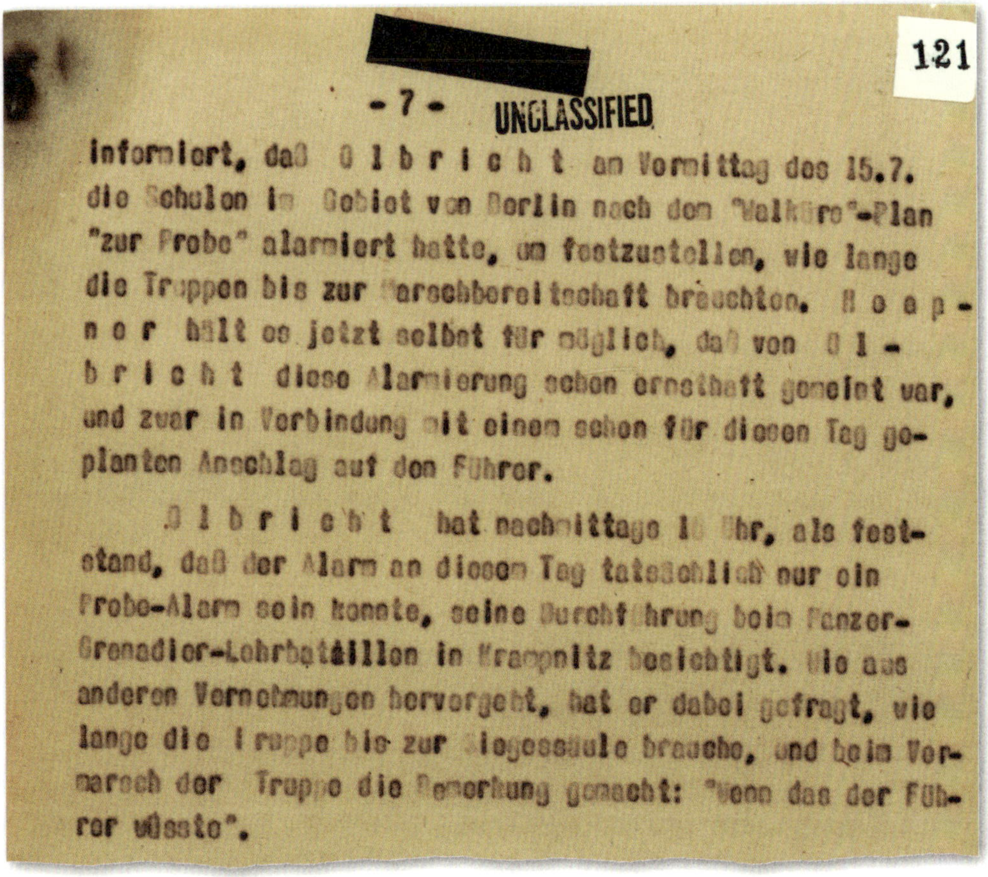

121

- 7 - UNCLASSIFIED

informiert, daß O l b r i c h t am Vormittag des 15.7. die Schulen im Gebiet von Berlin nach dem "Walküre"-Plan "zur Probe" alarmiert hatte, um festzustellen, wie lange die Truppen bis zur Marschbereitschaft brauchten. H o e p n e r hält es jetzt selbst für möglich, daß von O l b r i c h t diese Alarmierung schon ernsthaft gemeint war, und zwar in Verbindung mit einem schon für diesen Tag geplanten Anschlag auf den Führer.

O l b r i c h t hat nachmittags 1[illegible] Uhr, als feststand, daß der Alarm an diesem Tag tatsächlich nur ein Probe-Alarm sein konnte, seine Durchführung beim Panzer-Grenadier-Lehrbataillon in Krampnitz besichtigt. Wie aus anderen Vernehmungen hervorgeht, hat er dabei gefragt, wie lange die Truppe bis zur Siegessäule brauche, und beim Vormarsch der Truppe die Bemerkung gemacht: "Wenn das der Führer wüsste".

Im Anschluss an das Gespräch mit Stieff und Fellgiebel fährt Geisberg mit Stauffenberg und Klausing ebenfalls zum Sonderzug „Braunschweig“. Sie finden nur noch Platz in einem Nebenraum, wo sie ihr Mittagessen einnehmen. Geisberg erhält den Auftrag, die für den Rückflug um 17 Uhr vorgesehene Ju 52 von Rastenburg zum Flugplatz Lötzen überführen zu lassen. Nach etwa einer halben Stunde will Fromm, der sich in Begleitung von General Walter Buhle befindet, zusammen mit Stauffenberg und Klausing nach „Mauerwald“ fahren. Da der vorgesehene Wagen damit besetzt ist, bleibt Geisberg zurück.

Tatsächlich treffen Fromm, Buhle und Stauffenberg gegen 16.15 Uhr in Heinrich Himmlers „Feldkommandostelle Hochwald“ ein. Klausing nimmt an der folgenden Besprechung nicht teil.

## 15. Juli 1944 / 15.30 Uhr

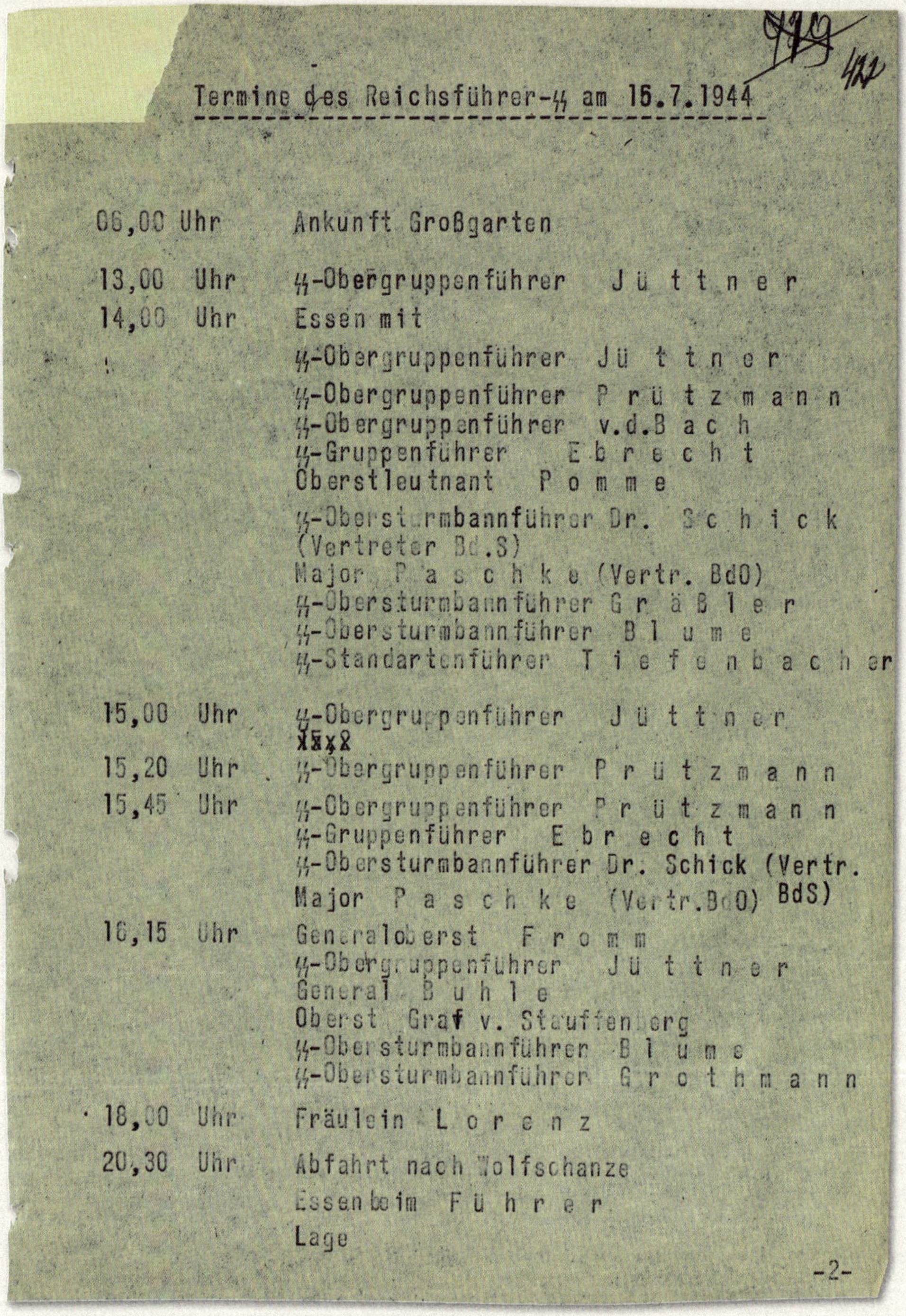

Termine des Reichsführer-SS am 15.7.1944

| | |
|---|---|
| 06,00 Uhr | Ankunft Großgarten |
| 13,00 Uhr | SS-Obergruppenführer Jüttner |
| 14,00 Uhr | Essen mit<br>SS-Obergruppenführer Jüttner<br>SS-Obergruppenführer Prützmann<br>SS-Obergruppenführer v.d.Bach<br>SS-Gruppenführer Ebrecht<br>Oberstleutnant Pomme<br>SS-Obersturmbannführer Dr. Schick (Vertreter BdS)<br>Major Paschke (Vertr. BdO)<br>SS-Obersturmbannführer Gräßler<br>SS-Obersturmbannführer Blume<br>SS-Standartenführer Tiefenbacher |
| 15,00 Uhr | SS-Obergruppenführer Jüttner |
| 15,20 Uhr | SS-Obergruppenführer Prützmann |
| 15,45 Uhr | SS-Obergruppenführer Prützmann<br>SS-Gruppenführer Ebrecht<br>SS-Obersturmbannführer Dr. Schick (Vertr. BdS)<br>Major Paschke (Vertr.BdO) |
| 16,15 Uhr | Generaloberst Fromm<br>SS-Obergruppenführer Jüttner<br>General Buhle<br>Oberst Graf v. Stauffenberg<br>SS-Obersturmbannführer Blume<br>SS-Obersturmbannführer Grothmann |
| 18,00 Uhr | Fräulein Lorenz |
| 20,30 Uhr | Abfahrt nach Wolfschanze<br>Essen beim Führer<br>Lage |

-2-

**Dienstkalender Heinrich Himmlers mit den Einträgen für den 15. Juli 1944**

Quelle: Zentralarchiv des Verteidigungsministeriums der Russischen Föderation (CAMO), 500/12493/5/0422-423

# 15. Juli 1944 / 16.15 Uhr

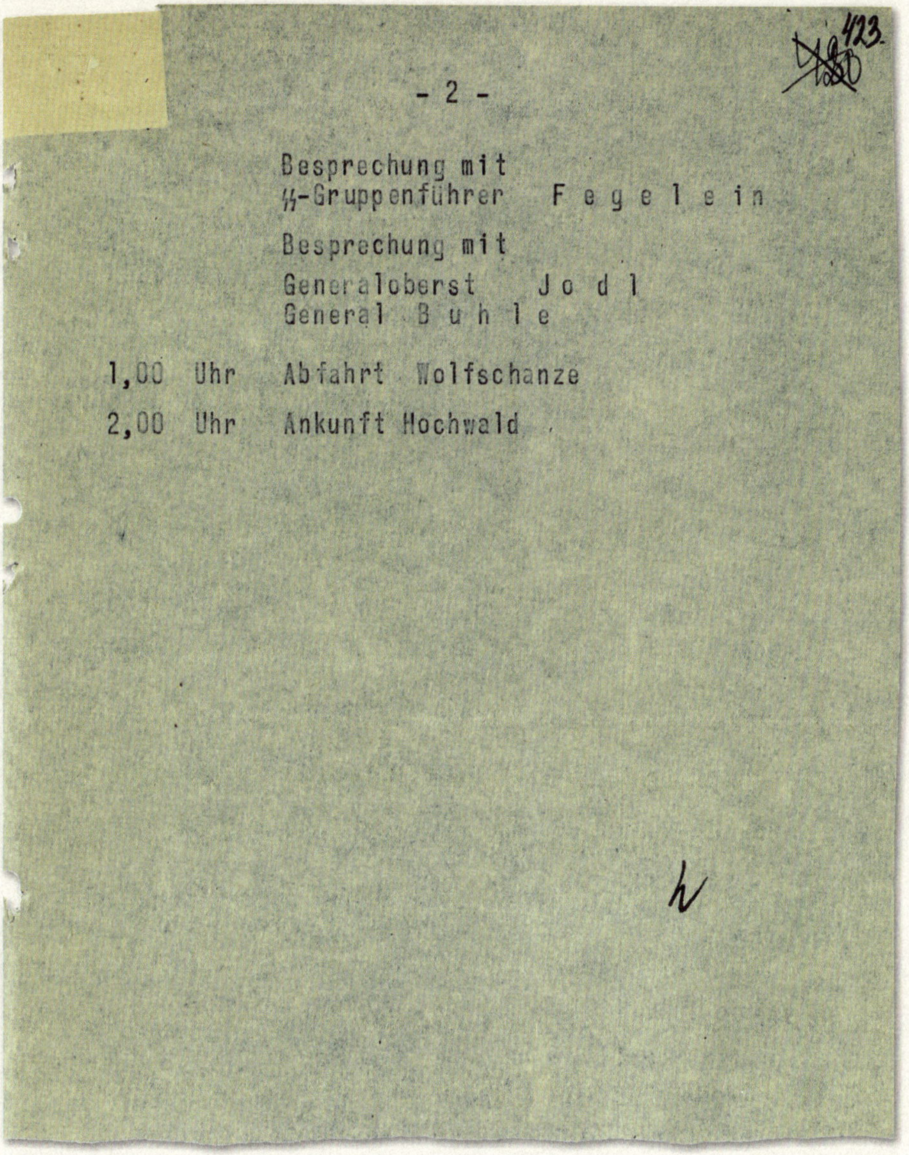

423.

- 2 -

Besprechung mit
ꞩꞩ-Gruppenführer F e g e l e i n

Besprechung mit
Generaloberst J o d l
General B u h l e

1,00 Uhr Abfahrt Wolfschanze

2,00 Uhr Ankunft Hochwald

Thema der Besprechung ist die Unterstellung der neuen Grenadier-Divisionen unter Heinrich Himmler, der damit massiv in die Befugnisse von Generaloberst Fromm und des Oberkommandos des Heeres eingreift.

## 15. Juli 1944 / 16.15 Uhr

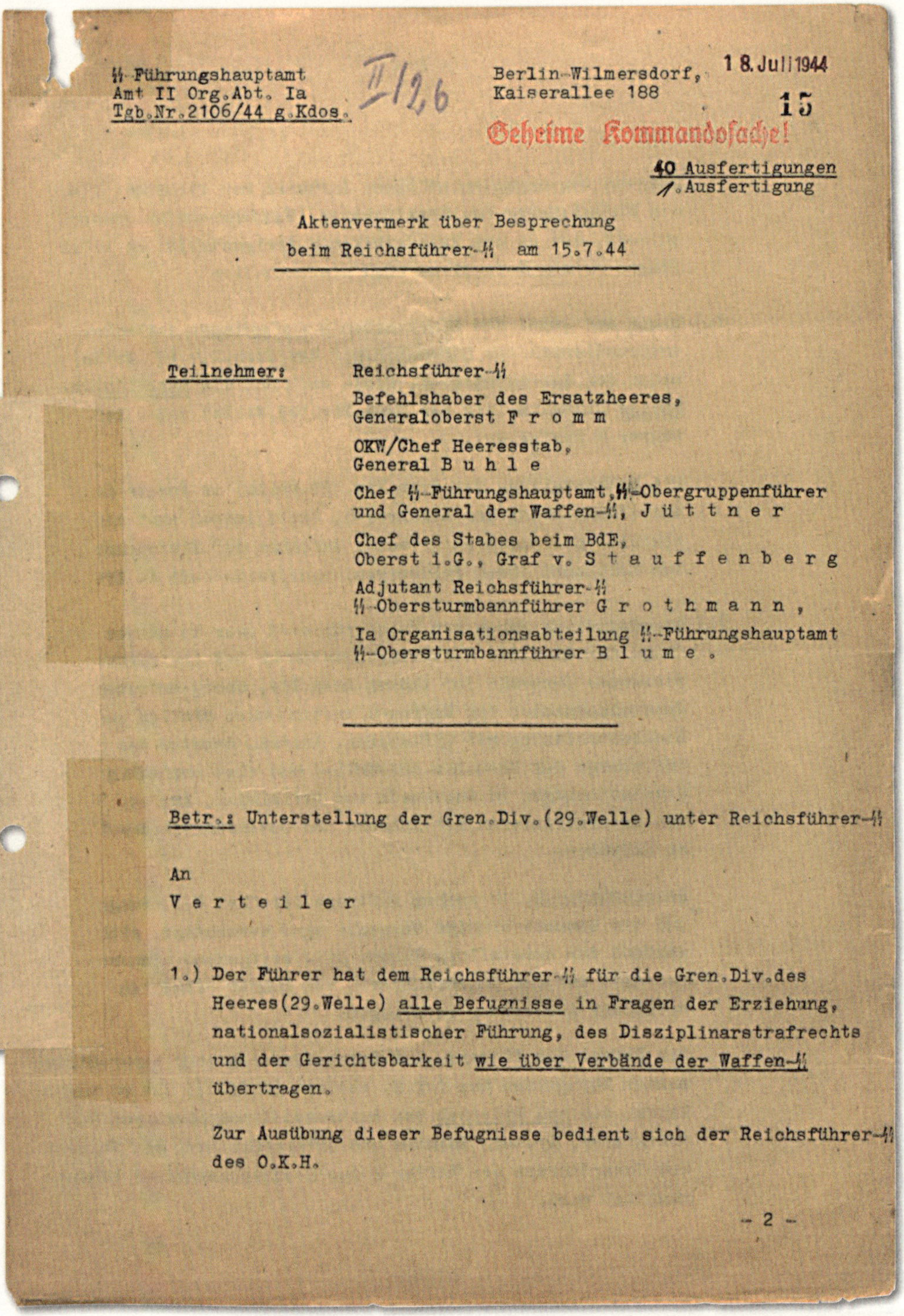

SS-Führungshauptamt
Amt II Org.Abt. Ia
Tgb.Nr.2106/44 g.Kdos.

II/2,6

Berlin-Wilmersdorf,
Kaiserallee 188

18. Juli 1944

15

Geheime Kommandosache!

40 Ausfertigungen
1. Ausfertigung

Aktenvermerk über Besprechung
beim Reichsführer-SS am 15.7.44

**Teilnehmer:**

Reichsführer-SS

Befehlshaber des Ersatzheeres,
Generaloberst F r o m m

OKW/Chef Heeresstab,
General B u h l e

Chef SS-Führungshauptamt, SS-Obergruppenführer
und General der Waffen-SS, J ü t t n e r

Chef des Stabes beim BdE,
Oberst i.G., Graf v. S t a u f f e n b e r g

Adjutant Reichsführer-SS
SS-Obersturmbannführer G r o t h m a n n ,

Ia Organisationsabteilung SS-Führungshauptamt
SS-Obersturmbannführer B l u m e .

---

Betr.: Unterstellung der Gren.Div.(29.Welle) unter Reichsführer-SS

An
V e r t e i l e r

1.) Der Führer hat dem Reichsführer-SS für die Gren.Div.des Heeres(29.Welle) alle Befugnisse in Fragen der Erziehung, nationalsozialistischer Führung, des Disziplinarstrafrechts und der Gerichtsbarkeit wie über Verbände der Waffen-SS übertragen.

Zur Ausübung dieser Befugnisse bedient sich der Reichsführer-SS des O.K.H.

- 2 -

Quelle: Bundesarchiv, NS 33/7, fol. 15–17

## 15. Juli 1944 / 16.15 Uhr

– 2 –

noch 1.)

Während des organisatorischen Aufbaues der Verbände, die dem Befehlshaber des Ersatzheeres (Wehrkreisbefehlshaber) obliegt, ist es dem Reichsführer-SS freigestellt, in allen Fragen seiner Befugnisse sich einzuschalten.

2.) Diese auf Grund des Führerbefehls festgelegte teilweise truppendienstliche Unterstellung der Gren.Div.(29.Welle) unter den Reichsführer-SS, wurde auch auf die ausbildungsmäßige Unterstellung der Gren.Div.(29.Welle) unter Reichsführer-SS festgelegt.

Die Unterstellung der Gren.Div.(29.Welle) in Fragen der Ausbildung unter Reichsführer-SS, tritt jedoch erst nach Abschluß des organisatorischen Aufbaues der Divisionen mit dem Zeitpunkt ihrer Feldverwendungsbereitschaft in Kraft.

3.) Grundsätzlich haben der Reichsführer-SS oder in seinem Auftrage der Chef des SS-Führungshauptamtes und die Kommandierenden Generäle der diesen Gren.Div. übergeordneten Generalkommandos der Waffen-SS bestimmenden Einfluß auf die Stellenbesetzung mit Offizieren, Ärzten, Beamten und Unteroffizieren der Gren.Div.(29.Welle) und sind ermächtigt, Kommandierungen im Austausch von Offizieren, Ärzten, Beamten und Unteroffizieren mit Führern und Unterführern der Waf[illegible]-SS zu befehlen.

Reichsführer-SS, in seinem Auftrage der Chef SS-Führungshauptamte und die Kommandierenden Generäle sind berechtigt, sich schon während der Aufstellung dieser Div. weitgehend einzuschalten, um somit die dem Reichsführer-SS vom Führer erteilten Befugnisse zur Auswirkung zu bringen.

Der Befehl des Führers, daß Reichsführer-SS sich hinsichtlich seiner Befugnisse des O.K.H. bedient (Ziff.1)) ist so auszulegen, daß zum Beispiel bei Austausch-Kommandierungen von Offizieren, Ärzten, Beamten und Unteroffizieren mit Führern und Unterführern der Waffen-SS das Heerespersonalamt benachrichtigt wird.

– 3 –

- 3 -

16

4.) Reichsführer-SS forderte sodann Unterstellung der 15 Gren. Div. (29. Welle) unter 3 sofort aufzustellende Generalkommandos der Waffen-SS. Zur-Verfügungstellung der personellen und materiellen Teile hierzu durch O.K.H.

Reichsführer-SS stellte betont die Notwendigkeit einer Zusammenfassung dieser Divisionen unter Generalkommandos der Waffen-SS heraus, um somit die Möglichkeit und Voraussetzung einer Einflußnahme im Rahmen der ihm gegebenen Befugnisse diesen Divisionen gegenüber zu haben.

Um die von den Gren.Div. (29. Welle) geforderte Standhaftigkeit im Abwehrkampf auch führungsmäßig von den übergeordneten Generalkommandos sicherzustellen, hat Reichsführer-SS als Kommandierende Generale besonders für diese Aufgabe geeignete SS-Führer zur Verfügung gestellt.

Als Kommandierende Generale sind vorgesehen:

SS-Gruppenführer K l e i n h e i s t e r k a m p,
SS-Gruppenführer P r i e s s
SS-Gruppenführer v. G o t t b e r g.

5.) Die personellen und materiellen Teile für die organisatorische Aufstellung dieser 3 SS-Generalkommandos werden, wie in der Besprechung festgelegt, vom Befehlshaber des Ersatzheeres beim GenStdH/Op.Abt. angefordert.

Erforderlichenfalls müssen hierzu aus der Front herauszulösende Generalkommandos herangezogen und zur Verfügung gestellt werden.

Zur Klärung dieser Fragen wird Befehlshaber des Ersatzheeres an GenStdH/Op.Abt. herantreten.

6.) Da die ersten zwei Gren.Div. (29. Welle) bereits bis zum 20.7.44 zum Einsatz kommen, soll Zusammenfassung der zum 31.7.44 feldverwendungsbereit aufzustellenden 3 Gren.Div.:

- 4 -

– 4 –

noch 6.)

543.Gren.Div. vom W.Kdo.V auf Tr.Üb.Pl.Münsingen
544.Gren.Div. vom W.Kdo.XIII " " " " Grafenwöhr
545.Gren.Div. vom W.Kdo.XII " " " " Baumholder

zu einem Generalkommando der Waffen-SS (Kommandierender General SS-Gruppenführer Kleinheisterkamp) angestrebt werden.

Zum 10.8.44 als feldverwendungsbereit aufzustellende

546.Gren.Div. vom W.Kdo.XVII auf Tr.Üb.Pl.Döllerheim
547.Gren.Div. vom W.Kdo.V " " " " Heuberg

sollen nach Möglichkeit auch dem als zunächst aufzustellenden Generalkommando eingegliedert werden.

Zusammenfassung der restlichen Gren.Div.(29.Welle) unter die übrigen 2 Generalkommandos der Waffen-SS bleibt Reichsführer-SS überlassen.

7.) Welche Generalkommandos des Heeres hierfür durch GenStdH/Op.Abt. zur Verfügung gestellt werden, konnte vom Befehlshaber des Ersatzheeres noch nicht festgelegt werden, da Befehle hierüber bisher nicht vorliegen.

Die Notwendigkeit der Zusammenfassung unter Generalkommandos der Waffen-SS wurde vom Befehlshaber des Ersatzheeres, Generaloberst Fromm und vom Chef Heeresstab, General Buhle, wie vom Reichsführer-SS vorgeschlagen und gefordert, als notwendig erachtet.

8.) Über Fragen der den Gren.Div.(29.Welle) oder den aufzustellenden Generalkommandos einzugliedernde Gerichte, soll SS-Standartenführer B e n d e r mit Generalstabsrichter S a c k unmittelbar Verbindung aufnehmen. Zunächst werden jedoch Div.-Gerichte vom O.K.H. eingesetzt.

– 5 –

- 5 -

17

9.) Aufstellung der 16.Gren.Div.(29.Welle) entfällt. Für Aufstellung dieser Division vorgesehene personelle Teile mit einer Handfeuerwaffenausstattung werden improvisiert zusammengestellt und dem Gen.Kdo.III.(germ.)SS-Pz.Korps zugeführt.

Jüttner

**V e r t e i l e r**

| | | |
|---|---|---|
| Reichsführer-SS | 1. | Ausfertigung |
| <u>O.K.W.</u> | | |
| WFSt | 2. | " |
| Chef Heeresstab | 3. | " |
| <u>O.K.H.</u> | | |
| Gen.St.d.H./Op.Abt. | 4. | " |
| Gen.St.d.H./Org.Abt. | 5.-7. | " |
| Chef H Rüst u.BdE/Stab | 8.-10. | " |
| Chef H Rüst u.BdE/AHA/Stb. | 11.-13. | " |
| Generalinspekteur d.Pz.Truppen | 14. | " |
| SS-Hauptamt | 15.-16. | " |
| SS-Wirtschafts-Verwaltungs-Hauptamt | 17. | " |
| SS-Personalhauptamt | 18. | " |
| Hauptamt SS-Gericht | 19. | " |
| <u>SS-Führungshauptamt</u> | | |
| Adjutant SS-Führungshauptamt | 20. | " |
| Führ.Abt.Ia | 21. | " |
| V/VI | 22. | " |
| Org.Abt.Ia | 23. | " |
| Ib | 24. | " |
| IE | 25. | " |
| Abt.Id | 26. | " |
| Amt IV | 27. | " |
| Amt V/IIa | 28. | " |
| Amt V/IIb | 29. | " |
| Amt V/III | 30. | " |
| In 2 | 31. | " |
| In 4 | 32. | " |
| In 5 | 33. | " |
| In SS-Pz.Tr. | 34. | " |
| In 7 | 35. | " |
| In 13 | 36. | " |

- 6 -

Für den Militärhistoriker Bernhard R. Kroener stellt diese Besprechung „die Kapitulation des Befehlshabers des Ersatzheeres und damit einer eigenständigen personellen Heeresorganisation dar. Himmler griff in dieser Sitzung deutlich über seine ihm von Hitler erteilten Ermächtigungen hinaus." (Bernhard R. Kroener, „Der starke Mann im Heimatkriegsgebiet". Generaloberst Friedrich Fromm. Eine Biographie, Paderborn u.a. 2005, S. 672.)

Sicher ist, dass der geplante Abflugtermin vom Flugplatz Lötzen um 17 Uhr nicht eingehalten werden kann. Vermutlich erst nach 18.30 Uhr startet die Maschine mit Fromm nach Berlin. Stauffenberg fährt mit dem OKW-Sonderzug in der Nacht vom 15. auf den 16. Juli 1944 nach Berlin zurück. Er teilt sich ein Abteil mit General Hermann Reinecke. Sie diskutieren Organisationsfragen des Heeres.

### 15. Juli, gegen 20.30 Uhr

Heinrich Himmler befindet sich am Abend des 15. Juli 1944 noch lange bei Hitler. Sie sprechen zuerst über die Aufstellung der neuen Divisionen. Himmler berichtet auch über das Ergebnis der Nachmittagsbesprechungen. Er thematisiert ebenfalls ein mögliches Sicherheitsrisiko durch das Herannahen der sowjetischen Truppen: einen Angriff durch „Fallschirmspringer" auf das „Führerhauptquartier".

Doch neben den militärischen Fragen besprechen die beiden auch ein weiteres schicksalhaftes Thema. Was auf Himmlers Notizen lapidar als das Thema „Ungarn. Judenfrage" erscheint, ist die Diskussion über die weiteren Deportationen aus Ungarn, da dort Reichsverweser Horthy diese nach dem Abtransport von mehr als 430.000 Juden vor allem in das Vernichtungslager Auschwitz-Birkenau gestoppt hatte.

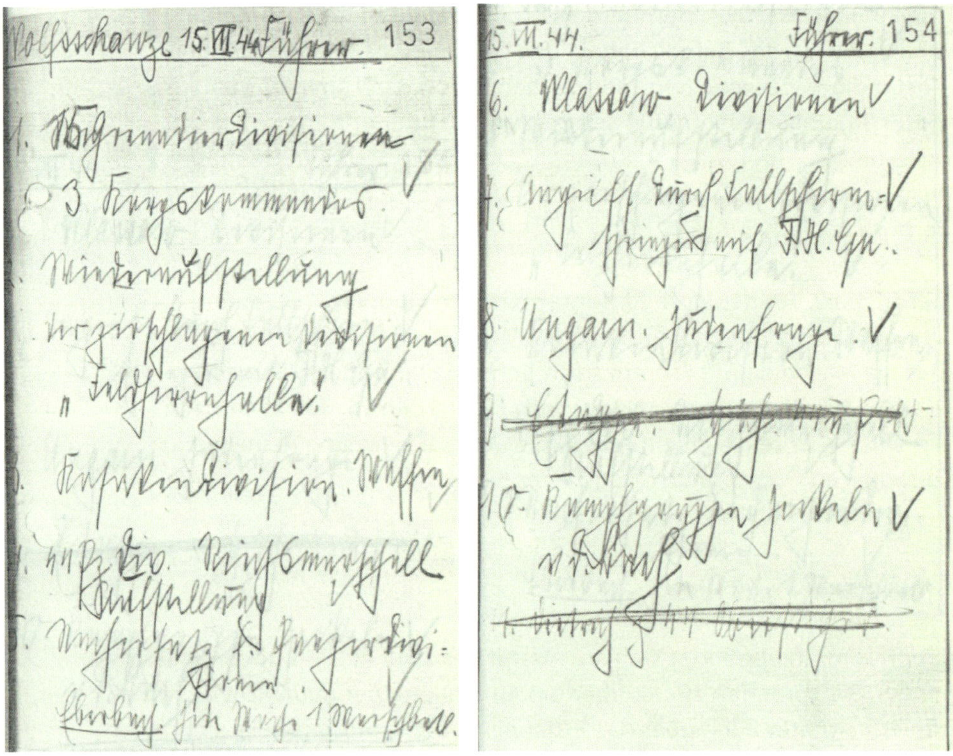

**Vortragszettel von Heinrich Himmler für sein Gespräch mit Hitler am 15. Juli 1944**

Quelle: Bundesarchiv, NS 19/1447

*Umschrift:*

*Wolfsschanze 15. VII. 44 Führer*

1. *15 Grenadierdivisionen*
   *3 Korpskommandos*
2. *Wiederherstellung*
   *der zerschlagenen Divisionen [!]*
   *„Feldherrnhalle"*
3. *Kosakendivision. Waffen*
4. *SS Pz. Div. Reichsmarschall Aufstellung*
5. *Nachersatz für Panzerdivisionen*
   *Eberbach: Jede Woche ein Marschbatl.*
6. *Wlassow Divisionen*
7. *Angriff durch Fallschirmspringer auf F.H. Qu.*
8. *Ungarn. Judenfrage*
9. ~~*Etappe. Höh. SS u Pol.F.*~~
10. *Kampfgruppe Jeckeln*
    *v. d. Bach*
11. ~~*Dietrich z. SS Oberst Gr. F.*~~

Nach dem Gespräch mit Hitler setzt sich Himmler noch in der „Wolfschanze" mit General Buhle und Generaloberst Jodl zusammen. Erst um 1 Uhr morgens am 16. Juli 1944 verlässt er die „Wolfschanze" und trifft eine Stunde später in „Hochwald" ein.

Stauffenberg ist mittlerweile wieder in Berlin eingetroffen. In den nächsten drei Tagen trifft er sich mehrfach mit Mitverschworenen und befasst sich mit den letzten Planungen für den Umsturzversuch. Als am 18. Juli endgültig klar ist, dass er zwei Tage später wieder an der Lagebesprechung in der „Wolfschanze" teilnehmen soll, ist Stauffenberg entschlossen, an diesem Tag den Anschlag auf das Leben des Diktators durchzuführen.

# 20. Juli 1944

## Kurz nach 6.00 Uhr

Stauffenbergs ständiger Fahrer Karl Schweizer fährt die beiden Brüder Claus und Berthold Schenk Graf von Stauffenberg von der Wohnung in der Berliner Tristanstraße 8 in Berlin-Nikolassee zum Flughafen Rangsdorf. Er trifft sich dort mit seinem Adjutanten Werner von Haeften und fliegt gegen 8.00 Uhr gemeinsam mit diesem und Generalmajor Hellmuth Stieff in das ostpreußische Rastenburg. Sie nutzen dazu eine Kuriermaschine vom Typ Heinkel He 111. Stauffenberg hat zwei Aktentaschen dabei: in der einen befinden sich Unterlagen für die Besprechungen, in der anderen zwei Sprengkörper mit Zündern.

**Berlin-Nikolassee, Tristanstraße 8, Aufnahme um 1980**

Quelle: Landesbildstelle Berlin, Nr. 225727

**Oberleutnant Werner von Haeften, 1943**
Quelle: Privatbesitz

Der Syndikus und Oberleutnant Werner von Haeften ist vor allem an der Ostfront eingesetzt. Nach der Genesung von einer schweren Verwundung wird er im November 1943 in Berlin Adjutant von Claus Schenk Graf von Stauffenberg und ist an den Attentatsplänen und -vorbereitungen beteiligt. Am 20. Juli 1944 fliegt Werner von Haeften zusammen mit Stauffenberg ins „Führerhauptquartier Wolfschanze". Hier unterstützt er Stauffenberg bei den letzten Vorbereitungen für den Anschlag. Nach der Detonation des Sprengkörpers kann Haeften sich mit Stauffenberg unter einem Vorwand aus dem Sperrkreis des „Führerhauptquartiers" entfernen. Beiden gelingt es, mit dem Flugzeug nach Berlin zu entkommen. Nach dem Scheitern des Umsturzversuchs wird Werner von Haeften in der Nacht zum 21. Juli 1944 im Hof des Berliner Bendlerblocks zusammen mit Stauffenberg, Friedrich Olbricht und Albrecht Ritter Mertz von Quirnheim erschossen.

Rekonstruierte Fahrtroute Stauffenbergs am 20. Juli 1944 morgens

Quelle: Gedenkstätte Deutscher Widerstand

ALT LANDSBERG
Hönow
Marzahn
Hellersdorf
Neuenhagen
Fredersdorf
Kaulsdorf
Mahlsdorf
Dahlwitz
Biesdorf
Hennickendorf
Münchehofe
Kl. Schönebeck
Tasdorf
Kalkberge Rüdersdorf
Herzfelde
Schöneiche
Schöneweide
Friedrichshagen
Woltersdorf
COPENICK
Adlershof
Gr. Müggel-See
Rahnsdorf
Erkner
Müggelheim
Bohnsdorf
Gosen
Neu Zittau
Schmöckwitz
Eichwalde
Wernsdorf
Waltersdorf
Schulzendorf
Zeuthen
Wildau
Niederlehme
Königs Wusterhausen
Deutsch Wusterhausen
Zernsdorf
Kablow
Friedersdorf
Alt Stahnsdorf
Schenkendorf
MITTENWALDE
Krummensee
Gussow

### Gegen 10.15 Uhr

Es ist ein typischer Julitag mit hohen Temperaturen auch in Ostpreußen. Erst am frühen Nachmittag wird es in der „Wolfschanze" regnen. Nach der Landung des Kurierflugzeuges auf dem Flugplatz des „Führerhauptquartiers" Rastenburg beim Gut Wilhelmsdorf trennen sich die Passagiere. Stieff und Haeften fahren zum Oberkommando des Heeres nach „Mauerwald". Stauffenberg lässt sich mit einem Pkw der Fahrbereitschaft über die Landstraße zum „Führerhauptquartier" fahren und passiert gegen 10.35 Uhr die westliche Wache. Stauffenberg führt die Aktentasche mit den Unterlagen mit sich, Haeften verwahrt den Sprengstoff.

Im Ermittlungsbericht des Reichssicherheitshauptamtes vom 24. Juli 1944 heißt es dazu:

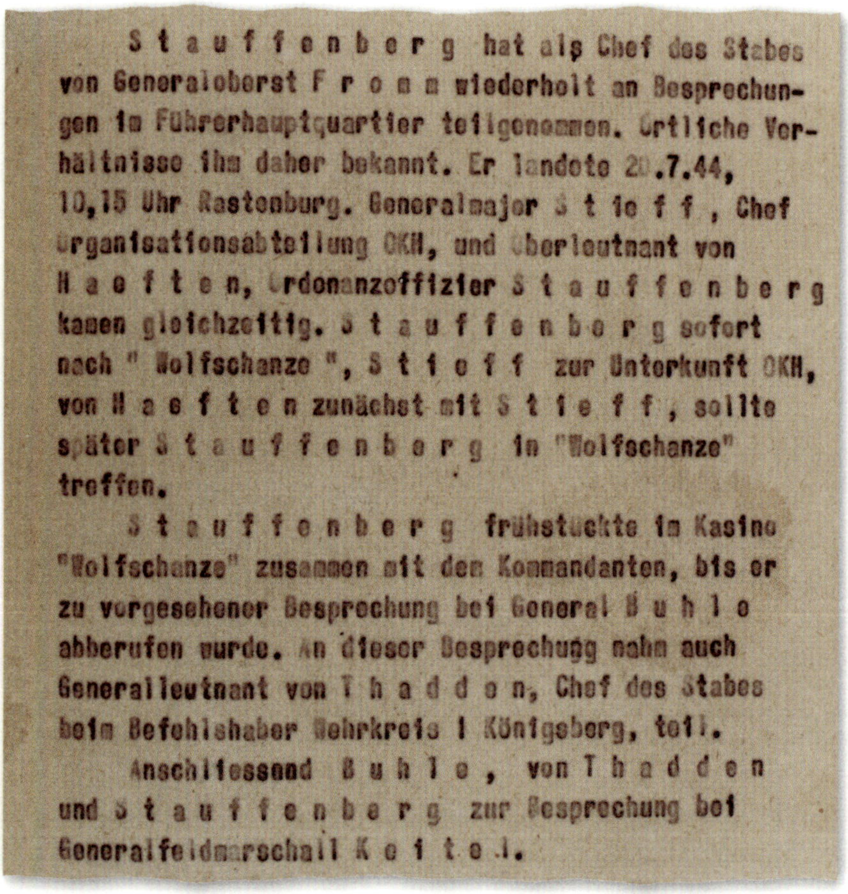

S t a u f f e n b e r g hat als Chef des Stabes von Generaloberst F r o m m wiederholt an Besprechungen im Führerhauptquartier teilgenommen. Örtliche Verhältnisse ihm daher bekannt. Er landete 20.7.44, 10,15 Uhr Rastenburg. Generalmajor S t i e f f , Chef Organisationsabteilung OKH, und Oberleutnant von H a e f t e n, Ordonanzoffizier S t a u f f e n b e r g kamen gleichzeitig. S t a u f f e n b e r g sofort nach " Wolfschanze ", S t i e f f zur Unterkunft OKH, von H a e f t e n zunächst mit S t i e f f , sollte später S t a u f f e n b e r g in "Wolfschanze" treffen.

S t a u f f e n b e r g frühstückte im Kasino "Wolfschanze" zusammen mit dem Kommandanten, bis er zu vorgesehener Besprechung bei General B u h l e abberufen wurde. An dieser Besprechugg nahm auch Generalleutnant von T h a d d e n, Chef des Stabes beim Befehlshaber Wehrkreis I Königsberg, teil.

Anschliessend B u h l e , von T h a d d e n und S t a u f f e n b e r g zur Besprechung bei Generalfeldmarschall K e i t e l.

**Auszug aus dem „Bericht zum Attentat auf den Führer" der Sonderkommission 20. Juli 1944 vom 26. Juli 1944**

Quelle: Bundesarchiv, NS 6/5

## Gegen 10.30 Uhr

Stauffenberg und Haeften frühstücken wie schon am 15. Juli 1944 im Kasino „Kurhaus" im Sperrkreis II mit Rittmeister Leonhard von Möllendorff, dem Adjutanten des Kommandanten des „Führerhauptquartiers" sowie einigen anderen Offizieren. Darunter ist auch Generalleutnant Henning von Thadden, Chef des Generalstabes im Stellvertretenden Generalkommando des Wehrkreises I (Königsberg). Noch während des Frühstücks telefoniert Stauffenberg mit Generalfeldmarschall Keitels Adjutant Major Ernst John von Freyend, um einen Überblick über den weiteren Tagesablauf zu erhalten.

**Wege Stauffenbergs am 20. Juli 1944**

Quelle: Gedenkstätte Deutscher Widerstand, BEG

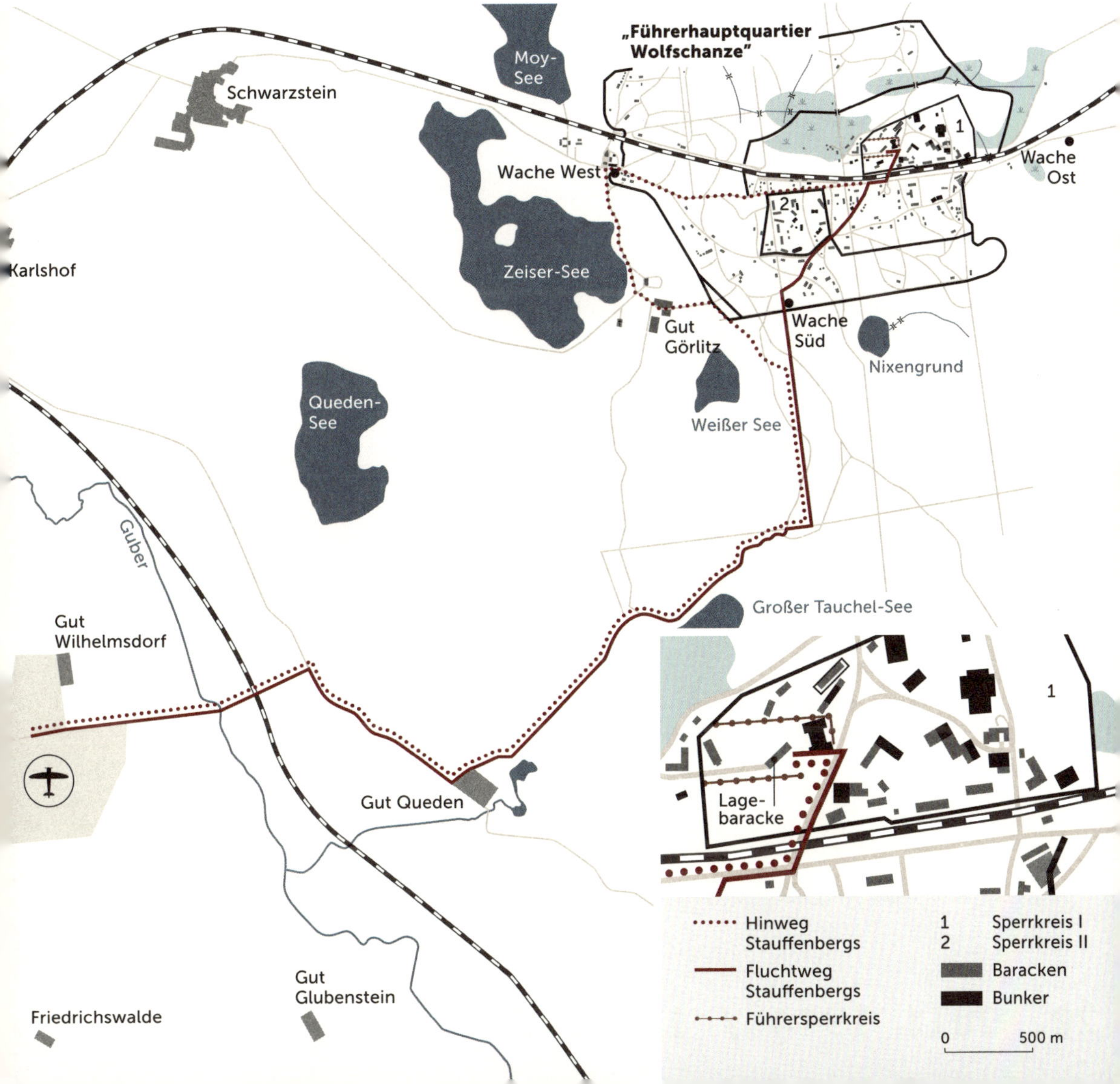

## Gegen 11.00 Uhr

Nach dem Frühstück begibt sich Stauffenberg in Begleitung von Leutnant Jansen, einem Offizier aus dem Stab des Kommandanten des „Führerhauptquartiers" in den Sperrkreis I. In der Baracke des Chefs des Wehrmachtführungsstabes im Oberkommando der Wehrmacht findet eine Vorbesprechung statt. Teilnehmer sind außer Stauffenberg und General der Infanterie Walter Buhle, Chef des Heeresstabes beim Oberkommando der Wehrmacht, und Generalleutnant Henning von Thadden, Chef des Generalstabes im Stellvertretenden Generalkommando des Wehrkreises I (Königsberg). In diesem Wehrkreis sollen die neuen „Sperrdivisionen" aufgestellt werden, deren Unterstellung unter den Reichsführer-SS am 15. Juli 1944 beschlossen worden ist und über die Stauffenberg bei der Lagebesprechung am 20. Juli 1944 vortragen soll. Werner von Haeften stößt zu dem Gespräch dazu. Er verwahrt die Aktentasche mit dem Sprengstoff, die Stauffenberg am Abend zuvor seinem Bruder Berthold gezeigt hat, wie dieser einige Tage später vor der Gestapo-Sonderkommission aussagt:

Über die Durchführung des Anschlags hat S t a u f f e n b e r g, der den Attentäter in den Morgenstunden zum Flugplatz begleitete und der ihn auch nach der Rückkehr vom Führerhauptquartier sofor kurz gesprochen hat, folgendes angegeben: " Mein Bruder hat mir vorgestern Abend die Mappe gezeigt,

UNCLASSIFIED

- 10 -

UNCLASSIFIED

in der er den Sprengkörper aufbewahrte. Ich habe den Sprengkörper aber selbst nicht gesehen, weil sich darüber ein Hemd befand. Nach den auf diese Weise nicht sichtbaren Ausmassen schliesse ich auf einen kastenförmigen Körper, etwa 20 cm lang, 10 cm breit und etwa 6 - 7 cm hoch. Mein Bruder erzählte, dass man den chemischen Zünder durch einen Druck auslösen müsse. Er habe dies getan, die Mappe mit dem Sprengstoff liegengelassen und sei weggegangen. Noch vor Verlassen der Wolfsschanze habe er eine ziemlich heftige Detonation gehört."

**Ausschnitt aus dem Ermittlungsbericht der Sonderkommission vom 24. Juli 1944**

Quelle: Bundesarchiv, NS 6/4

Die Aktentasche Stauffenbergs wird bei der Explosion komplett zerstört:

**Rekonstruktion der Einzelteile der Aktentasche Stauffenbergs durch die Sonderkommission des Reichssicherheitshauptamtes nach dem 20. Juli 1944**

Quelle: NARA, T 84, Roll 387

**Beweisfoto der Sonderkommission nach dem 20. Juli 1944**

Quelle: NARA, T 84, Roll 387

## Gegen 11.30 Uhr

Thadden, Buhle, Stauffenberg, Haeften und Oberstleutnant Otto Lechler, ein Mitarbeiter Buhles, gehen gemeinsam zur Baracke des Chefs des Oberkommandos der Wehrmacht, Generalfeldmarschall Wilhelm Keitel. Stauffenberg meldet sich bei Keitel; erneut wird gemeinsam mit den anderen Generalstabsoffizieren das Thema der „Sperrdivisionen" besprochen. In dieser Zeit erfolgt in den einzelnen Sperrkreisen der „Wolfschanze" die routinemäßige Wachablösung.

## Vor 12.00 Uhr

General der Nachrichtentruppe Erich Fellgiebel fährt von „Mauerwald" zur „Wolfschanze" und begibt sich zu dem dortigen Wehrmachtnachrichtenoffizier Oberstleutnant Erich Sander. Sander ist für alle Kommunikationsverbindungen innerhalb der „Wolfschanze" verantwortlich.

Im Ermittlungsbericht des Reichssicherheitshauptamtes vom 24. Juli 1944 heißt es dazu:

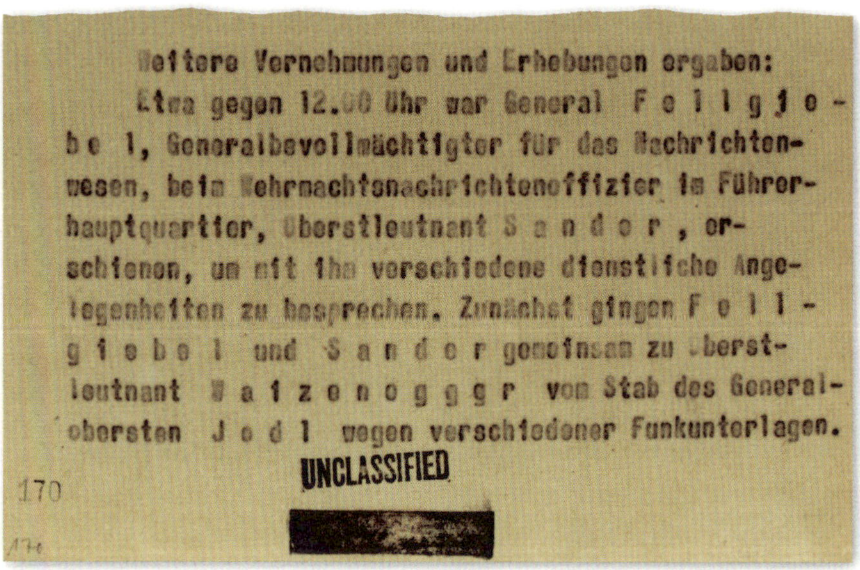

Weitere Vernehmungen und Erhebungen ergaben:

Etwa gegen 12.00 Uhr war General F e l l g i e b e l, Generalbevollmächtigter für das Nachrichtenwesen, beim Wehrmachtsnachrichtenoffizier im Führerhauptquartier, Oberstleutnant S a n d e r, erschienen, um mit ihm verschiedene dienstliche Angelegenheiten zu besprechen. Zunächst gingen F e l l g i e b e l und S a n d e r gemeinsam zu Oberstleutnant W a i z e n e g g e r vom Stab des Generaloberst J o d l wegen verschiedener Funkunterlagen.

UNCLASSIFIED

170

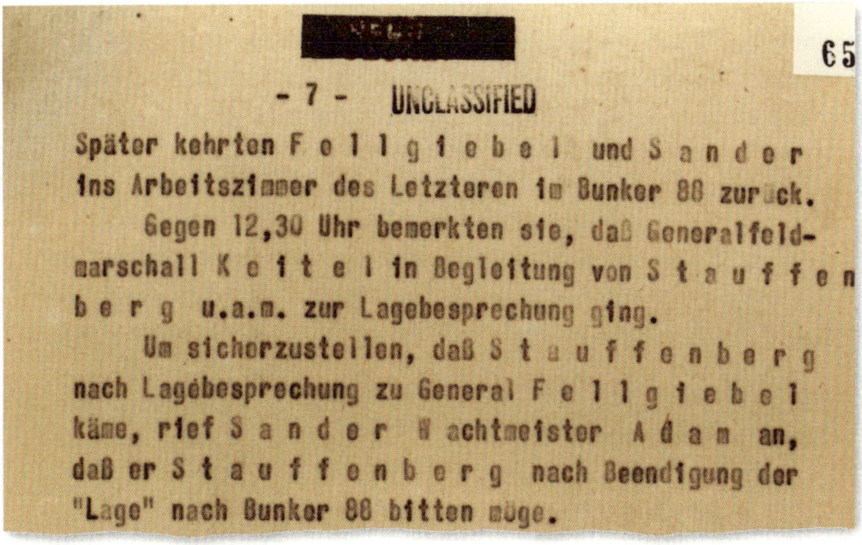

65

- 7 - UNCLASSIFIED

Später kehrten F e l l g i e b e l und S a n d e r ins Arbeitszimmer des Letzteren im Bunker 88 zurück.

Gegen 12,30 Uhr bemerkten sie, daß Generalfeldmarschall K e i t e l in Begleitung von S t a u f f e n b e r g u.a.m. zur Lagebesprechung ging.

Um sicherzustellen, daß S t a u f f e n b e r g nach Lagebesprechung zu General F e l l g i e b e l käme, rief S a n d e r Wachtmeister A d a m an, daß er S t a u f f e n b e r g nach Beendigung der "Lage" nach Bunker 88 bitten möge.

Quelle: Bundesarchiv, NS 6/5

### Kurz vor 12.00 Uhr

Hitlers Diener SS-Hauptsturmführer Heinz Linge ruft bei Keitel an. Er weist darauf hin, dass die Lagebesprechung von 13.00 auf 12.30 Uhr vorverlegt worden ist. Ursache ist der geplante Besuch des italienischen Duce Benito Mussolini. Dessen Ankunft in einem Sonderzug wird für den frühen Nachmittag erwartet.

### Gegen 12.15 Uhr

General Karl Bodenschatz berichtet Hitler über Differenzen mit dem italienischen Marschall Rodolfo Graziani über die Entwaffnung einer italienischen Division. Hitler fordert Bodenschatz auf, ihn zur Lagebesprechung zu begleiten.

### Kurz vor 12.30 Uhr

Stauffenberg fragt Oberstleutnant Ernst John von Freyend, den Adjutanten Keitels, wo er vor der Lagebesprechung noch schnell das Hemd wechseln und sich ein wenig frischmachen kann. John von Freyend bietet dafür sein eigenes Zimmer an. Stauffenberg und Haeften begeben sich dorthin, um die Zünder für die Sprengstoffpakete zu schärfen. Weil Stauffenberg bei seiner Verwundung in Nordafrika im April 1943 ein Auge, die rechte Hand und zwei Finger der linken Hand verloren hat, benötigt er dafür eine kleine Spezialzange, die seinen Verletzungen angepasst und entsprechend verformt worden ist. Es gelingt ihm, einen der chemischen Glaszünder zu zerdrücken und so die Sprengladung zu schärfen.

Im Ermittlungsbericht heißt es dazu:

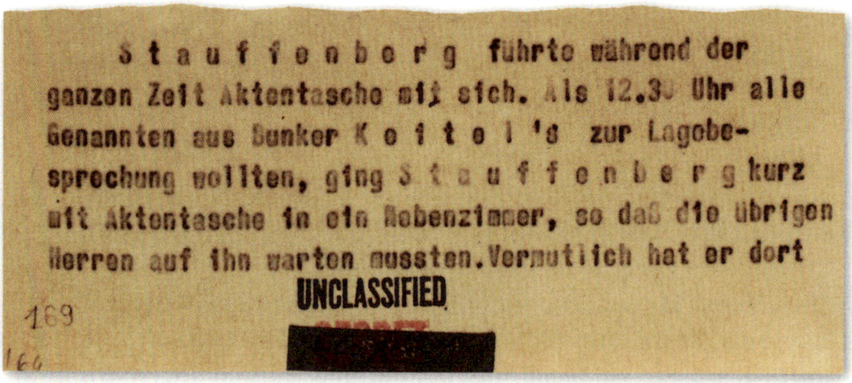

S t a u f f e n b e r g führte während der ganzen Zeit Aktentasche mit sich. Als 12.30 Uhr alle Genannten aus Bunker K e i t e l 's zur Lagebesprechung wollten, ging S t a u f f e n b e r g kurz mit Aktentasche in ein Nebenzimmer, so daß die übrigen Herren auf ihn warten mussten. Vermutlich hat er dort

UNCLASSIFIED

169

166

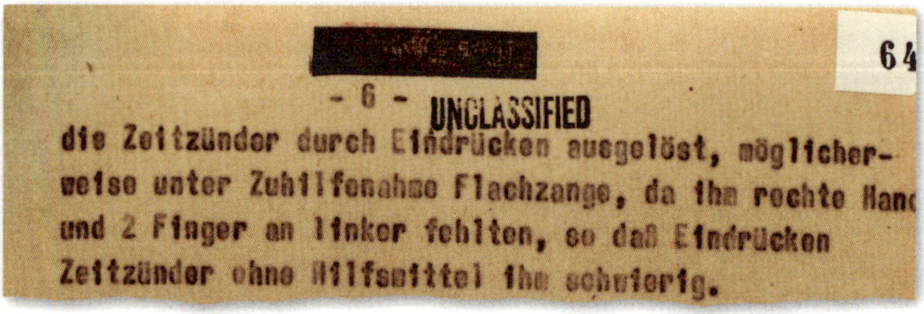

64

- 6 -

UNCLASSIFIED

die Zeitzünder durch Eindrücken ausgelöst, möglicherweise unter Zuhilfenahme Flachzange, da ihm rechte Hand und 2 Finger an linker fehlten, so daß Eindrücken Zeitzünder ohne Hilfsmittel ihm schwierig.

Quelle: Bundesarchiv, NS 6/5

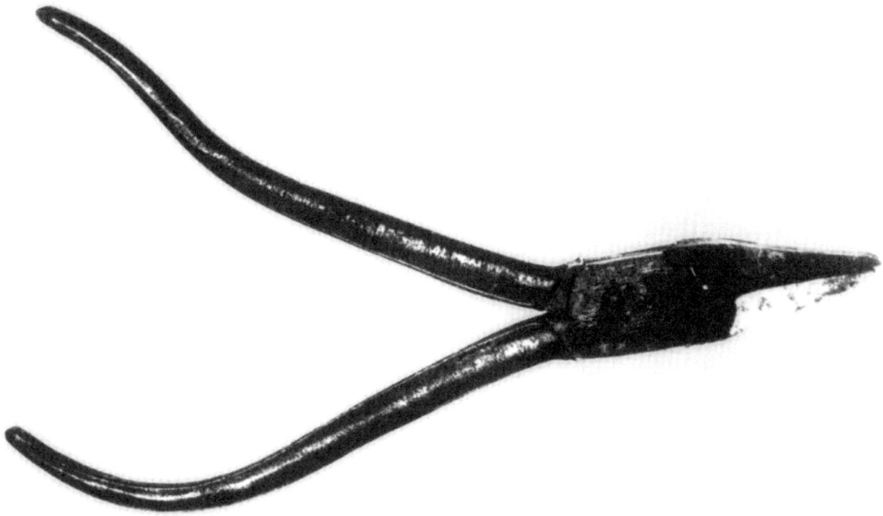

Die Spezialzange, die Claus Schenk Graf von Stauffenberg am 20. Juli 1944 benutzte. Für dieses Foto wurden die einzelnen Teile der Zange, die bei der Explosion zerstört wurden, wieder zusammengefügt. Die Zange hat Stauffenbergs Bruder Berthold zur Verfügung gestellt.

Beweisfoto des Reichssicherheitshauptamtes, Juli 1944

Quelle: NARA, T 84, Roll 387

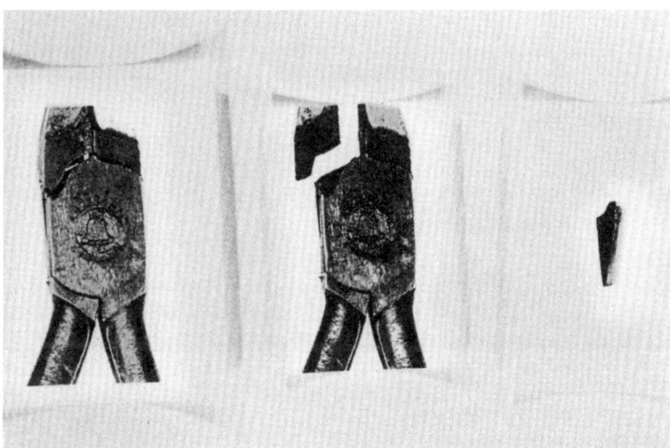

Teile der Zange, die Claus Schenk Graf von Stauffenberg am 20. Juli 1944 benutzte. Sie verblieb in der Aktentasche und wurde durch die Wucht der Explosion zerstört.

Beweisfoto des Reichssicherheitshauptamtes

Quelle: NARA, T 84, Roll 387

Unerwartet werden Stauffenberg und Werner von Haeften durch Oberfeldwebel Werner Vogel gestört, der sie zur Eile mahnt und ihnen mitteilt, dass die Lagebesprechung begonnen hat. Stauffenberg ist es zu diesem Zeitpunkt lediglich gelungen, eine der beiden vorgesehenen Sprengladungen mit ca. einem Kilo Sprengmaterial durch die Zerstörung der Säurekapsel für die Explosion vorzubereiten. Da Vogel im Raum verbleibt und Ernst John von Freyend vom Flur aus noch nach Stauffenberg ruft, kann die zweite Ladung nicht mehr entsprechend präpariert werden. Die zweite Sprengladung packt Werner von Haeften rasch in seine Aktentasche.

Werner von Haeften kann sich des in seiner Aktentasche verbliebenen Sprengstoffpakets bei der Rückfahrt aus der „Wolfschanze" entledigen, indem er aus dem Wagen wirft. Es wird noch am selben Abend gefunden.

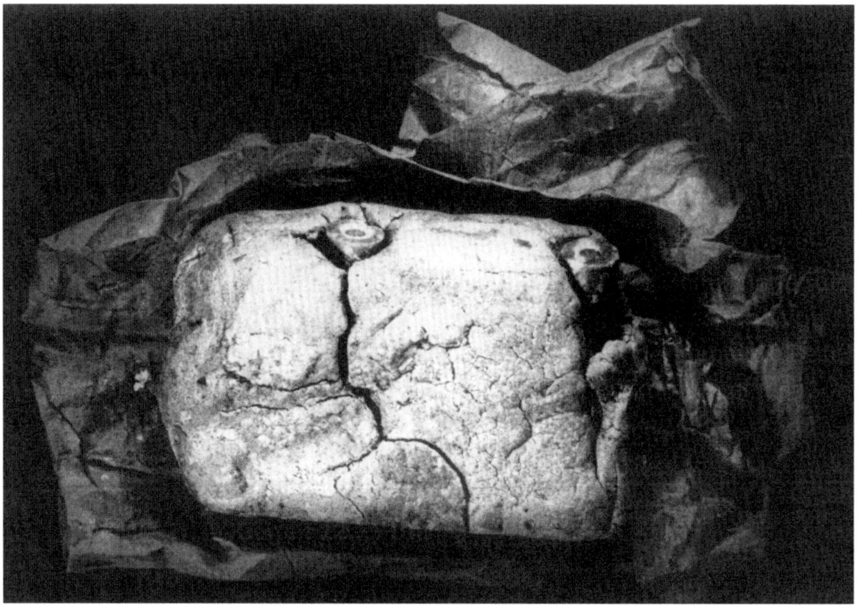

**Zweites Sprengstoffpaket, das Stauffenberg zum Attentat benutzen wollte. Deutlich sind die beiden Initialzündkörper in der Sprengmasse erkennbar.**

Quelle: NARA, T 84, Roll 387

Die Ermittler des Reichssicherheitshauptamtes gehen davon aus, dass zum Attentat „kombiniertes deutsch-englisches Sprengmaterial“ verwendet worden ist. Bei dem Sprengstoff handelt es sich nach den Recherchen des Historikers Peter Hoffmann um „Plastit W“, einen deutschen Nachbau eines englischen Sprengstoffs. Zur Zündung wird ein erbeuteter britischer chemischer Zeitzünder benutzt, der eine Laufzeit von maximal zehn Minuten hat.

Im Ermittlungsbericht des Reichssicherheitshauptamtes vom 26. Juli 1944 heißt es dazu:

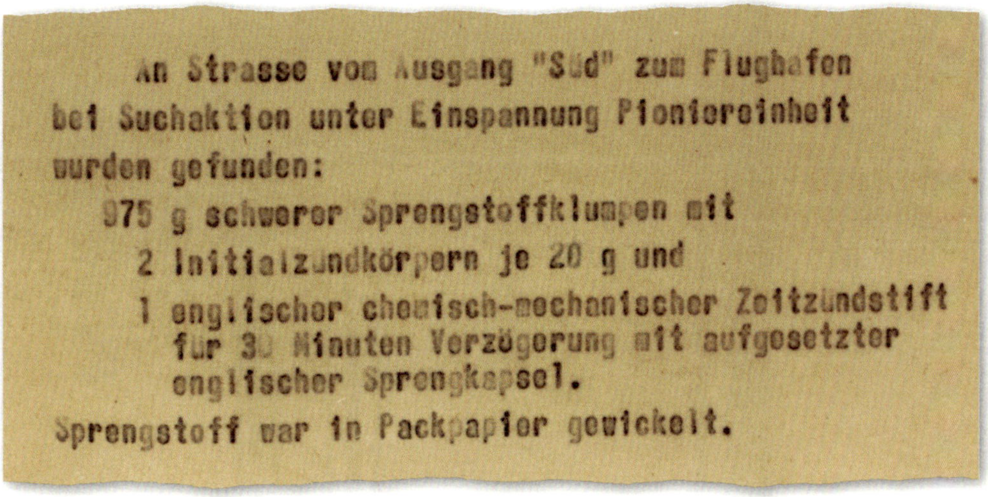

An Strasse vom Ausgang "Süd" zum Flughafen
bei Suchaktion unter Einspannung Pioniereinheit
wurden gefunden:
975 g schwerer Sprengstoffklumpen mit
2 Initialzündkörpern je 20 g und
1 englischer chemisch-mechanischer Zeitzündstift für 30 Minuten Verzögerung mit aufgesetzter englischer Sprengkapsel.
Sprengstoff war in Packpapier gewickelt.

**Auszug aus dem Ermittlungsbericht vom 26. Juli 1944**

Quelle: Bundesarchiv, NS 6/5, fol. 61

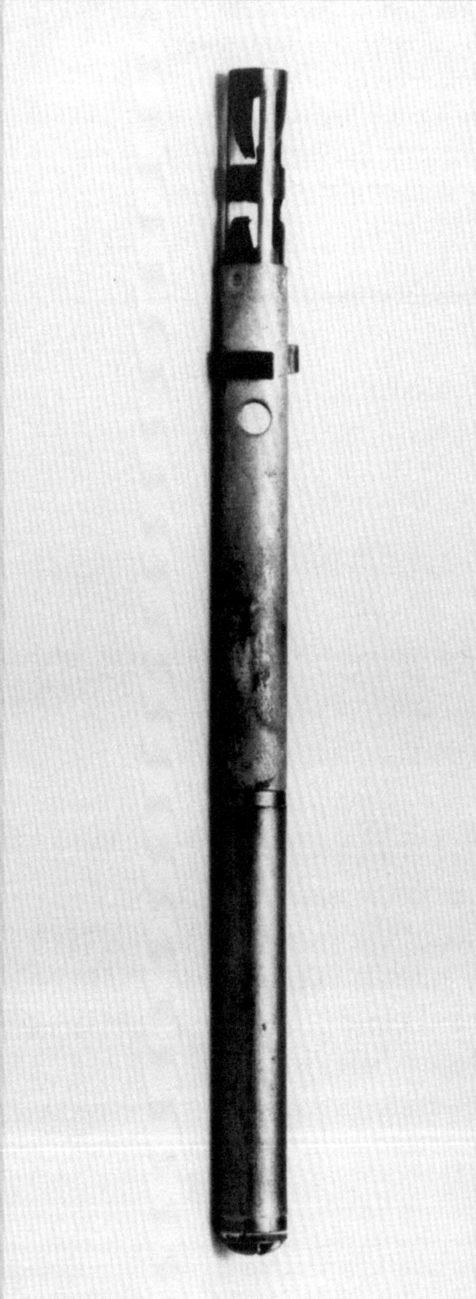

**Außenansicht des chemischen Zeitzünders, der im zweiten Sprengstoffpaket gefunden wurde**

Quelle: NARA, T 84, Roll 387

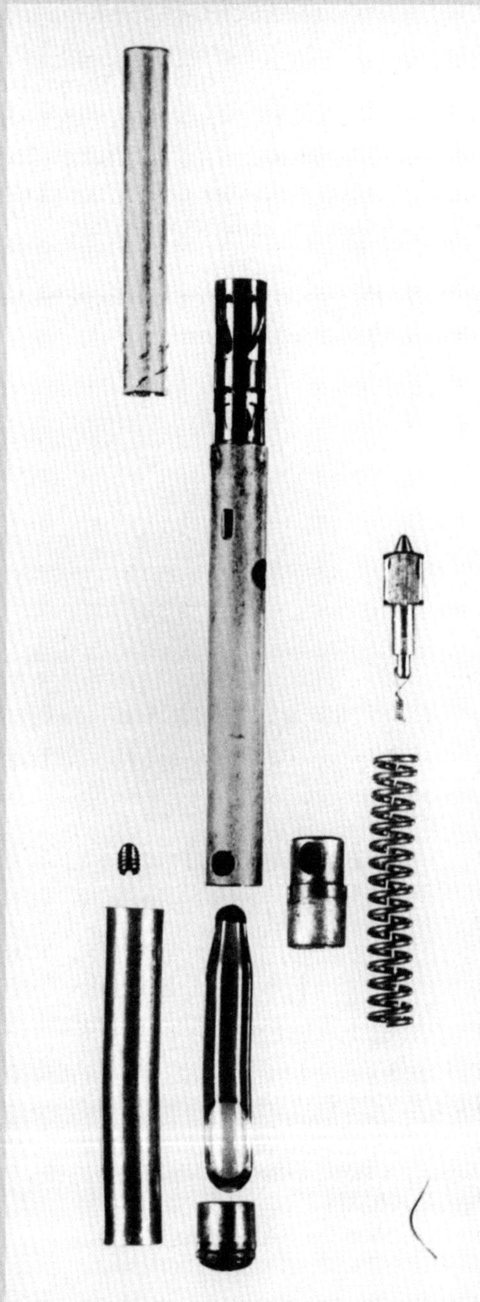

**Einzelteile des chemischen Zeitzünders, der im zweiten Sprengstoffpaket gefunden wurde**

Quelle: NARA, T 84, Roll 387

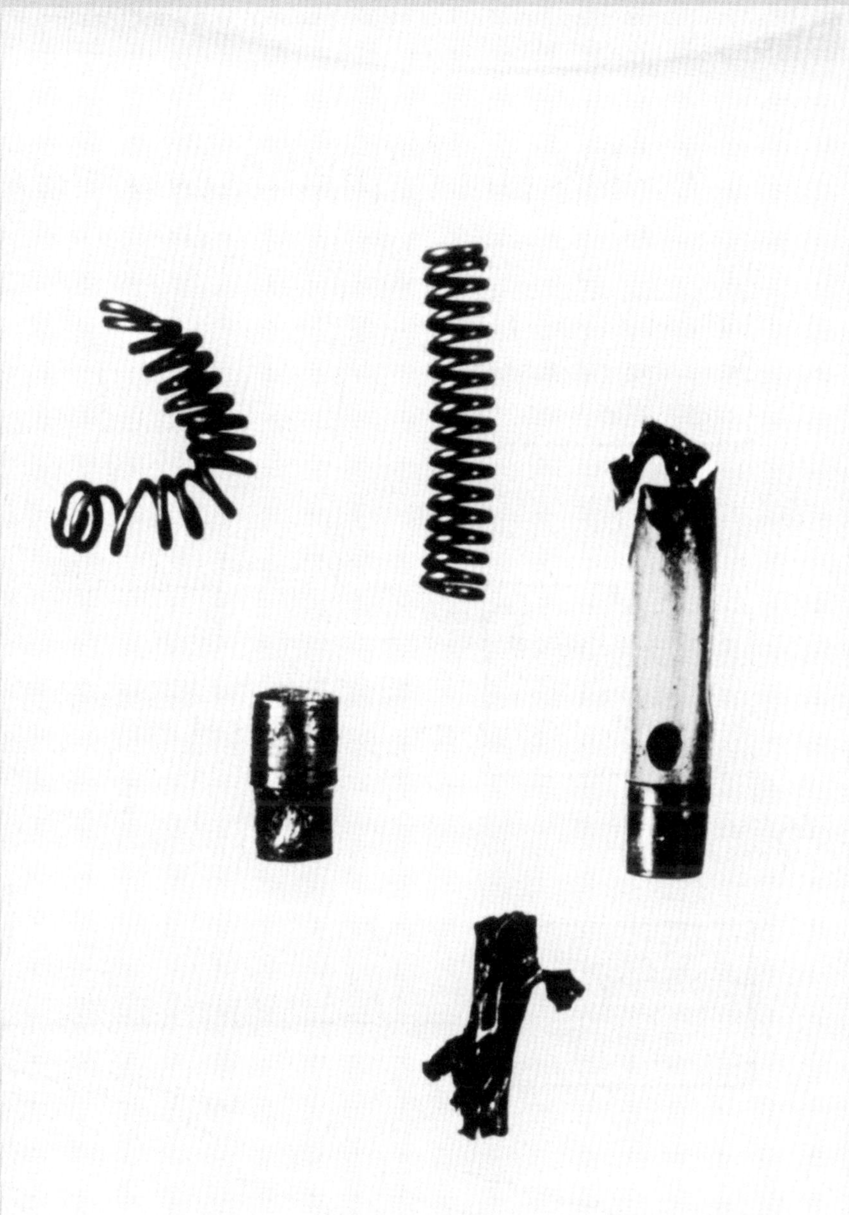

**Reste des chemischen Zeitzünders des explodierten Sprengstoffpakets, gefunden im Schutt der Lagebaracke**

Quelle: NARA, T 84, Roll 387

Das Reichssicherheitshauptamt rekonstruiert später, wie Stauffenberg den Sprengstoff erhalten haben soll.

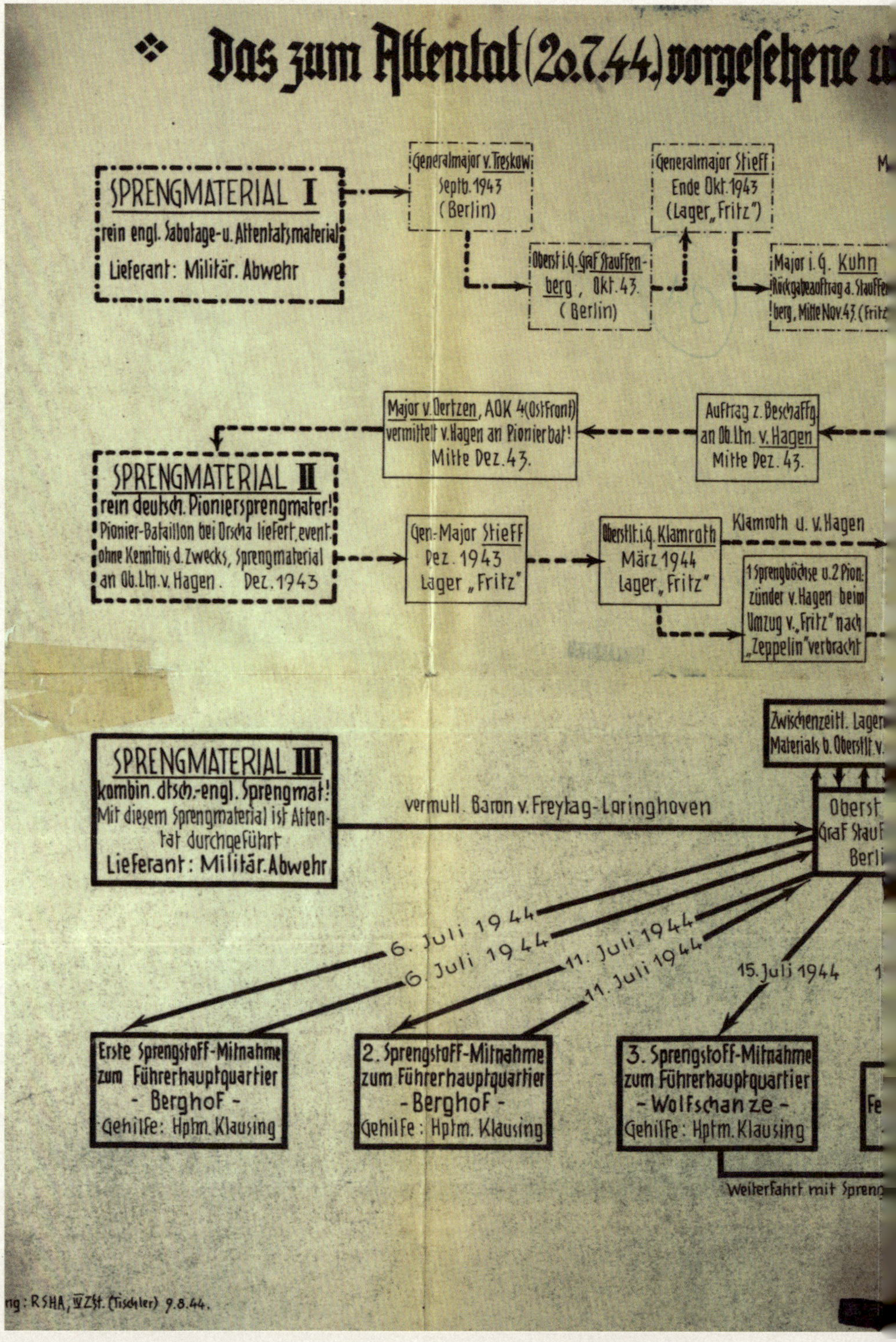

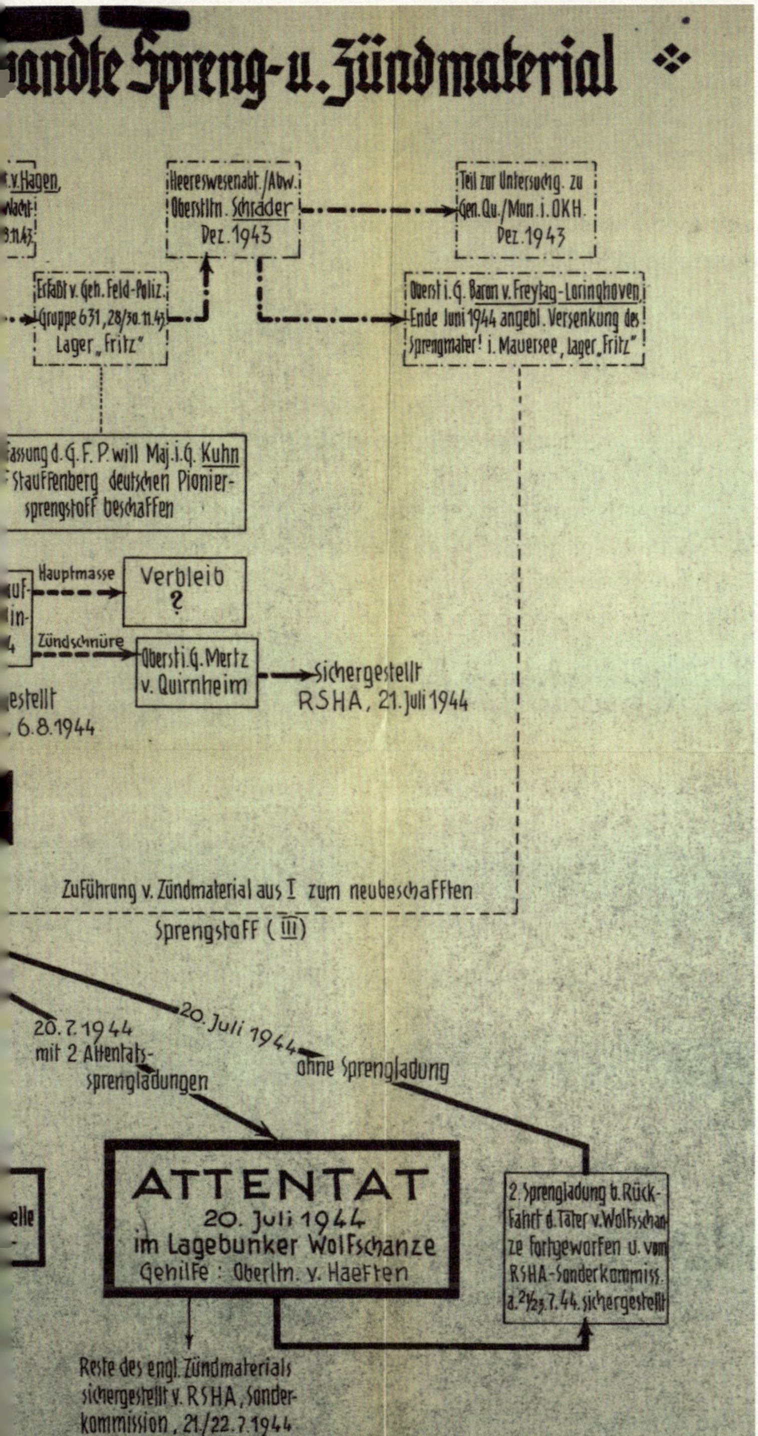


**Zeichnung des Reichssicherheitshauptamtes vom 9. August 1944 über die Beschaffung des Sprengstoffs für das Attentat vom 20. Juli 1944**

Quelle: Bundesarchiv, NS 6/7

## Kurz nach 12.30 Uhr

Stauffenberg geht jetzt zu Fuß von der Unterkunft Keitels zur Lagebaracke, die in den Berichten wegen des Kontextes ihrer Errichtung auch „Todt-Baracke" oder „Speer-Baracke" genannt wird. Fritz Todt war am 8. Februar 1942 beim Abflug von der „Wolfschanze" verunglückt; sein Nachfolger als Rüstungsminister wurde Albert Speer, der ebenfalls die für Großprojekte verantwortliche „Organisation Todt" leitete.

Der Augenzeuge Franz von Sonnleithner, Verbindungsmann zum Auswärtigen Amt berichtet:

*„Die Lagebesprechung fand also in der Baracke des verunglückten Reichsministers Todt statt, die zu diesem Zwecke hergerichtet worden war und zwar von Arbeitern der Organisation Todt. Man hatte am rechten Ende des Mittelganges die dort befindlichen Räume durch Entfernung der Zwischenwände zusammengelegt, so daß dieser neue Lageraum sich quer durch die ganze Baracke erstreckte. Auf drei Seiten waren Fenster, 4 oder 5 gegenüber der Eingangstür und je eines links und rechts. Das Zimmer rechts vor der Eingangstür war als Telephonraum eingerichtet, das links gehörte dem Chef der persönlichen Adjutantur Schaub."*

Quelle: Franz von Sonnleithner, Als Diplomat im „Führerhauptquartier", München 1989, S. 24 f.

Der diensttuende Telefonist ist direkt mit dem Nachrichtenbunker verbunden und kann in kurzer Zeit jedes gewünschte Telefongespräch herstellen.

Die „Morgenlage" hat gerade um 12.30 Uhr begonnen. Generalleutnant Adolf Heusinger, der an diesem Tag den erkrankten Chef des Generalstabs des Heeres vertritt, trägt über die Lage an der „Ostfront" vor. Nach seinen Erinnerungen fragt Hitler ihn erst nach der rumänischen Front, danach nach der Situation ostwärts von Lemberg.

Heusinger antwortet:

*„Die Lage spitzt sich mehr und mehr zu. Die Vereinigung der beiden russischen Angriffskeile wird kaum noch zu verhindern sein. Unsere Reserven sind verbraucht. Wir müssen schnell aus dem Generalgouvernement [mit Truppen] helfen."*

Quelle: Adolf Heusinger, Befehl im Widerstreit. Schicksalsstunden der deutschen Armee 1923-1945, Tübingen und Stuttgart 1950, S. 352.

**Kurz vor 12.40 Uhr**

Etwa 10 Minuten nach Beginn der Besprechung betritt Stauffenberg den Lageraum und wird von Keitel kurz Hitler vorgestellt. Keitel fragt, ob Stauffenberg unverzüglich über den Einsatz der „Sperrdivisionen" berichten soll. Hitler verneint, er will erst die Berichte zur Situation an den Fronten hören.

Stauffenberg stellt die Aktentasche mit dem Sprengstoff und dem Zeitzünder in die Nähe Hitlers rechts neben den rechten Tischsockel. Er verlässt danach den Raum mit der Begründung, noch einmal kurz telefonieren zu müssen. Die Aktentasche näher an Hitler abzustellen, ist ihm in dem fast überfüllten Lageraum, in dem sich jetzt insgesamt 25 Menschen aufhalten, nicht möglich. Einige Berichte erwähnen, dass Oberst Brandt, der beim Attentat tödlich verletzt wird, die Aktentasche weiter unter den Tisch geschoben habe, weil sie ihn behinderte.

Stauffenberg verlässt den „Führersperrkreis" und eilt zum Zimmer des Wehrmachtnachrichtenoffiziers in der „Adjutantur der Wehrmacht beim Führer", Oberstleutnant Ludolf Gerhard Sander. Dort wartet Werner von Haeften auf ihn, und hier trifft er auch den General der Nachrichtentruppe Erich Fellgiebel. Ein Pkw, ein 8-Zylinder „Horch" mit Leutnant Erich Kretz als Fahrer, steht schon bereit. Als Stauffenberg den Raum verlassen hat, wird er zur Beantwortung einer Frage, die Hitler an ihn richten wollte, noch von General Walther Buhle gesucht – aber nicht gefunden.

Im Ermittlungsbericht des Reichssicherheitshauptamtes vom 24. Juli 1944 heißt es dazu:

> Im Lagezimmer wurde S t a u f f e n b e r g von K e i t e l dem Führer zum Vortrag befohlen gemeldet und vom Führer begrüsst. Anschliessend ging S t a u f f e n b e r g an Kartentisch, stellte Aktentasche unter den Tisch, rechts neben Oberst B r a n d t . Nach kurzer Zeit verließ er Lagezimmer und Sperrkreis A.
>
> S t a u f f e n b e r g wurde bereits vor Detonation, da er irgend eine Auskunft geben sollte, vermisst. General B u h l e hat ihn noch gesucht. Nach Detonation meldete Telefonist, Wachtmeister A d a m, daß er S t a u f f e n b e r g kurz nach Beginn der Lagebesprechung habe fortgehen sehen. Vermutlich sei er der Täter.

Quelle: Bundesarchiv, NS 6/7

## Zwischen 12.40 und 12.50 Uhr

Die von Stauffenberg deponierte Sprengladung detoniert. Von den 24 in der Lagebaracke Anwesenden erleiden vier tödliche Verletzungen, nahezu ausnahmslos werden die anderen mehr oder weniger schwer verletzt. Hitler überlebt hingegen das Attentat mit leichteren Verletzungen. Die Verletzten werden mit Pkw in das nahegelegene Lazarett Karlshof gebracht.

**Auszug aus dem Ermittlungsbericht vom 26. Juli 1944**

Quelle: Bundesarchiv, NS 6/5, fol. 60–61

Im Ermittlungsbericht des Reichssicherheitshauptamtes vom 26. Juli 1944 heißt es dazu:

III.

Engerer Tatort ist Lagezimmer, in dem die täglichen Lagebesprechungen stattfanden, 12,5 m langes und 5 m breites Zimmer, in dessen Mitte grosser Kartentisch, an rechter Seite kleinerer runder Tisch, links Schreibtisch und Musikschrank.

Raum und gesamtes Mobiliar stark zerstört. Rechts von Eingang Loch im Fussboden von 55 cm Durchmesser. Weiter im Umkreis Boden eingedrückt und Verkohlungen. Metallische Einschüsse nicht feststellbar, dagegen Einsprengungen von Holz und Lederteilchen in Presspappwänden.

UNCLASSIFIED Sprengloch zeigt, daß Sprengkörper oberhalb des Fussbodens detonierte. Zusammengesetzte Teile des rechten der drei Tischböcke zeigen deutlich Richtung

61

-3 UNCLASSIFIED

der Detonationswelle. Auf Lichtbilder und Skizzen wird hingewiesen.

Untere Druckwelle der Detonation hat sich in Hohlräumen unter Fussboden durch gesamte von Backsteinmauer und Betondecke umgebene Baracke fortgesetzt und Zerstörungen leichterer Art in ihr, insbesondere durch Aufwölben des Fussbodens, verursacht. Obere Druckwelle zerstörte weitgehend Lagezimmer und fand Ausgang durch Fenster und Tür sowie Zwischenwand. Genaueste Durchsiebung der Schuttmassen führte u.a.zur Auffindung

kleiner und kleinster Leder- u. Metallteile,
offenbar von Aktentasche herrührend,
von Blechstücken und
2 Druckfedern, die von englischen chemisch-mechanischen Zeitzündestiften stammen, sowie
eiserner Flachzangenbacke.

Der Lageraum ist weitgehend zerstört. Noch am selben Tag fertigt Kriminalrat und SS-Sturmbannführer Bernd Wehner nach Angaben von SS-Gruppenführer Johann Rattenhuber eine Skizze an, wo die Anwesenden sich zum Zeitpunkt der Explosion aufgehalten haben. Auf dieser Grundlage entsteht diese vermutlich nach 1945 angefertigte Zeichnung von Wehner.

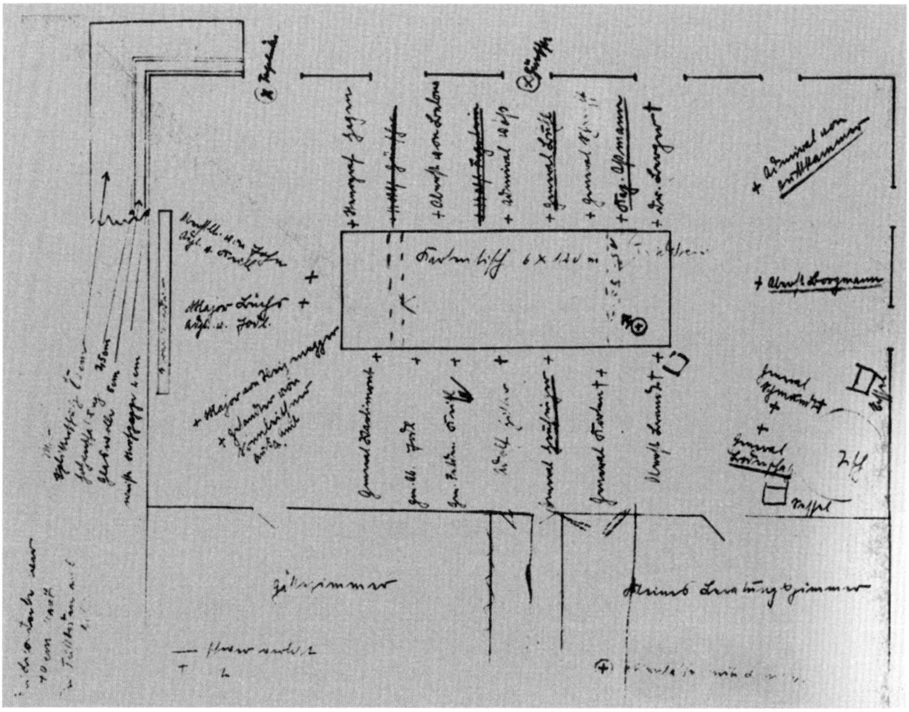

Quelle: Alexander Harder, Kriminalzentrale Werderscher Markt, Bayreuth 1963, S. 352

Der Stenograf Heinrich Berger stirbt noch am selben Tag; General Günter Korten und Oberst Heinz Brandt erliegen am 22. Juli 1944 ihren Verletzungen, und der am 25. Juli 1944 zum General der Infanterie beförderte Rudolf Schmundt stirbt am 1. Oktober 1944. Diese Namen sind mit einem größeren Kreuz bezeichnet. Die Offiziere, deren Namen unterstrichen sind, erleiden schwere Verletzungen. SS-Hauptsturmführer Otto Günsche und Oberstleutnant Ernst John von Freyend werden durch die Explosion durch die Fenster nach außen geschleudert.

Die Skizze wird später überarbeitet und liegt auch im Prozess gegen die am Umsturzversuch Beteiligten am 7. August 1944 vor. Der Präsident des „Volksgerichtshofes", Roland Freisler, hält sie an diesem Tag in die Kamera:

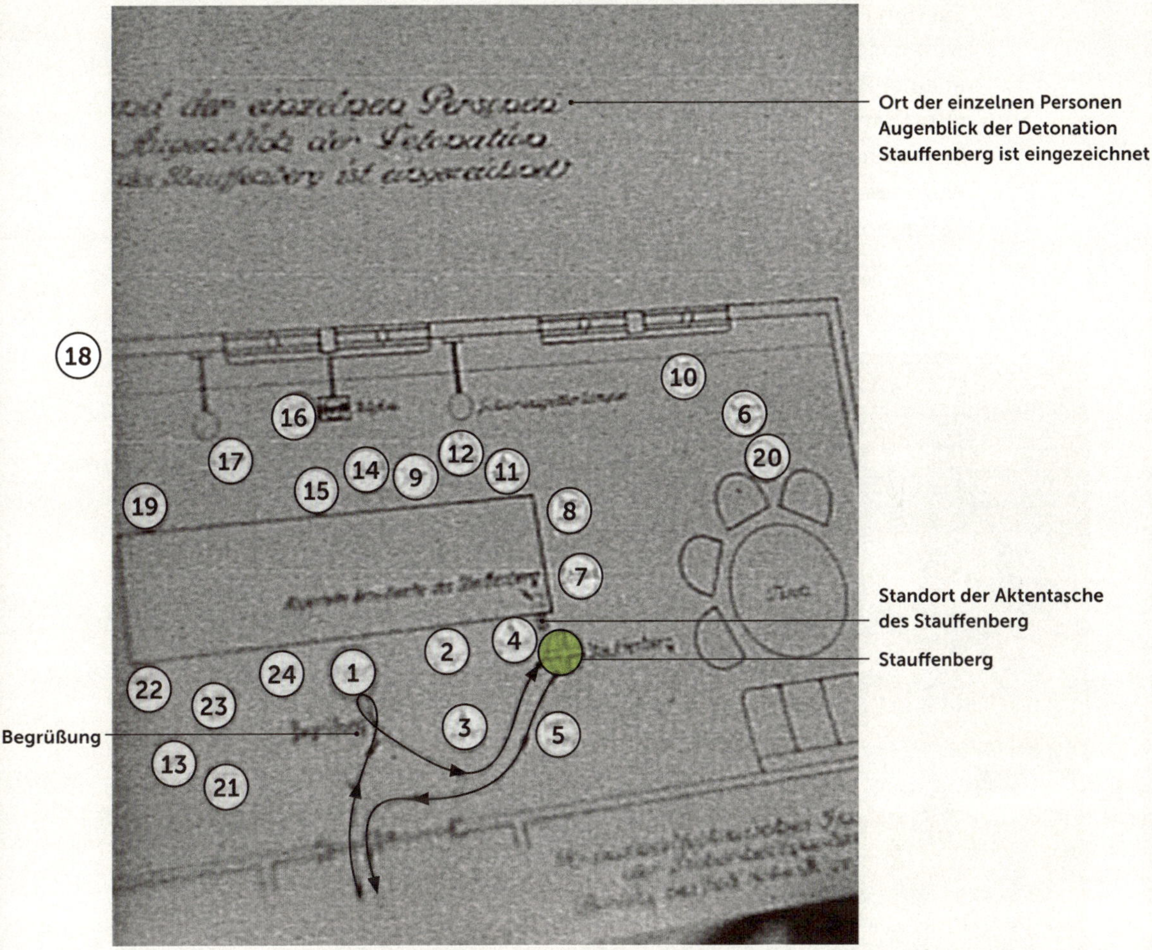


(1) Adolf Hitler
(2) Generalleutnant Adolf Heusinger
(3) General der Flieger Günther Korten (†)
(4) Oberst i. G. Heinz Brandt (†)
(5) General der Flieger Karl Bodenschatz
(6) Oberstleutnant i. G. Heinz Waizenegger
(7) Generalleutnant Rudolf Schmundt (†)
(8) Oberstleutnant i. G. Heinrich Borgmann
(9) General der Infanterie Walter Buhle
(10) Konteradmiral Karl-Jesko von Puttkamer
(11) Stenograph Heinrich Berger (†)
(12) Kapitän zur See Heinz Aßmann
(13) Oberstleutnant Ernst John von Freyend
(14) Generalmajor Walter Scherff
(15) Konteradmiral Hans-Erich Voß
(16) SS-Hauptsturmführer Otto Günsche
(17) Oberst i. G. Nicolaus von Below
(18) SS-Gruppenführer und Generalleutnant der Waffen-SS Hermann Fegelein
(19) Regierungsrat Heinz Buchholz (Stenograf)
(20) Major i. G. Herbert Büchs
(21) Gesandter Erster Klasse Franz von Sonnleithner
(22) General der Artillerie Walter Warlimont
(23) Generaloberst Alfred Jodl
(24) Generalfeldmarschall Wilhelm Keitel

Für den Film „Operation Walküre" mit dem Schauspieler Tom Cruise wird das Lagezimmer 2007/2008 nachgebaut und der Nachbau 2014 in einer Ausstellung des Militärhistorischen Museums Dresden gezeigt. Offenbar aus optischen und filmtechnischen Gründen ist der Lagetisch in der Proportion länger und schmaler als im Original. Der Originaltisch wurde zudem von drei und nicht wie im Nachbau von vier Böcken getragen.

Quelle: Bernhard Henrich / Bau und Konstruktion:
Studio Babelsberg AG / Art Department

Der Lageraum ist weitgehend zerstört, die Deckenverkleidung heruntergefallen. An der Stelle, wo der Sprengkörper explodiert ist, klafft ein ca. 50 cm großes Loch im Fußboden. Die Wand zum Nachbarraum ist eingestürzt. Durch die leichte Bauweise der Baracke – im Vergleich zu den Bunkern im „Führerhauptquartier" – ist der größte Teil der Explosionswucht nach außen und unten gegangen.

**Das Innere der zerstörten Lagebaracke**

**Die Wucht der Explosion hat die rechte Seite des Kartentisches fast vollständig zerstört.**

Quelle: BSB, hoff-53896

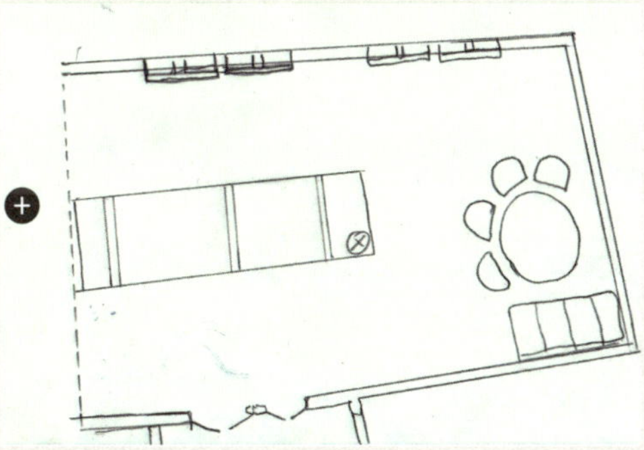

Ungefähre Position des Fotografen

**Das Innere der zerstörten Lagebaracke**

Quelle: BSB, hoff-53887

Ungefähre Position des Fotografen

**Das Innere der zerstörten Lagebaracke**

**Die Wucht der Explosion hat die rechte Seite des Kartentisches fast vollständig zerstört.**

Quelle: BSB, hoff-53888

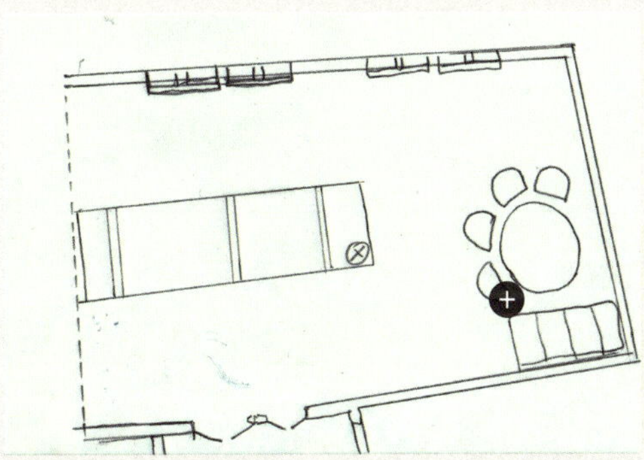

Ungefähre Position des Fotografen

**Das Innere der zerstörten Lagebaracke**

**Die Leichtbauwand zwischen der Stirnseite des Lagezimmers und der Eingangstür ist durch die Wucht der Explosion komplett in den Nachbarraum mit den Telefonen gestürzt. Die Führungsschiene der Leichtbauwand ist noch gut erkennbar.**

Quelle: NARA, T 84, Roll 387

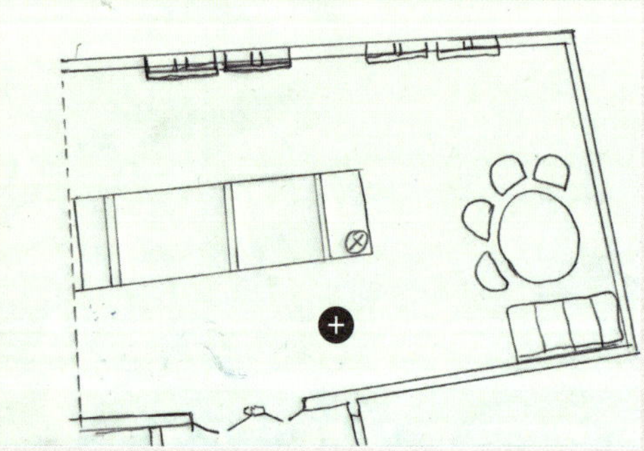

Ungefähre Position des Fotografen

**Das Innere der zerstörten Lagebaracke**

Quelle: Die Deutsche Wochenschau, Nr. 725 vom 27. Juli 1944

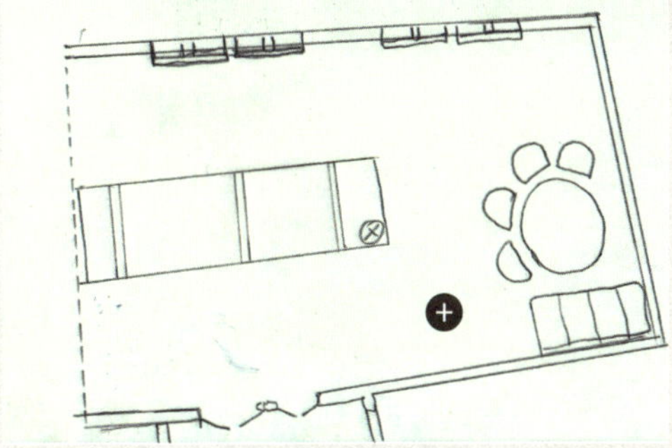

Ungefähre Position des Fotografen

**Gang zum Lageraum nach der Explosion am 20. Juli 1944**

**Links vom Gang liegt das Büro von Hitlers persönlichem Adjutanten SS-Obergruppenführer Julius Schaub, rechts ist der Raum mit den Telefonen.**

**An der Garderobe auf der rechten Seite hängen noch einige Koppel und liegen noch einige Mützen. Auch Stauffenberg hat die Lagebaracke ohne Mütze und Koppel verlassen.**

Quelle: BSB, hoff-53898

Der Augenzeuge Kapitän zur See Aßmann berichtet:

*„Während General Heusinger vortrug, verlangte der über die Karte gebeugte Hitler eine Auskunft über den Nachschub von Ersatzformationen für das Ostheer. Graf Stauffenberg wurde zur Beantwortung der Frage vermißt und gesucht. Der Vortrag ging weiter, als plötzlich eine sehr starke Explosion erfolgte. Ich stand schräg gegenüber von Hitler an der rechten Seite des Tisches, unmittelbar am Herd der Explosion. Eine helle Stichflamme, wie von einem grellen Blitzlicht, erfüllte den Raum. Ich verlor für Sekunden das Bewußtsein. Als ich zu mir kam, fand ich mich innerhalb eines völligen Trümmerhaufens, aus dem überall kleine gelbliche Flammen hervorloderten. Der Raum war total zerstört, voll Qualm und Rauch, alles durcheinandergewürfelt, der schwere Tisch zertrümmert, der Fußboden aufgerissen, die Decke eingefallen, Schwerverwundete lagen herum. Blitzartig durchzuckte mich der Gedanke: Explosion – Attentat. Ich selbst war völlig benommen und handelte rein instinktiv. Es gelang mir mit Schwierigkeit, mich zu einem Fenster zu schleppen und hinauszuspringen, von draußen wurde mir dabei geholfen. Auf dem Platz vor der Baracke sah ich ziellos herumlaufende und liegende, teils sehr entstellte Gestalten. Ich beobachtete Adolf Hitler, wie er aufrecht gehend, von Feldmarschall Keitel gestützt, von der zerstörten Baracke zu seinem Bunker hinüberging. Seine Haare waren zerzaust, die schwarze Hose wie in Streifen zerrissen flatterte um seine Beine."*

Quelle: Tatsachenbericht von Kapitän zur See a.D. Heinz Assmann, abgedruckt in: Kurt Assmann, Deutsche Schicksalsjahre. Historische Bilder aus dem zweiten Weltkrieg und seiner Vorgeschichte, Wiesbaden 1950, S. 453–460, hier S. 455 f.

Der Augenzeuge Franz von Sonnleithner, Verbindungsmann zum Auswärtigen Amt, berichtet:

*„Ich stellte mich an die linke Schmalseite des Lagetisches, ungefähr in die Nähe des linken Seitenfensters, Hitler stand mit dem Rücken gegen die Eingangstür, hinter ihm war kaum Platz, um die Tür zu öffnen. Neben Hitler stand rechts Generaloberst Jodl, links Generalleutnant Heusinger und neben diesem Generalfeldmarschall Keitel. Ich hatte einige Akten vor mir auf den Lagetisch hingelegt, die ich Hitler noch vor dem Gespräch mit Mussolini zeigen wollte. Da ich sah, daß die Zeit ziemlich knapp werden würde, prüfte ich, ob ich nicht noch einige dieser ‚Geheimen Reichssachen' vom Vortrag ausscheiden konnte. … Wieder im Hauptraum, an meiner Schmalseite des Lagetisches, legte ich noch einmal meine Akten, die ich in den Telephonraum mitgenommen hatte, vor mich auf den Tisch. Es war schon spät geworden, Mussolini wurde, wie gesagt, in seinem Sonderzug fast im Kreise in Ostpreußen herumgeleitet, um Zeit zu gewinnen, und ich wollte endgültig alles irgendwie Entbehrliche von meinem Vortrag bei Hitler ausschalten. … Als ich die Tür des Lageraums sich öffnen hörte und aufblickte, sah ich Stauffenberg eintreten, die Aktentasche unter dem Arm. Diese Tür, wie bereits erwähnt, war unmittelbar hinter Hitler; Stauffenberg stand nun etwas rechts hinter ihm, vielleicht einen Meter von ihm entfernt. Hitler hatte das Eintreten Stauffenbergs nicht bemerkt; GFM [Generalfeldmarschall] Keitel sprach den in die Lagekarte vertieften Hitler an und sagte mit der Hand auf Stauffenberg weisend: ‚Mein Führer, hier ist Oberst Graf Stauffenberg, der später über den Stand der Aufstellung der Volksdivisionen 1944 berichten wird!' Hitler drehte sich halb nach rechts und gab Stauffenberg die Hand. Dieser hatte Haltung angenommen; er überragte Hitler, dem er die zuerst sehr korrekt zum Hitlergruß erhobene linke Hand reichte. Hitler drehte sich wieder dem Lagetisch zu und stützte sich mit seinem rechten Ellenbogen auf, um den in der Mitte des Tisches befindlichen oberen Teil der Karte besser sehen zu können. Stauffenberg hantierte an seiner Aktentasche und stellte sie schließlich ab. Sie schien sehr schwer zu sein und mir schien es begreiflich, daß er sie bei seinen Verstümmelungen nicht die ganze Zeit halten wollte. Schließlich trat er, rechts von Hitler und Generaloberst Jodl, an den Tisch heran, lehnte sich stützend an diesen und schob mit dem Fuß seine auf dem Boden stehende Aktentasche weiter unter den Tisch und mehr in die Tischmitte, etwa vor Hitler. Alles blickte auf die Lagekarte, so daß es auch nicht bemerkt wurde, als Stauffenberg, um seine Tasche in die von ihm gewünschte Position zu schieben, sich bückte, so daß auch noch sein Bauch fast unter*

*dem Tisch verschwand. Ich sah ihm – ich war ja etwa 3-4 oder auch 5 m von ihm entfernt – belustigt zu: ich hatte die Idee, er wolle die Geheimen Kommandosachen in seiner Aktentasche so verwahren, daß ja niemand an sie heran könne. Während ich meine Geheimen Reichssachen in der Rocktasche trug und dann vor mich auf den Tisch legte, machte Stauffenberg mit seinen Sachen, so dachte ich damals, ein solches Aufhebens. Amüsiert wandte ich mich wieder meinen Akten zu. Ich hatte aber kaum zu lesen begonnen, Stauffenberg war wieder hinausgegangen, der Telephonist hatte mir von der Tür her die Mundbewegungen ‚Außenminister' gemacht und von mir ein beruhigendes Handzeichen bekommen, als mich plötzlich ein greller Lichtschein, wie ein Blitz, am Weiterlesen hinderte. Ich erinnere mich, noch beim Aufblicken zur Deckenlampe das grelle Licht gesehen zu haben, so daß ich mich fragte, ob denn eine elektrische Birne explodieren könne. Im gleichen Moment wurde mir aber die Brille von den Augen gerissen, es sauste etwas rechts an meinem Kopf vorbei, und unter meinen auf den Tisch aufgestützten Fingern wirbelten, von einer unwiderstehlichen Gewalt fortgerissen, meine Akten gegen die hinter mir befindliche Schmalseitenwand des Zimmers. Gehört habe ich überhaupt nichts, die Trommelfelle waren wohl schon durch. Als ich – ich möchte sagen, in der gleichen Sekunde – wieder vor mich blickte, sah ich die unglaubliche Verwüstung im Raum. Ich stand absolut allein, der Tisch war zunächst nicht zu sehen, die Tischplatte war ungefähr in der Mitte auseinandergebrochen, die rechte Hälfte in die Luft geflogen und lag auf der Seite. Der Boden war, ich schätze ca. einen halben Meter mit lauter Schnitzeln der Tapeten und der Dichtungsglaswolle bedeckt, so daß diese seltsame Schicht alles verbarg, was auf dem Boden lag; keine einzige Person war zu sehen. Die Fensterstöcke waren verschwunden, sie waren nach außen gedrückt worden, ebenso der Großteil der Verbindungswand samt der Tür zur übrigen Baracke. Die Decke war, offenbar hauptsächlich von der schweren Tischplatte, stark beschädigt.*

*Einen Moment dachte ich, die Russen seien vielleicht doch schon so nahe, daß sie mit einem Ferngeschütz auf das FHQ [Führerhauptquartier] geschossen hätten. Als aber nichts weiter erfolgte, dämmerte mir doch, daß im Raum eine Explosion stattgefunden haben müsse. Die Uhr war auf 10 vor 1 Uhr stehengeblieben, also mußte der Bombenleger von der Vorverlegung der Lagebesprechung gewußt und seinen Anschlag entsprechend durchgeführt haben. Daraus schloß ich, daß nun die Gefahr vorbei sei und benahm mich ganz ruhig, was mir später, wie man sieht unberechtigt, den Ruf großen Mutes einbrachte. Hitler hat das selbst dem RAM [Reichsaußenminister] gesagt, wie ich gelegentlich erfuhr. Das Geräusch einiger aufspringender Lageteilnehmer, die im Nu zur Türe oder aus den Fensterhöhlen verschwunden waren, weckte in mir das Erstaunen, daß sich niemand um Hitler kümmerte. Ich ging also an seinen Platz, richtete ihn durch Griff unter den Armen auf und sah, daß er offenbar unverletzt war, aber leicht schwankte. Im selben Moment sprang auch GFM [Generalfeldmarschall] Keitel auf und stützte Hitler auf der anderen, der rechten Seite. Langsam schritten wir durch den Längskorridor der Baracke. Keitel sagte, während wir bis jetzt geschwiegen hatten: ‚Mein Führer, das war ein Todtarbeiter!' Da mache sich Hitler von Keitels stützender Hand los, indem er sich ganz an mich lehnte, und erwiderte, Keitel anblickend, mit energischer Stimme: ‚Ein deutscher Arbeiter hebt nicht die Hand auf wider mich!' So gingen wir zwei, an den erschreckten Leuten vorbei, zu dem kleinen Bunker, den Hitler ganz in der Nähe der Baracke bewohnte."*

Quelle: Franz von Sonnleithner, Als Diplomat im „Führerhauptquartier", München 1989, S. 25 f.

*Der Augenzeuge Walter Warlimont berichtet:*

*„Nach allen Schlägen und Schrecken, denen Front und Führung der Wehrmacht seit den Tagen der beginnenden Invasion ausgesetzt waren, wollte die Bombe bei der Lagebesprechung am 20. Juli dem Miterlebenden zunächst fast als ein folgerichtiges Ende erscheinen. Von einem Augenblick auf den anderen beherrschten Flucht und Zerstörung die Szene. Wo eben noch Menschen und Dinge in einem Mittelpunkt des Weltgeschehens gestanden hatten, war nichts anderes übrig als das Stöhnen der Verwundeten, sengender Brandgeruch und im Zugwind flatternde Fetzen verkohlter Karten und Papiere. Taumelnd wieder aufgerichtet, fand man sich selbst zunächst zum Sprung aus dem Fenster getrieben. Der erste klare Gedanke galt dann den Kameraden. Dringend Hilfe brauchte vor allem Oberst Brandt, ein allseits anerkannter Generalstabsoffizier und früher weltbekannter Turnierreiter, der, ein Bein zerschmettert, vergebens bemüht war, sich an einem Fenster hochzuziehen und dem Ort des Schreckens zu entkommen. Auch draußen vor der Baracke, wo die meisten anderen, bleich und verstört, sich zusammenfanden, war von dem scheinbar unverletzt Gebliebenen noch manche Hand anzulegen, ehe die Krankenwagen herankamen. Der Mann aber, dem der Anschlag vor allen anderen gegolten hatte, war schon lange vorher, auf den Arm Keitels gestützt, anscheinend nicht getroffen, nur die schwarze Hose unter dem feldgrauen Rock von unten nach oben in Streifen gerissen, seiner Baracke zugegangen.*

*Noch ein weiteres Mal, nunmehr schon unter den mißtrauischen Augen der SS-Wachen und von ihnen vor weiteren Detonationen gewarnt, zog es den Verfasser in den Lageraum zurück, um nach Möglichkeit wertvolle Dokumente zu retten. Dann versagte – bei Schwindelgefühl und tosendem Sausen in den Ohren – auch die eigene Kraft. Es bedurfte der Hilfe von Fahrer und Ordonnanz, die mit jener einzigartigen, auch in diesem Stabe nicht vergessenen Treue des deutschen Soldaten schon bereit standen, um über Straßensperren und Doppelposten, über Ausweiskontrollen und argwöhnische Fragen den ‚Sperrkreis' zu verlassen."*

Quelle: Walter Warlimont, Im Hauptquartier der deutschen Wehrmacht 39-45. Grundlagen, Formen, Gestalten, 3. Auflage München 1978, S. 471.

Hitlers Luftwaffenadjutant Nicolaus von Below hält sich ebenfalls im Besprechungsraum auf. In seinen Erinnerungen schreibt er:

*„Die Lagebesprechung begann wie immer mit dem Vortrag Heusingers über die Lage an der Ostfront. Dabei stand ich etwas abseits und sprach mit den drei anderen Adjutanten über das Besuchsprogramm des Duce. Plötzlich interessierte mich ein Punkt, über den Heusinger vortrug, und ich ging auf die gegenüberliegende Seite des Vortragstisches, um von dort aus die Lagekarte besser einsehen zu können. Hier stand ich einige Minuten, als die Bombe explodierte. Es war 12.40 Uhr. Ich verlor für kurze Augenblicke das Bewußtsein. Als ich wieder zu mir kam, sah ich um mich ein Trümmerfeld von Holz und Glasscherben. Mein erster Gedanke war, so schnell wie möglich den Raum zu verlassen. Ich erhob mich, kletterte durch eines der Fenster und lief draußen um die Baracke herum zum Haupteingang. Mein Kopf brummte, mein Gehör hatte erheblich nachgelassen, an Hals und Kopf blutete ich. Am Eingang der Baracke bot sich mir ein furchtbares Bild. Dort lagen bereits einige Schwerverletzte, andere Verwundete taumelten umher und stürzten nieder. Hitler wurde von Feldmarschall Keitel geleitet. Er ging sicher und aufrecht. Sein Rock und seine Hose waren zerrissen, aber sonst schien es mir, daß er keine wesentlichen Verletzungen davongetragen hatte. Er begab sich sofort in seinen Bunker und wurde von den Ärzten betreut. Es stellte sich heraus, daß elf Teilnehmer der Besprechung schwere Verletzungen davongetragen hatten und sofort in das vier Kilometer entfernt liegende Lazarett gebracht werden mußten.*

*Alle anderen waren leicht, einige stärker verletzt, bei fast allen waren die Trommelfelle geplatzt. Ich lief sofort in die benachbarte Nachrichten-Baracke, ließ den Nachrichten-Offizier, Oberstleutnant Sander, kommen und gab ihm Befehle, alle Nachrichten-Verbindungen außer für Hitler, Keitel und Jodl zu sperren, damit keine falschen Meldungen herausgingen. Danach ging ich in den Führerbunker. Ich fand Hitler in seinem Arbeitsraum sitzend vor. Als ich eintrat, zeigte er den lebhaften, fast frohen Gesichtsausdruck eines Menschen, der etwas Schweres erwartet hat, das er aber glücklich überstand. Er fragte mich nach meinen Verletzungen und sagte, daß wir alle ein ungeheures Glück gehabt hätten. Das Gespräch kam gleich auf die Ursache und die Urheber des Attentats. Hitler lehnte es strikt ab, daß der Anschlag etwa von den Arbeitern der OT verübt worden wäre, die vor wenigen Tagen noch in der Baracke gearbeitet hatten."*

Quelle: Nicolaus von Below, Als Hitlers Adjutant 1937-45, Mainz 1980, S. 381 f.

General der Flieger Karl Bodenschatz wird am 15. Mai 1945 in der Kriegsgefangenschaft zum Verlauf des Attentats vernommen:

*„My impression of the explosion was as follows: first a very sharp crack, accompanied by a tremendous flash, rather like the sort of flash you used to make when taking photographs at night. I collapsed and saw only smoke and fumes; I can't remember seeing a single person. I was completly conscious; I heard no cries or groans, nothing. I picked myself up, unaided, and went out into the open. I went and sat down in the grass about thirty paces away from the hut. The second person to come running out was General Buhle; I asked him whether anything had happened and he said ‚No'. I hailed a car which happened to be passing and got into it with General Buhle and drove to the nearest hospital, which was about 4 km away from the FHQ, still completly conscious. I was operated on at once there."*

Quelle: C.S.D.I.C. (U.K.) G.G. Report, Information Received 15. May 45, Kopie in: IfZ, ZS 10, Bl. 28 ff.

„Reichspressechef" Otto Dietrich erlebt die Explosion aus einiger Entfernung. Er berichtet später:

*„Gegen 12.50 Uhr mittags hörte ich von meiner etwa hundert Meter vom Lagebesprechungsraum entfernten Unterkunft plötzlich eine schwere Explosion, die den ganzen Wald erschütterte. Ich lief hinaus in Richtung auf die Lagebesprechungsbaracke, über der ich senkrecht eine riesige schwarze Rauchwolke stehen sah. Generalfeldmarschall Keitel, mit versengtem Haupthaar, kam mir aus der Baracke entgegen, und ich hörte ihn sagen: ‚Es hat diesmal noch nicht sollen sein.' General Jodl schimpfte laut über die Möglichkeit einer solchen Katastrophe ‚im eigenen Hause'. Verletzte wurden auf Bahren gehoben, und ich beteiligte mich an der Hilfsaktion; als Hitlers militärischer Chefadjutant auf der Bahre an mir vorübergetragen wurde, ahnte ich sein Schicksal.*

*Hitler selbst, dem meine erste Frage galt, war bereits in seinen benachbarten Bunker geleitet worden. Ich ging hinein, um mich nach seinem Befinden zu erkundigen. Er saß in seinem kleinen Wohnraum auf einem Stuhl ohne sonderliche Erregung. Die Beine waren fast entblößt, die Beinkleider hingen in schmalen Streifen und Fetzen herunter. Der linke Arm, der während des Attentats mit dem Ellenbogen auf den Kartentisch gestützt war, hatte eine Stoßverletzung durch die Tischplatte, unter der*

*der Sprengkörper 1,50 m von ihm entfernt detoniert war. Die Trommelfelle waren Hitler geplatzt, und einige Holzsplitter hatten sein Gesicht verletzt. Er behielt völlig seine Haltung, während ihn der Arzt untersuchte, durchdachte und besprach die Möglichkeiten des Vorfalles, dessen Ungeheuerlichkeit uns erst allmählich zum Bewußtsein kam. Inzwischen waren Göring und Himmler eingetroffen."*

Quelle: Otto Dietrich, 12 Jahre mit Hitler, München 1955, S. 266.

Hitler selbst berichtet mehrfach über die Explosion. Am 24. Juli 1944 befasst er sich in der „Morgenlage" vor allem mit der propagandistischen Auswertung des Attentats. Das Heer selbst – so Hitler – sei „aus eigener Verantwortlichkeit" gegen die Beteiligten am Umsturzversuch vorgegangen. Die einzelnen Schüsse, die am Abend des 20. Juli im Flur des Allgemeinen Heeresamts im Berliner Bendlerblock gefallen sind, will Hitler dramatisiert eingesetzt wissen. Die Offiziere um Stauffenberg seien „bevor sie überhaupt [zum Ort ihrer Erschießung im Innenhof des Bendlerblocks] heruntergeführt worden sind, zum Teil auf der Treppe bereits niedergeschossen" worden – reine Phantasie des Diktators.

**Auszüge aus der Lagebesprechung am 24. Juli 1944**

Quelle: Bundesarchiv, NS 6/24, fol. 2-6

2

Dr.P/Wh. Geheime Reichssache

Auszug

aus der Morgenlage vom 24. 7. 1944.

Der Führer: Es ist ein reiner Jammer, daß diese Schweinerei in diesem Moment passiert und daß das in engstem Zusammenhang mit den Engländern geschehen ist. Das geht jetzt schon hervor. Die Engländer waren über alles im Bilde. Wir dürfen daher auch etwas nicht tun. Es darf nicht so sein, daß wir denen jetzt gewissermaßen sagen: Die Geschichte ist abgeschlossen; denn sie erklären heute schon in England: Das ist nur eine vorgeprellte Patrouille, die ist da erwischt worden. Man muß denen sagen, daß die Geschichte jetzt ausgebrannt wird. Es muß auch in ein oder zwei Tagen spätestens ein Kommuniqué herauskommen, in dem man einen großen Abriß gibt und von vornherein feststellt, daß die ganze Geschwulst völlig ausgestochen wurde bezw. bereits im Ausstechen ist. Denn sie haben drüben seit vielen Monaten die Beziehungen gehabt und sagen natürlich: Oberst Stauffenberg spielt gar keine Rolle. Sie wissen noch nicht, was in Wirklichkeit erwischt wurde. Aber sie haben mit der ganzen Verschwörung zusammengearbeitet, und die ist eben viel umfangreicher, das sieht man jetzt.

Aber immerhin, man weiß nicht, was da ist. Die Leute stehen jetzt auf dem Standpunkt, daß nur ein ganz kleiner Bruchteil erwischt wurde, weil sie sagen: Graf Stauffenberg usw., das ist nur ein lächerlich kleiner Teil, in Wirklichkeit wird der Kampf weitergeführt. Es handelt sich also darum, daß man in wenigen Tagen ihnen klarmacht, daß die ganze Sache zusammengebrochen ist. Das Entscheidende ist, daß ihnen klargemacht wird, daß, wenn auch in den wichtigsten Organisationen diese Verräter dringesessen sind, sie doch die überwältigende Masse des ganzen anständigen Offizierkorps als Todfeinde gegen sich hatten. Das ist das Entscheidende. Das muß der ganzen Welt klargemacht werden, daß die überwältigende Masse des ganzen Offizierkorps mit diesen Schweinen nichts zu tun hatte. Man muß auch die Schilderung über die Sache in Berlin so bringen, daß tatsächlich bereits im Innern die Offiziere und ihre Mannschaften aus eigener Verantwortlichkeit heraus nicht etwa diesen Verrätern den Gehorsam aufsagten, sondern daß sie die Verräter, bevor sie überhaupt heruntergeführt worden sind, zum Teil auf der Treppe bereits niedergeschossen haben, sodaß man sieht, daß die ganze Geschichte von der überwältigenden Masse des Offizierkorps von sich aus gleich abgewürgt wurde; denn das ist das Einzige, was letzten Endes dann den Glauben zerstört, als könnte vielleicht doch noch so etwas kommen.

Schlimm ist diese Sache natürlich in der Wirkung auf die Verbündeten und die Neutralen . . . .

Man kann also nur sagen, daß das ein Geschmeiß war, das sich aus bestimmten politischen Gesichtspunkten getarnt, aber immer diese Absicht verfolgt hat und jetzt zum ungünstigsten Moment für sie selber losgebrochen ist. Für das deutsche Volk im ganzen in diesem Schicksalskampf ist es trotz allem ein Glück, daß es jetzt passiert ist. Ich bin zuviel Psychologe, um das nicht zu sehen, daß eine höhere Hand den Mann gerade in dem Moment mit seiner Bombe hierhergeführt hat, in dem es für uns am aller-günstigsten ist. Wenn ich und der ganze Stab von uns draufgegangen wäre, wäre es eine Katastrophe gewesen. Es hätte auch anders kommen können. Es hätten der Reichsmarschall und der Großadmiral

4

6

5

Dönitz anwesend sein können.

Der Kerl hat übrigens auch den Berghof genau durchgefieselt, hat sich dort mein Speisezimmer angesehen usw.

Der SA-Obergruppenführer und Gesandte in Kroatien, Siegfried Kasche, hält am 16. September 1944 ausführlich fest, wie Hitler ihn am 14. August 1944 die Explosion geschildert hat.

15

Der Gesandte

Zagreb, den 16.September 1944

Geheime Reichssache.

**V e r m e r k.**

Betrifft: Besprechung beim Führer im Hauptquartier "Wolfschanze" am 14.August 1944 zwischen 17,3o und 18,3o Uhr.

Nachdem der Führer vor mir Botschafter v. Papen zu seiner Rückmeldung aus der Türkei empfangen und mit dem Ritterkreuz zum Kriegsverdienstkreuz ausgezeichnet hatte und ich danach mit dem Reichsaussenminister im Führerbunker bei einer Tasse Kaffee die wesentlichen deutsch-kroatischen Fragen, insbesonders die zur Besprechung stehenden Planungen des OB-Südost besprochen hatte, liess uns der Führer in die Führerbaracke bitten. Vor der Baracke begrüssten wir kurz den Reichsführer-SS, der vom Führer kam. Der Führer empfing uns in dem wieder-hergestellten Raum des Attentates vom 2o.7. Der Raum selbst, am Kopfende der Baracke gelegen, ist gegenüber dem früheren Zustand durch Einbeziehung der Nebenräume grösser ausgebaut worden. Nach den 3 Aussenseiten hat er Fenster. Parallel zur Giebelseite der Baracke steht, wie auch zurzeit des Attentates, ein langer Holztisch für die Kartenablage bei den Lagevorträgen.-

Der Führer empfing uns bei bester Stimmung; er machte einen gesunden frischen Eindruck. Er reichte uns die rechte Hand, der man keine Folgen der Verletzung durch das Attentat mehr anmerken konnte. Allein eine gewisse Steifheit in der Bewegung verriet einen kleinen Rückstand der Prellung in der Kreuzgegend.- Kurz nach Beginn der Unterhaltung kam der Führer auf die Ueberläuferfrage zu sprechen und erklärte, er könnte mir deswegen keine Vorwürfe machen, müsste aber feststellen, dass die Ueberläuferzahl von Monat zu Monat abgeebbt wäre. Ich habe deswegen nichts erwidert.- Dann schilderte uns der Führer den Hergang des Attentates im einzelnen. Er habe an dem Tisch mit der Blickrichtung zu den Fenstern an der Stirnseite der Baracke gestanden.

H301996 405808

Quelle: PA AA, Nachlass Siegfried Kasche, Nr. 23

Neben ihm haben der Gen.Häusinger, dann Gen.Brandt sich befunden. Er selbst habe sich mit dem rechten Ellbogen auf den Tisch gestützt, in der rechten Hand Bleistifte zum Einzeichnen gehalten und mit der linken eine Lupe zum Kartenlesen. Es sei die Ostlage besprochen worden.- Die Explosion sei unmittelbar rechts zu Füssen des Gen.Brandt erfolgt, der seinen Verletzungen später erlag. Brandt sei Mitwisser der Attentatsvorbereitungen, von den letzten Massnahmen wohl aber nicht unterrichtet gewesen.- Im Augenblick der Detonation habe er gedacht:"Nun werfen die Schweine mit Bomben auf uns". Er habe dann überlegt, durch das Fenster den Weg nach aussen zu suchen, davon aber Abstand genommen, weil er hätte annehmen müssen, die Baracke wäre umstellt.- Er habe sich dann mühsam aus den Trümmern frei gemacht und zur rückwärts liegenden Tür begeben. Dabei habe er die Flammen an seinem Haar und an der verbrannten und zerrissenen Hose gelöscht. Durch die Explosion, die in 3 Schlägen erfolgte, sei sein rechter Ellbogen geprellt worden, an Kopf und Bein habe er leichte Verletzungen erlitten. Später habe er festgestellt, dass ein grosser Gegenstand ihm auf Kreuzbein und Steissknochen gefallen war, der Bekleidung zerrissen und starke Prellungen hervorgerufen habe. Am Abend und während der nächsten Tage habe diese Verletzung besondere Schmerzen verursacht. Er habe wie "ein Pavian" ausgesehen.

Hieran anschliessend erörterte der Führer eine Reihe von Fragen der Zusammenhänge des Attentates. Generalfeldmarschall v.Brauchitsch habe ihm einen sehr ordentlichen Brief geschrieben; er sei sicher nicht mit den Kreisen der Attentäter in Verbindung gewesen. Dies stehe allerdings von Gobst.Haller fest. Aus einem Schreiben eines Offiziers habe er Andeutungen entnommen, dass gewisse Fäden aus den Attentäterkreisen zum ehemaligen Kronprinzen liefen. - Hieran schloss sich die Bemerkung an über einen Obst., der die Bewachung des belgischen Königs Leopold hatte und sich als unzuverlässig erwiesen hätte. Er wäre deshalb verhaftet worden.- Von der Mitschuld des Genobst.Fromm erklärte sich der Führer als überzeugt, Fromm habe Beck erschossen, um den Mitwisser auszuschalten.

H301997 405809

**Kurz vor 12.50 Uhr**

Noch während er mit General Fellgiebel vor der Baracke der Adjutantur spricht, sieht Stauffenberg aus weniger als 200 Metern Entfernung die Explosion. Die Angaben über den genauen Zeitpunkt der Explosion variieren zwischen 12.42 und 12.50 Uhr.

Der in der Nähe stehende Oberstleutnant Sander erläutert ihm, dies sei nichts Ungewöhnliches, öfter würden Wildtiere Minen im Minengürtel auslösen. Stauffenberg sagt zu Sander, er werde nicht mehr zur Lagebesprechung zurückkehren, sondern sich sofort zum Mittagessen mit dem Kommandanten des „Führerhauptquartiers", Oberstleutnant Gustav Streve, begeben.

Stauffenberg und Haeften können die Wache des Sperrkreises I passieren. Stauffenbergs Ausweis wird von dem wachhabenden Leutnant anerkannt; außerdem ist er inzwischen vom Sehen her bekannt, so dass der Leutnant keinen Verdacht schöpft.

Nach der Auslösung des Alarms für beide Sperrkreise wird Stauffenberg an der Außenwache Süd durch den Wachhabenden, Oberfeldwebel Kolbe, aufgehalten, erhält aber von dem ihm bekannten Rittmeister von Möllendorff nach telefonischer Rücksprache die Erlaubnis zu passieren.

Der Wagen mit Stauffenberg und Haeften verlässt die „Wolfschanze" gegen 13 Uhr und fährt an Gut Queden vorbei in Richtung Gut Wilhelmsdorf zum Flugplatz. Unterwegs wirft Haeften die zweite, nicht gezündete Sprengladung, die in Packpapier eingewickelt ist, aus dem Wagen.

Stauffenberg und Haeften starten gegen 13.15 Uhr zum Rückflug nach Berlin-Rangsdorf mit einem Flugzeug vom Typ „He 111", das auf Befehl des Generalquartiermeisters General der Artillerie Eduard Wagner bereitgestellt worden ist.

Im Ermittlungsbericht der Sonderkommission vom 24. Juli 1944 heißt es dazu:

66

- 8 -

UNCLASSIFIED

Daraufhin erklärte S t a u f f e n b e r g dem Oberstleutnant S a n d e r , daß er zunächst noch einmal zur "Lage" müsse und dann zum Essen kommen wolle. Im übrigen wies er darauf hin, daß er selbst über einen Wagen verfüge. Als S a n d e r dies der Kommandantur telefonisch mitgeteilt hatte und vor den Bunker zurückkehrte, erfolgte plötzlich die Detonation, wobei ihm das besonders schreckhafte Zusammenfahren S t a u f - f e n b e r g's auffiel. Auf die bestürzte Frage F e l l g i e b e l's, was los wäre, erklärte S a n d e r , ohne sich etwas Ernstes dabei zu denken, daß es öfter passiere, daß jemand schiesse oder eine Mine hochgehe.

S t a u f f e n b e r g erklärte dann, daß er nicht mehr zur "Lage", sondern zu Oberstleutnant S t r e v e zum Essen fahren werde und fuhr zusammen mit von H a e f t e n los, um sich tatsächlich zum Flugplatz zu begeben.

Der Vorgang in der Gästebaracke war von der Wache I teilweise beobachtet worden, so daß der wachhabende Leutnant Sperre anordnete. Daraufhin wurde S t a u f f e n b e r g zunächst an der Wache angehalten. Er erklärte dem Wachhabenden, daß er dringend zum Flugplatz müsse. Da er im Besitze eines ordnungsgemässen Ausweises und dem Wachhabenden außerdem bekannt war, liess dieser ihn passieren, zumal die Auslösung des Alarms noch nicht vorlag, sondern erst etwa 1 1/2 Minuten später erfolgte.

UNCLASSIFIED

172

172

**Auszug aus dem Ermittlungsbericht vom 26. Juli 1944**

Quelle: Bundesarchiv, NS 6/5, fol. 66 ff.

67

- 9 -

UNCLASSIFIED

An Aussenwache "Süd" Stauffenberg erneut angehalten. Er begab sich daraufhin zum Wachhabenden, Feldwebel K o l b e , dem er erklärte, unbedingt sofort zum Flughafen zu müssen. K o l be ließ sich nicht überrumpeln, sondern verwies auf Sperre. Daraufhin rief K o l b e auf Wunsch von S t a u f - f e n b e r g die Kommandantur an und erhielt in Abwesenheit des am Tatort befindlichen Kommandanten Verbindung zum Adjutanten, Rittmeister von M ö l l e n-d o r f . Diesem teilte S t a u f f e n b e r g mit, daß er vom Kommandanten die Erlaubnis zum Verlassen des Sicherungsbereichs habe und unbedingt um 13.15 Uhr fliegen müsse. Der Adjutant, der den Grund des ausgelösten Alarms nicht kannte, während ihm die Berechtigung des Oberst S t a u f f e n b e r g zum Aufenthalt in der "Wolfschanze" bekannt war, erklärte sich auf Grund der Angaben des S t a u f f e n b e r g mit dessen Abfahrt einverstanden und bestätigte das auch fernmündlich dem Feldwebel K o l b e .

Dabei muss berücksichtigt werden:

1.) Alarm wird ziemlich häufig ausgelöst,
2.) S t a u f f e n b e r g besaß ordnungsgemässe Papiere.
3.) S t a u f f e n b e r g war als Schwerkriegsbeschädigter und ausgezeichneter Offizier bekannt,

so daß von M ö l l e n d o r f zunächst keinen Grund hatte, Verdacht zu schöpfen.

S t a u f f e n b e r g passierte daraufhin auch die Wache "Süd" und flog um 13.15 Uhr vom Flughafen Rastenburg nach Berlin-Rangsdorf.

UNCLASSIFIED

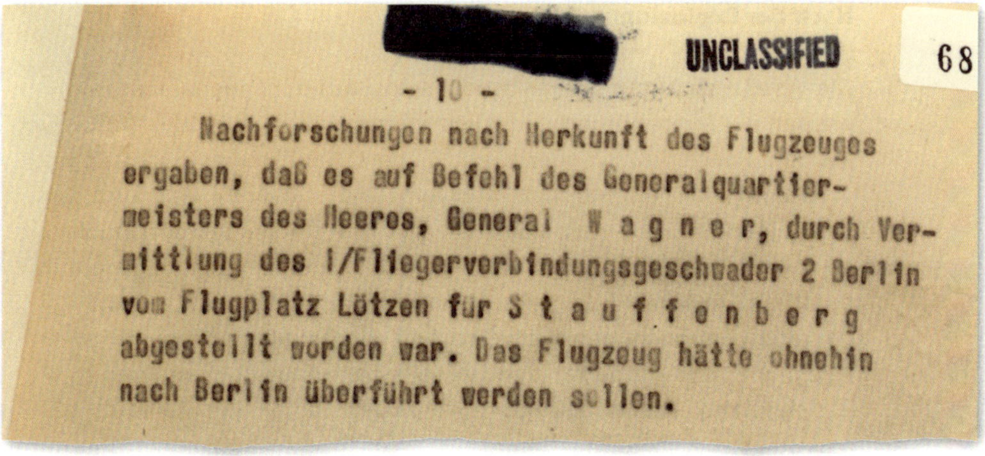

UNCLASSIFIED 68

\- 10 -

Nachforschungen nach Herkunft des Flugzeuges
ergaben, daß es auf Befehl des Generalquartier-
meisters des Heeres, General W a g n e r, durch Ver-
mittlung des I/Fliegerverbindungsgeschwader 2 Berlin
vom Flugplatz Lötzen für S t a u f f e n b e r g
abgestellt worden war. Das Flugzeug hätte ohnehin
nach Berlin überführt werden sollen.

**Nach der Explosion:**

Keitel stützt Hitler beim Verlassen der Lagebaracke. Otto Günsche, der durch die Explosion aus dem Fenster geschleudert worden ist, kommt hinzu. Gemeinsam bringen sie Hitler zu einem nahegelegenen Bunker, wo dieser zuerst von seinem chirurgischen Begleitarzt Prof. Dr. Hanskarl von Hasselbach, später vom „Leibarzt des Führers“ Prof. Dr. Theodor Morell ärztlich versorgt wird. Hitler müssen viele Holzsplitter, die offenbar vom Lagetisch stammen, entfernt werden. Er hat verschiedene Brandverletzungen, ist aber ansonsten unverletzt. Besonders behindert ihn eine Brandwunde auf der rechten Hand und eine Prellung am linken Unterarm.

Schwer verletzt ist der Stenograf Heinrich Berger. Er stirbt noch am selben Tag im Lazarett Karlshof. General der Flieger Günter Korten und Oberst i. G. Heinz Brandt erliegen am 22. Juli ihren Verletzungen, General der Infanterie Rudolf Schmundt am 1. Oktober 1944. Korten wird postum zum Generaloberst, Brandt postum zum Generalmajor befördert. Korten erhält am 3. August 1944 ein Staatsbegräbnis im „Reichsehrenmal Tannenberg“; das für Brandt vorgesehene Staatsbegräbnis hingegen wird abgesagt. Der Tätigkeitsbericht des Chefs des Heerespersonalamtes vermerkt dazu am 23. Juli 1944 lapidar: „Oberst Brandt hat in seinen Fieberdelirien sich selbst belastet.“ Tatsächlich gibt es keinen Hinweis darauf, dass Brandt an den Vorbereitungen des Umsturzversuches vom 20. Juli 1944 beteiligt gewesen ist.

**Nach der Explosion:**

Die Verletzten retten sich entweder selbst aus der Lagebaracke oder werden aus ihr geborgen und zu einer ersten medizinischen Versorgung auf dem Rasen davor niedergelegt. General Karl Bodenschatz hält ein vorbeifahrendes Auto an und fährt mit General Walter Buhle zum Lazarett in Carlshof, wo beide wegen ihrer Verletzungen behandelt werden. Kapitän zur See Assmann gelingt es, den zerstörten Lageraum durch ein Fenster zu verlassen; auch er wird sofort in ein Lazarett gebracht. Nachdem er Hitler versorgen konnte, operiert am selben Nachmittag Prof. Hanskarl von Hasselbach mehrere der anderen Verletzten im Lazarett Karlshof.

**Gegen 13.00 Uhr**

Hitlers Luftwaffenadjutant Nicolaus von Below begibt sich zum Nachrichtenbunker und lässt den für die Kommunikationsanlagen in der „Wolfschanze" zuständigen Oberstleutnant Ludolf Sander herbeirufen. Below selbst lässt sich sofort mit Himmler verbinden. Als Sander hinzukommt, informiert er diesen: „Attentat auf den Führer, der Führer lebt, beordern Sie persönlich sofort den Reichsmarschall und den Reichsführer hierher. Vom Attentat darf nichts nach außen dringen." und übergibt ihm den Telefonhörer.

Sander läuft in die Vermittlungsstelle und unterbricht sämtliche Fernsprechverbindungen der Handvermittlung. Das Vermittlungspersonal bleibt am Platz, soll aber von den Vermittlungsschränken abrücken. Unmittelbar danach spricht Sander mit Himmler und bittet ihn, sofort zur „Wolfschanze" zu kommen. Ein zweites Gespräch führt er danach mit Göring und bittet auch diesen, sofort zu kommen.

Sander informiert General Fellgiebel über die Durchführung der Nachrichtensperre des „Führerhauptquartiers". Fellgiebel hat diese so nicht selbst anordnen können und hat keine Kontrolle über ihren Umfang. Er informiert seinen Mitarbeiter Oberst Hahn über das Attentat mit den Worten: „Es ist etwas Furchtbares passiert. Der Führer lebt. Alles blockieren." Hahn ordnet auf Fellgiebels Befehl eine Nachrichtensperre im Oberkommando des Heeres in „Mauerwald" für die Zentralen „Anna" und „Leopold" an. Fellgiebel bleibt entschlossen, den Umsturz durch die Sperrung wichtiger Nachrichtenverbindungen weiter zu unterstützen, obwohl er weiß, dass das Attentat misslungen ist.

**Vermittlungsraum in der Fernsprechzentrale „Anna" in „Mauerwald"**
Quelle: www.mamerki.com

Die Fernschreibvermittlung in einem Bunker des Sperrkreises II und die Funkstellen der Sonderzüge, des Flugplatzes und des „Reichspressechefs" sind offensichtlich nicht gesperrt. Auch technische Maßnahmen zur Unterbrechung des Leitungsnetzes werden nicht getroffen.

In den Ermittlungsakten des Reichssicherheitshauptamtes heißt es dazu:

Der Ablauf am 20.7.

Am 19.7. abends wurde H a h n, der unterwegs war, nach "Anna" zurückgeholt. F e l l g i e b e l schickte ihm dazu einen Wagen.

Um 13.00 Uhr wurde H a h n von F e l l g i e b e l mitgeteilt, dass in "Wolfsschanze" eine Detonation erfolgt sei und dass sich ein Unglück ereignet habe: "Wir müssen sofort Massnahmen treffen, um den Nachrichtenverkehr nach aussenhin zu sperren".

Einige Zeit darauf rief F e l l g i e b e l erneut an und teilte mit, dass der Führer lediglich verletzt war.

Dies scheint für das weitere Verhalten F e l l g i e b e l s massgebend gewesen zu sein, wie sich aus einer späteren Bemerkung ergibt, dass "jetzt alles schief gehe".

H a h n unterrichtete T h i e l e, dass in Bezug

82

UNCLASSIFIED

**Bericht der Sonderkommission 20. Juli 1944 vom 31. August 1944**

Quelle: Bundesarchiv, NS 6/11

85

UNCLASSIFIED

\- 4 -

auf den Fernsprechbetrieb für "Anna" und "Zeppelin" Sperrmassnahmen durchgeführt werden müssten. Angeordnet wurde die Sperre aller Gespräche. Es sollte kein Wort über das Attentat hinausdringen. Die Massnahme wurde auch für "Zeppelin" getroffen und W a g n e r ins Bild gesetzt.

Nach einiger Zeit erfolgte eine Lockerung insofern, als nur noch die privaten Gespräche gesperrt waren, Dienstgespräche aber weitergeführt werden durften, allerdings überwacht.

Nach Ankündigung des Kommuniquées aus dem Führerhauptquartier blieb die Sperre für Privatgespräche weiter bestehen, Dienstgespräche dagegen waren gänzlich frei.

Auf die viel weiter gehenden Abschaltungsabsichten, die von F e l l g i e b e l durchgeführt worden wären, wenn der Anschlag auf den Führer voll gelungen wäre, deutet der Anruf von Oberst H a s s e l l bei Oberst H a h n hin, dass er Schwierigkeiten habe, die 15 Offiziere zur Besetzung der Verstärkerämter zu stellen. Von derartigen Massnahmen war in diesem Augenblick bei F e l l g i e b e l, S t i e f f und H a h n schon nicht mehr die Rede. Sie liessen alles laufen und handelten befehlsgemäss.

UNCLASSIFIED

83

### Kurz nach 13.00 Uhr

Oberstleutnant Sander wird zu Hitler befohlen, der sich nach der Möglichkeit einer baldigen Rundfunkübertragung erkundigt. Der dafür notwendige Übertragungswagen wird aus Königsberg angefordert und trifft erst am Abend in der „Wolfschanze" ein.

### Kurz nach 13.00 Uhr

Auf dem Rückweg zu seinem Büro sieht Sander, dass General Fellgiebel vor dem „Führersperrkreis" auf und ab geht. Er nimmt diesen mit in sein Büro. Sander ruft General Fritz Thiele, den Chef der Amtsgruppe Wehrmachtnachrichtenverbindungen im Oberkommando der Wehrmacht, in Berlin an, erreicht jedoch nur dessen Sekretärin, der er mitgeteilt haben soll: „Attentat auf den Führer – Führer lebt – Führer spricht noch heute im Rundfunk." Allerdings ist es fraglich, ob wenige Minuten nach der Verhängung einer kompletten Nachrichtensperre im „Führerhauptquartier" der Sekretärin eines abwesenden Generals in Berlin eine derart wichtige Nachricht anvertraut worden wäre.

Kurze Zeit später soll es auch ein – offenbar schwer verständliches Gespräch – zwischen Fellgiebel und Thiele sowie ein weiteres Telefonat zwischen Oberst Hahn und Thiele gegeben haben. Es ist ungewiss, dass diese Informationen Thiele im Berliner Bendlerblock auch wirklich erreicht haben. Gesichert ist allerdings, dass Thiele nicht vor 15.30 Uhr die Mitverschworenen im Bendlerblock informierte. Am 15. Juli 1944 soll er noch 20 Nachrichtenoffiziere zur Besetzung von Nachrichtenanlagen bereitgestellt haben. Am 20. Juli 1944 unternahm er nichts Derartiges mehr. Dies kann als Hinweis gedeutet werden, dass er tatsächlich frühzeitig über das Scheitern des Attentats informiert war. Offen bleibt jedoch weiterhin die Frage, warum er darüber die Mitverschworenen in der Bendlerstraße nicht informierte.

### Kurz nach 13.00 Uhr

Martin Bormann trifft am Ort der Explosion ein.

## 13.20 Uhr

Vizeadmiral Hans Erich Voss, der verletzte Marineadjutant Hitlers, bittet Oberst von Below, sofort bei Großadmiral Karl Dönitz in dessen Hauptquartier „Koralle" bei Berlin anzurufen und ihn aufzufordern, umgehend in die „Wolfschanze" zu kommen. Näheres würde Dönitz dann dort erfahren. Voss wird danach ins Lazarett in Rastenburg gebracht, Dönitz fliegt um 14.50 Uhr gemeinsam mit Konteradmiral Gerhard Wagner nach Rastenburg ab und trifft kurz nach dem Beginn des Besuches von Mussolini kurz nach 16 Uhr in der „Wolfschanze" ein. Er bleibt dort bis zum Abend des 21. Juli 1944.

1320 Uhr wurde Ob.d.M. fernmündlich im Auftrage von Admiral F.H.Qu. aufgefordert, noch heute das Führerhauptquartier aufzusuchen. Ob.d.M. startet 1415 Uhr in Begleitung von Admiral z.b.V., Konteradmiral Wagner.

**Eintrag im Kriegstagebuch der Seekriegsleitung vom 20. Juli 1944**

Quelle: Werner Rahn u.a. (Hrsg.), Kriegstagebuch der Seekriegsleitung 1939-1945, Teil A, Band 59/II 16. bis 31. Juli 1944, Berlin u.a. 1995, Bl. 223.

## Gegen 13.30 Uhr

Oberst Hahn ruft aus der Nachrichtenzentrale von „Anna" den Generalquartiermeister Eduard Wagner im OKH-Lager Zossen an: „Ein Unglück ist in der Wolfsschanze passiert. Der Führer lebt Gottseidank, ebenso Keitel und Jodl. Mehrere Verletzungen. Sonst keine Nachrichten zu erhalten." Dies ist die erste Information, die Wagner über das Scheitern des Attentats erhält. Er leitet die Nachricht aber offensichtlich nicht an die Mitverschworenen im Bendlerblock weiter.

### 13.45 Uhr

Der Reichsinnenminister und Reichsführer-SS, Heinrich Himmler, erreicht die „Wolfschanze" und begibt sich zu Hitler. Der Verdacht, das Attentat verübt zu haben, richtet sich zunächst gegen die im „Führerhauptquartier" tätigen Arbeiter der „Organisation Todt". Die in der Nähe der Lagebaracke tätigen Arbeiter werden festgesetzt, aber nach kurzer Zeit wieder freigelassen, als die Täterschaft Stauffenbergs feststeht.

### Gegen 14.00 Uhr

Reichspropagandaminister Goebbels erfährt „gegen Mittag" durch einen Anruf von „Reichspressechef" Otto Dietrich vom Anschlag und vom Überleben Hitlers.

Albert Speer, dessen „Erinnerungen" allerdings mit besonderer quellenkritischer Vorsicht zu betrachten sind, gibt das Gespräch anschaulich wieder. Er sitzt zu dieser Zeit gemeinsam mit Reichswirtschaftsminister Funk und Goebbels in dessen Arbeitszimmer nach einer Veranstaltung mit hohen Regierungs- und Wirtschaftsvertretern zusammen:

*„Wir unterhielten uns, wie meist in letzter Zeit, über versäumte oder noch bestehende Gelegenheiten zur Mobilisierung der Heimat, als ein kleiner Lautsprecher meldete: ‚Herr Minister wird dringend vom Hauptquartier verlangt. Dr. Dietrich ist am Apparat.' Goebbels schaltete ein: ‚Lassen Sie es hierher legen!' Nun erst ging er zum Schreibtisch, nahm den Hörer ab: ‚Dr. Dietrich? Ja? Hier Goebbels ... Was! Ein Attentat auf den Führer? Soeben? ... der Führer lebt, sagen Sie! So, in der Speer-Baracke. Weiß man schon Näheres? ... Der Führer meint, einer der OT-Arbeiter?!' Dietrich mußte sich kurz fassen, das Gespräch war zu Ende."*

Quelle: Albert Speer, Erinnerungen, Berlin 1969, S. 391.

Im Anschluss daran begibt sich Speer seiner Erinnerung nach in „ministerieller Routine" zum „verspäteten Mittagessen" mit Oberst Gerhard Engel, dem früheren Adjutanten Hitlers. Erstaunlicherweise wird auch Goebbels erst am späten Nachmittag aktiv, als sich ein Offizier des „Wachbataillons Großdeutschland" bei ihm meldet.

Termine des Reichsführer-SS am 20.7.1944

| | | |
|---|---|---|
| 12,00 | Uhr | SS-Obergruppenführer W o l f f |
| 13,00 | Uhr | Fahrt zur Wolfsschanze |
| 13,45 | Uhr | Wolfsschanze<br>Besprechung beim Führer<br>(auf Grund des um 12,50 Uhr erfolgten Attentats) |
| 15,00 | Uhr | Essen mit<br>Generalfeldmarschall K e i t e l<br>Reichsleiter B o r m a n n<br>Besichtigung der Attentatsstelle |
| 16,00 | Uhr | Abholung des Duce vom Bahnhof Görlitz |
| 17,00 | Uhr | Ernennung des Reichsführer-SS zum Befehlshaber des Ersatzheeres durch den Führer. |
| 17,10 | Uhr | Fahrt nach Hochwald |
| 18,00 | Uhr | Ankunft Hochwald |
| 18,15 | Uhr | Fahrt zum Flugplatz Lötzen |
| 18,45 | Uhr | Flugplatz Lötzen<br>Besprechung mit SS-Obergruppenführer<br>Dr. K a l t e n b r u n n e r<br>und Kriminal-Kommando, das zur Aufklärung des Attentats aus Berlin gekommen war. |
| 19,30 | Uhr | Start Flugplatz Lötzen<br>Es fliegen:<br>Reichsführer-SS<br>SS-Obergruppenführer Dr. Kaltenbrunner<br>SS-Obergruppenführer W o l f f<br>SS-Obersturmbannführer G r o t h m a n n<br>SS-Sturmbannführer W e n n e r<br>SS-Sturmbannführer L u c a s<br>SS-Sturmbannführer K i e r m a i e r<br>SS-Untersturmführer S c h m i d t<br>SS-Untersturmführer L o r e n z<br>SS-Oberscharführer K o c h |

-2-

**Dienstkalender Heinrich Himmlers mit den Einträgen für den 20. Juli 1944**

Quelle: Zentralarchiv des Verteidigungsministeriums der Russischen Föderation (CAMO), 500/12493/5/0422-423

417

- 2 -

21,30 Uhr Landung Flugplatz Tempelhof
Abholung durch
SS-Obergruppenführer J ü t t n e r
SS-Standartenführer B a u m e r t

Fahrt zum SS-Führungshauptamt
nach Saarow

Besprechung mit SS-Obergruppenführer
J ü t t n e r
General der Flieger S e i d e l

24,00 Uhr kleines Essen

- - - -

**Links: General der Flieger Bruno Loerzer, daneben Hermann Göring im Gespräch mit SS-Obergruppenführer Julius Schaub, Chefadjutant Hitlers, daneben Martin Bormann (im Ledermantel) vor der zerstörten Lagebaracke**

Quelle: ullsteinbild Hitler /1-93/35

## Gegen 14.00 Uhr

Reichsmarschall Hermann Göring trifft in der „Wolfschanze" ein. Gemeinsam mit Bormann, Schaub und Loerzer besichtigt er die zerstörte Baracke.

**Von links: Bormann, Hitlers Adjutant SS-Obergruppenführer Julius Schaub, Göring, General Bruno Loerzer, unbekannt**

Quelle: BSB, hoff-53885

**Von links: Bormann, Schaub (verdeckt), Göring, General Bruno Loerzer, unbekannt**

Quelle: BSB, hoff-53886

Von links: Bormann, Göring, Schaub (verdeckt), Göring, General Bruno Loerzer, unbekannt, Otto Günsche, Heinz Linge

Quelle: BSB, hoff-53889

Von links: Göring, Loerzer, Schaub, Martin Bormann beim Verlassen der Lagebaracke nach ihrer Besichtigung

Quelle: BSB, hoff-53899

### Gegen 14.00 Uhr

Heinrich Himmler telefoniert mit dem Chef des Reichssicherheitshauptamtes, SS-Obergruppenführer Ernst Kaltenbrunner. Dieser soll sofort die Tatortspezialisten des Reichskriminalpolizeiamtes und die Sabotagespezialisten der Geheimen Staatspolizei nach Rastenburg schicken. Kaltenbrunner beordert den Leiter der „Reichszentrale zur Bekämpfung von Kapitalverbrechen" des RSHA SS-Sturmbannführer und Kriminalrat Bernd Wehner, dessen Mitarbeiter Kriminalobersekretär Philipps sowie den Leiter des Referates IV A 2 im Reichssicherheitshauptamt (Sabotagebekämpfung) SS-Hauptsturmführer und Kriminalrat Horst Kopkow mit drei Mitarbeitern zum Flughafen Berlin-Tempelhof.

### Kurz nach 14.00 Uhr

Himmler gibt eine telefonische Weisung nach Berlin, Stauffenberg bei der Landung in Rangsdorf festnehmen zu lassen. Dieser Befehl kommt jedoch zu spät, Stauffenberg und Haeften werden bei ihrer Landung gegen 15.00 Uhr nicht festgenommen.

### Nach 14.00 Uhr

Generalleutnant Wilhelm Burgdorf kommt in die „Wolfschanze", um die Geschäfte des bei der Explosion schwer verletzten Chefs des Heerespersonalamtes, Generalleutnant Rudolf Schmundt, zu übernehmen.

### Gegen 15.00 Uhr

Oberst i. G. Hahn warnt im Oberkommando des Heeres in „Mauerwald" Oberstleutnant i. G. Johann Adolf Graf von Kielmansegg in der Operationsabteilung des Oberkommandos der Wehrmacht, dass alle Leitungen von der SS überwacht werden.

### 15.00 Uhr

Himmler trifft sich mit Keitel und Bormann. Sie besprechen die Lage bei einem Mittagessen. Anschließend besichtigt Himmler den Ort des Attentats.

### Gegen 15.00 Uhr

Hitler nimmt eine Mahlzeit mit seiner Sekretärin Christa Schröder ein. Christa Schröder berichtete darüber in einer Vernehmung in Berchtesgaden am 22. Mai 1945:

*„Ich rechnete am 20.7.1944 nicht damit, daß ich nach dem Attentat zum Essen gerufen würde. Wider Erwarten wurde ich um 15 Uhr zum Essen gerufen. Ich war erstaunt, wie frisch und lebhaft der Chef aussah und mir entgegenkam. Er schilderte mir, wie seine Diener das Attentat aufgefaßt hätten. Linge sei wütend gewesen, Arndt hätte geweint. Dann sagte er wörtlich: ‚Glauben Sie mir, das ist die Wende für Deutschland, jetzt wird es wieder bergauf gehen; ich bin froh, daß sich die Schweinehunde selbst entlarvt haben.' Ich sagte ihm am 20. Juli 1944, er könnte doch unmöglich den Duce empfangen. Er äußerte: ‚Im Gegenteil, ich muß ihn empfangen, was würde die Weltpresse schreiben, wenn ich ihn nicht empfangen würde.' Er ist kurz nach dem Mittagessen zum Empfang des Duce aus dem Lager gefahren."*

Quelle: Christa Schroeder, Er war mein Chef. Aus dem Nachlaß der Sekretärin von Adolf Hitler, 4. Auflage München 1985, S. 229.

### Gegen 15.00 Uhr

Die zu keiner Zeit vollständige Nachrichtensperre für das „Führerhauptquartier" wird aufgehoben.

### Gegen 16.00 Uhr

Der Duce Benito Mussolini trifft mit einem Sonderzug auf dem Bahnhof des „Führerhauptquartiers" ein. Presse- und Wochenschaufotografen halten das Ereignis fest. Da mittlerweile Regen eingesetzt hat, trägt Hitler einen Regenumhang. Er kann Mussolini nur mit der linken Hand begrüßen, da die rechte bei der Explosion stark geprellt worden ist.

**Hitler wartet auf dem Bahnsteig auf den einfahrenden Sonderzug. Rechts steht Dr. Theodor Morell, „Leibarzt des Führers".**

Quelle: BSB, hoff-53901

**Hitler begrüßt Mussolini**

Quelle: BSB, hoff-53903

**Hitler bespricht sich auf dem Rückweg vom Bahnhof zur „Wolfschanze" mit Heinrich Himmler. Hinter ihnen gehen Mussolini und Göring sowie weitere deutsche und italienische Offiziere.**

Quelle: Bundesarchiv, Bildarchiv 79/26/19/Hoffmann

**Nach einiger Zeit nimmt auch der „Sekretär des Führers" Martin Bormann am Gespräch zwischen Hitler und Himmler teil.**

Quelle: Bundesarchiv, Bildarchiv 85/13/28/Hoffmann

**Hitler im Gespräch mit Mussolini und Göring**

Quelle: Gedenkstätte Deutscher Widerstand

Der Gesandte Paul O. Schmidt notiert über das Gespräch, dass Mussolini zuerst Hitler „in sehr herzlichen Worten zu seiner Errettung von dem Sprengstoffanschlag" beglückwünscht habe. Schmidt zeichnet auch eine der ersten Reaktionen Hitlers auf die Explosion auf:

*„Der Führer betonte, daß es sich bei den Kreisen, die hinter dem Attentat stünden, um eine kleine verbohrte reaktionäre Clique handele, die mit der Nation nichts zu tun habe, sondern lediglich mit internationalem Gesindel zusammenhänge. Er (der Führer) sei jetzt entschlossen, mit diesen Leuten rücksichtslos aufzuräumen. Das Attentat habe insofern eine gute Wirkung, als das deutsche Volk sicherlich darin einen deutlichen Fingerzeig der Vorsehung erblicken werde. Er (der Führer) habe schon bei seiner Fahrt ins Hauptquartier ein unangenehmes Gefühl und böse Ahnungen gehabt. Wissenschaftler mögen vielleicht über derartige Dinge lachen. Er selbst aber habe schon öfter Vorahnungen von kommenden Gefahren gehabt."*

Das Gespräch wurde dann zu einem Monolog Hitlers über Fragen der Rüstung und der kommenden neuen Waffen.

*„Anschließend besichtigte der Führer mit dem Duce das Lagezimmer, in dem der Anschlag ausgeführt worden war. Der durch Luftdruck völlig zerstörte Raum mit der eingestürzten Decke und den am Boden liegenden Trümmern hinterließ beim Duce einen tiefen Eindruck. Es sei angesichts dieser Verwüstung ein absolutes Wunder, daß der Führer so gut wie unverletzt geblieben sei. Nach der Unterredung fand in einem größeren Kreise ein Tee statt. Im Anschluß daran verabschiedete der Führer den Duce."*

Aufzeichnung des Gesandten P. O. Schmidt vom 20. Juli 1944,
abgedruckt in: Hillgruber, Staatsmänner und Diplomaten bei Hitler, Band 2, S. 468 ff.

**Hitler mit Mussolini, SS-Obergruppenführer Julius Schaub und Göring vor der Lagebaracke**

Quelle: BSB, hoff-53906

**Mussolini mit Dönitz und Hitler vor der Lagebaracke**

Quelle: BSB, hoff-53911

**Mussolini, Dolmetscher Paul O. Schmidt und Hitler in der zerstörten Lagebaracke**

Quelle: Bundesarchiv, Bildarchiv 70/79/76/Hoffmann

**Mussolini und Hitler besichtigen den zerstörten Lageraum, ganz rechts der Dolmetscher Paul O. Schmidt**

Quelle: BSB, hoff-53908

## Kurz nach 16.00 Uhr

Erstmals erreichen das Führerhauptquartier Anfragen aus Berlin, in denen über merkwürdige Truppenbewegungen berichtet wird. Hitlers in der Reichskanzlei verbliebener Adjutant NSKK-Oberführer Alwin-Broder Albrecht berichtet Hitlers Chefadjutant Julius Schaub, dass eine Abteilung des Wachregiments versucht habe, die Reichskanzlei zu besetzen. Schaub verweist Albrecht an den Berliner Gauleiter Joseph Goebbels.

## Kurz vor 17.00 Uhr

Generalfeldmarschall Keitel, der nicht an der Begrüßung Mussolinis teilnimmt, erhält einen Anruf von Generaloberst Friedrich Fromm aus dem Oberkommando des Heeres im Berliner Bendlerblock. Bevor Fromm mit Keitel verbunden wird, ist dessen Adjutant John von Freyend am Telefon. Freyend berichtet nach 1945:

*„Ich habe bewusst nicht Keitel an den Apparat gelassen, um Fromm selbst ordnungsgemäß den Tatsachen entsprechend für seine etwaigen Entschlüsse orientieren zu können. Ich habe hierbei das Misslingen und die Fortführung aller vom FHQu gegebenen Befehle klar herausgestellt. Es wurde auch sofort von ihm begriffen. Er glaubte mir nur zunächst nicht die Tatsache des Misslingens. Ich habe ihn anschließend beschworen, sofort ins Hauptquartier zu kommen, um hier zunächst an Ort und Stelle die weitere Entwicklung abzuwarten und entsprechende Befehle mitzunehmen. Ich wollte damit verhindern, dass er durch eigene Entschlüsse etwa mit den von seinem Chef [des Stabes, d. h. Stauffenberg] nach Rückkehr veranlassten Strudel hineingeritten wird. Die Tatsache, dass Stauffenberg der Attentäter war, war zu diesem Zeitpunkt bereits bekannt. Fromm lehnte das Herüberkommen ab. Als ich nichts ausrichten konnte, stellte ich zunächst noch unsere Maschine zur Verfügung und machte Keitel, ehe ich ihm das Telefon übergab, einen gleichartigen Vorschlag. Keitel bestätigte darauf das Missglücken des Attentats, gab ihm einige Weisungen über das sofort zu Veranlassende, insbesondere seine Unterstellung unter den nach Berlin unterwegs befindlichen Himmler und forderte ihn ebenfalls auf, sofort ins FHQu zu fliegen."*

Quelle: Brief Ernst John von Freyend an Werner Kennes
vom 12. Januar 1953, in: Bundesarchiv/Militärarchiv, MSg 1/2938.

Im Urteil des „Volksgerichtshofs" gegen General Fritz Thiele und andere Angeklagte vom 21. August 1944 wird das Gespräch so wiedergegeben:

Gleich darauf kam Olbricht mit Mertz von Quirnheim zurück. Auch Thiele kam herein. Der Generaloberst hieß sie sich um den runden Tisch setzen, forderte Thiele auf, für Fernverbindung mit Generalfeldmarschall Keitel besorgt zu sein und fragte Olbricht, woher er wisse, daß der Führer tot sei. Olbricht entgegnete, Klaus Graf von Stauffenbergs Begleitoffizier von Haeften habe das vom Flughafen telefonisch durchgegeben. Dann kam das Ferngespräch. Sadrozinski hörte es auf des Generalobersten Geheiß am zweiten Hörer mit. Er schildert es so:

Generaloberst Fromm: Wie geht es dem Führer ?

Generalfeldmarschall Keitel: "Der Führer ist verletzt; einige "Führer des Heeres" sind tot". Ein Attentat ist verübt.

Generaloberst Fromm : Habe ich besondere Maßnahmen zu treffen ?

Generalfeldmarschall Keitel: Nein, der Führer sei mit Mussolini in einer Besprechung, er müsse zu Graziani.

Den letzten Teil des Gespräches hörte Sadrozinski nicht mehr, denn Olbricht riß ihm nun den Hörer aus der Hand. Doch hörte er noch, daß Generaloberst Fromm auf eine Aufforderung des Feldmarschalls, nach dort zu kommen, erwiderte, er sei jetzt hier wichtiger; und daß er des Generalfeldmarschalls Anruf erbat, wenn er doch etwas veranlassen solle.

Quelle: Bundesarchiv, R 3001/24775

Keitel ist offenbar unmittelbar vor dem Aufbruch zu einem Gespräch mit Marschall Rodolfo Graziani, dem Befehlshaber der Truppen der faschistischen italienischen Republik von Salò. Am Ende des Telefonats soll Keitel Fromm noch gefragt haben, wo denn sein Chef des Stabes, also Stauffenberg, sei. Fromm soll erwidert haben, dass dieser sich doch im „Führerhauptquartier" aufhalte und noch nicht wieder zurück sei.

In den Anlagen zum Kriegstagebuch des Wehrmachtführungstabes heißt es zu diesem Telefonat:

Bereits am Abend war geklärt, dass Stauffenberg der Täter war; denn inzwischen waren Nachrichten üb das Verhalten der Berliner Stellen eingelaufen.

Die erste erfolgte kurz vor 17 Uhr durch einen Anruf des Chef H Rüst und BdE, Gen.Oberst Fromm, über dessen Verhalten bis zur Stunde noch keine Klarheit gewonnen ist. Er teilte dem Chef OKW mit, in Berlin liefen verschiedene Gerüchte um, und fragte, ob er den Belagerungszustand verhängen solle. Dieser antwortete ihm, dazu läge kein Anlass vor. Auf die Gegenfrage, ob Stauffenberg in Berlin sei, lautete die Antwort, der wäre doch im FHQu.

Quelle: NARA, RG 242, PS 1808, Auszug aus der Anlage 2 zum Kriegstagebuch des Wehrmachtführungsstabes vom 21. Juli 1944 (Mitteilungen des Stellv. Chefs WFSt 21.7.44 20 Uhr)

Kurz danach informiert Keitel Hitler über den Anruf Fromms und berichtet, dieser habe sich nach dem Attentat erkundigt.

Bis kurz vor 17.00 Uhr ist in der „Wolfschanze" also weiterhin nur der Name des Attentäters bekannt. Dass mit dem Attentat ein Umsturzversuch verbunden ist, wissen die Angehörigen der NS-Führung in der „Wolfschanze" nicht, ebenso wenig kennen sie die Namen weiterer Beteiligter.

### Gegen 17.00 Uhr

Himmler ruft das Reichssicherheitshauptamt in der Prinz-Albrecht-Straße in Berlin an und befiehlt, Stauffenberg in der Bendlerstraße unauffällig festnehmen zu lassen.

### Zwischen 16.00 und 17.00 Uhr

Generalmajor Hellmuth Stieff ruft aus „Mauerwald" den Generalquartiermeister Eduard Wagner im OKH-Lager Zossen an.

Einen Tag später hält Wagner das Gespräch aus der Erinnerung fest:

*„'Höre eben vom BdE [Befehlshaber des Ersatzheeres], daß voll.[ziehende] Gewalt mit Unterschrift Fromm verkündet. Völliger Wahnsinn. Wissen Herr General Näheres?' Ich: ‚Bin völlig schimmerlos. Bitte geben Sie das sofort an Feldmarschall Keitel weiter, der ja hierfür zuständig ist. Vielleicht gehen die Befehle von ihm aus.' Anschließend gab ich Stieff die Orientierung über die verschiedenen Anrufe mit dem Befehl, Feldmarschall Keitel zu verständigen, sobald die Möglichkeit bestehe."*

Quelle: IfZ, ED 95, Eduard Wagner, Der Verlauf des 20. Juli (aus dem Gedächtnis). [Zossen,] 21. Juli 1944, auch abgedruckt in: Bengt von zur Mühlen unter Mitarbeit von Frank Bauer (Hrsg.), Sie gaben ihr Leben. Unbekannte Opfer des 20. Juli 1944. General Fritz Lindemann und seine Fluchthelfer, Kleinmachnow 1995, S. 220 f.

Wagner und Stieff wissen am Nachmittag des 20. Juli 1944, dass das Attentat und damit aus ihrer Sicht auch der Umsturzversuch gescheitert sind. Sie können nicht offen miteinander sprechen, verständigen sich aber trotzdem. Beide beteiligen sich nicht mehr aktiv an dem Versuch, das Attentat in den Umsturz des Regimes münden zu lassen. Sie wollen jetzt Mitverschworene schützen und auch eigene Spuren verwischen. Stieff verbrennt Akten und versucht, Eingeweihte zu warnen und von weiteren Aktionen, die ihm in Kenntnis des fehlgeschlagenen Attentats sinnlos erscheinen, abzuhalten.

**Kurz vor 17.00 Uhr**

Wie ihm Wagner geraten hat, setzt Stieff Keitel von den Befehlen aus der Zentrale des Umsturzes in Berlin in Kenntnis. In der folgenden Stunde werden dann in der „Wolfschanze" die Namen der Beteiligten Erwin von Witzleben und Erich Hoepner bekannt. Bis in die Abendstunden bleibt jedoch die Teilnahme von Generaloberst Ludwig Beck, General Friedrich Olbricht und Oberst i. G. Albrecht Ritter Mertz von Quirnheim unentdeckt. Fromm hingegen wird zunehmend als Mitbeteiligter identifiziert oder schließlich als Hauptverantwortlicher von Attentat und Umsturzversuch gesehen. Erst nach 20 Uhr werden in der „Wolfschanze" auch die Namen von Friedrich Olbricht und Ludwig Beck bekannt.

Im Kriegstagebuch des Wehrmachtführungsstabes heißt es zu den Informationen von Stieff an Keitel und an den Wehrmachtführungsstab:

konnte. Stutzig machte zuerst eine Rückfrage des Chefs der Org.-Abt. des Gen.St.d.H., des General Stief, der meldete, der BdE wolle den Ausnahmezustand befehlen. Er fragte, wie es sich damit verhalte. Dadurch ergab sich der Eindruck, der BdE wolle eine neue Regierung bilden. Aus weiteren Nachrichten ergab sich, dass der General-Feldm. v. Witzleben, ~~früher OB des Heeres~~, der General Höppner, früher OB der 4. Pz.Armee, die Stelle des BdE einnehmen sollten. Es ergab sich daraus die Gewissheit, dass das Attentat mit einer Verschwörung höchster Offiziere zusammenhing. Darauf übertrug der Führer dem Reichsführer SS die Führung des Ersatzheeres. Es wurde die Weisung ausgegeben, dass dieses nur Befehle vom Reichsführer bzw. vom Chef OKW entgegennehmen dürfe. Sämtliche Befehlshaber im Heimatkriegsgebiet wurden angerufen, wobei sich ergab, dass sie schon Befehle anderer Art erhalten hatten.

Der Stellv. Chef stellte fest, dass es demnach so gut wie sicher sei, dass das Attentat durch einen Offizier im Auftrag einer Gruppe ehemaliger hoher Offiziere, die höchstwahrscheinlich mit dem BdE selbst in Verbindung standen, ausgeführt worden sei.. Er selbst habe den OB West bereits orientiert; er verteilte nunmehr die Aufträge, wer die übrigen OB's und Befehlshaber orientieren solle und gab dafür folgende Weisung: die Rundfunkmeldung, die um 17 Uhr

B 043313

**Wehrmachtführungsstab/Kriegstagebuch, Aufzeichnung „Vorgänge im F.H. Qu. am 20.7.44 (Attentat auf den Führer)" vom 21. Juli 1944, 9.30 Uhr**

Quelle: NARA, RG 242, PS 1808

- 3a -

der Öffentlichkeit das Geschehen mitgeteilt hatte, sei in allen Punkten richtig. Es sei nunmehr so gut wie sicher, dass das Attentat durch einen Offizier im Auftrage einer Gruppe ehemaliger Offiziere, die höchstwahrscheinlich mit dem BdE in Verbindung ständen, ausgeführt sei. Es sei versucht worden, den Ausnahmezustand für das Heimatkriegsgebiet zu erklären. Befehle, die von dem Gen.Oberst Fromm, dem Feldmarschall v. Witzleben sowie dem General Höppner ausgegangen waren, oder ausgingen, seien ungültig. Der Reichsführer SS sei durch den Führer mit der Führung des Ersatzheeres beauftragt worden. Befehle erfolgten nur durch ihn und den Chef OK W; die Zusammensetzung der obersten Führung bleibe wie bisher.

Wehrmachtführungsstab/Kriegstagebuch,
Aufzeichnung „Vorgänge im F.H. Qu.
am 20.7.44 (Attentat auf den Führer)“
vom 21. Juli 1944, 9.30 Uhr

Quelle: NARA, RG 242, PS 1808

### 17.00 Uhr

Adolf Hitler ernennt Heinrich Himmler zum Oberbefehlshaber des Ersatzheeres.

*„Ich ernenne mit sofortiger Wirkung den Reichsführer SS Himmler zum Befehlshaber des Ersatzheeres und übertrage ihm hiermit alle entsprechenden Vollmachten gegenüber den Angehörigen des Ersatzheeres. Der Reichsführer SS übt ausserdem über das Ersatzheer alle Befugnisse als Disziplinarvorgesetzter und als Gerichtsherr aus, die dem Oberbefehlshaber des Heeres zustehen."*

Quelle: BA-ZNS, W Allg, hier zit. nach: Bernhard R. Kroener, „Der starke Mann im Heimatkriegsgebiet". Generaloberst Friedrich Fromm. Eine Biographie, Paderborn 2005, S. 953.

### Nach 17.00 Uhr

Auch in der „Wolfschanze" gehen die ersten Befehle aus der Berliner Zentrale der Verschwörung ein, die seit 16.45 Uhr gesendet werden. Sie tragen die Unterschriften von Stauffenberg und Witzleben.

Nächste Seiten:

**Erstes Fernschreiben der Verschwörer aus dem Bendlerblock**

**Abschrift in den Unterlagen der Sonderkommission des Reichssicherheitshauptamtes. Der ursprünglich erste Satz des Fernschreibens „Der Führer Adolf Hitler ist tot" soll nach einer Meldung der Nachrichtenvermittlung im Bendlerblock vom 22. Juli 1944 bereits vor der Abgabe an die Fernschreiber gestrichen worden sein.**

Quelle: Bundesarchiv, NS 6/4, fol. 30–32

UNCLASSIFIED

30

Fernschreiben Abschrift

Anlage 1

— FRR — HOKW 02150 20.7.44 16.45

FRR an W.Kdo. XII -gKdoS-

Innere Unruhen.

I.

Eine gewissenlose Clique frontfremder Parteiführer hat es unter Ausnutzung dieser Lage versucht, der schwerringenden Front in den Rücken zu fallen und die Macht zu eigennützigen Zwecken an sich zu reissen.

II.

In dieser Stunde höchster Gefahr hat die Reichsregierung zur Aufrechterhaltung von Recht und Ordnung den militärischen Ausnahmezustand verhängt und mir zugleich mit dem Oberbefehl über die Wehrmacht die Vollziehende Gewalt übertragen.

III.

Hierzu befehle ich:

1.) Ich übertrage die Vollziehende Gewalt - mit dem Recht der Delegation auf die territorialen Befehlshaber - in dem Heimatkriegsgebiet auf den Befehlshaber des Ersatzheeres unter gleichzeitiger Ernennung zum Oberbefehlshaber im Heimatkriegsgebiet.

057

057 UNCLASSIFIED - 2 -

UNCLASSIFIED

31

- 2 -

In den besetzten Westgebieten auf den Oberbefehlshaber West (Oberbefehlshaber der H.Gr.D), in Italien auf den Oberbefehlshaber Südwest (Oberbefehlshaber der H.Gr.C), in dem Südostraum auf den Oberbefehlshaber Südost (Oberbefehlshaber der H.Gr.F), in den besetzten Ostgebieten auf die Oberbefehlshaber der H.Gr. Südukraine, Nordukraine, Mitte, Nord und den Wehrmachtbefehlshaber Ostland, für Ihren jeweiligen Befehlsbereich, in Dänemark und in Norwegen auf die Wehrmachtbefehlshaber.

2.) Den Inhabern der Vollziehenden Gewalt sind unterstellt:

a) Sämtliche in ihrem Befehlsbereich befindlichen Dienststellen und Einheiten der Wehrmacht einschl. der Waffen-SS, des RAD und der OT.

b) Alle öffentlichen Behörden (des Reichs, der Länder und der Gemeinden), insbes. die gesamte Ordnungs-, Sicherheits- und Verwaltungspolizei.

c) Alle Amtsträger und Gliederungen der NSDAP und der ihr angeschlossenen Verbände.

d) Die Verkehrs- und Versorgungsbetriebe.

3.) Die gesamte Waffen-SS ist mit sofortiger Wirkung in das Heer eingegliedert.

UNCLASSIFIED

- 3 -

UNCLASSIFIED

32

- 5 -

4.) Die Inhaber der Vollziehenden Gewalt sind für Aufrechterhaltung der Ordnung und öffentlichen Sicherheit verantwortlich. Sie haben insbesondere zu sorgen für:

a) Die Sicherung der Nachrichtenanlagen.

b) Die Anschaltung des SD.

Jeder Widerstand gegen die militärische Vollzugsgewalt ist rücksichtslos zu brechen.

5.) In dieser Stunde höchster Gefahr für das Vaterland ist Geschlossenheit der Wehrmacht und Aufrechterhaltung voller Disziplin oberstes Gebot.

Ich mache es daher allen Befehlshabern des Heeres, der Kriegsmarine und der Luftwaffe zur Pflicht, die Inhaber der Vollziehenden Gewalt bei Durchführung ihrer schwierigen Aufgabe mit allen zu Gebote stehenden Mitteln zu unterstützen und die Befolgung ihrer Weisungen durch die untergeordneten Dienststellen sicherzustellen.

Der deutsche Soldat steht vor einer geschichtlichen Aufgabe. Von seiner Tatkraft und Haltung wird es abhängen, ob Deutschland gerettet wird.

Gleiches haben alle territorialen Befehlshaber, die Oberkdos. der Wehrmachtteile und die den Oberkdos. unmittelbar unterstehenden Kommandobehörden des

059

./.

UNCLASSIFIED

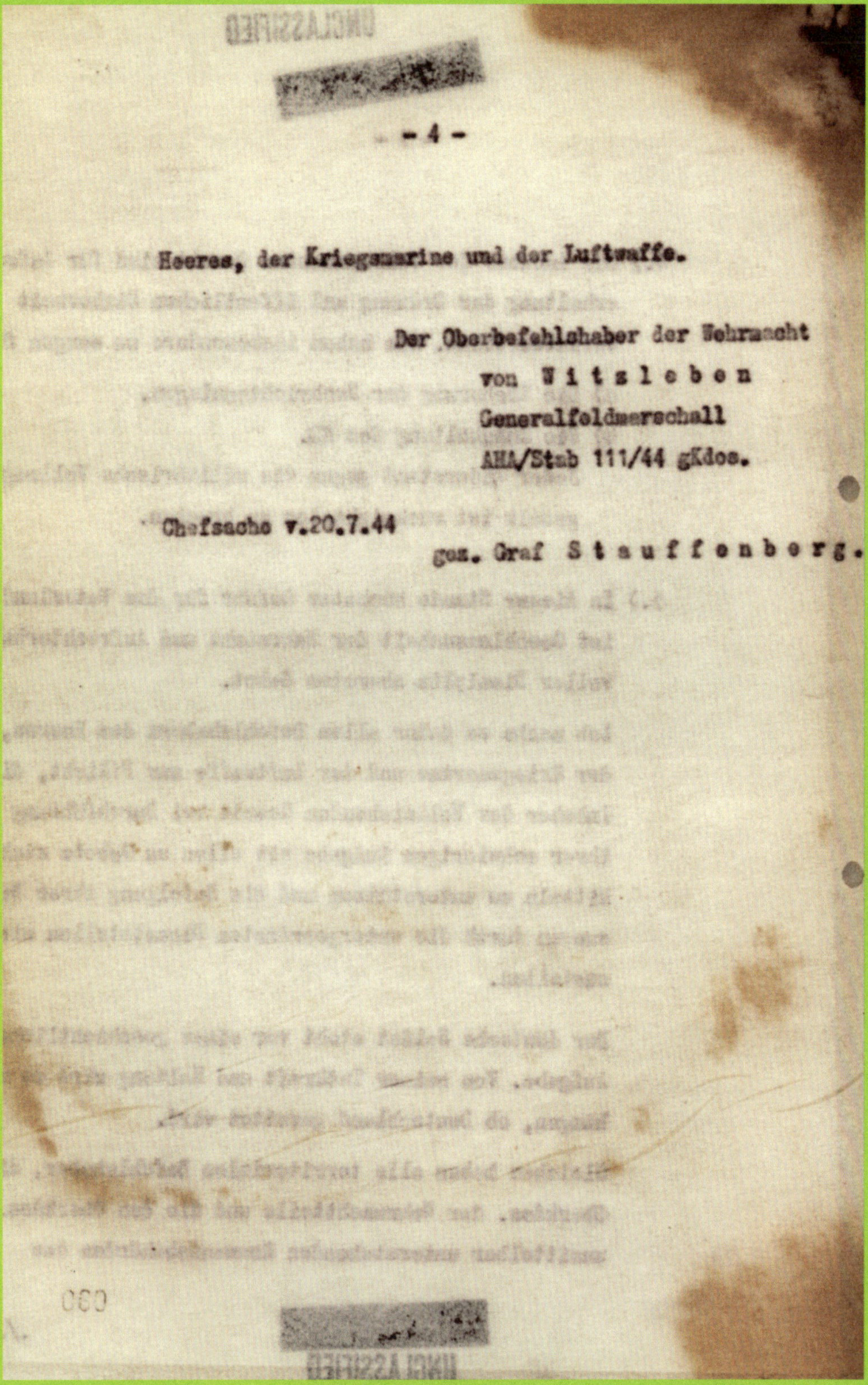

\- 4 -

Heeres, der Kriegsmarine und der Luftwaffe.

Der Oberbefehlshaber der Wehrmacht
von W i t z l e b e n
Generalfeldmarschall
AHA/Stab 111/44 gKdos.

Chefsache v.20.7.44

gez. Graf S t a u f f e n b e r g.

### 17.10 Uhr

Heinrich Himmler fährt von der „Wolfschanze" zu seiner Feldkommandostelle „Hochwald", wo er um 18.00 Uhr eintrifft. Er hält sich nur kurz dort auf, bevor er vom Flugplatz Lötzen nach Berlin fliegt.

### Ab 17.00 Uhr

Keitel beauftragt den stellvertretenden Chef des Wehrmachtführungsstabes General Walter Warlimont, alle Wehrkreiskommandos telefonisch oder durch Funk über das Scheitern des Attentats zu informieren.

### Nach 17.00 Uhr

Hitler telefoniert mit Goebbels. Dieser soll eine Rundfunkmeldung über das Attentat veranlassen und mitteilen, dass Hitler überlebt habe und nur leicht verletzt sei. Die erste Meldung kommt um 17.42 Uhr, dann um 18.28 Uhr, 18.38 Uhr, 18.42 Uhr, 19.01 Uhr und im Anschluss daran vielfach in den folgenden Stunden.

### Gegen 18.00 Uhr

Mussolini beendet seinen Besuch und wird von Hitler, Göring, Ribbentrop und Keitel am Bahnhof verabschiedet.

Hitler telefoniert erneut mit Goebbels und fragt, ob die Meldung im Rundfunk erfolgt sei.

Generalfeldmarschall Wilhelm Keitel ruft Generalmajor Hellmuth Stieff in „Mauerwald" an. Dieser soll die Oberbefehlshaber der Heeresgruppen und Armeen an der Ostfront telefonisch informieren, dass Hitler lebe, voll aktionsfähig sei und die Befehle der Verschwörer aus Berlin nicht zu beachten seien.

**Der Chef des Oberkommandos der Wehrmacht,**

Generalfeldmarschall Keitel, der, wie der Führer, bei dem ruchlosen Attentat unverletzt blieb, begrüßt den Duce bei seiner Ankuft im Führerhauptquartier

7237-6 Presse-Hoffmann

Keitel verabschiedet Mussolini.

Die originale Bildunterschrift verlegt dies auf die Ankunft Mussolinis. Dabei kann dieses Foto jedoch nicht entstanden sein, da es zur Ankunftszeit regnete und Mussolini einen Mantel über seiner Uniform trug.

Quelle: BSB, hoff-53909

Hitler verabschiedet Mussolini, dahinter Göring und Ribbentrop

Quelle: BSB, hoff-53907

### 18.00 Uhr

Der stellvertretende Chef des Wehrmachtführungsstabes, General der Artillerie Walter Warlimont, begibt sich in den Sperrkreis I. Keitel erteilt ihm den Befehl, die Oberbefehlshaber der „OKW-Kriegsschauplätze", also an der Nord- und Westfront, in Italien und auf dem Balkan telefonisch über das Attentat und den Umsturzversuch zu informieren. Vorher verständigt sich Warlimont noch einmal mit Stieff.

In seinen Erinnerungen schreibt Warlimont darüber:

*„Erst als Warlimont gegen 18 Uhr an seinen Arbeitsplatz zurückkehrte, erfuhr er von den Offizieren des Stabes Gerüchte über Hintergründe und größere Zusammenhänge, die es ihm nötig erscheinen ließen, im Sperrkreis I nähere Nachrichten einzuziehen. Er fand dort zunächst nur den Feldmarschall Keitel, der ihm aufgeregt das bis dahin bekannt Gewordene eröffnete und ihn beauftragte, sogleich die Oberbefehlshaber auf sämtlichen OKW-Kriegsschauplätzen durch Fernsprecher über die wirklichen Vorgänge zu unterrichten; der Generalstab des Heeres sollte in gleicher Weise für Aufklärung an der Ostfront sorgen. Während der Verfasser zunächst d i e s e m Befehl nachkam und hierzu von einem Anschluß in der Baracke des Chefs WFStab mit Generalmajor Stieff, dem Chef der Org. Abt. des Heeres, sprach, erschien plötzlich Jodl mit verbundenem Kopf und herrschte ihn böse an: ‚Mit wem sprechen Sie denn da?' Nur durch eine scharf abwehrende Bewegung konnte Warlimont seinen Vorgesetzten noch daran hindern, ihm sogar den Hörer aus der Hand zu nehmen. Der hiernach offensichtliche Verdacht des Chefs WFStab, daß sein eigener Stellvertreter in die Verschwörung gegen Hitler verwickelt sei, war, wie sich bald zeigen sollte, auch mit der heftigen Aussprache, die diesem Vorgang folgte, noch keineswegs behoben."*

Quelle: Walter Warlimont, Im Hauptquartier der deutschen Wehrmacht 39–45. Grundlagen, Formen, Gestalten, 3. Auflage München 1978, S. 472.

Damit werden seit etwa 18 Uhr die Gegenbefehle aus der „Wolfschanze" auch an die einzelnen Kriegsschauplätze weitergeleitet. Keitel, Warlimont, Burgdorf und Jodl telefonieren laufend mit den einzelnen Wehrkreisen und den Frontkommandos und erklären die aus Berlin kommenden Befehle für ungültig. Burgdorf selbst telefoniert gegen 18 Uhr mit dem Chef des Generalstabes im Wehrkreis XVIII (Salzburg), Oberst i. G. Anton Glasl. Er fragt Glasl, ob schon Befehle aus Berlin eingegangen seien. Glasl kann dies nicht bestätigen. Burgdorf teilt ihm mit, solche Befehle seien bei ihrem Eintreffen auf Anordnung Hitlers nicht zu befolgen; sie seien unautorisiert und beruhten auf falschen Vorspiegelungen.

Im Tätigkeitsbericht des Chefs des Heerespersonalamtes werden diese Aktivitäten auf einen erheblich früheren Zeitpunkt verlegt. Dieser nach dem 20. Juli 1944 entstandene Eintrag ist mit besonderer Skepsis zu lesen. Dies betrifft nicht nur den angeblichen Beginn der Benachrichtigung der Wehrkreisbefehlshaber, sondern auch die Einbeziehung des Namens Olbricht, der am frühen Nachmittag in der „Wolfschanze" noch nicht bekannt war. Selbst die ab 20.20 Uhr abgesandten Fernschreiben Keitels erwähnen den Namen Olbricht noch nicht. Sie nennen ebenso wie die ab 20.30 Uhr abgesandten Fernschreiben von Bormann nur Fromm, Witzleben, Hoepner und Stauffenberg. Offenbar wollte der Verfasser des Kriegstagebuchs die Handlungen Burgdorfs an diesem Tag in einem besonders guten Licht erscheinen lassen. Glaubhaft ist, dass bis 22.00 Uhr die Fernschreiben Keitels alle Wehrkreiskommandos erreicht haben. Doch den sogar als Zitat wiedergegebenen Auftrag hat es in dieser Form nie gegeben. Hier werden verschiedenste Aktivitäten, Weisungen und Befehle zwischen 16.00 und 21.00 Uhr sehr frei zusammengefasst und als ein Befehl um 14.00 Uhr wiedergegeben.

Chef OKW beauftragte Generalleutnant Burgdorf, der eine Stunde nach dem Attentat im FHQu. eingetroffen war und die Geschäfte des Chefs HPA übernommen hatte, sämtliche Wehrkreisbefehlshaber anzurufen und ihnen in seinem Auftrage folgendes durchzugeben:

" Alle aus der Bendlerstraße gegebenen Befehle, die die Unterschriften tragen:
Generaloberst Höppner,
Feldmarschall v. Witzleben,
Gen.d.Inf. Olbricht oder
Gen.Oberst Fromm
sind ungültig.

Diese Generale sind als Meuterer anzusehen. Der Oberst i.G. Graf v. Stauffenberg hat das Attentat auf den Führer verübt. Es gelten ab sofort nur die Befehle des Reichsführers ᛋᛋ und des Chefs OKW. Alle Maßnahmen "Walküre" sind einzustellen." Enge Verbindung mit den Gauleitern und Höheren ᛋᛋ- und Polizeiführern ist aufzunehmen."

Diese Befehle wurden je nach der Nachrichtenlage laufend an sämtliche Wehrkreisbefehlshaber durchgegeben und waren bis 22.00 Uhr bestätigt.

- 166

Quelle: Tätigkeitsbericht des Chefs des Heerespersonalamtes General der Infanterie Rudolf Schmundt, 1. 10. 1942–29. 10. 1944, fortgeführt von General der Infanterie Wilhelm Burgdorf. Hrsg. von Dermot Bradley und Richard Schulze-Kossens, Osnabrück 1984, S. 165.

## Kurz nach 18.00 Uhr

Oberstleutnant Arntz sieht im Kasinogebäude des OKH-Lagers „Mauerwald" Fellgiebel, Hahn und Oberst i.G. Wessel Freiherr Freytag von Loringhoven, die Telefongespräche mit den Verschwörern in Berlin führen. Fellgiebel spricht dabei auch mit Oberst Kurt Haßel, Chef der Amtsgruppe Nachrichtenwesen im Oberkommando des Heeres in Berlin. Haßel gibt das Gespräch in einer Vernehmung später wieder: „Was denn bei ihnen los sei, ob sie denn alle verrückt seien? Der Führer sitze mit dem Duce im Teehaus. Im übrigen komme bald eine Rundfunknachricht."

**Oberst i. G. Wessel Freiherr Freytag von Loringhoven**
Quelle: Privatbesitz

Im Januar 1922 verlässt der aus einer livländischen Familie stammende Wessel Freiherr Freytag von Loringhoven die neu gegründete Republik Lettland und erwirbt die deutsche Staatsangehörigkeit, um Reichswehroffizier werden zu können. Er ist verheiratet mit Elisabeth von Rauch, mit der er vier Söhne hat. Nach dem deutschen Überfall auf Polen im September 1939 und der Besetzung Norwegens im Jahr darauf verschärft sich seine Kritik an Hitlers Kriegführung vor allem wegen der deutschen Besatzungspolitik im Osten. Im Juni 1941 wird Freytag von Loringhoven als Generalstaboffizier zum Wehrkreiskommando I (Königsberg) versetzt, dessen Chef des Stabes Heinrich Graf zu Dohna nach dem 20. Juli 1944 wegen seiner eigenen Beteiligung erhängt wird. 1943 kommt Freytag von Loringhoven auf Betreiben von Admiral Wilhelm Canaris als Oberst i. G. zum Amt Ausland/Abwehr im Oberkommando der Wehrmacht nach Berlin. Hier gerät er mit dem Widerstandskreis um Claus Schenk Graf von Stauffenberg in Kontakt. Nach der Entmachtung von Canaris als Abwehrchef ist Freytag von Loringhoven als Chef der Abteilung Heerwesen im Generalstab des Heeres tätig. Freytag beschafft schließlich den hochexplosiven Sprengstoff, den Stauffenberg am 20. Juli 1944 in der „Wolfschanze" benutzt. Am 20. Juli 1944 hält er engen Kontakt zu den Mitverschworenen Fellgiebel und Hahn. Als Wessel Freiherr Freytag von Loringhoven am 26. Juli 1944 seine Festnahme durch die Gestapo befürchtet, tötet er sich in einem Wald in der Nähe seines Einsatzortes in Ostpreußen, dem Lager „Mauerwald" des Oberkommandos des Heeres, selbst.

**18.15 Uhr**

Heinrich Himmler fährt von seiner „Feldkommandostelle Hochwald" zum Flugplatz Lötzen, wo er sich mit dem Chef des RSHA SS-Obergruppenführer Ernst Kaltenbrunner und dem aus Berlin eingetroffenen „Kriminalkommando" aus Gestapo- und Kripo-Beamten trifft.

SS-Sturmbannführer und Kriminalrat Bernd Wehner schreibt in seinen Erinnerungen:

*„Gegen 16.30 Uhr [Wehner irrt sich hier, es war 17.30 Uhr, d. V.] landete unser Flugzeug bei Rastenburg in Ostpreußen, rollte über die Landebahn und zog dann plötzlich wieder hoch. Kaltenbrunner zeigte sich zum erstenmal nervös. Er klopfte an die Tür zum Cockpit, an der der Funker erschien und ihm einen Funkspruch überreichte. ‚Zum Reichsführer!' rief er uns nach hinten zu. Bis zur ‚Feldkommandostelle Hochwald' des Reichsführers SS waren es nur wenige Flugminuten. Unsere Maschine rollte an den Platzrand und kam neben der großen ‚Seeschwalbe' Himmlers, die dort startfertig wartete, zum Stehen. Himmler trat auf uns zu. Ich sah ihn zum erstenmal aus unmittelbarer Nähe. Er schien ruhig zu sein. ‚Sie müssen sofort mit mir nach Berlin zurück, Kaltenbrunner! Die Schweinerei ist in Berlin geplant. Der Führer lebt, der Attentäter aber ist aller Wahrscheinlichkeit nach in Berlin.' Himmler musterte uns und wandte sich dann an Kopkow: ‚Wir kennen uns bereits. Übernehmen Sie das Kommando in Wolfsschanze. Ich werde Ihnen Anweisungen aus Berlin zukommen lassen. Stichwort' – er sah sich um – ‚Seeschwalbe'. Dann fragte er: ‚Sind die Nebe-Männer hier?' Ich meldete mich bei ihm. ‚Sie kümmern sich um den Tatort! Ich verlange einwandfreie Zusammenarbeit mit Kopkow!' – ‚Jawohl, Reichsführer!' Wir stiegen wieder in die ‚Ju' und hoben noch vor der ‚Seeschwalbe' ab."*

Quelle: Bernd Wehner, Dem Täter auf der Spur. Die Geschichte der deutschen Kriminalpolizei, Bergisch-Gladbach 1983, S. 246 f.

Horst Kopkow selbst sagt in britischer Gefangenschaft 1945 aus:

*„Ich hatte die Kommission 20. Juli 1944 zu leiten, die genauen Tatsachen festzustellen und insbesondere die Herkunft des Sprengkörpers zu klären. Ich wurde am gleichen Tage mit einem Stab von Helfern einschließlich einiger Beamten vom kriminaltechnischen Institut zur Wolfsschanze nach Ostpreußen geschickt, um einen ausführlichen Bericht über den Zwischenfall zu erhalten. In Berlin war der Bendler-Straßen-Putsch und seine Pläne bekanntgemacht worden. Kurz danach folgten die Erschießungen des Attentäters Oberst Stauffenberg und seiner Helfer vom Stab des Ersatzheeres und vom Generalstab des Heeres.*

*Der Zwischenfall fand in der Wolfsschanze innerhalb des Sperrgebietes, in dem nur Hitler mit einem kleinen Stab wohnte, in einem Bunker statt, in dem eine Konferenz ungefähr 50 Meter vom Führerbunker entfernt abgehalten wurde. Die tägliche Konferenz zur militärischen Lage fand in einem großen Raum rund um einen rechteckigen Tisch statt. Dieser Raum war völlig zerstört. Im Boden war ein Loch von nahezu ½ Meter Durchmesser an der Stelle, an der die Aktentasche mit einer Zeitzünderbombe abgestellt worden war. Der Raum selbst war eine OT-Holzkonstruktion, die zum Schutz gegen Brandbomben mit Beton abgedeckt worden war. Nur der Tatsache, daß der Explosionsdruck infolge der Holzkonstruktion leicht entweichen konnte, war es zu verdanken, daß nicht alle Teilnehmer der Konferenz getötet wurden. Falls der Raum völlig aus Beton bestanden hätte, hätte die Explosion ausgereicht, um alle Konferenzteilnehmer zu töten.*

*Der gesamte Schutt wurde von mir und meinen Helfern mit äußerster Genauigkeit geprüft. Wir haben fast alle die bei der Herstellung der Bombe verwendeten Einzelstücke gefunden. Aus meiner Kenntnis nahezu aller Zeitbomben, die von allen Feindmächten für Sabotagezwecke benutzt wurden, war ich in der Lage, sofort auf Grund der gefundenen Reste der Bombe festzustellen, daß die Bombe nicht ausgepackt worden und mit Hilfe eines englischen „Zeitstiftes" zur Explosion gebracht worden war. Die Vermutung, daß der Attentatsversuch von England ausging, konnte nicht in den Bericht mit aufgenommen werden, das es viele englische Zeitstifte im deutschen Besitz gab. Das von England für Sabotagezwecke im Westen verwandte Material, das von Deutschen beschlagnahmt worden war, wurde zur Verfügung des SD-Amts VI und des Amts Mil. von den Kommandeuren der besetzten Gebiete im Westen infolge des anhaltenden*

*Mangels an deutschem Material zur Verfügung gestellt. Es war möglich, daß die englischen Zeitstifte von daher kamen. Diese Annahme erwies sich später als richtig. Der Attentäter Oberst Stauffenberg war aufgefordert worden, an einer Konferenz über die Kriegslage im Führerhauptquartier am 20. Juli teilzunehmen, um über die Aufstellung neuer Einheiten zu referieren. Stauffenberg war zu jener Zeit Chef des Stabes des Kommandeurs des Ersatzheeres in Berlin."*

Quelle: Kopie in Gedenkstätte Deutscher Widerstand,
Sammlung Rote Kapelle

Horst Kopkow, der bereits 1942 maßgeblich an der Aufdeckung des Widerstandsnetzwerkes der Roten Kapelle und an Folterverhören von deren Mitgliedern beteiligt gewesen und für die Folterungen und den Tod vieler anderer Widerstandskämpfer und „Fallschirmagenten" verantwortlich ist, wird in Anerkennung seiner Tätigkeit in der Sonderkommission 20. Juli 1944 von RSHA-Chef Ernst Kaltenbrunner für das „Deutsche Kreuz in Silber" vorgeschlagen.

1945 gerät Kopkow in britische Kriegsgefangenschaft und wird wegen seiner guten Kenntnisse der sowjetischen Spionage umfassend vom britischen Nachrichtendienst MI5 befragt, geschützt und mit dessen Hilfe sogar 1948 für tot erklärt. 1949 kehrt er mit falscher Identität als „Peter Cordes" in die Bundesrepublik zurück und arbeitet weiter für einen britischen Nachrichtendienst. Kopkow wird wegen seiner in der NS-Zeit begangenen Taten in der Bundesrepublik bis zu seinem Tod 1996 nie zur Verantwortung gezogen.

27

Begründung und Stellungnahme des Zwischenvorgesetzten:

ᛋᛋ-Stubaf. K o p k o w war zunächst als Leiter der Sabotagekommission am Attentatsort eingesetzt. Durch besondere Umsicht und hervorragende Ermittelungsführung ist ihm – wie bisher in allen grösseren Fällen – die schnelle und restlose Klärung der objektiven Tatausführung und ihrer engeren Zusammenhänge gelungen.

Anschließend hieran wurde Kopkow mit der Durchführung von äusserst schwierigen Vernehmungen massgeblichster Mitglieder der Verschwörer = clique beauftragt.

Hierbei hat K. besonders wertvolle Ergebnisse und in allen Fällen restlose Klärung erzielt.

Kopkow ist im RSHA. als Leiter der Abteilung IV A 2 ( Sabotage, Gegenfunk ) tätig. Seinen ganz aussergewöhnlichen Leistungen und seiner stets gleichbleibenden, beispielgebenden Aktivität ist in erster Linie die erfolgreiche Bekämpfung des Fallschirm-Agentenwesens vor allem durch die Aufnahme der Funkspiele und deren ausserordentlich geschickte Weiterführung zu danken.

Es war bereits beabsichtigt, Kopkow allein schon wegen seiner Verdienste auf diesem Gebiet zur Auszeichnung mit dem Deutschen Kreuz in Silber in Vorschlag zu bringen, zumal er auf eine ausserordentliche Erfolgserie zurückblicken kann, die nur auf seine fanatische national= sozialistische Einstellung und auf sein hohes fachliches Können, sowie auf seinen Fleiss zurückzuführen ist.

Quelle: Bundesarchiv, ehem. Berlin Document Center, SSO Horst Kopkow

Bernd Wehner berichtet über die weitere Arbeit der Tatortkommission:

*„Gegen 17.00 Uhr landeten wir endgültig auf dem Flugplatz bei Rastenburg. Ein Pkw brachte uns an das Tor zum Äußeren Sperrkreis des Führerhauptquartiers. Spanische Reiter waren aufgestellt, die Schranken geschlossen worden, Wehrmachtsangehörige mit Schnellfeuerwaffen in Stellung gegangen. Kopkow mußte erst vom Wachlokal aus mit dem Chef des Führerbegleitschutzes, dem SS-Brigadeführer Rattenhuber, telefonieren, ehe wir passieren konnten. Ein Unteroffizier nahm in unserem Pkw Platz. Am Tor zum Inneren Sperrkreis, das wir nach einigen Minuten Fahrt erreicht hatten, wurden wir von einem SS-Führer des Reichssicherheitsdienstes (RSD) abgeholt, der den Unteroffizier in unserem Wagen ablöste. Wir sollten zu seinem Chef zur Einweisung – aber der schien eher von uns einiges erfahren zu wollen. Es war geradezu jammervoll, wie schlecht die Verantwortlichen über die Vorgänge informiert waren.*

*Auf der Fahrt zur Rattenhuber-Baracke kamen wir am sogenannten Führersperrkreis vorbei, jenem nochmals gesondert gesicherten Gebäude, in dem sich ausschließlich die Lagebaracke (auch Lagebunker genannt) und der sogenannte Gästebunker befanden, in dem Hitler wohnte. Wir sahen ihn in einiger Entfernung, augenscheinlich unverletzt, mit seiner grauen Schäferhündin „Blondi" und wunderten uns, denn noch keine neunzig Minuten zuvor hatte Kaltenbrunner von tödlichen Verletzungen gesprochen.*

*Wir wurden von Rattenhuber empfangen. Philipps und ich, die den Tatort zu untersuchen hatten, erhielten Sonderausweise, die uns berechtigten, jederzeit den Führersperrkreis zu betreten. Das alles erweckte den Eindruck, als sei eine Routineermittlung durchzuführen gewesen. Der RSD-Chef berichtete über die Geschehnisse am Mittag dieses 20. Juli: Nach der Explosion im Lagebunker hätten seine SS-Führer zunächst Arbeiter der Organisation Todt (OT), die in der Wolfsschanze ständig mit Erweiterungsbauten und Verstärkung der Bunker beschäftigt waren, in Verdacht gehabt, den Anschlag verübt zu haben. Die Lagebaracke war eine sogenannte Speer-Baracke, ein einfaches, etwa vierzig Meter langes Holzhaus, dessen Wände mit einer sechzig Zentimeter dicken Betonschicht und einer zehn Zentimeter starken Schicht Glaswolle und Makulatur ‚gepolstert' waren. Die Betondecke war vierzig Zentimeter dick. Für die Eingangstür und die normal großen Fenster hatte die massive Außenverkleidung entsprechende Öffnungen. Es war also keineswegs ein bombensicheres Gebäude. Aber es war auch keine normale Holzbaracke, wie zur Erläuterung des Mißlingens des Attentates später gerne behauptet wurde.*

*Es war inzwischen Abend geworden, als uns Rattenhuber den Tatort im Führersperrkreis zeigte. Wir betraten die Lagebaracke durch den einzigen Eingang und gelangten, vorbei an dem Raum des Telefondienstes und einer Ablage für Mützen und Koppel, die stets abzugeben waren, durch eine zweiflügelige Tür in das Lagezimmer. Bis zur Tür war uns nicht das Geringste aufgefallen, was auf ein Bombenattentat hätte schließen lassen. Dieser Eindruck änderte sich nach dem Betreten des Lagezimmers, des etwa fünf mal zwölf Meter großen Stirnraumes der Baracke. Der aus starken Bohlen bestehende Fußboden war in einem Durchmesser von über drei Metern nach unten weggedrückt, die Dielen waren in tausend Fetzen zersplittert, die Kanthölzer wie Streichhölzer eingeknickt. In die Unterseite der gut zehn Zentimeter starken eichenen Platte des Kartentisches, die weit zur Seite geschleudert worden war und mit einem Ende im Loch des Fußbodens hing, waren Tausende kleinster Fremdkörper eingedrungen. Der doppelt so starke Sockel, auf dem die Platte auflag, war auf einer Seite weggerissen und zersplittert. In der hölzernen Zimmerdecke klaffte, wie im Fußboden, ein riesiges Loch, so daß die Betondecke weithin sichtbar war. Die Wände zum Privatraum Hitlers und zu einer Anrichte, die beide direkte Zugänge zum Lagezimmer hatten, waren eingedrückt und geborsten. Während alle Zimmer der Baracke ansonsten unbeschädigt geblieben waren, zeigten sich am Barackenende, dem Lagezimmer entgegengesetzt, nochmals erhebliche Zerstörungen. Auch dort waren die Wände eingedrückt, die Fenster, Beleuchtungskörper und Einrichtungen wie im Lagezimmer zerstört.*

*Im Lagezimmer zeigte Rattenhuber – nach meinen Unterlagen – auf zwei der fünf Fensterhöhlen an der Stirnseite: ‚Die dort auf den Fenstersimsen saßen, Fegelein [SS-Gruppenführer] und Günsche [SS-Adjutant Hitlers], sind im hohen Bogen hinaus ins Freie geflogen. Sie hatten mehr Glück als der Stenograf Berger oder die Generale Korten und Schmundt und der Oberst Brandt. Die sind tot oder sehr schwer verletzt.'*

*Der Tathergang war selbst nach der ersten flüchtigen Tatortbesichtigung nicht schwer zu rekonstruieren. Die ‚Bombe' hatte sich offensichtlich nur aus Explosivstoff zusammengesetzt. Die Tausende von Teilchen, die in die Tischplatte und überall in die Wände gedrungen waren, bestanden aus gelbem Schweinsleder. ‚Der Explosivstoff wird sich somit in einer Aktentasche aus Schweinsleder befunden haben', sagte ich zu Kopkow. ,Die oder der Täter haben nicht daran gedacht, daß dieser Betonklotz kein eigentlicher Bunker ist, sondern nach unten und oben Hohlräume sowie Öffnungen nach allen Seiten hat: die Fenster. Die Detonationswelle konnte sich somit nach unten und oben ausdehnen und durch die Fensteröffnungen entweichen.' Wo der Führer zum Zeitpunkt der Explosion gestanden habe, wollte ich wissen. Rattenhuber: ,Hier, unmittelbar vor der Eingangstür. Er wurde in den Gang geschleudert.' Damit war der Vorgang ziemlich klar: Die Detonation hatte sich in den Hohlräumen zwischen Beton- und Holzdecke sowie zwischen Fußboden und Ausschachtungsgrund über die ganze Baracke ausgedehnt, an der gegenüberliegenden Schmalseite gebrochen, dort Zerstörungen angerichtet und war dann abgeschwächt zurückgelaufen. Der Hauptdruck war durch die Fensteröffnungen ins Freie entwichen. Deshalb waren die Offiziere, die seitlich im Raum gestanden hatten, am besten davongekommen. ,Die Sprengstoffmenge war also zu gering bemessen', konstatierte Kopkow und folgerte daraus: ,Das spricht eigentlich kaum für ein von langer Hand vorbereitetes Attentat, mehr für die spontane Tat eines nicht sonderlich gut unterrichteten Einzelgängers.'*

*Mittlerweile war die Dämmerung hereingebrochen. Ich konnte mit Philipps kaum noch etwas ausrichten, während Kopkow mit seinen Kommissaren in der Lage war, mit den Vernehmungen zu beginnen. Mir schien es wichtig, einen Sprengstoffsachverständigen des RKPA [Reichskriminalpolizeiamtes] ins Führerhauptquartier (FHQ) kommen zu lassen. So versuchte ich die Gelegenheit zu nutzen, über den Umweg der Anforderung weiterer Beamter mit Nebe zu telefonieren. Aber mein Amtschef schien an Nachrichten aus dem Führerhauptquartier nicht mehr sonderlich interessiert zu sein. Er sagte zu, daß am nächsten Tag, dem 21. Juli, morgens Kriminalobersekretär August Ermler und der Sprengstofffachmann aus dem Kriminaltechnischen Institut des Amtes, Dr. Widmann, im Führerhauptquartier sein würden. Sie trafen auch pünktlich ein."*

Quelle: Bernd Wehner, Dem Täter auf der Spur. Die Geschichte der deutschen Kriminalpolizei, Bergisch-Gladbach 1983, S. 246 f.

### Gegen 19.00 Uhr

Hitler erhält einen Anruf von Reichspropagandaminister Joseph Goebbels, der ihn mit Major Otto Ernst Remer, Kommandeur des Berliner „Wachbataillons Großdeutschland", verbindet. Dieser hat im Rahmen des Umsturzversuches die Aufgabe erhalten, mit seinen Soldaten das Regierungsviertel abzusperren. Hitler befiehlt Remer stattdessen, sofort gegen die Verschwörer vorzugehen. Damit beginnt in Berlin die erste Gegenaktion.

### 19.30 Uhr

Himmler, Kaltenbrunner, SS-Obergruppenführer Karl Wolff und sieben SS-Führer aus dem Persönlichen Stab Himmlers starten vom Flugplatz Lötzen nach Berlin. Sie landen um 21.30 Uhr in Berlin-Tempelhof. Dort holt sie SS-Obergruppenführer Hans Jüttner, Chef des SS-Führungshauptamtes, ab und fährt mit ihnen zu einem Ausweichquartier des SS-Führungshauptamts in Bad Saarow. Nach einem „kleinen Essen" fährt Himmler nach Berlin weiter, wo er sich in der Wohnung von Goebbels mit diesem, Speer, Kaltenbrunner und anderen zu weiteren Besprechungen wegen der „Niederschlagung der Revolte v. Stauffenberg usw." trifft.

### 20.20 Uhr

Generalfeldmarschall Wilhelm Keitel, Chef des Oberkommandos der Wehrmacht, teilt den Wehrkreisbefehlshabern die Ernennung Heinrich Himmlers zum Befehlshaber des Ersatzheeres mit. Befehle seien nur von Keitel oder Himmler anzunehmen. Der Befehl wird noch am selben Abend auch an andere hohe Kommandostellen, hier an den Chef der Seekriegsleitung, weitergeleitet. Hier nennt Keitel erstmals den Namen von Generaloberst Erich Hoepner als Beteiligten.

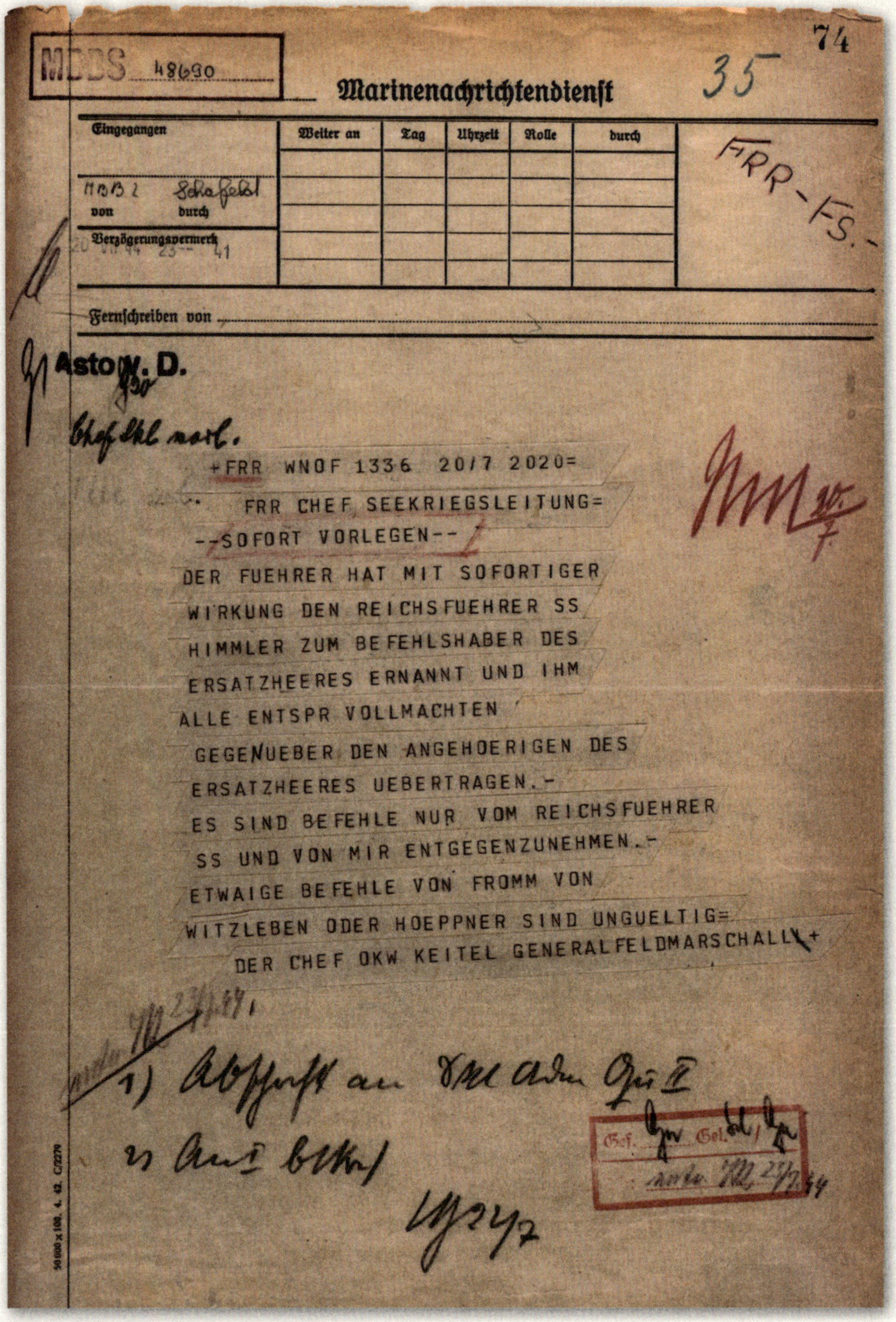

MDDS 48690

74

Marinenachrichtendienst

35

| Eingegangen | Weiter an | Tag | Uhrzeit | Rolle | durch |
|---|---|---|---|---|---|
| MDB 2 von / Schafeld durch | | | | | |
| Verzögerungsvermerk 20 VII 44 23-- 41 | | | | | |

FRR-FS.-

Fernschreiben von

Asto W. D.

Chef Skl vorl.

+FRR WNOF 1336 20/7 2020=

FRR CHEF SEEKRIEGSLEITUNG=

--SOFORT VORLEGEN--

DER FUEHRER HAT MIT SOFORTIGER WIRKUNG DEN REICHSFUEHRER SS HIMMLER ZUM BEFEHLSHABER DES ERSATZHEERES ERNANNT UND IHM ALLE ENTSPR VOLLMACHTEN GEGENUEBER DEN ANGEHOERIGEN DES ERSATZHEERES UEBERTRAGEN.-

ES SIND BEFEHLE NUR VOM REICHSFUEHRER SS UND VON MIR ENTGEGENZUNEHMEN.-

ETWAIGE BEFEHLE VON FROMM VON WITZLEBEN ODER HOEPPNER SIND UNGUELTIG=

DER CHEF OKW KEITEL GENERALFELDMARSCHALL+

Quelle: Bundesarchiv/Militärarchiv, RM 7/101, fol. 74

UNCLASSIFIED

57

Abschrift!

Fernschreiben - Anlage 15 -

FRR - WNOF 1336 20.7. 20.20 Uhr

An Befehlshaber Wehrkreiskommando I - 13, 17, 20, 21,
W.Bevollmächtigter und Befehlshaber im Wehrkreis Böhmen-Mähren.
FRR OKH/Chef Aha - Gen.Olbricht -

Sofort vorlegen!

Der Führer hat mit sofortiger Wirkung den Reichsführer-SS Himmler zum Befehlshaber des Ersatzheeres ernannt und ihm alle entsprechenden Vollmachten gegenüber den Angehörigen des Ersatzheeres übertragen.

Es sind Befehle nur von Reichsführer-SS und von mir entgegenzunehmen.
Etwaige Befehle von Fromm, von Witzleben oder Höpner sind ungültig.

Der Chef OKW / Keitel Generalfeldmarschall.

UNCLASSIFIED

Keitels Fernschreiben in den Akten der Sonderkommission 20. Juli 1944

Quelle: Bundesarchiv, NS 6/4, fol. 57

### Nach 20.00 Uhr

Keitel telefoniert mit dem Kommandieren General und Befehlshaber im Wehrkreis II (Stettin), General der Infanterie Werner Kienitz. Kienitz berichtet über das Gespräch:

*„Es meldete sich Feldmarschall Keitel. Er sagte mir sehr erregt: ‚Der Stauffenberg hat das Attentat gemacht.' Ich traute meinen Ohren nicht und glaubte einen Augenblick, Keitel hätte den Verstand verloren. Er sprach dann weiter auf mich ein, wobei er u. a. sagte: ‚Ich fasse Sie an's Portepee.' Als ich ihm entgegnete: ‚Herr Feldmarschall, ich weiß nicht, womit ich dies Mißtrauen verdiene,' entschuldigte er sich, er sei natürlich sehr aufgeregt."*

Quelle: Werner Kienitz, Der Wehrkreis II vor dem Zusammenbruch des Reiches. Erlebnisse und Betrachtungen, MS, Hamburg 1953, auszugsweise in: Institut für Zeitgeschichte, ZS 1857.

### 20.30 Uhr

Der stellvertretende Chef des Wehrmachtführungsstabes, General der Artillerie Walter Warlimont, berichtet im Offiziersheim im Sperrkreis II den Offizieren des Wehrmachtführungsstabes über das Attentat, das er selbst als Augenzeuge überlebt hat. Es sei so gut wie sicher, „dass das Attentat durch einen Offizier im Auftrag einer Gruppe ehemaliger hoher Offiziere, die höchstwahrscheinlich mit dem BdE [Befehlshaber des Ersatzheeres Friedrich Fromm] selbst in Verbindung standen, ausgeführt worden sei."

### 20.35 Uhr

Seit der Explosion sind mehr als sechs Stunden vergangen. Keitel versucht weiterhin, die Auswirkungen des Umsturzversuches in der Wehrmacht einzudämmen. Erst jetzt gibt Martin Bormann im zivilen Bereich Informationen an die ihm unterstellten Gauleiter weiter. Er weist darauf hin, dass nur Befehle Hitlers „und seiner Männer" zu befolgen sind. Der Reichsführer-SS Heinrich Himmler habe alle notwendigen Vollmachten erhalten. Die Gauleiter sollen sofort Kontakt zu den Polizeiführern in ihren Bereichen aufnehmen.

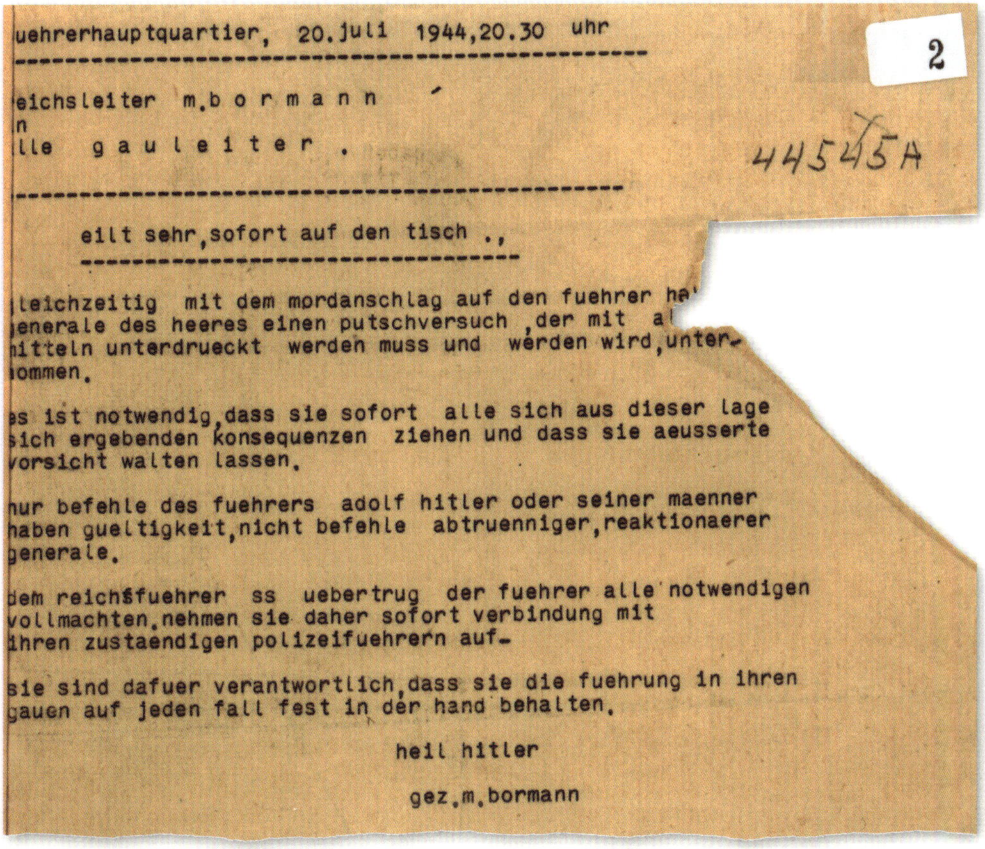

uehrerhauptquartier, 20.juli 1944,20.30 uhr

eichsleiter m.b o r m a n n
n
lle g a u l e i t e r .

44545A

2

eilt sehr,sofort auf den tisch .,

leichzeitig mit dem mordanschlag auf den fuehrer ha
enerale des heeres einen putschversuch ,der mit a
itteln unterdrueckt werden muss und werden wird,unter-
ommen.

s ist notwendig,dass sie sofort alle sich aus dieser lage
ich ergebenden konsequenzen ziehen und dass sie aeusserte
orsicht walten lassen.

ur befehle des fuehrers adolf hitler oder seiner maenner
aben gueltigkeit,nicht befehle abtruenniger,reaktionaerer
enerale.

dem reichsfuehrer ss uebertrug der fuehrer alle notwendigen
vollmachten.nehmen sie daher sofort verbindung mit
ihren zustaendigen polizeifuehrern auf.

sie sind dafuer verantwortlich,dass sie die fuehrung in ihren
gauen auf jeden fall fest in der hand behalten.

heil hitler

gez.m.bormann

**Fernschreiben von Martin Bormann vom 20. Juli 1944, 20.30 Uhr**

Quelle: Bundesarchiv, NS 6/35, fol. 2

## 20.35 Uhr

Martin Bormann leitet in einem Fernschreiben an alle Gauleiter Hitlers Befehl weiter, dass alle Personen, die in Verbindung mit Generaloberst Friedrich Fromm, Generaloberst Erich Hoepner, Generalfeldmarschall Erwin von Witzleben und Oberst i. G. Claus Schenk Graf von Stauffenberg stehen würden, sofort festgenommen werden sollen.

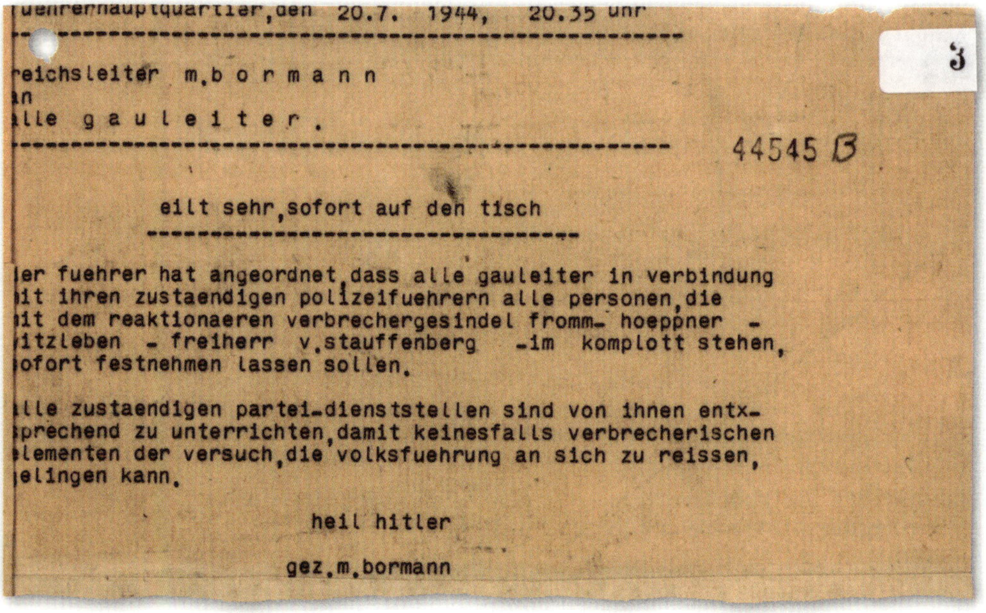

uehrerhauptquartier,den 20.7. 1944, 20.35 uhr

3

eichsleiter m.b o r m a n n
n
lle g a u l e i t e r .

44545 B

eilt sehr,sofort auf den tisch

er fuehrer hat angeordnet,dass alle gauleiter in verbindung
it ihren zustaendigen polizeifuehrern alle personen,die
it dem reaktionaeren verbrechergesindel fromm- hoeppner -
itzleben - freiherr v.stauffenberg -im komplott stehen,
ofort festnehmen lassen sollen.

lle zustaendigen partei-dienststellen sind von ihnen entx-
prechend zu unterrichten,damit keinesfalls verbrecherischen
lementen der versuch,die volksfuehrung an sich zu reissen,
elingen kann.

heil hitler

gez.m.bormann

**Fernschreiben von Martin Bormann vom 20. Juli 1944, 20.35 Uhr**

Quelle: Bundesarchiv, NS 6/35, fol. 3

### 20.35 Uhr

Die Nachrichtenzentrale in der Bendlerstraße nimmt das Fernschreiben Keitels von 20.20 Uhr auf, in dem Himmlers Ernennung zum Befehlshaber des Ersatzheeres mitgeteilt wird. General Olbricht untersagt die Weitergabe.

### 20.40 Uhr

Martin Bormann kündigt eine Rundfunkansprache Hitlers noch für denselben Abend an.

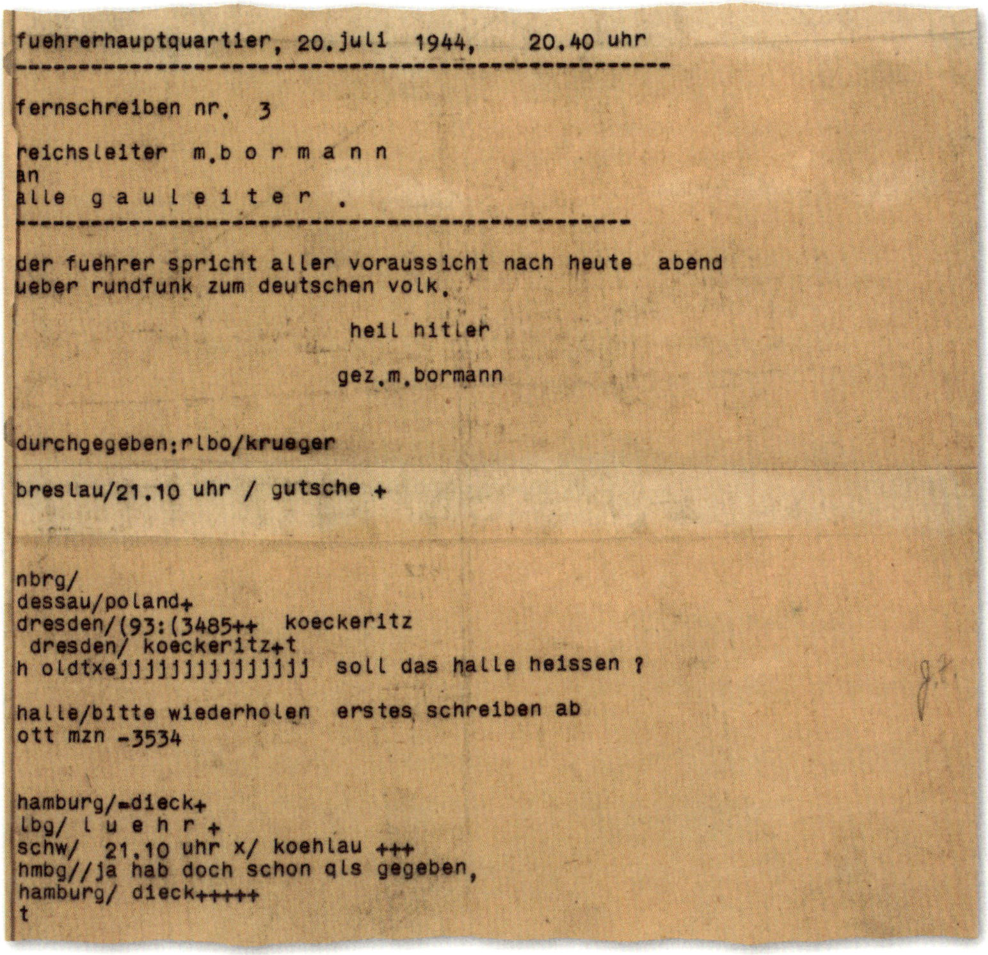

fuehrerhauptquartier, 20.juli 1944, 20.40 uhr
------------------------------------------------

fernschreiben nr. 3

reichsleiter m.b o r m a n n
an
alle g a u l e i t e r .
------------------------------------------------

der fuehrer spricht aller voraussicht nach heute abend
ueber rundfunk zum deutschen volk.

heil hitler

gez.m.bormann

durchgegeben:rlbo/krueger

breslau/21.10 uhr / gutsche +

nbrg/
dessau/poland+
dresden/(93:(3485++ koeckeritz
dresden/ koeckeritz+t
h oldtxejjjjjjjjjjjjjj soll das halle heissen ?

halle/bitte wiederholen erstes schreiben ab
ott mzn -3534

hamburg/=dieck+
lbg/ l u e h r +
schw/ 21.10 uhr x/ koehlau +++
hmbg//ja hab doch schon qls gegeben,
hamburg/ dieck+++++
t

**Fernschreiben von Martin Bormann**
**vom 20. Juli 1944, 20.40 Uhr**

Quelle: Bundesarchiv, NS 6/35, fol. 3

### 20.50 Uhr

Der Oberbefehlshaber der Marine Großadmiral Dönitz erteilt eine telefonische Weisung an die Seekriegsleitung über das Verhalten der Marine gegenüber den „Putschisten".

### Gegen 20.50 Uhr

Nachdem das Fernschreiben Keitels von 20.20 Uhr im Hauptquartier des Oberbefehlshabers West, Generalfeldmarschall Günther von Kluge im Schloss La Roche-Guyon eingetroffen ist, wo bereits auch die ersten „Walküre"-Befehle aus Berlin vorliegen, ruft Kluge Generalmajor Hellmuth Stieff im Oberkommando des Heeres in „Mauerwald" an. Stieff teilt ihm mit, dass Hitler das Attentat überlebt und bereits mit Mussolini gesprochen hat. Daraufhin entschließt sich Generalfeldmarschall von Kluge endgültig, sich nicht am Umsturzversuch zu beteiligen.

### Gegen 21.00

Im „Gästebunker" findet bei Hitler die normale „Abendlage" statt.

### Gegen 21.15 Uhr

Hitler befiehlt über Keitel dem Chef des Allgemeinen Wehrmachtsamtes, General der Infanterie Hermann Reinecke, die Führung der Stadtkommandantur und damit des Wachbataillons zu übernehmen und gegen die Bendlerstraße vorzugehen. Reinecke informiert entsprechend den bisherigen Stadtkommandanten von Berlin, Generalleutnant Paul von Hase, der allerdings auch am Umsturzversuch beteiligt ist.

### 21.20 Uhr

Martin Bormann teilt den Gauleitern erstmals mit, dass auch General Friedrich Olbricht zu den Verschwörern gehört und stellt die These auf, dass die „Generalsclique Fromm – Olbrich – Huebner" (also Friedrich Fromm, Friedrich Olbricht und Erwin Hoepner) nach Verabredung mit dem Nationalkomitee „Freies Deutschland" gehandelt habe.

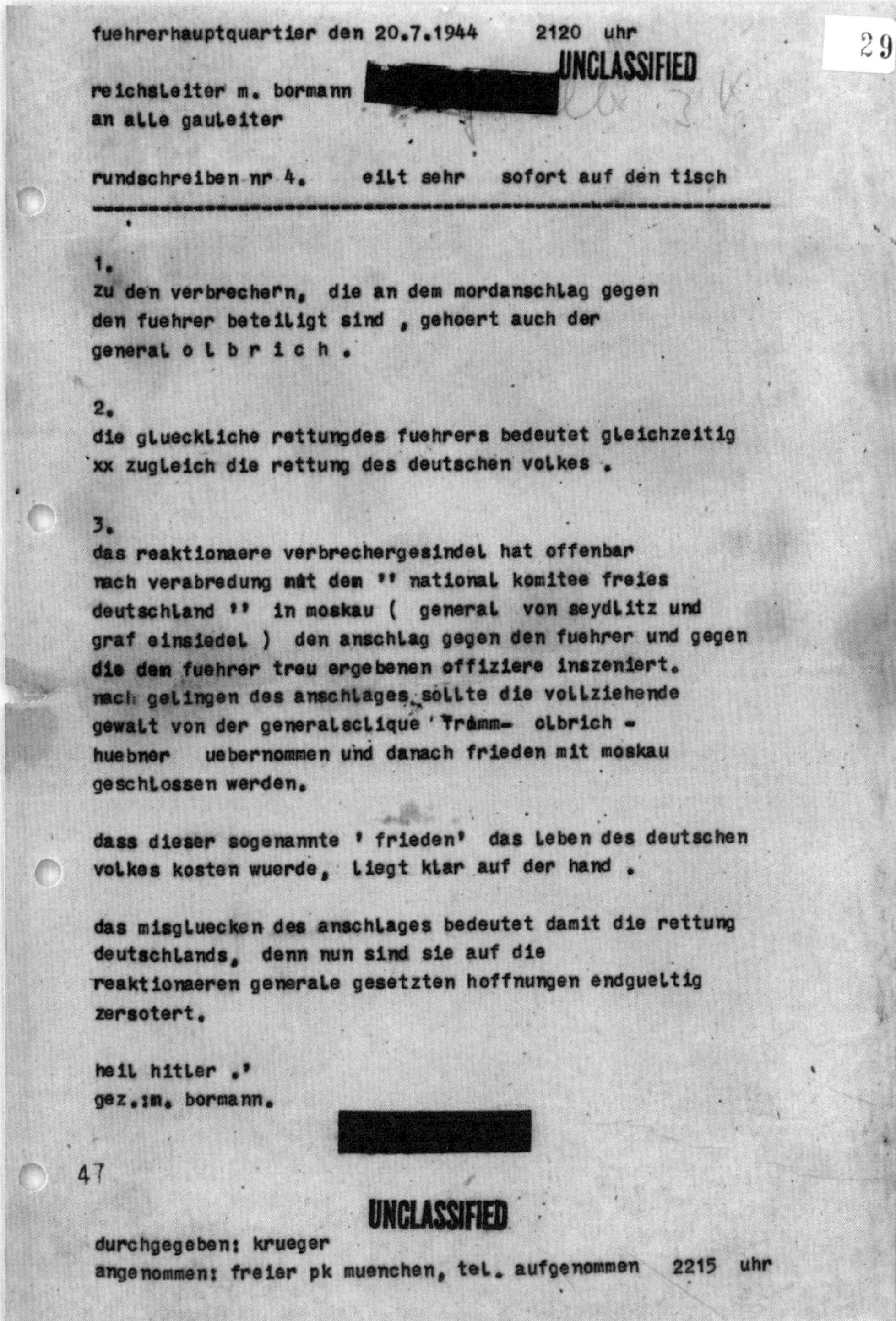

fuehrerhauptquartier den 20.7.1944 2120 uhr

UNCLASSIFIED

reichsleiter m. bormann
an alle gauleiter

rundschreiben nr 4. eilt sehr sofort auf den tisch

---

1.
zu den verbrechern, die an dem mordanschlag gegen
den fuehrer beteiligt sind , gehoert auch der
general o l b r i c h .

2.
die glueckliche rettungdes fuehrers bedeutet gleichzeitig
xx zugleich die rettung des deutschen volkes .

3.
das reaktionaere verbrechergesindel hat offenbar
nach verabredung mit dem '' national komitee freies
deutschland '' in moskau ( general von seydlitz und
graf einsiedel ) den anschlag gegen den fuehrer und gegen
die dem fuehrer treu ergebenen offiziere inszeniert.
nach gelingen des anschlages sollte die vollziehende
gewalt von der generalsclique 'fromm- olbrich -
huebner uebernommen und danach frieden mit moskau
geschlossen werden.

dass dieser sogenannte ' frieden' das leben des deutschen
volkes kosten wuerde, liegt klar auf der hand .

das misgluecken des anschlages bedeutet damit die rettung
deutschlands, denn nun sind sie auf die
reaktionaeren generale gesetzten hoffnungen endgueltig
zersotert.

heil hitler .'
gez.:m. bormann.

47

UNCLASSIFIED

durchgegeben: krueger
angenommen: freier pk muenchen, tel. aufgenommen 2215 uhr

29

**Fernschreiben von Martin Bormann vom 20. Juli 1944, 21.20 Uhr**

Quelle: Bundesarchiv NS 6/1, fol. 29

**Gegen 21.20 Uhr**

Der Rundfunk meldet, dass Hitler bald zum deutschen Volk sprechen werde.

**21.25 Uhr bis 22.01 Uhr**

Das Fernschreiben Keitels von 20.20 Uhr wird vom Leiter der Nachrichtenzentrale in der Bendlerstraße durch Fernschreiben und Funk an 20 Anschriften weitergeleitet. Die bis dahin abgesandten Fernschreiben der Verschwörer mit den „Walküre"-Befehlen werden für ungültig erklärt.

**21.40 Uhr**

Martin Bormann teilt in einem Fernschreiben den Gauleitern mit, dass Beck und Witzleben führend am Umsturzversuch beteiligt sind.

**21.45 Uhr**

Der Wehrmachtbefehlshaber Dänemark, General der Infanterie Hermann von Hanneken, meldet dem Wehrmachtführungsstab den Eingang des Fernschreibens von Stauffenberg, dass die Rundfunkmeldung nicht zutreffe und Hitler tot sei. Hanneken wird erneut befohlen, die Berliner Anweisungen nicht zu befolgen.

**Gegen 22.00 Uhr**

Im Oberkommando des Heeres in „Mauerwald" hört Oberst i. G. Johann Adolf Graf von Kielmansegg ein Telefongespräch zwischen Generalmajor Hellmuth Stieff und General der Artillerie Eduard Wagner in Zossen mit. Wagner erwähnt einen kurzen Besuch Witzlebens in Zossen, Stieff teilt ihm Einzelheiten des misslungenen Anschlags mit.

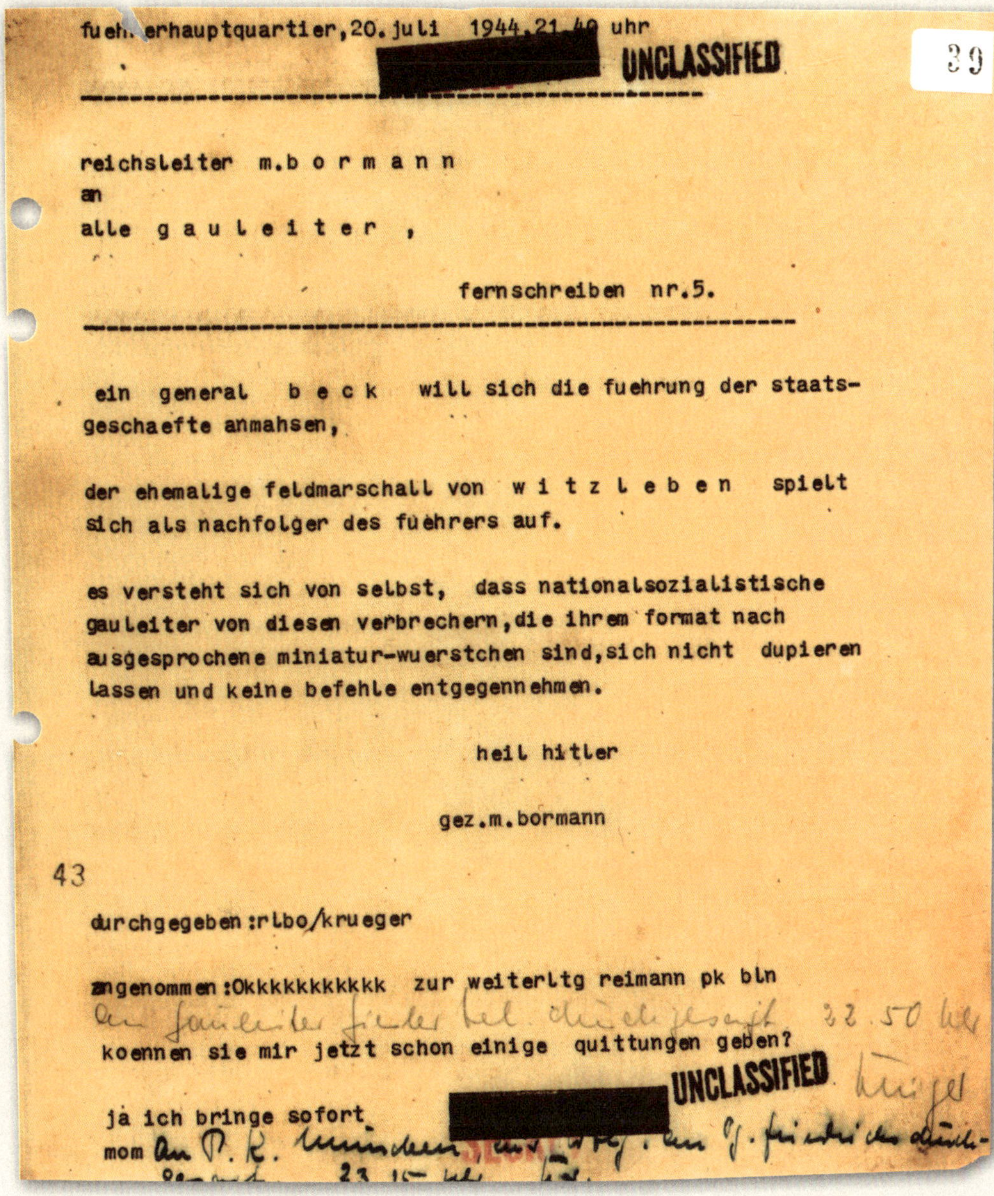

fuehrerhauptquartier,20.juli 1944.21.40 uhr

UNCLASSIFIED

39

---

reichsleiter m.b o r m a n n
an
alle g a u l e i t e r ,

fernschreiben nr.5.

---

ein general b e c k will sich die fuehrung der staats-geschaefte anmahsen,

der ehemalige feldmarschall von w i t z l e b e n spielt sich als nachfolger des fuehrers auf.

es versteht sich von selbst, dass nationalsozialistische gauleiter von diesen verbrechern,die ihrem format nach ausgesprochene miniatur-wuerstchen sind,sich nicht dupieren lassen und keine befehle entgegennehmen.

heil hitler

gez.m.bormann

43

durchgegeben:rlbo/krueger

angenommen:Okkkkkkkkkkk zur weiterltg reimann pk bln

koennen sie mir jetzt schon einige quittungen geben?

UNCLASSIFIED

ja ich bringe sofort

mom

Fernschreiben von Martin Bormann
vom 20. Juli 1944, 21.40 Uhr

Quelle: Bundesarchiv, NS 6/1, fol. 39

## Gegen 22.00 Uhr

General Helmuth Stieff spricht telefonisch mit dem Chef des Stabes des Wehrkreisbefehlshabers im Generalgouvernement, Generalleutnant Max Bork, und teilt ihm mit, dass Befehle des Befehlshabers des Ersatzheeres nicht entgegenzunehmen sind und „jeder Verkehr mit Hoepner, Witzleben, Fromm und Stauffenberg“ abzulehnen sei.

Kurz darauf meldet sich General Burgdorf bei Bork und nennt Stauffenberg als Attentäter. Der Befehlshaber des Ersatzheeres Fromm habe es „vor langer Hand vorbereitet.“

WB. 34 80

Abteilung Ic Krakau, den 21.Juli 1944 Sz.-

Chef

Aktenvermerk
über die Ereignisse am 2o./21.7.1944

2o.7. 18.45 Chef erhält Nachricht vom dem Attentat auf den Führer, das durch Rundfunk bekannt gegeben wird.

19.2o Chef spricht zu den Offizieren des Wehrkreiskommandos und gibt den Dank über die Errettung des Führers Ausdruck.

19.3o Chef spricht in der Mogilska zu den dort versammelten Soldaten und dem Wehrmachtgefolge im gleichen Sinn.

22.oo Ferngespräch General Stieff, Org.Abtlg., an Chef:
1.) Befehle des BdE sind nicht entgegenzunehmen, sondern nur Befehle des Reichsführers SS, der heute Oberbefehlshaber des Ersatzheeres geworden ist.
2.) Jeder Verkehr mit Hoeppner, Witzleben, Fromm und Stauffenberg ist abzulehnen.
Generaloberst Guderian vertritt General Zeitzler.
General Heusinger wird durch Generalltn. Wenck vertreten.

22.1o Ferngespräch General Burgdorff an Chef:
Wahrscheinlich werden Befehle aus Berlin kommen.
Oberst Graf Stauffenberg hat heute nachmittag auf den Führer ein Attentat verübt.
Generaloberst Fromm hat es vor langer Hand vorbereitet.
Reichsführer SS Himmler ist zum Oberbefehlshaber des Ersatzheeres ernannt.
Enge Verbindung mit Partei, SS und Polizei halten.
Der Führer spricht in 2 Stunden.
Antwort Chef:
Auf Grund des Anrufs General Stieff sind die erforderlichen Befehle bereits ergangen oder gehen gerade hinaus. Die angegebenen Befehle von Witzleben sind vor einer Stunde hier eingegangen. Im Generalgouvernement steht alles fest zum Führer.

22.16 Chef fernmündlich an Wehrkreisbefehlshaber in Spala:
a) Unterrichtung
b) folgender Befehl, mit dem der Wehrkreisbefehlshaber sich einverstanden erklärt, geht gerade heraus:
"Alle militärischen Anlagen und im Einvernehmen mit dem örtlichen SS-und Polizeiführer sofort besetzen. Besonders wichtig Nachrichtenanlagen, Kasernen und Rüstungsbetriebe. Befehle allein von General Haenicke oder Generalltn. Bork entgegennehmen. Die Forderung der Stunde ist Ruhe, Festigkeit und bedingungslose Hingabe an den Führer.

Wehrkreiskommando GG.
Der Chef des Generalstabes
Bork, Generalltn."

-2-

Quelle: Bundesarchiv/Militärarchiv, RH 59-29/59, fol. 80

### Nach 22.00 Uhr

Großadmiral Karl Dönitz informiert die obersten Kommandobehörden der deutschen Marine über den gescheiterten Umsturzversuch.

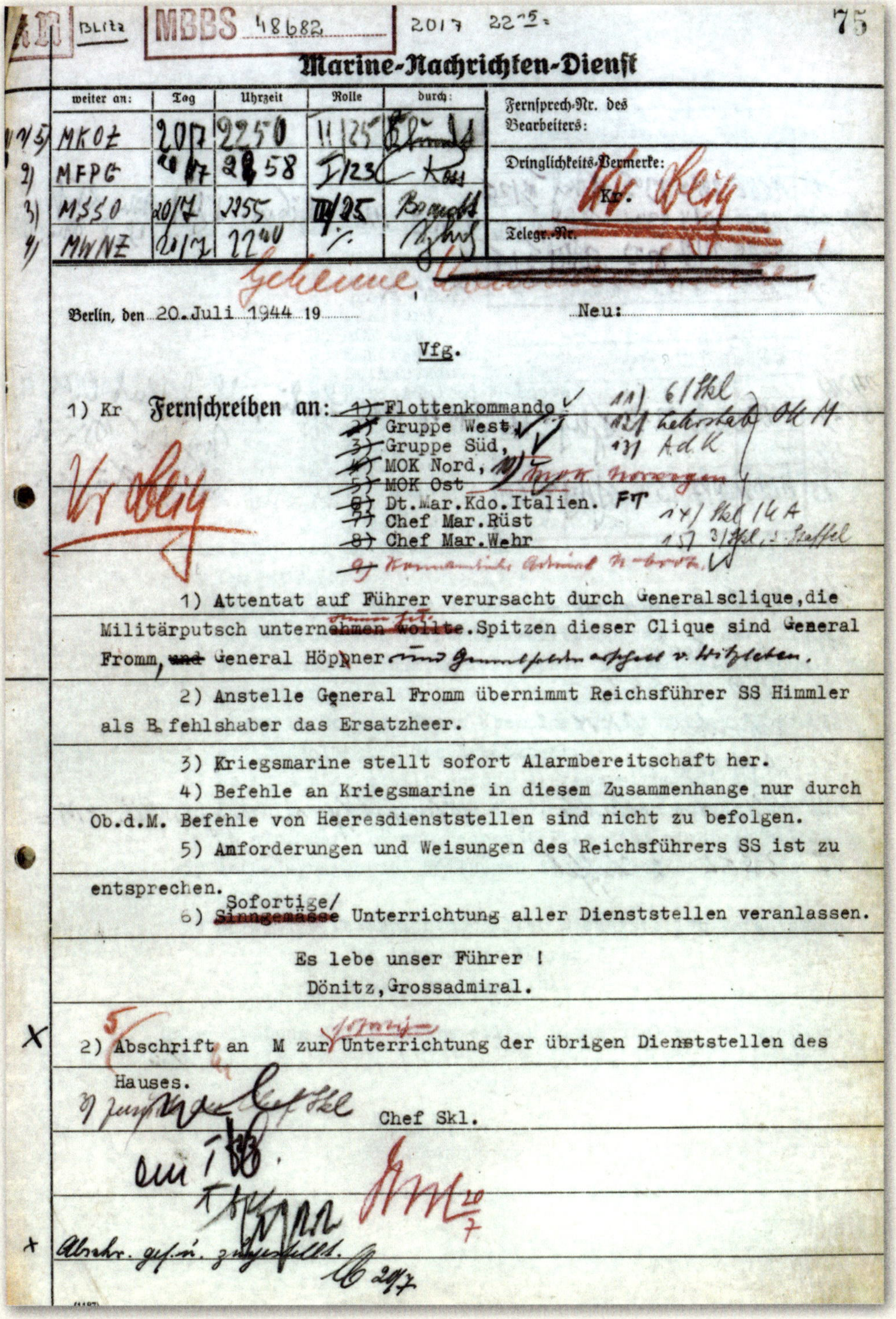

MBBS 48682 2017 2215

75

**Marine-Nachrichten-Dienst**

| weiter an: | Tag | Uhrzeit | Rolle | durch: |
|---|---|---|---|---|
| 1) MKOZ | 20/7 | 2250 | II/25 | |
| 2) MFPG | 20/7 | 2258 | I/23 | |
| 3) MSSO | 20/7 | 2255 | III/25 | |
| 4) MWNZ | 20/7 | 2240 | | |

Fernsprech-Nr. des Bearbeiters:

Dringlichkeits-Vermerke: Kr.

Teleg.-Nr.

Berlin, den 20. Juli 1944

Neu:

Vfg.

1) Kr **Fernschreiben an:** 1) Flottenkommando
2) Gruppe West,
3) Gruppe Süd,
4) MOK Nord,
5) MOK Ost
6) Dt.Mar.Kdo.Italien.
7) Chef Mar.Rüst
8) Chef Mar.Wehr

1) Attentat auf Führer verursacht durch Generalsclique, die Militärputsch unternehmen wollte. Spitzen dieser Clique sind General Fromm, und General Höppner

2) Anstelle General Fromm übernimmt Reichsführer SS Himmler als Befehlshaber das Ersatzheer.

3) Kriegsmarine stellt sofort Alarmbereitschaft her.

4) Befehle an Kriegsmarine in diesem Zusammenhange nur durch Ob.d.M. Befehle von Heeresdienststellen sind nicht zu befolgen.

5) Anforderungen und Weisungen des Reichsführers SS ist zu entsprechen.

6) ~~Sinngemässe~~ Sofortige/ Unterrichtung aller Dienststellen veranlassen.

Es lebe unser Führer !
Dönitz, Grossadmiral.

2) Abschrift an M zur Unterrichtung der übrigen Dienststellen des Hauses.

Chef Skl.

**Fernschreiben von Karl Dönitz an die Marinedienststellen vom 20. Juli 1944, 22.15 Uhr**

Quelle: Bundesarchiv/Militärarchiv, RM 7/101, fol. 75

## Nach 22.00 Uhr

Der Oberbefehlshaber der Kriegsmarine, Großadmiral Karl Dönitz, gibt in der „Wolfschanze“ einen Aufruf an die Kriegsmarine über den „heimtückischen Mordanschlag auf den Führer“ heraus.

An die Soldaten der Kriegsmarine hat der Ob.d.M. folgenden Befehl erlassen:

"Der heimtückische Mordanschlag auf den Führer erfüllt einen jeden von uns mit heiligem Zorn und erbitterter Wut gegen unsere verbrecherischen Feinde und ihre gedungenen Helfershelfer. Die Vorsehung bewahrte das deutsche Volk und seine Wehrmacht vor unvorstellbarem Unglück. Wir sehen in der Errettung des Führers eine erneute Bestätigung für die Gerechtigkeit unseres Kampfes. Wir werden uns nur noch enger um den Führer scharen, wir werden nur noch härter kämpfen, bis der Sieg unser ist."

Quelle: Werner Rahn u.a. (Hrsg.), Kriegstagebuch der Seekriegsleitung 1939-1945, Teil A, Band 59/II 16. bis 31. Juli 1944, Berlin u.a. 1995, Bl. 224.

### 22.10 Uhr

Burgdorf führt ein Telefongespräch mit General der Panzertruppen Ferdinand Schaal in Prag und teilt mit, dass die Befehle aus Berlin ungültig seien und Himmler jetzt Befehlshaber des Ersatzheeres sei.

### Gegen 22.30 Uhr

Johann Adolf Graf von Kielmansegg beobachtet im Lager „Mauerwald", wie Fellgiebel und Stieff vor einer Baracke in ein Gespräch vertieft sind.

### Gegen 23.00 Uhr

Oberstleutnant i. G. Otto ruft im Auftrag Keitels bei Generalmajor Hellmuth Stieff in „Mauerwald" an und bittet ihn, in die „Wolfschanze" zu kommen. Dort wird Stieff kurz nach Mitternacht festgenommen.
Er wird am 8. August 1944 vom „Volksgerichtshof" zum Tode verurteilt und noch am Nachmittag desselben Tages im Strafgefängnis Berlin-Plötzensee erhängt.

## Abends:

Am Abend des 20. Juli 1944: Hitler begrüßt den verletzten Generaloberst Alfred Jodl, hinter Jodl (halb verdeckt) Nicolaus von Below (mit Halskrause), dahinter Albert Bormann und ein Marineoffizier. Links hinter Hitler Martin Bormann, hinter Jodl Großadmiral Karl Dönitz und (im Profil) Hitlers Pilot Hans Baur.

Quelle: BSB, hoff-53871

**Am Abend des 20. Juli 1944: Hitler im Kreis von Offizieren des „Führerhauptquartiers", links hinter ihm Martin Bormann, rechts neben ihm Generaloberst Alfred Jodl (mit Kopfverband), dahinter Albert Bormann und (mit Halskrause) Nicolaus von Below sowie rechts Hitlers Pilot Hans Baur.**

Quelle: BSB, hoff-53884

## 23.40 Uhr

Das Kriegstagebuch des Wehrmachtführungsstabs in der „Wolfschanze" notiert, dass nach den vorliegenden Meldungen in den Wehrkreisen II (Stettin), III (Berlin), VI (Münster) und X (Hamburg) „alles in Ordnung" sei.

## Gegen Mitternacht

Oberstleutnant John von Freyend ruft General der Nachrichtentruppe Erich Fellgiebel in „Mauerwald" an und bittet ihn, zu Generalfeldmarschall Keitel in die „Wolfschanze" zu kommen. Als sein Untergebener Oberleutnant Arntz sich von ihm mit den Worten verabschiedet: „Auf Wiedersehen", antwortet Fellgiebel: „Das wohl nicht, aber leben Sie vernünftig weiter." Bei seinem Eintreffen in der „Wolfschanze" wird er festgenommen. Erich Fellgiebel wird am 10. August 1944 vom „Volksgerichtshof" unter Roland Freisler zum Tode verurteilt und am 4. September 1944 im Strafgefängnis Berlin-Plötzensee erhängt.

**Adolf Hitler bei seiner Rundfunkansprache in der Nacht vom 20. auf den 21. Juli 1944**

**Vor dem Vorhang sitzend SS-Obergruppenführer Julius Schaub. In der ersten Reihe sitzend von rechts: SS-Gruppenführer Hermann Fegelein, Generaloberst Alfred Jodl (mit Kopfverband), Großadmiral Dönitz, Martin Bormann, Otto Dietrich. Zweite Reihe rechts: Hitler Sekretärin Traudl Junge. An der Wand hinter Hitler ist eine Reproduktion des Bildes „Mondaufgang am Meer" von Caspar David Friedrich zu erkennen.**

Quelle: BSB, hoff-53926

## 21. Juli 1944

### Kurz vor 01.00 Uhr

Im Rundfunk sprechen Hitler, Dönitz und Göring. Im Tätigkeitsbericht des Chefs des Heerespersonalamtes heißt es dazu:

> 12.) Der Führer spricht zum deutschen Volke
> noch in der Nacht und gibt einen kurzen
> Überblick über das Geschehene.
> Der Großadmiral und der Reichsmarschall
> schliessen sich mit kurzen Ansprachen an.

Quelle: Tätigkeitsbericht des Chefs des Heerespersonalamtes General der Infanterie Rudolf Schmundt, 1. 10. 1942–29. 10. 1944, fortgeführt von General der Infanterie Wilhelm Burgdorf. Hrsg. von Dermot Bradley und Richard Schulze-Kossens, Osnabrück 1984, S. 178.

Adolf Hitler bei seiner Rundfunkansprache in der Nacht vom 20. auf den 21. Juli 1944

Vor dem Vorhang sitzend SS-Obergruppenführer Julius Schaub. In der ersten Reihe sitzend von rechts: SS-Gruppenführer Hermann Fegelein, Generaloberst Alfred Jodl (mit Kopfverband), Großadmiral Dönitz, Martin Bormann, Otto Dietrich. Zweite Reihe von rechts: Hitlers Sekretärinnen Christa Schroeder und Traudl Junge. Ganz rechts ist die Filmkamera zu erkennen.

Quelle: BSB, hoff-53925

Rundfunkansprache Adolf Hitlers:

*„Deutsche Volksgenossen und -genossinnen!*

*Ich weiß nicht, zum wievielten Male nunmehr ein Attentat auf mich geplant und zur Ausführung gekommen ist. Wenn ich heute zu Ihnen spreche, dann geschieht es aus zwei Gründen:*

*1. Damit Sie meine Stimme hören und wissen, daß ich selbst unverletzt und gesund bin.*

*2. Damit Sie aber auch das Nähere erfahren über ein Verbrechen, das in der deutschen Geschichte seinesgleichen sucht.*

*Eine ganze kleine Clique ehrgeiziger, gewissenloser und zugleich unvernünftiger, verbrecherisch-dummer Offiziere hat ein Komplott geschmiedet, um mich zu beseitigen und mit mir den Stab praktisch der deutschen Wehrmachtführung auszurotten. Die Bombe, die von dem Obersten Graf von Stauffenberg gelegt wurde, krepierte zwei Meter an meiner rechten Seite. Sie hat eine Reihe von mir teuren Mitarbeiter sehr schwer verletzt, einer ist gestorben. Ich selbst bin völlig unverletzt, nur ganz kleine Hautabschürfungen, Prellungen oder Verbrennungen. Ich fasse das als eine Bestätigung des Auftrages der Vorsehung auf, mein Lebensziel weiter zu verfolgen, so wie ich es bisher getan habe. Denn ich darf vor der ganzen Nation es feierlich gestehen, daß ich seit dem Tage, an dem ich in die Wilhelmstraße einzog, nur einen einzigen Gedanken hatte, nach bestem Wissen und Gewissen meine Pflicht zu erfüllen, und daß ich, seit mir klar wurde, daß der Krieg ein unausbleiblicher war und nicht mehr aufgeschoben werden konnte, daß ich seitdem eigentlich nur in der Sorge, der Arbeit und der Sorge, und in zahllosen Tagen und durchwachten Nächten nur meinem Volk lebte!*

*Es hat sich in einer Stunde, in der die deutschen Armeen in schwerstem Ringen stehen, ähnlich wie in Italien, nun auch in Deutschland eine ganz kleine Gruppe gefunden, die nun glaubte, den Dolchstoß in den Rücken ähnlich wie im Jahre 1918 führen zu können. Sie haben sich diesesmal aber sehr getäuscht. Die Behauptung dieser Usurpatoren, daß ich nicht mehr lebte, wird jetzt widerlegt in diesem Augenblick, da ich zu Euch, meine lieben Volksgenossen, spreche. Der Kreis, den diese Usurpatoren darstellen, ist ein denkbar kleiner. Er hat mit der deutschen Wehrmacht und vor allem auch mit dem deutschen Heer gar nichts zu tun. Es ist ein ganz kleiner Klüngel verbrecherischer Elemente, die jetzt unbarmherzig ausgerottet werden. Ich befehle daher in diesem Augenblick:*

*1. Daß keine zivile Stelle irgendeinen Befehl entgegenzunehmen hat von einer Dienststelle, die sich diese Usurpatoren anmaßen.*

*2. Daß keine militärische Stelle, kein Führer einer Truppe, kein Soldat irgendeinem Befehl dieser Usurpatoren zu gehorchen hat, daß im Gegenteil jeder verpflichtet ist, den Übermittler eines solchen Befehls oder den Geber eines solchen Befehls entweder sofort zu verhaften oder bei Widerstand augenblicklich niederzumachen.*

*Ich habe, um endgültig Ordnung zu schaffen, zum Befehlshaber des Heimatheeres den Reichsminister Himmler ernannt. Ich habe in den Generalstab Generaloberst Guderian berufen, um den durch Krankheit zur Zeit ausgefallenen Generalstabschef zu ersetzen, und einen zweiten bewährten Führer der Ostfront zu seinem Gehilfen bestimmt.*

*In allen anderen Dienststellen des Reiches ändert sich nichts. Ich bin der Überzeugung, daß wir mit dem Austreten dieser ganz kleinen Verräter- und Verschwörer-Clique nun endlich aber auch im Rücken der Heimat die Atmosphäre schaffen, die die Kämpfer der Front brauchen. Denn es ist unmöglich, daß vorn Hunderttausende und Millionen braver Männer ihr letztes hergeben, während zu Hause ein ganz kleiner Klüngel ehrgeiziger, erbärmlicher Kreaturen diese Haltung dauernd zu hintertreiben versucht. Diesmal wird nun so abgerechnet, wie wir das als Nationalsozialisten gewohnt sind.*

*Ich bin überzeugt, daß jeder anständige Offizier, jeder tapfere Soldat in dieser Stunde das begreifen wird.*

*Welches Schicksal Deutschland getroffen hätte, wenn der Anschlag heute gelungen sein würde, das vermögen die wenigsten sich vielleicht auszudenken. Ich selber danke der Vorsehung und meinem Schöpfer nicht deshalb, daß er mich erhalten hat – mein Leben ist nur Sorge und ist nur Arbeit für mein Volk – , sondern, wenn ich danke, nur deshalb, daß er mir die Möglichkeit gab, diese Sorgen weiter tragen zu dürfen und in meiner Arbeit weiter fortzufahren, so gut ich das mit meinem Gewissen und vor meinem Gewissen verantworten kann.*

*Es hat jeder Deutsche, ganz gleich, wer er sein mag, die Pflicht, diesen Elementen rücksichtslos entgegenzutreten, sie entweder sofort zu verhaften oder – wenn sie irgendwie Widerstand leisten sollten – ohne weiteres niederzumachen. Die Befehle an sämtliche Truppen sind ergangen. Sie werden blind ausgeführt, entsprechend dem Gehorsam, den das deutsche Heer kennt.*

*Ich darf besonders Sie, meine alten Kampfgefährten, noch einmal freudig begrüßen, daß es mir wieder vergönnt war, einem Schicksal zu entgehen, das nicht für mich Schreckliches in sich barg, sondern das den Schrecken für das deutsche Volk gebracht hätte.*

*Ich ersehe daraus auch einen Fingerzeig der Vorsehung, daß ich mein Werk weiter fortführen muß und daher weiter fortführen werde!"*

Quelle: Adolf Hitler, Rundfunkansprache zum Attentat vom 20. Juli 1944, 21. Juli 1944, 1.00 Uhr, Originalaufnahme, Auszug, Deutsches Rundfunkarchiv Frankfurt, DRA-Nr. 2623118

**Großadmiral Dönitz am Rednerpult, stehend Oberstleutnant Ludolf Sander, daneben sitzend SS-Obergruppenführer Julius Schaub, in der ersten Reihe sitzen Generaloberst Alfred Jodl (mit Kopfverband), Hitler, Bormann, „Reichspressechef" Otto Dietrich**

Quelle: BSB, hoff-53924

# Dönitz: Handlanger für unsere Feinde

Der Oberbefehlshaber der Kriegsmarine, Großadmiral Dönitz, richtete folgende Ansprache an die Männer der Kriegsmarine:

Männer der Kriegsmarine!

Heiliger Zorn und maßlose Wut erfüllt uns über den verbrecherischen Anschlag, der unserem geliebten Führer das Leben kosten sollte. Die Vorsehung hat es anders gewollt — sie hat den Führer beschirmt und beschützt und damit unser deutsches Vaterland in seinem Schicksalskampf nicht verlassen.

Eine wahnsinnige kleine Generalsclique, die mit unserem tapferen Heere nichts gemein hat, hat in feiger Treulosigkeit diesen Mord angezettelt, gemeinsten Verrat an dem Führer und dem deutschen Volke begehend. Denn diese Schurken sind nur die Handlanger unserer Feinde, denen sie in charakterloser, feiger und falscher Klugheit dienen.

In Wirklichkeit ist ihre Dummheit grenzenlos. Sie glauben durch die Beseitigung des Führers uns von unserem harten, aber unabänderlichen Schicksalskampf befreien zu können — und sehen in ihrer verblendeten angstvollen Borniertheit nicht, daß sie durch ihre verbrecherische Tat uns in entsetzliches Chaos führen und uns wehrlos unseren Feinden ausliefern würden. Ausrottung unseres Volkes, Versklavung unserer Männer, Hunger und namenloses Elend würden die Folge sein. Eine unsagbare Unglückszeit würde unser Volk erleben, unendlich viel grausamer und schwerer, als auch die härteste Zeit sein kann, die uns unser jetziger Kampf zu bringen vermag.

Wir werden diesen Verrätern das Handwerk legen. Die Kriegsmarine steht getreu ihrem Eid in bewährter Treue zum Führer bedingungslos in ihrer Einsatz- und Kampfbereitschaft. Sie nimmt nur von mir, dem Oberbefehlshaber der Kriegsmarine, und ihren eigenen militärischen Führern Befehle entgegen, um jede Irreführung durch gefälschte Weisungen unmöglich zu machen. Sie wird rücksichtslos jeden vernichten, der sich als Verräter entpuppt.

Es lebe unser Führer Adolf Hitler!

**Rundfunkansprache von Karl Dönitz in der Nacht vom 20. auf den 21. Juli 1944**

Quelle: Berliner Lokalanzeiger, 22. Juli 1944

# Der Reichsmarschall: Mit neuer Kraft

Der Reichsmarschall richtete folgende Ansprache an die Luftwaffe:

Kameraden der Luftwaffe!

Ein unvorstellbarer gemeiner Mordanschlag wurde am Donnerstag von einem Oberst Graf Stauffenberg im Auftrage einer erbärmlichen Clique von ehemaligen Generalen, die wegen ihrer ebenso feigen wie schlechten Führung davongejagt werden mußten, gegen unseren Führer durchgeführt. Der Führer wurde durch die allmächtige Vorsehung wie durch ein Wunder gerettet.

Diese Verbrecher versuchen jetzt als Usurpatoren durch falsche Befehle Verwirrung in die Truppen zu bringen. Ich befehle daher: Im Reich führt in meinem Auftrag Generaloberst Stumpff als Oberbefehlshaber der Luftflotte Reich alle Verbände der Luftwaffe innerhalb des Reichsgebiets. Nur meinen und seinen Befehlen ist Folge zu leisten.

Der Reichsführer SS Himmler ist von allen Dienststellen der Luftwaffe auf Anforderung tatkräftigst zu unterstützen. Kurierflüge, gleichgültig mit welchen Maschinen, dürfen nur mit meiner Erlaubnis oder seiner Erlaubnis durchgeführt werden.

Offiziere und Soldaten gleich welchen Ranges, ebenso Zivilpersonen, die für diese Verbrecher auftreten und sich euch nähern, um euch für ihr erbärmliches Vorhaben zu überreden, sind sofort festzunehmen und zu erschießen.

Wo ihr selbst zur Ausrottung dieser Verräter eingesetzt werdet, habt ihr rücksichtslos durchzugreifen. Das sind dieselben Jämmerlinge, die die Front zu verraten und zu sabotieren versuchten.

Offiziere, die sich an diesen Verbrechen beteiligten, stellen sich außerhalb ihres Volkes, außerhalb der Wehrmacht, außerhalb jeder soldatischen Ehre, außerhalb von Eid und Treue. Ihre Vernichtung wird uns neue Kraft geben. Entgegen diesem Verrat setzt die Luftwaffe ihre verschworene Treue und heiße Liebe zum Führer und ihren rückhaltlosen Einsatz für den Sieg. Es lebe unser Führer, den der allmächtige Gott heute so sichtbar segnete!

**Rundfunkansprache von Hermann Göring in der Nacht vom 20. auf den 21. Juli 1944**

Quelle: Berliner Lokalanzeiger, 22. Juli 1944

## 21. Juli 1944

### Nach Mitternacht

Heinrich Himmler fährt aus Bad Saarow nach Berlin und trifft sich in der Wohnung von Goebbels mit diesem, Speer und anderen NS-Führern. Kurz darauf widerruft Himmler aus Berlin die „Walküre"-Befehle. Erst am späten Nachmittag fliegt er in die „Wolfschanze" zurück.

21. Juli 1944 / 00.30 Uhr

Termine des Reichsführer-SS am 21.7.1944

| | | |
|---|---|---|
| 0,30 | Uhr | Fahrt von Sarow nach Berlin in die Wohnung von Reichsminister Dr. G o e b - b e l s<br>Besprechung mit Reichsminister Dr. G o e b b e l s<br>Reichsminister S p e e r<br>SS-Obergruppenführer Dr. Kaltenbrunner<br>Generaloberst S t u m p f<br>SS-Brigadeführer N a u m a n n<br>(Niederschlagung der Revolte v. Stauffenberg usw.) |
| 5,00 | Uhr | Fahrt zur Prinz Albrecht-Straße 8 |
| 9,00 | Uhr | Frühstück mit<br>SS-Obergruppenführer W o l f f |
| 12,00 | Uhr | SS-Obergruppenführer Dr. Kaltenbrunner |
| 12,15 | Uhr | Vorführung des verhafteten Generaloberst H ö p p n e r |
| 13,00 | Uhr | Fahrt zur Bendlerstraße |
| 13,15 | Uhr | Rede des Reichsführer-SS zu den Amts- und Abteilungschefs des Befehlshabers des Ersatzheeres |
| 14,45 | Uhr | Fahrt zur Prinz Albrecht-Straße 8 |
| 15,00 | Uhr | Besprechung mit General R i e n n a r z |
| 15,10 | Uhr | Essen mit<br>SS-Obergruppenführer Dr. Kaltenbrunner<br>SS-Obergruppenführer W o l f f<br>SS-Obergruppenführer B e r g e r<br>General R i e n n a r z |
| 16,00 | Uhr | Fahrt zum Flughafen |
| 16,30 | Uhr | Start Flughafen Tempelhof<br>Flug nach Lötzen<br>(RF-SS, SS-Obersturmbannführer Grothmann, SS-Sturmbannführer Kiermaier, SS-Sturmbannführer Lucas, SS-Untersturmführer Schmidt, SS-Untersturmführer Lorenz, SS-Oberscharführer Koch) |

-2-

**Tagesablauf Heinrich Himmlers am 21. Juli 1944**

Quelle: CAMO 500/12493/5 Bl. 416 f. Dienstkalender Heinrich Himmlers für den 21. Juli 1944

- 2 -

| | | |
|---|---|---|
| 17,15 | Uhr | Ankunft Flughafen Rastenburg |
| | | Fahrt ins Lazarett Karlshof |
| | | Besuch bei den durch das Attentat verwundeten Offizieren |
| 18,15 | Uhr | Fahrt zur Wolfsschanze |
| | | Meldung beim Führer |
| 19,30 | Uhr | Fahrt nach Hochwald |
| 20,15 | Uhr | Ankunft |
| 21,15 | Uhr | Fahrt zur Wolfsschanze |

- - - -

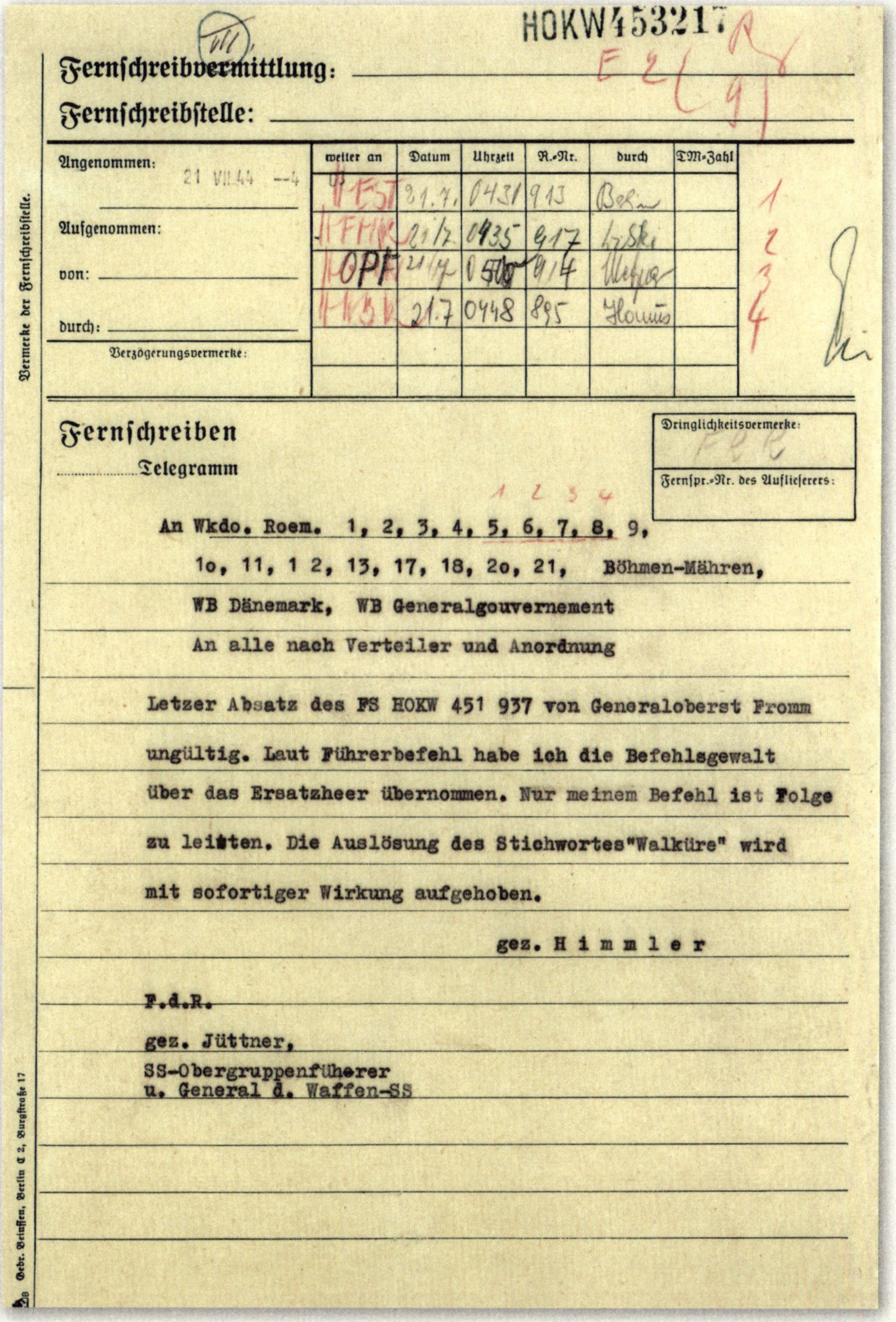

HOKW453217

Fernschreibvermittlung: E 2 (9)

Fernschreibstelle:

Angenommen: 21 VII.44 --4

Aufgenommen:

von:

durch:

Verzögerungsvermerke:

| weiter an | Datum | Uhrzeit | R.-Nr. | durch | TM-Zahl |
|---|---|---|---|---|---|
| WEST | 21.7. | 0431 | 913 | Bel[illegible] | |
| WFMK | 21/7 | 0435 | 917 | [illegible] | |
| OPF | 21/7 | 0500 | 914 | [illegible] | |
| WBK | 21.7 | 0448 | 895 | [illegible] | |

Vermerke der Fernschreibstelle.

Fernschreiben

Telegramm

Dringlichkeitsvermerke: FRR

Fernspr.-Nr. des Auflieferers:

An Wkdo. Roem. 1, 2, 3, 4, 5, 6, 7, 8, 9,
1o, 11, 1 2, 13, 17, 18, 2o, 21, Böhmen-Mähren,
WB Dänemark, WB Generalgouvernement
An alle nach Verteiler und Anordnung

Letzer Absatz des FS HOKW 451 937 von Generaloberst Fromm ungültig. Laut Führerbefehl habe ich die Befehlsgewalt über das Ersatzheer übernommen. Nur meinem Befehl ist Folge zu leisten. Die Auslösung des Stichwortes"Walküre" wird mit sofortiger Wirkung aufgehoben.

gez. H i m m l e r

F.d.R.

gez. Jüttner,
SS-Obergruppenführer
u. General d. Waffen-SS

Gebr. Heinssen, Berlin C 2, Burgstraße 17

**Widerruf der „Walküre"-Befehle durch Heinrich Himmler**
**Fernschreiben vom 21. Juli 1944, 4.03 Uhr**

Quelle: Bundesarchiv/Militärarchiv, RH 14/7, fol. 11

## 21. Juli 1944

### 3.40 Uhr

Martin Bormann informiert die Gauleiter über den Umsturzversuch und die ergriffenen Gegenmaßnahmen.

48

Abschrift

Fernschreiben

Führerhauptquartier, den 21.Juli 1944
03.40 Uhr

Reichsleiter M. B o r m a n n
an
alle G a u l e i t e r

Rundschreiben Nr.6

Eilt sehr! Sofort auf den Tisch!

Zunächst nur zu Ihrer eigenen Unterrichtung teile ich mit:

Zu Beginn der militärischen Lagebesprechung, die in der Mittagsstunde des vergangenen Tages stattfand, legte einer der nächsten Mitarbeiter des Generaloberst F r o m m , ein Oberst Graf S t a u f f e n b e r g , eine in seiner Aktentasche verborgene Bombe unmittelbar in der Nähe des Führers nieder und entfernte sich dann unauffällig.

Als er die Explosion hörte, nahm Graf Stauffenberg an, sein Attentat sei geglückt. Er flog mit bereitgestellter Maschine nach Berlin, wo daraufhin General Olbrich seinen

40



Quelle: Bundesarchiv, NS 6/1, fol. 48-50

49

- 2 -

Offizieren bekanntgab, der Führer sei tot und Generale des Heeres hätten die Vollziehende Gewalt übernommen.

Nach dem mißglückten Attentat führte der Führer seine Besprechungen mit dem Duce.

Der Reichsführer-SS, Reichsminister Himmler, wurde mit der Führung des Ersatzheeres beauftragt.

In Berlin hatte inzwischen, während RFSS Himmler nach Berlin flog, Parteigenosse Dr.Goebbels mit nationalsozialistischen Offizieren der Garnison die notwendige Verbindung aufgenommen.

Im Ablauf der von dieser Truppe eingeleiteten Aktion erschoß General B e c k sich selbst, andere Offiziere wie der Attentäter Graf Stauffenberg und General Olbrich wurden erschossen.

Reichsführer-SS Himmler hat das Ersatzheer, dessen maßgebliche Offiziere von Anfang an gegen die Meuterer standen, fest in der Hand.

Auch von den anderen Truppenteilen und aus der Heimat

41

- 3 -

UNCLASSIFIED

50

\- 3 -

laufen fortgesetzt die Gelöbnisse der Treue beim Führer ein.

Die Aktion der Landesverräter kann als abgeschlossen betrachtet werden.

Über alle etwaigen weiteren Konsequenzen des mißglückten Putsches werde ich Sie unterrichten.

Heil Hitler!
gez. M. B o r m a n n

42

UNCLASSIFIED

## 21. Juli 1944

### 11.35 Uhr

Martin Bormann gibt an die Gauleiter eine Weisung Himmlers weiter, dass selbständige Aktionen gegen verdächtige Offiziere unterbleiben sollen. Alle Verdächtigen sollen Himmler gemeldet werden.

fuehrerhauptquartier, den 21.7.1944

UNCLASSIFIED

reichsleiter m. b o r m a n n fuehrerhauptquartier

---

an alle g a u l e i t e r

---

eilt sehr

sofort auf den tisch

---

r u n d s c h r e i b en nr. 7

---

der befehlshaber des ersatzheeres, reichsminister h. h i m m l e r, bittet sie dringend, jedes weitere selbstaendige vorgehen gegen offiziere, die unklare haltung zeigten oder sogar als offene gegner gewertet werden muessen , abzustoppen.

der befehlshaber des ersatzheeres bittet sie, ihmihre unterlagen in allen faellen, die ihrer meinung nach bereinigt werden muessen, zuzusenden.

34 heil hitler.

gez. m. b o r m a n n.

UNCLASSIFIED

durchgegeben :/ kuhlmann

angenommen z. sofortigen weiterleitung pkz bln :/ martin pkz bln

Quelle: Bundesarchiv, NS 6/1, fol. 55

## Resümee

Als Chef des Stabes beim Befehlshaber des Ersatzheeres war Stauffenberg für die Durchführung des Staatsstreichs in Berlin fast zwingend erforderlich. Doch nach dem 6. Juli 1944 war ihm klar, dass er selbst das Attentat durchführen musste. In der Umgebung Hitlers war niemand zu diesem Zeitpunkt mehr zur Tat bereit. Stauffenberg wog das Risiko seiner Festnahme oder seines Todes beim Attentat gegen die aus seiner Sicht zwingende Notwendigkeit ab, dass möglichst sofort der Umsturzversuch eingeleitet werden musste. Dies macht zudem die verzweifelte Personalnot der Verschwörer deutlich.

Am 11. Juli 1944 unterblieb das Attentat. Hier stehen nach jetzigem Wissensstand zwei Interpretationen nebeneinander, die sich aber auch ergänzen können: Zum einen seien Göring und Himmler nicht anwesend gewesen, und Stauffenberg zündete deshalb den Sprengsatz nicht, zum anderen seien die militärischen Vorbereitungen für „Operation Walküre" noch nicht weit genug vorangeschritten gewesen.

Am 15. Juli kam Stauffenberg in der „Wolfschanze" in eine ihm völlig fremde Umgebung. Es war auch nicht einer der routinemäßigen Lagebesprechungen, sondern an diesem Tag jagte vor dem Hintergrund der katastrophalen militärischen Lage eine Besprechung die nächste. Stauffenberg war so in die bürokratisch-militärischen Abläufe des Tages eingebunden, dass er keine Möglichkeit hatte, die Bombe entsprechend zu schärfen.

Am 20. Juli 1944 selbst explodierte der Sprengkörper – jedoch nur mit der Hälfte des Sprengmaterials. Hitler überlebte. Die in der „Wolfschanze" versammelte militärische und politische Spitze des NS-Regimes ging lange von einem Einzeltäter Stauffenberg aus – Maßnahmen gegen einen möglichen Umsturzversuch oder besondere Sicherungsmaßnahmen außerhalb der „Wolfschanze" wurden nicht ergriffen. Weder die Dienststellen der deutschen Polizei noch die Wehrmacht noch die NSDAP erhielten Großalarm. Stauffenberg sollte erst bei der Ankunft in Berlin, dann „unauffällig" im Bendlerblock festgenommen werden.

Dass sie es mit einem Umsturzversuch zu tun hatten, realisierten sie in der „Wolfschanze" erst gegen 17 Uhr, erst nach 18 Uhr begann die Information der militärischen Kommandostellen. Martin Bormann informierte die Gauleiter der NSDAP sogar erst nach 20 Uhr; viele Zivilisten und Offiziere wurden über das Geschehen aber erst durch die nächtliche Ansprache Hitlers oder aus den Zeitungen des nächsten Tages informiert.

Die nationalsozialistische Führung hatte kein Attentat und keinen Umsturzversuch erwartet und war entsprechend schlecht vorbereitet. Vor diesem Hintergrund wären die Chancen für die Durchführung der „Operation Walküre" vielleicht doch nicht so schlecht gewesen, wie nach 1945 vielfach behauptet wurde.

Der Druck, unter dem Stauffenberg und seine Freunde in den Wochen vor dem 20. Juli 1944 standen, ist kaum nachvollziehbar. Stauffenberg, der für die Durchführung des Umsturzversuchs in Berlin eigentlich zwingend erforderlich war, entschied sich trotz aller Risiken, selbst das Attentat durchzuführen.

Dies verweist aber auch darauf, dass er sich für die Sicherstellung des militärischen Ablaufs des Umsturzversuchs in Berlin noch mehr als bisher auf seine Mitverschworenen Albrecht Ritter Mertz von Quirnheim und Friedrich Olbricht verließ und sich auch auf sie verlassen konnte. Und seine Entscheidung, jetzt selbst das Attentat durchzuführen, zeigt zugleich, wie klein der Kreis der wirklich Entschlossenen war.

# Die „Wolfschanze" nach dem 20. Juli 1944

Der 21. Juli, ein Freitag, war ein ebenso heißer Sommertag wie der Tag zuvor. Hitler beantwortete Glückwunschtelegramme, die ihm zu seiner „Errettung" zugegangen waren. Gegen Mittag empfing er Guderian und übertrug ihm die Geschäfte des Generalstabschefs. Dann bat Hitler – so Speer – „die wichtigsten Minister zur Gratulationscour in das Führerhauptquartier".[1] Sie trafen dort zumeist am 22. oder 23. Juli ein.

Im frühen Morgengrauen waren SS-Einheiten in der „Wolfschanze" eingetroffen, um ohne Rücksicht auf die bestehenden Wachen für einige Wochen die Anlage, besonders den Sperrkreis I, hermetisch abzuriegeln. Jeder, der fortan zu Hitler vorgelassen werden wollte, musste sich auf Waffen untersuchen lassen. Nur rund 60 Personen, „deren Namen Hitler selbst notiert hatte", konnten weiterhin ohne Leibesvisitation zu ihm.[2]

Der nationalsozialistische Chefideologe Alfred Rosenberg schrieb unter der Schlagzeile „Es lebe der Führer!" im Völkischen Beobachter, dass der Anschlag gegen Adolf Hitler – neben der Feldschlacht in der Normandie, dem Andrängen des Bolschewismus im Osten, dem Vordringen der Westalliierten im Süden und der Bomberoffensive im Heimatkriegsgebiet – „nichts anderes [...] als die Kampferöffnung auf der fünften Front – auf Kopf und Herz der deutschen Kriegsleitung" darstelle.[3] Am Tag darauf titelte das „Kampfblatt der nationalsozialistischen Bewegung Großdeutschlands": „Antwort der Nation: Bedingungslose Treue".[4]

Am 22. Juli 1944 traf Propagandaminister Joseph Goebbels in der „Wolfschanze" ein. Er beriet sich lange mit Lammers, Bormann, Speer und Keitel und erreichte deren Zustimmung zur Errichtung einer inneren Kriegsdiktatur. Am 25. Juli 1944 ernannte Hitler dann Goebbels zum „Reichsbevollmächtigen für den totalen Kriegseinsatz".[5]

---

**1** Speer, Erinnerungen, S. 398.
**2** Linge, Bis zum Untergang, S. 236 f. sowie KTB 1944/45, Bd. 4, TB II, S. 1700, 1809.
**3** Kunrat Freiherr von Hammerstein, Flucht. Aufzeichnungen nach dem 20. Juli. Olten, Freiburg i. Br. 1966, S. 17 f.
**4** Völkischer Beobachter, Berliner Ausgabe, vom 22. Juli 1944.
**5** Berliner Lokal-Anzeiger, 26. Juli 1944, Morgenausgabe.

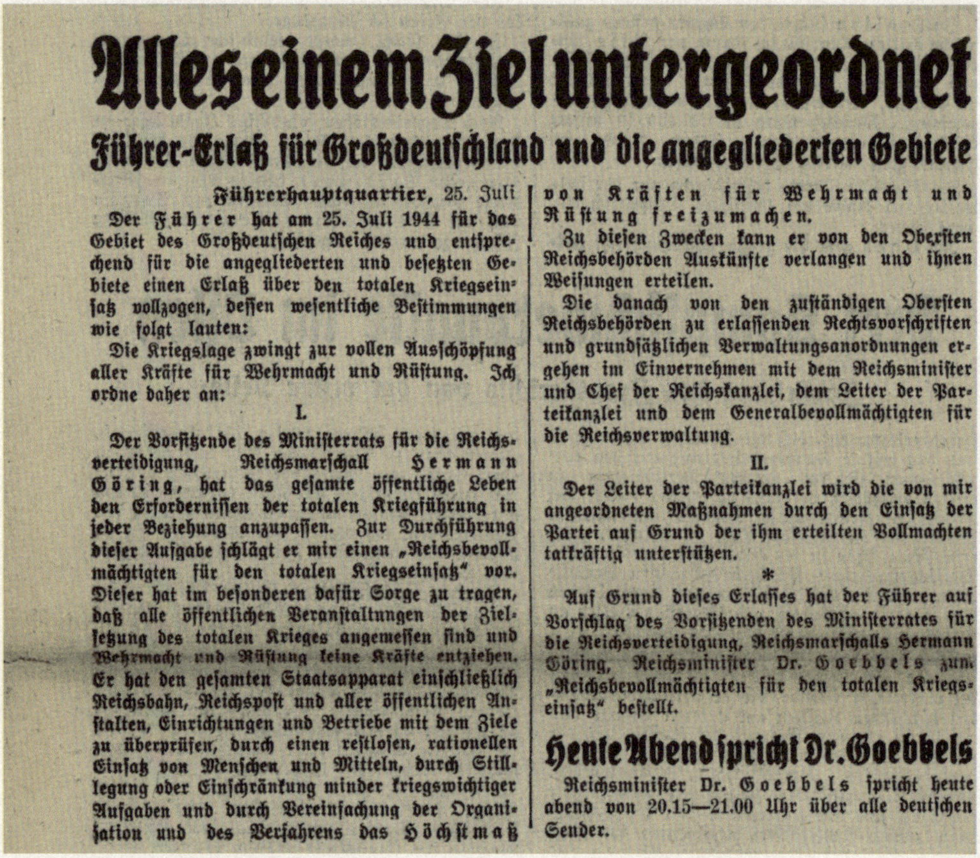

# Alles einem Ziel untergeordnet

## Führer-Erlaß für Großdeutschland und die angegliederten Gebiete

**Führerhauptquartier,** 25. Juli

Der Führer hat am 25. Juli 1944 für das Gebiet des Großdeutschen Reiches und entsprechend für die angegliederten und besetzten Gebiete einen Erlaß über den totalen Kriegseinsatz vollzogen, dessen wesentliche Bestimmungen wie folgt lauten:

Die Kriegslage zwingt zur vollen Ausschöpfung aller Kräfte für Wehrmacht und Rüstung. Ich ordne daher an:

I.

Der Vorsitzende des Ministerrats für die Reichsverteidigung, Reichsmarschall Hermann Göring, hat das gesamte öffentliche Leben den Erfordernissen der totalen Kriegführung in jeder Beziehung anzupassen. Zur Durchführung dieser Aufgabe schlägt er mir einen „Reichsbevollmächtigten für den totalen Kriegseinsatz" vor. Dieser hat im besonderen dafür Sorge zu tragen, daß alle öffentlichen Veranstaltungen der Zielsetzung des totalen Krieges angemessen sind und Wehrmacht und Rüstung keine Kräfte entziehen. Er hat den gesamten Staatsapparat einschließlich Reichsbahn, Reichspost und aller öffentlichen Anstalten, Einrichtungen und Betriebe mit dem Ziele zu überprüfen, durch einen restlosen, rationellen Einsatz von Menschen und Mitteln, durch Stilllegung oder Einschränkung minder kriegswichtiger Aufgaben und durch Vereinfachung der Organisation und des Verfahrens das Höchstmaß von Kräften für Wehrmacht und Rüstung freizumachen.

Zu diesen Zwecken kann er von den Obersten Reichsbehörden Auskünfte verlangen und ihnen Weisungen erteilen.

Die danach von den zuständigen Obersten Reichsbehörden zu erlassenden Rechtsvorschriften und grundsätzlichen Verwaltungsanordnungen ergehen im Einvernehmen mit dem Reichsminister und Chef der Reichskanzlei, dem Leiter der Parteikanzlei und dem Generalbevollmächtigten für die Reichsverwaltung.

II.

Der Leiter der Parteikanzlei wird die von mir angeordneten Maßnahmen durch den Einsatz der Partei auf Grund der ihm erteilten Vollmachten tatkräftig unterstützen.

*

Auf Grund dieses Erlasses hat der Führer auf Vorschlag des Vorsitzenden des Ministerrates für die Reichsverteidigung, Reichsmarschalls Hermann Göring, Reichsminister Dr. Goebbels zum „Reichsbevollmächtigten für den totalen Kriegseinsatz" bestellt.

### Heute Abend spricht Dr. Goebbels

Reichsminister Dr. Goebbels spricht heute abend von 20.15—21.00 Uhr über alle deutschen Sender.

**Ernennung von Joseph Goebbels zum „Reichsbevollmächtigten für den totalen Kriegseinsatz"**

Quelle: Berliner Lokal-Anzeiger, 26. Juli 1944, Morgenausgabe

**Ministertreffen in der „Wolfschanze" am 23. Juli 1944**

Von links: Reichswirtschaftsminister Walther Funk, Joseph Goebbels, SS-Gruppenführer Hermann Fegelein, Bormann halb verdeckt beim Betrachten von Fotografien, Generaloberst Jodl mit Kopfverband, dahinter „Reichspressechef" Otto Dietrich

Quelle: BSB, hoff-53879

**Hitler mit Goebbels am 23. Juli 1944**

Quelle: BSB, hoff-53875

**Vor der Lagebaracke ist inzwischen der zerstörte Kartentisch aufgebaut worden.**

**Von links: SS-Gruppenführer Hermann Fegelein (teilweise verdeckt), Staatssekretär SS-Brigadeführer Werner Naumann, Goebbels sitzend neben dem zerstörten Kartentisch, Hitlers Chefadjutant SS-Obergruppenführer Julius Schaub, unbekannt, General Karl Koller, Göring vor der Lagebaracke am 23. Juli 1944.**

Quelle: BSB, hoff-53890

**In der zerstörten Lagebaracke schildert Hitler am 23. Juli 1944 nochmals den Ablauf der Explosion.**

**Von links: Hitler, unbekannt, Göring, Goebbels, SS-Gruppenführer Hermann Fegelein, SS-Brigadeführer Werner Naumann.**

Quelle: BSB, hoff-53893

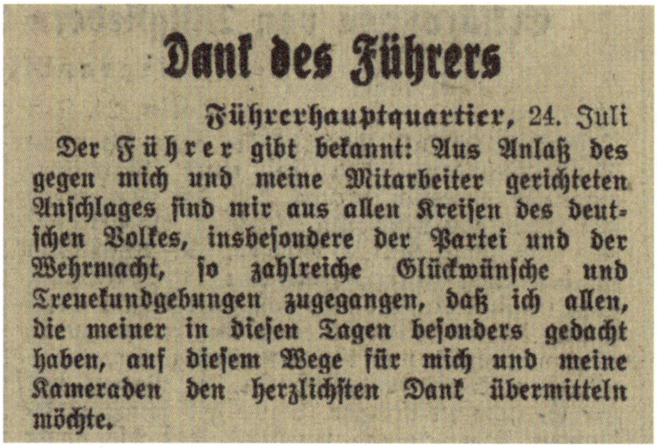

Dank des Führers

Führerhauptquartier, 24. Juli

Der Führer gibt bekannt: Aus Anlaß des gegen mich und meine Mitarbeiter gerichteten Anschlages sind mir aus allen Kreisen des deutschen Volkes, insbesondere der Partei und der Wehrmacht, so zahlreiche Glückwünsche und Treuekundgebungen zugegangen, daß ich allen, die meiner in diesen Tagen besonders gedacht haben, auf diesem Wege für mich und meine Kameraden den herzlichsten Dank übermitteln möchte.

**Dank Hitlers für die Glückwünsche zu seiner „Errettung"**

Quelle: Berliner Lokalanzeiger, 25. Juli 1944, Morgenausgabe

Bei der sonntäglichen „Chefbesprechung" am 23. Juli im Teehaus der „Wolfschanze" brach Hitler immer wieder in Hasstiraden gegen die „Schweine" und „Offiziersverbrecher" aus. Er werde sie „ausmerzen und ausrotten".[6] Zwei Tage darauf folgte der „Erlass des Führers über den totalen Kriegseinsatz" aus dem Hauptquartier, in dem Hitler verfügte, dass der Vorsitzende des Ministerrats für die Reichsverteidigung, Reichsmarschall Göring, „das gesamte öffentliche Leben den Erfordernissen der totalen Kriegsführung in jeder Beziehung anzupassen" habe. Dessen erste Amtshandlung bestand darin, seinen Amtssitz vom Reichsjägerhof in der von den sowjetischen Streitkräften bereits bedrohten Rominter Heide nach Carinhall bei Berlin zu verlegen.[7] Hitler wiederum beorderte in diesen Tagen seinen zweitliebsten Architekten, Hermann Giesler, zu sich in die „Wolfschanze", um mit ihm „über städtebauliche Fragen, über Linz und München" zu plaudern.[8] Vor allem aber sann er nach Rache gegen die Verschwörer, „wie 'Schlachtvieh' wolle er sie hängen sehen".[9]

---

**6** Speer, Erinnerungen, S. 399.

**7** Vgl. Joseph Goebbels, Tagebucheintrag vom 3. August 1944, in: Elke Fröhlich (Hrsg.), Die Tagebücher von Joseph Goebbels, Teil II: Diktate 1941–1945. Bd. 13, München 1995, S. 207 f.

**8** Hermann Giesler, Ein anderer Hitler. Bericht eines Architekten, Leoni am Starnberger See 1978, S. 430 f.

**9** Linge, Bis zum Untergang, S. 234.

Wilhelm Scheidt, im Jahr 1944 Angehöriger des „Führerhauptquartiers", berichtete fünf Jahre später über eine Äußerung Hitlers in einer Lagebesprechung wenige Tage nach dem Attentat: „Diesmal werde ich kurzen Prozess machen. Diese Verbrecher sollen nicht vor ein Kriegsgericht, wo ihre Helfershelfer sitzen und wo man die Prozesse verschleppt. Die werden aus der Wehrmacht ausgestoßen und kommen vor den Volksgerichtshof. Die sollen nicht die ehrliche Kugel bekommen, die sollen hängen wie gemeine Verräter! Ein Ehrengericht soll sie aus der Wehrmacht ausstoßen, dann kann ihnen als Zivilisten der Prozess gemacht werden, und sie beschmutzen nicht das Ansehen der Wehrmacht. Blitzschnell muss ihnen der Prozess gemacht werden; sie dürfen gar nicht groß zu Wort kommen. Und innerhalb von zwei Stunden nach der Verkündung des Urteils muss es vollstreckt werden! Die müssen sofort hängen ohne jedes Erbarmen. Und das wichtigste ist, dass sie keine Zeit zu langen Reden erhalten dürfen. Aber der Freisler wird das schon machen. Das ist unser Wyschinski."[10]

Nicht der Wortlaut, aber der Tenor der Äußerungen wird durch eine Tagebuchnotiz von Joseph Goebbels vom 23. Juli 1944 über ein Gespräch mit Hitler bestätigt: „Der Führer ist außerordentlich aufgebracht gegen die Generalität, insbesondere die des Generalstabs. Er ist fest entschlossen, nun ein blutiges Beispiel zu statuieren und eine Freimaurerloge auszurotten, die uns seit jeher feindlich gesonnen ist und nur auf den Augenblick gewartet hat, um uns in der kritischsten Stunde des Reiches den Dolch in den Rücken zu stoßen. Das Strafgericht, das jetzt vollzogen werden muss, muss geschichtliche Ausmaße haben. Auch die eine unklare Stellung bezogen haben, haben die Todesstrafe verdient, so z. B. General Hase[11] in Berlin, der, wenn er auch geglaubt hat, dass der Führer tot sei, nicht die geringste Berechtigung hatte, das Regierungsviertel abzusperren und sich zivile Gewalt anzumaßen. Überhaupt sollen alle Generäle, die in das zivile Leben hineingegriffen haben oder sich außerhalb der Verfassung stehende

**10** Wilhelm Scheidt, Gespräche mit Hitler, in: Echo der Woche vom 9. September 1954. Andrei Januarjewitsch Wyschinski war von 1935 bis 1939 Generalstaatsanwalt der Sowjetunion und Chefankläger bei den stalinistischen Schauprozessen.

**11** Paul von Hase, Stadtkommandant von Berlin, am Abend des 20. Juli 1944 festgenommen, am 8. August 1944 vom „Volksgerichtshof" zum Tode verurteilt und noch am selben Tag im Strafgefängnis Berlin-Plötzensee erhängt.

Gewalt anmaßten, vor den Volksgerichtshof gebracht und zum Tode verurteilt werden. Militärgerichte kommen nicht mehr in Frage. Sie werden zuerst ihres Ranges für verlustig erklärt, aus der Wehrmacht ausgestoßen und dann Freisler übergeben. Er wird schon die richtige Tonart finden, um mit ihnen fertig zu werden."[12]

Am 30. Juli 1944 erschienen Reichsführer-SS Heinrich Himmler und der Chef des Oberkommandos der Wehrmacht, Generalfeldmarschall Wilhelm Keitel, zum Vortrag bei Hitler in der „Wolfschanze". Hier wurde das weitere Vorgehen gegen die am Umsturzversuch Beteiligten koordiniert. Himmlers Vortragszettel zu diesem Termin erweist sich als ein zentrales Dokument, das die Rachegelüste der NS-Führung deutlich widerspiegelt: „1. Gerichtsverfahren, 2. Familie Stauffenberg, 3. Angehörige Seydlitzfamilie."[13]

Hitler setzte zuerst einen „Ehrenhof" von Generalen und Feldmarschällen des Heeres ein, dem neben dem Chef des Oberkommandos Wilhelm Keitel auch Generaloberst Heinz Guderian und andere hohe Offiziere angehörten.[14] Doch mit soldatischer „Ehre" hatte dieses Gremium nichts mehr zu tun. Es hatte eine einzige Aufgabe: Die Vorbereitung des Ausschlusses der am Umsturzversuch beteiligten Offiziere durch Hitler aus der Wehrmacht. So konnten diese gemeinsam mit den zivilen Verschwörern dem „Volksgerichtshof" unter Roland Freisler und nicht dem eigentlich zuständigen Reichskriegsgericht zur Aburteilung überstellt werden. Hitler verfügte: „Soldaten, die ich ausstoße, haben keine Gemeinschaft mehr mit den Millionen ehrenhafter Soldaten des Großdeutschen Reiches, die die Uniform des Heeres tragen, und mit den Hunderttausenden, die ihre Treue mit dem Tode besiegelten."[15]

---

**12** Vgl. Joseph Goebbels, Tagebucheintrag vom 23. Juli 1944, in: Elke Fröhlich (Hrsg.), Die Tagebücher von Joseph Goebbels, Teil II: Diktate 1941–1945. Bd. 13, München 1995, S. 141.

**13** Bundesarchiv, NS 19/1447, fol. 155.

**14** Vgl. Winfried Heinemann, Selbstreinigung der Wehrmacht? Der Ehrenhof des Heeres und seine Tätigkeit, in: Manuel Becker/Christoph Studt (Hrsg.), Der Umgang des Dritten Reiches mit den Feinden des Regimes, Berlin 2010, S. 117–129.

**15** Moll, „Führer-Erlasse", S. 439.

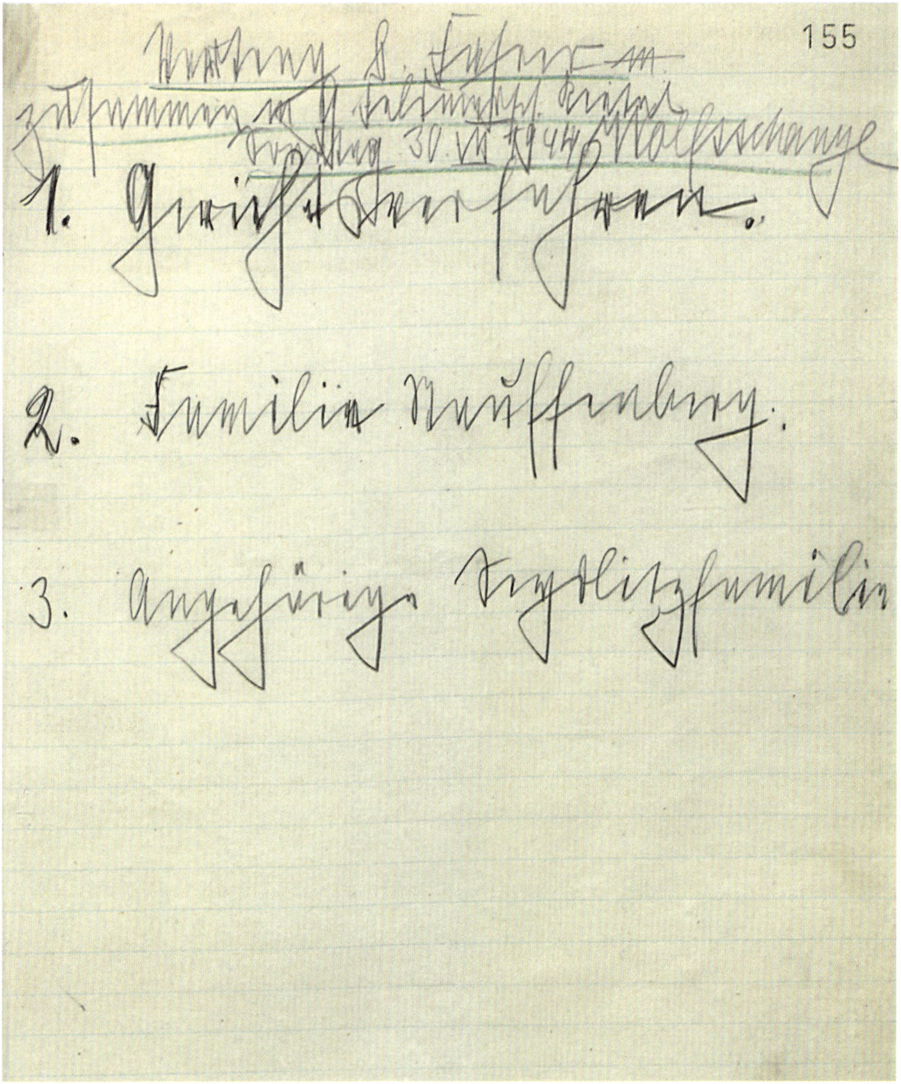


**Notizzettel Heinrich Himmlers für sein Gespräch mit Hitler in der „Wolfschanze" am 30. Juli 1944**

Quelle: Bundesarchiv, NS 19/1447, fol. 155

Umschrift:

*Vortrag b. Führer HH*
*zusammen m. G.Feldmarschall Keitel*
*Sonntag 30. VII.1944 Wolfsschanze*

*1. Gerichtsverfahren.*

*2. Familie Stauffenberg.*

*3. Angehörige Seydlitzfamilie*

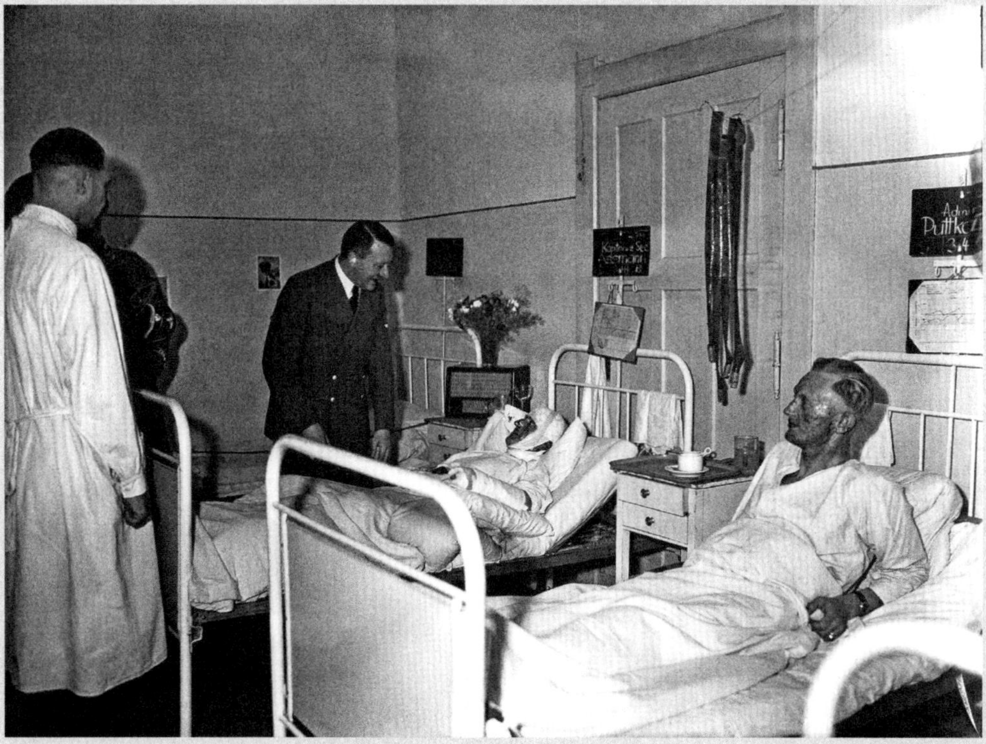

**Hitler beim Besuch Verletzter des Attentats – Kapitän zur See Heinz Assmann und Konteradmiral Karl-Jesko von Puttkamer, sein Marineadjutant, – im Lazarett Karlshof am 24. Juli 1944**

Quelle: BSB, hoff-53931

**In den Tagen nach dem Attentat**

**Von links: Keitel, Göring, Hitler, Bormann, dahinter (verdeckt) Otto Günsche, Alfred Jodl (mit Kopfverband) und Nikolaus von Below, auf der rechten Bildseite Heinrich Himmler im Gespräch mit Hermann Fegelein und Generaloberst Schörner. Das Foto wurde erstmals in der Presse am 27. Juli 1944 veröffentlicht. Auf Hitlers Hand ist deutlich ein Pflaster zu erkennen.**

Quelle: BSB, hoff-53878

Am 3. August 1944 sprachen Goebbels und der OKW-Chef Wilhelm Keitel in der „Wolfschanze" über die Verhandlungen des „Ehrenhofes", die am 4. August 1944 stattfinden sollten: „Dieser Ehrenhof soll kommenden Freitag zusammentreten. Kaltenbrunner hält kurz vor den Generälen einen Vortrag über die Anklage und über die Vernehmungsprotokolle; dann soll der Ehrenhof beim Führer den Antrag stellen, daß die Schuldigen entweder mit Schimpf und Schande aus dem deutschen Heer ausgestoßen, oder, wenn ihre Schuld nicht ganz feststeht, aus dem Heer ausgeschieden werden sollen. Damit ist dann die Möglichkeit gegeben, daß den Angeklagten vor dem Volksgerichtshof der Prozeß gemacht wird. Der Prozeß selbst soll am kommenden Montag stattfinden. Die, die zum Tode verurteilt werden, sollen in Sträflingskleidung erhängt werden. Das ist natürlich eine ganze Entscheidung, die nicht nur mir behagt, sondern sicher auch den Gefallen des ganzen deutschen Volkes finden wird."[16]

Nach dem 20. Juli 1944 nahm die Geheime Staatspolizei im Zusammenhang mit dem Umsturzversuch mehr als 600 Personen fest, davon rund 300 als „Sippenhäftlinge", also am Staatsstreich nicht beteiligte Angehörige der Verschwörer.[17] Der „Volksgerichtshof" fällte in den folgenden Monaten nach entwürdigenden Verhören der Angeklagten insgesamt 104 Todesurteile. Zudem wurden mehr als 5.000 Menschen, die sich in der Weimarer Zeit politisch betätigt hatten, im Rahmen der „Aktion Gewitter" in die Konzentrationslager eingeliefert.[18] Die Entscheidung dazu fällte Hitler am 14. August 1944 in demselben Gespräch mit Heinrich Himmler, in dem auch die Ermordung des Vorsitzenden der Kommunistischen Partei Deutschlands, Ernst Thälmann, beschlossen wurde.

---

**16** Joseph Goebbels, Tagebucheintrag vom 3. August 1944, in: Elke Fröhlich (Hrsg.), Die Tagebücher von Joseph Goebbels, Teil II: Diktate 1941–1945. Bd. 13, München 1995, S. 212.

**17** Ausführlich Johannes Tuchel, „... und ihrer aller wartete der Strick." Das Zellengefängnis Lehrter Straße 3 nach dem 20. Juli 1944, Berlin 2014, S. 35 ff., sowie Johannes Salzig, Die Sippenhaft als Repressionsmaßnahme des nationalsozialistischen Regimes. Ideologische Grundlagen – Umsetzung – Wirkung, Augsburg 2015.

**18** Michael Kißener, Die Aktion „Gewitter", in: Becker/Studt, Umgang, S. 185 ff.

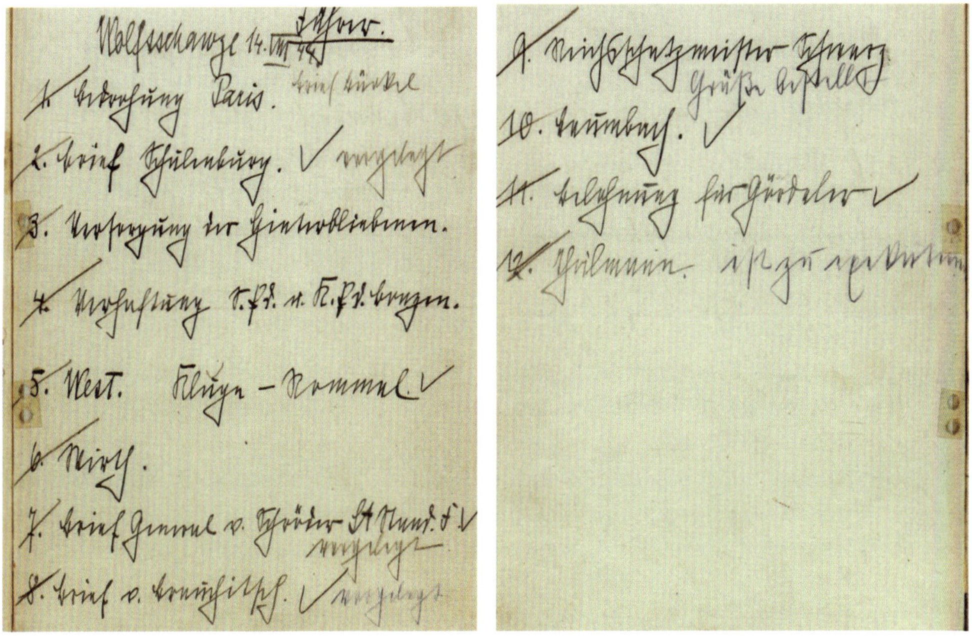

**Notizzettel Heinrich Himmlers für seine Besprechung am 14. August 1944 mit Hitler in der „Wolfschanze“**

Quelle: Bundesarchiv, NS 19/1447, fol. 161

*Umschrift:*

*Führer*
*Wolfsschanze 14. VIII. 44*

*1. Bedrohung Paris Brief Bürckel*

*2. Brief Schulenburg vorgelegt*

*3. Versorgung der Hinterbliebenen*

*4. Verhaftung S.P.D. u. K.P.D Bonzen*

*5. West. Kluge – Rommel*

*6. Wirth*

*7. Brief General v. Schröder SA Stand. F.*
*vorgelegt*

*8. Brief von Brauchitsch vorgelegt*

*9. Reichsschatzmeister Schwarz*
*Grüße bestellt*

*10. Baumbach*

*11. Belohnung für Gördeler*

*12. Thälmann ist zu exekutieren*

Hitler erhielt über Martin Bormann täglich die Berichte des RSHA-Chefs Ernst Kaltenbrunner über neue Enthüllungen zum Umsturzversuch. Im „Führerhauptquartier" sollen ebenso Fotografien der am 8. August 1944 im Strafgefängnis Berlin-Plötzensee erhängten Offiziere kursiert sein. Hitler „betrachtete sie sich so wenig, wie er widerwillig die Aufnahmen zerstörter Städte zur Kenntnis nahm, geschweige denn, dass er imstande gewesen wäre, eine brennende Stadt oder ein in Schutt und Asche liegendes Wohnviertel unmittelbar nach einem Bombenangriff zu besuchen."[19]

Auch der Film über die Exekutionen am 8. August 1944 soll in der „Wolfschanze" vorgeführt worden sein. Ob Hitler diesen Film jemals gesehen hat, oder sogar mehrfach, bleibt, wie auch Ian Kershaw in seiner neuesten Hitler-Biografie feststellt, ungewiss. Albert Speer will bei seinem Besuch in der „Wolfschanze" am 18. August Fotos der Hingerichteten vom 8. August 1944 in Sträflingskleidung gesehen haben:

*„Am Abend wurde im Kinoraum die Exekution der Verschwörer vorgeführt. Ich konnte und wollte das nicht sehen. Doch, um nicht aufzufallen, schützte ich Arbeitsüberlastung vor; aber ich sah zahlreiche andere, meist SS-Offiziere und Zivilisten, zu dieser Vorführung gehen, aber keinen einzigen Offizier der Wehrmacht."*[20]

Diese Aussage ist jedoch, wie vieles andere in Speers Erinnerungen, mit besonderer quellenkritischer Vorsicht zu werten. Andere enge Mitarbeiter Hitlers haben vehement bestritten, dass Hitler den Film gesehen habe. Der 25-minütige Exekutionsfilm wurde zum letzten Mal im Januar 1945 in den Panzerschränken des Reichspropagandaministeriums gesehen; seither ist er verschollen.[21]

---

**19** Below, Als Hitlers Adjutant, S. 385.

**20** Speer, Erinnerungen, S. 404.

**21** Vgl. Johannes Tuchel, Vor dem „Volksgerichtshof". Schauprozesse vor laufender Kamera, in: Gerhard Paul (Hrsg.), Das Jahrhundert der Bilder 1900–1945, Göttingen 2009, S. 648–657, sowie Bernd Sösemann, Verräter vor dem Volksgericht. Die denkwürdige Geschichte eines Filmprojekts, in: Becker/Studt, Umgang, S. 147–163.

**Göring beim Staatsakt für den am 20. Juli 1944 getöteten General der Flieger Günther Korten im „Reichsehrenmal Tannenberg“ am 3. August**

Quelle: Bundesarchiv, Bildarchiv Bild_101I-676-7968-25A/Schröder

**Karl Dönitz, Hermann Göring, Wilhelm Keitel beim Staatsakt für den am 20. Juli 1944 getöteten General der Flieger Günther Korten im „Reichsehrenmal Tannenberg“ am 3. August**

Quelle: Bundesarchiv, Bildarchiv, Bild_101I-676-7970/Schröder

Am 4. August erschienen noch einmal alle Reichs- und Gauleiter im „Führerhauptquartier". Einige Tage später berichtete die gelenkte Presse darüber.

# Das Schicksal zeigt den deutschen Sieg

## Zur Ansprache Adolf Hitlers vor der Parteiführerschaft

**DLA Berlin.** 7. August

Der Führer stellte vor den Reichs- und Gauleitern die Hintergründe klar, aus denen das Verbrechen des 20. Juli hervorgetreten ist. Es wird jedem Deutschen das Blut ins Gesicht treiben, daß bereits seit dem Jahre 1933 von dieser kleinen Clique, die nun vor den Volksgerichtshof gestellt ist, die Anstrengungen der Nation sabotiert wurden. Während ein ganzes Volk mit höchstem Energieeinsatz kämpfend den Weg in die Freiheit schritt, leistete diese Clique allen Maßnahmen einen versteckten und dauernden Widerstand. Es ist unfaßbar, wie Soldaten, die den grauen Rock der Ehre trugen, ihren Kameraden in den Rücken fallen konnten. Diesen grauen Rock haben ja auch die Mitglieder der

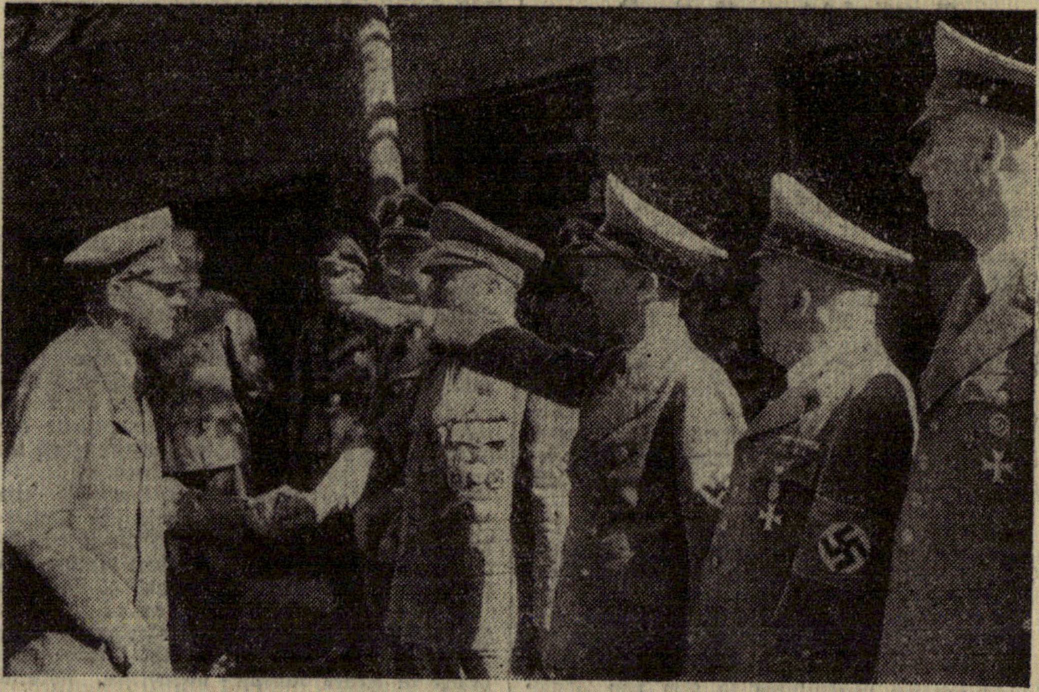

Zum Abschluß ihrer Tagung wurden die Reichs- und Gauleiter am 4. August im Führerhauptquartier empfangen. Der Führer begrüßt Dr. Ley; links Reichsführer SS Reichsminister Himmler, rechts Reichsminister Dr. Goebbels, Reichsleiter Amann und Reichsminister Dr. Frick

Aufn. Presse-Hoffmann

Clique ausziehen müssen, weil sie nicht wert waren, ihn zu tragen. Sie haben offenkundigen Verrat getrieben, sie haben, wie man nun aus dem Munde des Führers hört, diesen Verrat bis zur Sabotage der Frontversorgung gesteigert. Während Millionen deutscher Männer das Leben einsetzten, spekulierten sie mit der Frontversorgung, die sie planmäßig hinderten. Aus dem Munde des Mannes aber, dessen Leben diese Verbrecher bedrohten, kommt auch in dieser Stunde die Anerkennung für die überwiegende Mehrheit, die Hunderttausende tapferer deutscher Offiziere, die mit diesem kleinen Klüngel nichts gemein hatten und unter ihren Planungen leiden mußten beim Einsatz ihres Lebens und ihres Seins.

Aus den Ausführungen des Führers ersieht das deutsche Volk dankbar, daß auch der Führer selbst den 20. Juli mit seiner eigenen Bewahrung vor dem ekelhaften Attentat als die große Fügung des Schicksals ansieht und im Zusammenhang mit diesem sichtlichen Zeichen als eine persönliche Entlastung. Mit dem Führer ist ein ganzes tapferes Volk dem Schicksal dankbar, daß der Mann den Kampf weiterführen kann, der unter keinen Umständen kapituliert, sondern für sein Volk die Fahne des Glaubens und der Zuversicht hochhält.

Aus der Ansprache des Führers an die Reichs- und Gauleiter, die Getreuesten der Getreuen, klang dieser zuversichtliche Glaube, für den der Führer das Schicksal seiner Person als Pfand einsetzte. Gegen diesen Willen und den Einsatz der gesamten Kraft der Nation wird es keine Schwierigkeit geben, so groß sie sich immer darstellt. Es hat sich bisher immer gezeigt, daß menschlicher Wille und Glaube größer sind als materielle Schwierigkeiten, wie immer sie sich gestalten.

Der Führer nahm nach diesen Ausführungen den Verlauf des 20. Juli als ein neues Zeichen des Schicksals, das ihm eine Zuversicht gegeben habe wie noch nie in seinem Leben, das gewiß voller Kampf, Aufopferung, aber auch voller Siege für die Größe des deutschen Volkes war. Mit dem Führer glaubt ein festes, fleißiges und ehrenhaftes Volk, daß unter seiner Führung der Krieg siegreich bestanden wird, und daß der 20. Juli in diesem letzten und höchsten Blick vor der Weltgeschichte durch den Willen des Führers und durch das Schicksal nichts anderes als eine Station zu diesem Siege wurde.

# Voller Zuversicht wie nie zuvor

## Der Führer: Unser Krafteinsatz wird alle Schwierigkeiten meistern

Die Nationalsozialistische Parteikorrespondenz meldet:

Am 4. August wurden die Reichsleiter und Gauleiter zum Abschluß ihrer Tagung vom Führer in seinem Hauptquartier empfangen.

Reichsleiter General Ritter von Epp machte sich zum Sprecher der Parteiführerschaft, indem er mit bewegten Worten der Freude Ausdruck gab, den Führer nach dem ruchlosen Anschlag des 20. Juli in voller Gesundheit und Schaffenskraft zu sehen.

Der Führer sprach dann zu seinem politischen Führerkorps. Er beleuchtete die Hintergründe und Zusammenhänge des 20. Juli. Bei der Beurteilung des Verbrechens dürfe, wie der Führer erklärte, nicht vergessen werden, daß diese Verräter tatsächlich nicht erst seit 1941, sondern schon seit der nationalsozialistischen Machtergreifung fortgesetzt die Anstrengungen und den Kampf der Nation sabotiert haben. Die Clique sei zahlenmäßig begrenzt, aber einflußmäßig bedeutend gewesen. Der Führer schilderte im einzelnen, wie von diesen Kreisen ein permanenter Widerstand gegen alle Maßnahmen der Führung ausging, der sich bis zum offenkundigen Verrat an der kämpfenden Truppe und bis zur direkten Sabotage der Frontversorgung steigerte. Die überwältigende Mehrheit, Hunderttausende braver deutscher Offiziere, habe mit diesem verbrecherischen Klüngel nichts gemein gehabt und wende sich von ihm mit Empörung und Ekel ab. Der Führer selbst empfinde es als eine Schicksalsfügung und eine persönliche Entlastung, daß jetzt endlich dieser bisher nie greifbare innere Widerstand aufgedeckt und die Verbrecherclique beseitigt werden konnte. Jetzt gelte es, die Konsequenzen aus diesen Vorgängen zu ziehen. Am Ende werde man dann abschließend einmal erkennen, daß diese im Augenblick so schmähliche Tat vielleicht die segensreichste für die ganze deutsche Zukunft gewesen sei.

„Den Kampf gegen die Feinde nach außen“ – so erklärte der Führer – „scheue ich nicht. Mit diesen werden wir am Ende trotz allem fertig. Ich muß nur das Bewußtsein haben, daß im Rücken absolute Sicherheit, gläubiges Vertrauen und treue Mitarbeit herrschen. Das ist die Voraussetzung. Die Mobilisierung aller Kräfte in unserem Volk, wie sie heute stattfindet, hätten wir nicht vornehmen können, wenn das verbrecherische Treiben der jetzt beseitigten Saboteure weiter angedauert hätte. Durch den Einsatz der gesamten militärischen und inneren Kraft der Nation werden wir alle Schwierigkeiten meistern.

Ich bin dem Schicksal dafür, daß es mich am Leben ließ, nur deshalb dankbar, weil ich den Kampf weiterführen kann. Denn ich glaube, daß ich für die Nation notwendig bin, daß sie einen Mann braucht, der unter keinen Umständen kapituliert, sondern unentwegt die Fahne des Glaubens und der Zuversicht hochhält, und weil ich glaube, daß das kein anderer besser machen würde, als ich es tue. Was immer für Schicksalsschläge kommen mögen, immer werde ich als Träger der Fahne gerade stehen!

Ich habe gerade durch den 20. Juli eine Zuversicht bekommen wie vordem noch nie in meinem Leben. Wir werden diesen Krieg am Ende deshalb siegreich bestehen.“

Am Schluß der Ansprache des Führers bereitete ihm die versammelte Parteiführerschaft eine Kundgebung der Treue und des gläubigen Vertrauens. Reichsleiter und Reichsarbeitsführer Hierl gab diesem Gefühl Ausdruck mit den Worten: „Sie kennen ihre alten Mitarbeiter und Mitkämpfer, mein Führer. Sie wissen, wie wir mit ihnen verbunden sind. Ihr Leben ist unser Leben. Ich glaube nicht, daß es notwendig ist, Ihnen nochmals unsere Treue besonders zu bekunden. Diese Treue ist selbstverständlich. Für diese Treue gibt es keine Einschränkung und auch keine Steigerung. Für uns Parteigenossen gibt es nur eine wahre Treue, und diese schließt alles in sich: Kampf und Opfer, Leib und Leben. Es lebe unser Führer! Siegheil!“

Quelle: Berliner Lokalanzeiger, 8. August 1944

**Hitler begrüßt (noch immer mit der linken Hand) am 4. August 1944 „Reichsarbeitsführer" Konstantin Hierl**

**Von links: Hitler, Goebbels, SS-Obergruppenführer und Präsident der Reichspressekammer Max Amann, „Reichsprotektor für Böhmen und Mähren" Wilhelm Frick, Konstantin Hierl, Reichsminister für die besetzten Ostgebiete Alfred Rosenberg, Chef der „Kanzlei des Führers" Philipp Bouhler, Reichsstatthalter von Wien Baldur von Schirach.**

Quelle: Bundesarchiv, Bildarchiv 81/61/25/Hoffmann

Eine Schilderung des Attentats erhielt Conducător Antonescu am 5. August, der für diesen – letzten – Besuch mit Gefolge von Hitlers Chefpilot Baur aus Bukarest eingeflogen worden war: Nunmehr, da ein zweiter „Dolchstoß im Rücken der Nation" abgewendet worden sei, die kommandierenden Marschälle fest hinter ihm stünden und gegen die Hochverräter hart vorgegangen würde, konsolidiere sich die Front „von Stunde zu Stunde"[22]. Zwei Wochen später fegte die sowjetische Großoffensive im Süden Antonescus Regime hinweg.

**22** Aufzeichnung von P. O. Schmidt vom 6. August 1944, abgedruckt in: Hillgruber, Staatsmänner und Diplomaten, Bd. 2, S. 481–501.

Am vorletzten Augusttag des Jahres 1944 befahl der „Führer“ die „Herstellung der Verteidigungsbereitschaft des Westwalls“ durch „feldmäßigen Ausbau“[23]; die Soldaten der Alliierten näherten sich in Ost wie West unaufhaltsam den Grenzen des „Großdeutschen Reiches“.

Am 1. September empfing Hitler die neue nationale französische Regierung unter Fernand de Brinon in der „Wolfschanze“. Er überraschte seine Gäste mit der Bemerkung, dass der „jetzt tobende Krieg [...] in einer Hinsicht etwas Gutes [habe]: Er erbringe einmal den Beweis, dass überall da, wo die deutschen Truppen abzögen, der Bolschewismus einrücke, wenn auch vielleicht nicht sofort ungetarnt, so doch nach wenigen Wochen mit seiner ganzen Brutalität.“ Umso mehr hoffe er, dass es den Herren aus Frankreich gelingen möge, „ihr Land aus dem Strudel der jetzigen Katastrophe zu retten.“[24] Chefdolmetscher Schmidt resümierte: „Die Unwirklichkeit dieses ganzen Spieles wurde in eindrucksvoller Weise durch den russischen Kanonendonner unterstrichen, der von der [...] nur 80 Kilometer von Hitlers Hauptquartier entfernt verlaufenden Front bei Augustow drohend herüberklang, während man nachts am ganzen südöstlichen Horizont das Mündungsfeuer der Geschütze aufleuchten sah.“[25] Goebbels notierte in diesen Tagen: „Im Übrigen herrscht im Führerhauptquartier eine etwas deprimierte Stimmung. Jedenfalls habe ich das Gefühl, dass sehr viele hier die Köpfe hängen lassen und sich durch die von den Fronten eintreffenden Nachrichten zu stark beeindrucken lassen. Bormann gehört zwar nicht zu diesen schwächlichen Naturen, aber man merkt doch, dass er durch die letzten Vorgänge auch etwas angegriffen worden ist.“ Es gab allen Grund für Niedergeschlagenheit, aber die „Wolfschanze“, so Hitlers Weisung, werde „bis zum letzten Mann verteidigt“[27].

**23** Moll, „Führer-Erlasse“, S. 448 f.
**24** Schmidt, Statist, S. 502–505.
**25** Schmidt, Statist, S. 596.
**26** Joseph Goebbels, Tagebucheintrag vom 3. September 1944, in: Elke Fröhlich (Hrsg.), Die Tagebücher von Joseph Goebbels, Teil II: Diktate 1941 – 1945. Bd. 13, München 1995, S. 396 ff.
**27** Zit. nach Peter Hoffmann, Die Sicherheit des Diktators. Hitlers Leibwachen, Schutzmaßnahmen, Residenzen, Hauptquartiere, München, Zürich 1975, S. 664.

**Kroatiens Staatschef Pavelić bei Hitler am 18. September 1944, rechts Großadmiral Karl Dönitz**

Photo: Walter Frentz, Quelle: Walter-Frentz-Collection, Berlin

Als letzter Staatsgast weilte der Poglavnik („Staatsführer") des verbündeten Unabhängigen Staates Kroatien Ante Pavelić am 18. September im Wald von Rastenburg. Es gab durchaus Differenzen, aber das Kommuniqué wusste vom „Geist der aufrichtigen und treuen Freundschaft" zu berichten.[28] Eine Woche später, in der Nacht zum 26. September 1944, unterzeichnete Hitler in der „Wolfschanze" den „Erlass über die Bildung des deutschen Volkssturms": Infolge „des Versagens aller unserer europäischen Verbündeten" stehe der Gegner „in der Nähe oder an den deutschen Grenzen". Dem „uns bekannten totalen Vernichtungswillen unserer jüdisch-internationalen Feinde setzen wir den totalen Einsatz aller deutschen Menschen entgegen". Zur „Verstärkung der aktiven Kräfte unserer Wehrmacht und insbesondere zur Führung eines unerbittlichen Kampfes überall dort, wo der Feind den deutschen Boden betreten will, rufe ich daher alle waffenfähigen deutschen Männer [im Alter von 16 bis 60 Jahren] zum Kampfeinsatz auf".[29] Himmler verlas den Befehl Hitlers am 18. Oktober auf einer Kundgebung in Bartenstein anlässlich des 131. Jahrestages der Völkerschlacht bei Leipzig.

---

**28** Vgl. Aufzeichnung von P. O. Schmidt vom 20. September 1944, abgedruckt in: Hillgruber, Staatsmänner und Diplomaten, Bd. 2, S. 506–519, sowie Domarus, Hitler, S. 2149.

**29** Zit. nach Domarus, Hitler, S. 2151 f.

BERLINER MORGENPOST

Wöchentlich 50 Pf. Einzeln 10 Pf.

10 PFENNIG

Vereinigt während der Kriegsdauer mit Berliner Lokal-Anzeiger

Verlag und Schriftleitung Berlin SW 68, Kochstraße 22-26. Fernsprech-Zentrale: Sammel-Nummer 17 49 01. Draht-Anschrift: Deutschverlag, Berlin. Postscheck-Konto: Deutscher Verlag, Berlin 660. Monatlich 2 Mark 15 durch Boten; durch die Post 2 Mark 10 (einschließlich 25,8 Pfennig Postgebühren), dazu 36 Pfennig Zustellgeld. Bei

Donnerstag, 19. Oktober 1944

46. Jahr / Nr. 251 / Deutscher Verlag

Ausfall der Lieferung wegen höherer Gewalt kein Anspruch auf Ersatz. Bestellungen und Anzeigen-Annahme in allen Geschäftsstellen des Deutschen Verlages. Wichtige Meldungen sind zu jeder Tages- und Nachtzeit erwünscht und werden angemessen bezahlt. Für unverlangt eingesandte Beiträge wird keine Gewähr übernommen.

## Am Tage der Völkerschlacht bei Leipzig

# Bildung des Deutschen Volkssturms

### Dem uns bekannten totalen Vernichtungswillen unserer jüdisch-internationalen Feinde setzen wir den totalen Einsatz aller deutschen Menschen entgegen

## 1813 – 1944

Der 18. Oktober ist in der deutschen Geschichte historischer Tag: Am 18. Oktober 1813 erreichte die Völkerschlacht bei Leipzig ihren Höhepunkt und damit war zugleich die Gewißheit gegeben, daß Preußen den entscheidenden Stoß zur Befreiung vom napoleonischen Joch geführt. Zwar konnte Napoleon später seinen Versuch einer Beunruhigung Europas noch einmal, wenn auch mit unzureichenden Mitteln, wiederholen, aber die Schlacht bei Leipzig gilt mit Recht als der Höhepunkt der Befreiungskriege.

Vorausgegangen war eine Sammlung des preußischen Volkes, die erst so aussichtslos schien und die doch bewiesen hat, daß ein Volk, wenn es sich auf seine Kraft besinnt, unbesiegbar ist. Zu Beginn des Jahres 1813 waren in der preußischen Kriegskasse ganze 5000 Taler. Damit konnte ein Befreiungskampf nicht geführt werden. Aber da zeigte es sich, zu welchen Opfern das Volk bereit war, um seine Freiheit zu erkämpfen und die Bedrohung durch Napoleon ein für allemal von sich abzuschütteln. Gold wurde für Eisen gegeben, und jeder trennte sich auch von dem, was ihm am liebsten war, weil nur so Aussicht auf den Erfolg des Kampfes gegeben war.

Am 21. April 1813 erschien dann die „Verordnung über den Landsturm". Der Landsturm hatte den Zweck, „den Feind gewahr werden zu lassen, daß ein solches Volk nicht besiegt werden kann". Der Krieg war zum Volkskrieg geworden, und jeder einzelne sah es für seine selbstverständliche Ehrenpflicht an, die Sache seines bedrohten Vaterlandes über die eigene zu stellen. Der Landsturm kam zwar damals nicht zum vollkommenen Einsatz, aber die psychologiche Wirkung, die seine Aufstellung auf das ganze Volk ausübte, hat dazu beigetragen, daß nach den dunklen Tagen von Jena und Auerstädt sich das Geschick Preußens entscheidend wandelte. In der Stunde der höchsten Gefahr zeigte Preußen seine höchste Kraft.

Am 18. Oktober 1944 ist das Dekret des Führers über die Bildung des „Deutschen Volkssturms" dem deutschen Volke bekanntgegeben worden. Das Großdeutsche Reich befindet sich in einem Existenzkampf, der härteste Formen angenommen hat, bei dem es keinen Kompromiß gibt, bei dem nur die Frage zur Beantwortung steht: Sieg oder als Volk untergehen! Der Kampf tobt im Osten und Westen an den deutschen Grenzen, und der Feind läßt in seinem materiellen Aufwand und in seinen Proklamationen keinen Zweifel darüber, daß es ihm um die Ausrottung Deutschlands und des deutschen Volkes geht.

In diesem Augenblick hoher nationaler Gefahr tritt der „Deutsche Volkssturm" nach dem Befehl des Führers mit dem Willen an, in höchster Entschlossenheit an dem Befreiungskampf des deutschen Volkes aktiv teilzunehmen. Hatte schon die Anlage der Befestigungen im Osten und Westen den Beweis dafür erbracht, welche Leistungen das deutsche Volk aus sich heraus auch

(Fortsetzung auf Seite 2)

## Freiwilligen-Musterung für den Deutschen Volkssturm

Am Sonntag, dem 22. Oktober 1944, werden erstmalig die Musterungen von Freiwilligen für den deutschen Volkssturm durchgeführt.

Jeder Freiwillige meldet sich bei den Meldestellen seiner Ortsgruppe, die durch Aushang kenntlich gemacht sind. Bei der Meldung sind vorzulegen: Personalausweise (z. B. Kennkarte oder Postausweis), Militärpapiere (z. B. Wehrpaß oder Heranziehungsbescheid), Ausweispapiere über Mitgliedschaft bei Partei, Gliederungen, angeschlossenen Verbänden und sonstigen Organisationen.

Die Meldestellen, die schon heute bei jeder Dienststelle der Partei, der NSV., der SA., der SS, des NSKK. und der HJ. erfragt werden können, sind am Sonntag von 9 bis 17 Uhr geöffnet.

## Der Wortlaut des Führer-Erlasses

DNB Berlin, 18. Oktober

Der Erlaß des Führers über die Bildung des Deutschen Volkssturms hat folgenden Wortlaut:

„Nach fünfjährigem schwersten Kampf steht infolge des Versagens aller unserer europäischen Verbündeten der Feind an einigen Fronten in der Nähe oder an den deutschen Grenzen. Er strengt seine Kräfte an, um unser Reich zu zerschlagen, das deutsche Volk und seine soziale Ordnung zu vernichten. Sein letztes Ziel ist die Ausrottung des deutschen Menschen.

Wie im Herbst 1939 stehen wir nun wieder ganz allein der Front unserer Feinde gegenüber. In wenigen Jahren war es uns damals gelungen, durch den ersten Großeinsatz unserer deutschen Volkskraft die wichtigsten militärischen Probleme zu lösen, den Bestand des Reiches und damit Europas für Jahre hindurch zu sichern. Während nun der Gegner glaubt, zum letzten Schlag ausholen zu können, sind wir entschlossen, den zweiten Großeinsatz unseres Volkes zu vollziehen. Es muß und wird uns gelingen, wie in den Jahren 1939—41 ausschließlich auf unsere eigene Kraft bauend, nicht nur den Vernichtungswillen der Feinde zu brechen, sondern sie wieder zurückzuwerfen und so lange vom Reich abzuhalten, bis ein die Zukunft Deutschlands, seiner Verbündeten und damit Europa sichernder Friede gewährleistet ist.

Dem uns bekannten totalen Vernichtungswillen unserer jüdisch-internationalen Feinde setzen wir den totalen Einsatz aller deutschen Menschen entgegen.

Zur Verstärkung der aktiven Kräfte unserer Wehrmacht und insbesondere zur Führung eines unerbittlichen Kampfes überall dort, wo der Feind den deutschen Boden betreten will, rufe ich daher alle waffenfähigen deutschen Männer zum Kampfeinsatz auf.

Ich befehle:

1. Es ist in den Gauen des Großdeutschen Reiches aus allen waffenfähigen Männern im Alter von 16 bis 60 Jahren der Deutsche Volkssturm zu bilden. Er wird den Heimatboden mit allen Waffen und Mitteln verteidigen, soweit sie dafür geeignet erscheinen.

2. Die Aufstellung und Führung des Deutschen Volkssturms übernehmen in ihren Gauen die Gauleiter. Sie bedienen sich dabei vor allem der fähigsten Organisatoren und Führer der bewährten Einrichtungen der Partei, SA., SS, NSKK. und HJ.

3. Ich ernenne den Stabschef der SA. Schepmann zum Inspekteur für die Schießausbildung und den Korpsführer NSKK. Kraus zum Inspekteur für die motortechnische Ausbildung des Volkssturmes.

4. Die Angehörigen des Deutschen Volkssturmes sind während ihres Einsatzes Soldaten im Sinne des Wehrgesetzes.

5. Die Zugehörigkeit der Angehörigen des Volkssturmes zu außerberuflichen Organisationen bleibt unberührt. Der Dienst im Deutschen Volkssturm geht aber jedem Dienst in anderen Organisationen vor.

6. Der Reichsführer-SS ist als Befehlshaber des Ersatzheeres verantwortlich für die militärische Organisation, die Ausbilder, Bewaffnung und Ausrüstung des Deutschen Volkssturmes.

7. Der Kampfeinsatz des Deutschen Volkssturmes erfolgt nach meinen Weisungen durch den Reichsführer-SS als BdE.

8. Die militärischen Ausführungsbestimmungen erläßt als BdE. Reichsführer-SS Himmler, die politischen und organisatorischen in meinem Auftrage Reichsleiter Bormann.

9. Die Nationalsozialistische Partei erfüllt vor dem deutschen Volk ihre höchste Ehrenpflicht, indem sie in erster Linie ihre Organisationen als Hauptträger dieses Kampfes einsetzt. Adolf Hitler."

## Erster Appell des Deutschen Volkssturms

### Ansprache des Reichsführers SS vor Volkssturmkompanien in Ostpreußen

DNB Berlin, 18. Oktober

**Der Reichsführer SS hielt heute in einer Stadt Ostpreußens den ersten Appell des Deutschen Volkssturms ab. Auf dieser Kundgebung wurde das Dekret des Führers über die Errichtung des Deutschen Volkssturms verkündet. Im Anschluß an die Bekanntgabe der Proklamation des Führers hielt der Reichsführer SS vor den angetretenen Volkssturmkompanien folgende Rede:**

Volkssturmmänner!

Heute vor 131 Jahren, am Abend des 18. Oktober 1813, ging nach blutigen und äußerst wechselvollen Kämpfen die Völkerschlacht bei Leipzig siegreich zu Ende. Durch diesen Erfolg wurde Deutschlands Boden von Napoleons unüberwindlich scheinender Heeresmacht reingefegt. Nach militärischen Begriffen war der Krieg, der von mutigen Freiheitskämpfern aller deutschen Stämme und von revolutionären, kühnen Offizieren und Generalen der preußischen Armee wie Blücher, Scharnhorst, Gneisenau, Clausewitz im Frühjahr des Jahres 1813 begonnen wurde, ein aussichtsloser. Viele deutsche Länder waren im Bund mit dem Korsen, Preußens Festungen von französischen Garnisonen besetzt, Preußens Heer eine kleine unbedeutende Rumpfarmee. Ein Angriff gegen Napoleon war, obschon er 1812 in Rußland eine schwere Niederlage erlitten hatte, nach verstandesmäßiger Berechnung unmöglich und für die angeblich „besonnenen" Politiker und Militärs unverantwortlich. Die Freiheitskämpfer aber, die ihren Willen gegen den Zaghaften, Berechnenden, Klugen und Neunmalweisen durchsetzten und vom zögernden König am 21. April 1813 die Gründung des Landstums ertrotzten, hatten in ihren gläubigen Herzen den von der Geschichte als richtig erwiesenen Entschluß zum Kampf gefaßt und in die Tat umgesetzt. Aus ungedienten Bauern und Städtern bildete sich der Preußische Landsturm. Bedingungslos ist der Wille zur Aufstellung der Organisation. Unübersteigbare Hindernisse gibt es nicht.

In der Verordnung über den Landsturm heißt es in § 43:

„Die Waffen sind alle Arten von Flinten mit und ohne Bajonett, Spieße, Pickel, Heugabeln, Morgensterne, Säbel, geradgezogene Sensen, Eisen etc."

Aus den Haufen wurden Bataillone, aus notdürftig Bewaffneten die fanatischen Freiheitskämpfer. Mit den Worten „Vaterland, Vaterland" griffen Landwehr und Landsturm den überlegen gerüsteten, modern ausgebildeten und kriegerfahrenen Feind in allen Provinzen an und vertrieben in monatelangen, von vielen Rückschlägen begleiteten Kämpfen den französischen Gegner aus dem preußischen Staatsgebiet.

Die Krönung war dann die in erster Linie von den preußischen und österreichischen Soldaten ruhmreich zu Ende geschlagene Schlacht bei Leipzig. Der Landsturm hatte aus einer angeblich aussichtslosen Situation heraus in einem halben Jahr die Voraussetzungen dafür geschaffen, daß der gewichtige strategische Sieg bei Leipzig durch die Armee erfochten werden konnte, der wiederum die Grundlage für die Befreiung des Vaterlandes und das Gewinnen des ganzen Krieges war.

## Verteidigung des Heimatbodens

Heute nun, am 18. Oktober 1944, dem Gedenktag der Völkerschlacht bei Leipzig, hat unser Führer und Oberster Kriegsherr Adolf Hitler alle noch zu Hause befindlichen waffenfähigen deutschen Männer zwischen 16 und 60 Jahren zum Kampfeinsatz im deutschen Volkssturm zur Verteidigung des Heimatbodens aufgerufen.

Es wird sicherlich in Deutschland Menschen geben, welche die ängstliche Frage stellen, ob dies notwendig sei! In soldatischer Ruhe, die unserem treuen und tapferen deutschen Volk zu eigen ist, wollen wir, die Männer und Frauen, die wir in fünf Kriegsjahren an der Front und in der Heimat auch den schwersten Angriffen zu Land, zu Wasser und aus der Luft mutig und unbeugsam standgehalten haben, uns einen Ueberblick verschaffen.

Im Jahre 1939 wurde die Lage Hunderttausender von Deutschen in der Republik Polen eine immer schlechtere. Blutigste Verfolgungen waren ebenso an der Tagesordnung wie die Vertreibung von Haus und Hof. Der Führer stellte an die Republik Polen in mehreren Noten, zum Schluß in seinem Vorschlag vom 30. August 1939, die ebenso berechtigten wie maßvollen Forderungen. Es wird einmal von historischer Bedeutung sein, daß der englische Botschafter diesen Vorschlag, durch den der Ausbruch des Krieges leicht hätte vermieden werden können, nicht weitergegeben hat. In großen Zügen handelt es sich um folgende Punkte:

1. Die uralte deutsche Stadt Danzig sollte dem Deutschen Reich zurückgegeben werden. 2. Im Gebiet des sog. Korridors sollte eine von einer internationalen Kommission nach dem Saarstatut durchzuführende Abstimmung stattfinden, die die objektive und gerechte Entscheidung bringen sollte und 3. Den deutschen Volksgenossen in Polen sollte ebenso ein gerechtes Minderheitenstatut gegeben werden wie Deutschland seinerzeit bereit war, den schon immer gut behandelten Polen im Deutschen Reich ein gleichlautendes Statut zu geben..

In dem kurzen Feldzug der 18 Tage wurde das polnische militärische Problem gelöst. Der Führer bot unseren Gegnern England und Frankreich die Friedenshand.

Im Frühjahr 1940 kam die deutsche Wehrmacht England um wenige Stunden zuvor, als es unter Mißachtung der Neutralität Norwegen und Dänemark besetzen wollte. Hiermit war unserem Volk die Nordgrenze gesichert.

Im Frühsommer 1940 wurden die westlichen Armeen unserer Gegner, die belgische, die niederländische, französische und englische, besiegt bzw. vom Festland ver-

Bereits am 1. August 1944 hatte Himmler beim Abendessen mit Hitler in der „Wolfschanze" über den Beginn des Aufstandes in Warschau berichtet: „Mein Führer, der Zeitpunkt ist unsympathisch. Geschichtlich gesehen, ist es ein Segen, dass die Polen das machen. Über die fünf, sechs Wochen kommen wir hinweg. Dann aber ist Warschau, die Hauptstadt, der Kopf, die Intelligenz dieses ehemaligen 16-, 17-Millionenvolks der Polen ausgelöscht, dieses Volkes, das uns seit 700 Jahren den Osten blockiert und uns seit der ersten Schlacht bei Tannenberg immer wieder im Wege liegt. Dann wird das polnische Problem für unsere Kinder und für alle, die nach uns kommen, ja schon für uns, kein großes Problem mehr sein."[30]

Nach einer Aussage des letzten SS- und Polizeiführers (SSPF) Warschaus, Paul Otto Geibel, soll Himmler angeordnet haben: „Alle Polen in Warschau, ohne Rücksicht auf Alter und Geschlecht, sind zu erschießen, Gefangene dürfen nicht gemacht werden. Warschau ist dem Erdboden gleichzumachen, um Europa zu zeigen, was es bedeutet, einen Aufstand gegen Deutsche zu unternehmen."[31] Am 7. Oktober war der Aufstand unter dem Kommando des SS-Obergruppenführers und General der Polizei Erich von dem Bach-Zelewski niedergeschlagen.

Himmler gab nach einer Besprechung mit Hitler in der „Wolfschanze" zwischen 18.30 und 20.15 Uhr an diesem Tag dessen Befehl, „die totale Zerstörung Warschaus durchzuführen",[32] an von dem Bach-Zelewski weiter. Auch die Sammlungen der polnischen Nationalbibliothek wurden von deutschen Truppen in Brand gesteckt und nahezu vollständig vernichtet. Zugleich befahl Himmler, alle übrigen materiellen Werte aus Warschau zu seinen Gunsten fortzuschaffen. Während der Kämpfe um

**30** So Himmler in einem Selbstzitat in seiner Rede vor den Wehrkreisbefehlshabern und Schulkommandeuren in Jägerhöhe am 21. September 1944, zit. nach Bradley F. Smith/Agnes F. Peterson (Hrsg.), Heinrich Himmler, Geheimreden 1933 bis 1945 und andere Ansprachen, Frankfurt am Main u.a. 1974, S. 242.

**31** Verhörprotokoll Geibels, zit. nach Uhl u.a. (Hrsg.), Die Organisation des Terrors, S. 825.

**32** Zit. nach ebenda, S. 906.

**Veröffentlichung von Hitlers „Volkssturm"-Befehl**

Quelle: Berliner Morgenpost vom 19. Oktober 1944

die Stadt fielen rund 15.000 Soldaten der polnischen Heimatarmee; die eingesetzten Truppen von SS, Polizei und Wehrmacht ermordeten darüber hinaus etwa 150.000 polnische Zivilisten, mehrere hunderttausend Menschen wurden in deutsche Konzentrationslager verschleppt.

Unaufhaltsam marschierten Stalins Truppen voran und brachen am 11. Oktober erstmalig in Ostpreußen ein. Als sowjetische Vorkommandos am Freitag, dem 20. Oktober, die Rominte bei Großwaltersdorf (dem früheren Walterkehmen) überschritten, veranlasste Göring die Aktion „Johannisfeuer", durch die sein Reichsjägerhof in Flammen aufging. Hitler zitierte am späten Abend des Folgetages den Gauleiter und Reichsverteidigungskommissar von Ostpreußen, Erich Koch, in die „Wolfschanze". Erst nach der Unterredung im „Führerbunker" genehmigte dieser die Evakuierung der Zivilbevölkerung bis 30 Kilometer hinter die Front.

Keitel und Jodl drängten Hitler seit längerem, die „Wolfschanze" zu verlassen, doch der weigerte sich, wie Bormann berichtete: „Der Führer hat mir gestern [25. Oktober] nach meinem Bericht gesagt, dass er in keinem Fall von hier fortgehe, solange die Krise in Ostpreußen andauert. [...] Er denkt, dass seine Anwesenheit vielen Ostpreußen die nötige Ruhe und das Vertrauen gibt und die Divisionen zu entsprechenden Anstrengungen zwingt. [...] Das Führerhauptquartier hier ist jedenfalls schon ‚aufgelöst' worden, wie der Fachausdruck dafür lautet, das heißt alles, was nicht unbedingt nötig ist, wurde weggeschickt. Das gilt sowohl für die Ausrüstung als auch für die Leute."[33] Und noch etwas Anderes trieb Hitler in seinem Bunker um: Am 27. Oktober erließ er die Verfügung 14/44 zur „Vermeidung von Auto- und Flugzeugunfällen führender Persönlichkeiten" in Partei, Staat und Wehrmacht, in der er befand, „dass es besser ist, das Ziel etwas später zu erreichen, als überhaupt nicht anzukommen".[34] Ende 1944 empfand sein Kammerdiener Heinz Linge, dass sein Herr „übergangslos [...] körperlich plötzlich ein Greis geworden"[35] sei.

---

**33** Brief von Martin Bormann vom 26. Oktober 1944, zit. nach Anton Joachimsthaler, Hitlers Ende. Legenden und Dokumente, Augsburg 1998, S. 108.

**34** Moll, „Führer-Erlasse", S. 463 f.

**35** Linge, Untergang, S. 267.

Nach der Rückeroberung der Stadt Goldap durch einen deutschen Gegenangriff stabilisierte sich die Front im Osten ab dem 5. November, wobei Teile Ostpreußens in sowjetischer Hand blieben. Der oberste deutsche Kriegsherr entschied trotz drohender neuer Schläge der Roten Armee, mehrere Divisionen aus Ostpreußen und von der Weichsel nach Westen zu verlegen. Aber auch ihm war die bedrohliche Situation bewusst. Als er General Walther Wenck nach der „Mittagslage" vom 6. November in den „Mauerwald" verabschiedete, warnte er diesen eindringlich vor sowjetischen Tieffliegern: „Der Führer: ‚Alles Gute! Wie kommen Sie denn hin?' Wenck: ‚Ich fahre mit dem Zug und zum Teil mit dem Wagen.' Der Führer: ‚Gehen Sie beizeiten aus dem Zuge heraus, damit Sie ...'"[36]

Am Freitag, dem 10. November, unterschrieb Hitler seinen letzten Befehl in der „Wolfschanze", den Aufmarschplan der deutschen Armeen für den Ardennendurchbruch. Adjutant Below hielt fest: „Wir waren am Ende dieses großen Kampfes, und es blieb für H. nur die Frage, wie er selbst sich verhalten sollte. Er beschäftigte sich verschiedentlich mit dem Problem. In den letzten Tagen in der 'Wolfschanze', zwischen dem 16. und dem 20. November, hörte ich ihn darüber sprechen. Als Jodl vorschlug, das FHQ wegen der Ardennenoffensive nach Berlin zu verlegen, sagte er, dass er aus Ostpreußen nicht mehr fortginge. Der Krieg sei verloren. Diese Worte fielen mehrmals in diesen Tagen."[37]

Am Montag, dem 20. November, seinem letzten Tag in der „Wolfschanze", ließ sich Hitler um 11.00 Uhr wecken, empfing ab 12.15 Uhr der Reihe nach seinen Adjutanten Schaub, seinen Leibarzt Morell, seinen Persönlichen Sekretär Bormann sowie Keitel und Jodl. Für 13.40 Uhr war die „Lage" angesetzt, ihr folgte das Mittagessen. Um 15.15 Uhr fuhr Hitler von seinem Bunker ab zum Bahnhof Görlitz, wo der Sonderzug „Brandenburg" bereitstand.[38] Dann verließ er nach drei Jahren und fünf Monaten den Wald bei Rastenburg „mit seinen kaum trocken gewordenen Betontürmen"[39] in Richtung Berlin, wo er Dienstag früh um 5.30 Uhr ankam.

---

**36** Heiber, Hitlers Lagebesprechungen, S. 679.

**37** Below, Als Hitlers Adjutant, S. 395.

**38** Aufzeichnung des Dieners Heinz Linge vom 20. November 1944, abgedruckt in: Joachimsthaler, Hitlers Ende, S. 109.

**39** Walter Warlimont, Im Hauptquartier der deutschen Wehrmacht 39-45. Grundlagen, Formen, Gestalten, 3. Auflage München 1978, S. 516.

## Untergang und Nachkrieg

Die Operation „Herbstnebel" an der Westfront, die Ardennenoffensive, misslang. Im Osten wiederum blieb es zum Jahresende 1944 unerwartet still. Während der Lagebesprechung am Heiligen Abend im Berliner „Führerbunker" bot General Guderian Hitler eine Übersicht der aufmarschierten sowjetischen Armeen. Doch dieser herrschte ihn an: „Das ist der größte Bluff seit Dschingis Khan! Wer hat diesen Blödsinn ausgegraben? [...] Wissen Sie, lieber Generaloberst, ich glaube nicht, dass die Russen überhaupt angreifen. Das ist alles nur ein Riesenbluff. Die Zahlen Ihrer Abteilung ‚Fremde Heere Ost' sind maßlos übertrieben. Sie machen sich viel zu viel Gedanken. Ich bin fest überzeugt, dass im Osten nichts passiert."[40]

Zwar befahl Generalfeldmarschall Keitel am 4. Dezember, die Anlage „Wolfschanze" so zu sichern und instand zu halten, dass sie jederzeit belegbar blieb.[41] Doch bereits am 22. November 1944, zwei Tage nach Abfahrt Hitlers, war ein „Sprengkalender"[42] für die Bunker des „Führerhauptquartiers" aufgestellt worden und die Ausräumarbeiten hatten umgehend begonnen: Einrichtungen und schwere Waffen, vor allem Flakgeschütze, wurden demontiert, ein großer Teil der Ausstattung wie Lebensmitteldepots und Munition blieben jedoch zurück.

Im Winter 1944/45 herrschte in Ostpreußen „Wolfswetter" – strenger Frost, Schnee und Eis. Am 12. Januar 1945 begann die Rote Armee – von Memel bis Bessarabien – ihre vorhergesagte Großoffensive gegen das Deutsche Reich. Mit sechs Millionen Mann, über 91.000 Artilleriegeschützen und schweren Granatwerfern, 11.000 Panzern und Sturmgeschützen und 14.500 Kampfflugzeugen war es die gewaltigste Offensivperation des Zweiten Weltkrieges.[43] Während sich Reichsverteidigungskommissar Erich Koch und seine Parteileute absetzten, nachdem sie vorher jedwede Evakuierungsmaßnahmen verhindert hatten, erfolgte eine wilde Fluchtbewegung der Zivilbevölkerung nach Westen und in Richtung Ostseeküste.

---

**40** Zit. nach Domarus, Hitler, S. 2173.

**41** Vgl. Hoffmann, Die Sicherheit des Diktators, S. 239.

**42** Vgl. Bundesarchiv-Militärisches Zwischenarchiv Potsdam (BA-MZwA), WF 10/2859, Bl. 648.

**43** Vgl. Manfred Zeidler, Kriegsende im Osten. Die Rote Armee und die Besetzung Deutschlands östlich von Oder und Neiße 1944/45, München 1996, S. 81.

**Flucht ostpreußischer Zivilisten im Winter 1944/45**

Quelle: Bundesarchiv, Bild 183-R77440

Zugleich traf am 23. Januar ein Pionierzug z. b. V. der Kampfgruppe des Generalleutnants Eduard Hauser aus Lötzen in der „Wolfschanze" – gemäß dem Befehl des Chefs des OKW – die Vorbereitungen für die Aktion „Inselsprung", die Sprengung der Bunker und Baracken des „Führerhauptquartiers".[44] Tags darauf begannen die Explosionen, die tiefe Schneisen in den Stadtwald Görlitz rissen und so heftig waren, dass die meterdicken Eisdecken der umliegenden Seen zerbarsten, und selbst in Rastenburg viele Fensterscheiben zersplitterten. Tonnenschwere Betonblöcke der Bunker wurden bis zu 20 Meter weit durch die Luft geschleudert.

**44** Befehl des Chefs des OKW, Generalfeldmarschall Keitel, vom 22. November 1944 (Nr. 101/44), der einen schriftlich niedergelegten Sprengkalender beinhaltete, welcher – „verschlossen und versiegelt" in der Feste Boyen bei Lötzen aufbewahrt – erst auf „besonders erteilten" Befehl in Gang gesetzt werden durfte. Als Vorbereitungszeit für die Sprengung der „Wolfschanze", Deckname „Inselsprung", waren 24 Stunden veranschlagt worden, in: BA-MZwA, WF 10/2859, Bl. 648.

**Vorbereitung für die Sprengung der „Wolfschanze"**

Quelle: National Archives

Geheime Kommandosache

Der Chef OKW F.H.Qu., den 22.11.1944.

Id Nr. 101/44 g.K.Chefs.

**Chefsache**

**Nur durch Offizier**

N o t i z :

Auf Befehl des Chefs des Oberkommandos der Wehrmacht, Generalfeldmarschall K e i t e l , sind auf Grund der derzeitigen Lage an der Ostfront alle Vorbereitungen getroffen worden, um die "Anlage Wolfschanze" nicht unzerstört dem Feind in die Hand fallen zu lassen.

Die technischen Vorbereitungen zur Sprengung der Bunker und Baracken sind vom Gen.d.Pi.u.Fest. (Gen.d.Pi. Jacob) getroffen worden und in einem Sprengkalender schriftlich niedergelegt. Sachbearbeiter : Oberstlt. O b e r n d o r f e r und Oblt. W e n k. (Pi.Zug z.b.V. Gen.d.Pi.u.Fest., Zugführer: Feldw. M i c h e l s , z.Zt. kommandiert z. Kdt. Fest. Lötzen).

Der Sprengkalender befindet sich verschlossen und versiegelt in der

1.u.2. Ausfertigung beim Kommandanten der Festung Lötzen (Ia),

3. Ausfertigung beim Gen.d.Pi.u.Fest.

Bis zur Sprengung werden etwa 24 Stunden benötigt. Der Befehl zur Sprengung muß besonders erteilt werden.

Decknamen für die Sprengung derAnlage:
" J n s e l s p r u n g " .

Verteiler:
Chef OKW
Gen.Stv.d.H./Chef Führungsgruppe
Gen.d.Pi.u.Fest.

i.A.
[Unterschrift]
Oberstleutnant

Drei Tage darauf erreichte die Rote Armee über die zugefrorenen masurischen Seen, von Lötzen und Angerburg kommend, den Osten des Kreises Rastenburg. In den Morgenstunden des 27. Januar rückten Stalins Soldaten in die Stadt Rastenburg ein. Türen wurden mit Gewehrkolben eingeschlagen, Menschengruppen aus den Häusern auf die Straße getrieben und wahllos erschossen, Uhren und Schmuck von den Leibern gerissen, die Wohnungen geplündert und Frauen vergewaltigt, tausende Menschen zur Zwangsarbeit in das Innere der Sowjetunion verschleppt und die bislang unversehrte mittelalterliche Altstadt am 31. Januar in Brand gesetzt.

Am 20. April – die Rote Armee hatte Berlin bereits eingeschlossen – feierte Hitler seinen 56. Geburtstag. Er bot jetzt ein „Bild des Jammers und des Grausens".[45] In diesem Zustand empfing er im Bunker der Reichskanzlei letztmalig die Spitzen seines „Tausendjährigen Reiches": Reichsmarschall Göring, Reichsführer-SS Himmler, Außenminister von Ribbentrop, Propagandaminister Goebbels, Rüstungsminister Speer, die oberen Militärs sowie Bormann und betonte: „Ich werde Berlin nie verlassen – nie!"[46]

Am Abend des 1. Mai 1945 erhielt das deutsche Volk dann die Mitteilung: „Aus dem Führerhauptquartier wird gemeldet, dass unser Führer Adolf Hitler heute Nachmittag in seinem Befehlsstand in der Reichskanzlei, bis zum letzten Atemzug gegen den Bolschewismus kämpfend, für Deutschland gefallen ist."[47] Eine Woche später kapitulierte seine Wehrmacht bedingungslos an allen Fronten. Damit endete der Zweite Weltkrieg in Europa.

Bereits eine Woche vor seinem Selbstmord hatte Hitler geäußert: „Ich hätte diesen Entschluss, den wichtigsten meines Lebens, schon im November 1944 fassen sollen und das Hauptquartier in Ostpreußen nicht mehr verlassen dürfen."[48]

---

**45** Aufzeichnung eines älteren Generalstabsoffiziers 1945, abgedruckt in: KTB 1945, Bd. 2, S. 1698 ff., hier S. 1702.

**46** Zit. nach Hugh Redwald Trevor-Roper, Hitlers letzte Tage, Frankfurt am Main und Berlin 1965, S. 133.

**47** Zit. nach Joachimsthaler, Hitlers Ende, S. 282 f.

**48** Aufzeichnung von Alfred Jodl 1946, abgedruckt in: KTB 1945, Bd. 2, S. 1712 ff., hier S. 1721.

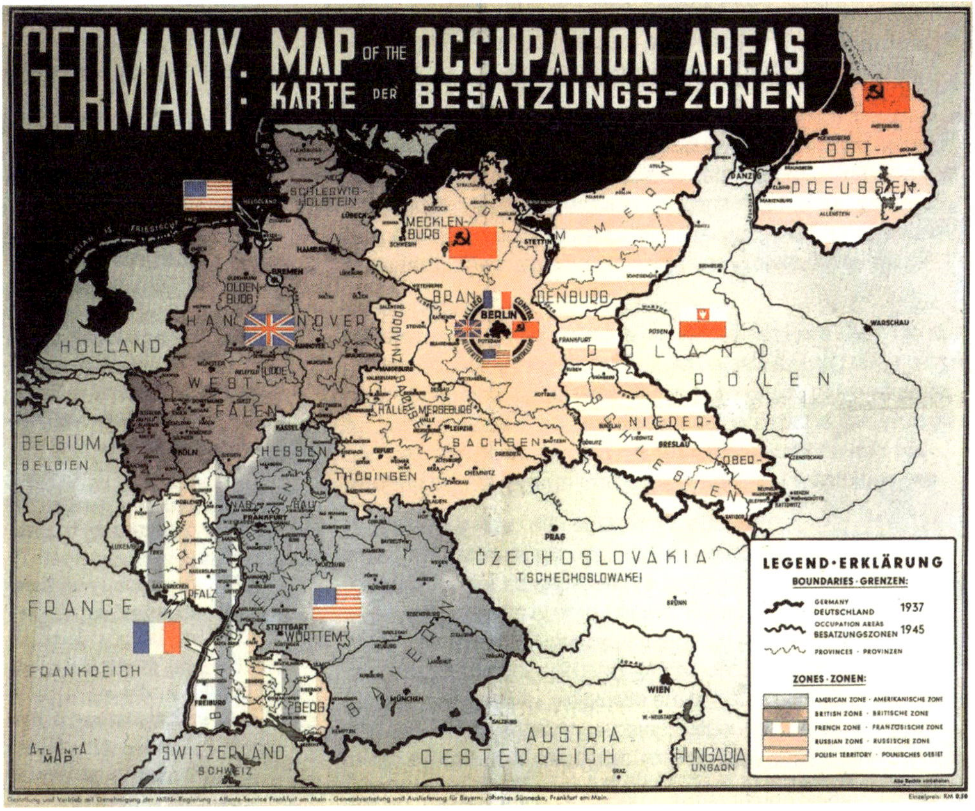


**Karte der alliierten Besatzungszonen und der deutschen Ostgebiete unter polnischer und sowjetischer „Verwaltung", 1946**

Quelle: Stiftung Denkmal

Das Deutsche Reich fiel in die Verfügungsgewalt der Alliierten, seine östlichste Provinz wurde zwischen Polen und der Sowjetunion aufgeteilt, die deutsche Bevölkerung vertrieben. Bereits seit Anfang März 1945 gab es im südlichen Ostpreußen – auch im Kreis Rastenburg – eine polnische Verwaltung, die Stadt hieß kurzzeitig „Rastembork" und erhielt dann den Namen „Kętrzyn".[49]

**49** Hartmut Boockmann, Deutsche Geschichte im Osten Europas. Ostpreußen und Westpreußen. Berlin 1995, S. 420.

**Polnische Touristen am Mannschaftsbunker im Sperrkreis III, 1956**
Quelle: Muzeum im. W Kętrzyńskiego w Kętrzynie

1946 begannen deutsche Kriegsgefangene aus einem nahegelegenen Sammellager und polnische Arbeiter damit, die Anlage der „Wolfschanze“ systematisch zu demontieren. Doch das Gelände war noch immer vermint. Bis 1955 entschärften polnische Pioniere auf einem Gebiet von 162 Hektar etwa 55.000 Minen und 200.000 Stück anderer Munition. In den folgenden Jahren entwickelte sich das Gelände allmählich zu einem touristischen Ziel.

Es wurden ein Park- und ein Zeltplatz angelegt, das frühere Gästeheim der SS zu einem staatlichen Hotel mit Restaurantbetrieb, Kiosken und Kassenhäuschen hergerichtet. Mitte der 1960er Jahre erfolgte der Bau eines Lichtspieltheaters für Kriegs- und Dokumentarfilme sowie eines kleinen Museums. 1967 erzielte die Anlage mit 180.000 Besuchern, davon zehn Prozent Ausländer, einen Rekord.[50] 1968/69 bildeten die Bunker des ehemaligen „Führerhauptquartiers“ die Filmkulisse für einige Szenen des fünfteiligen Heldenepos „Befreiung“ von Jurij Oserow, einer sowjetisch-polnisch-italienischen-DDR-Koproduktion.

**50** Grenz, Der Kreis Rastenburg, S. 447.

**Dreharbeiten von „Befreiung" in der „Wolfschanze" mit dem ostdeutschen Schauspieler Fritz Diez als Adolf Hitler, 1968**

Quelle: Wikipedia/Marian Proszyk

**Ehemalige Baracke des Vertreters des Oberkommandos der Luftwaffe im „Führerhauptquartier", Zustand September 2002**

Quelle: Gedenkstätte Deutscher Widerstand/Tuchel

**Gedenkstein mit einem Kranz der Bundeswehr, 2007**
Quelle: Gedenkstätte Deutscher Widerstand/Privatbesitz

Eine Würdigung des deutschen Widerstands war allerdings erst nach den Umbrüchen 1989/90 möglich. Seit 1992 gibt es eine Gedenktafel an den Trümmern der Lagebaracke, in der Stauffenberg am 20. Juli 1944 seine Bombe gegen Hitler abgelegt hatte.

Mitte der 2000er Jahre wurden ein weiterer Gedenkstein mit der Inschrift „In Erinnerung an den Widerstand gegen den Nationalsozialismus" sowie ein Denkmal für die polnischen Pioniere, die bei der Räumung der Minenfelder ums Leben gekommen sind, aufgestellt. Ende der 2010er Jahre folgten ein Wegeleitsystem zu den früheren Bunkern und eine Ausstellung zum Warschauer Aufstand 1944. Eine Darstellung der Geschichte des „Führerhauptquartiers Wolfschanze" und seiner Rolle im Zweiten Weltkrieg fehlt an diesem Ort noch immer.

# Fragmente einer Rezeptionsgeschichte

**Titelseite eines Reiseführers zu Hitlers Hauptquartieren**

Quelle: After the battle 19 (1976)

**Bastelbogen „Hitlerbunker" aus Karton, 1998**

Quelle: Gedenkstätte Deutscher Widerstand

**Postkarte aus der Görlitz (Gierłoż) mit dem Moysee und Ansichten der „Wolfschanze“, 2000er Jahre**

Quelle: Uwe Neumärker

**Polnisch-deutsch-englisch-russischsprachige Informationstafel an der Baracke für Besprechungen des Führungsstabes, in der Stauffenberg das Attentat verübte. Das Foto auf der Informationstafel zeigt einen anderen Besprechungsraum in der „Wolfschanze“, nicht jenen Raum, in dem Stauffenberg das Attentat verübte.**

Quelle: Uwe Neumärker

**Informationstafel zum 20. Juli 1944**

Quelle: Uwe Neumärker

**Andenkengeschäft und Kinosaal**

**Hier waren bis 1945 Angehörige des „Reichssicherheitsdienstes“, Hitlers persönlicher Leibwache, untergebracht**

Quelle: Uwe Neumärker

Wilczy Szan
MILITARY

**Der „Führerbunker" in seinem jetzigen Zustand**
Quelle: Uwe Neumärker

**Eingang zu einer Ausstellung über den Warschauer Aufstand 1944 in den früheren Garagen**

Quelle: Uwe Neumärker

POWSTANIE WARSZAWSKIE
WARSCHAUER AUFSTAND
ВАРШАВСКОЕ ВОССТАНИЕ
WARSAW UPRISING

Sitzbank mit geschnitzten Wolfsfiguren an der Einfahrt zur „Wolfschanze" (Wilczy Szaniec)

Quelle: Uwe Neumärker

SZANIEC

**Gebäude des ehemaligen SS-Begleitkommandos mit polnischem und deutschem Wegweiser**

Quelle: Uwe Neumärker

Wilczy Szaniec
Wolfsschanze

**Quellen**

Bayerische Staatsbibliothek Bildarchiv, München (BSB)
Alle Fotos aus dem BSB stammen aus dem Fotoarchiv Heinrich Hoffmann.

Bundesarchiv, Berlin

Bundesarchiv Bildarchiv

Bundesarchiv/Militärarchiv, Freiburg i. Br.

Central'nyj archiv ministerstva oborony [Zentralarchiv des russischen Verteidigungsministeriums], Moskau (CAMO)

Deutsches Rundfunkarchiv, Frankfurt am Main

Hoover Institution, Stanford

Institut für Zeitgeschichte, München (IFZ)

Militärhistorisches Archiv, Prag

National Archives and Records Administration, Washington D.C.

The National Archives, Kew (London), früher: Public Record Office

Politisches Archiv des Auswärtigen Amtes, Berlin (PA AA)

Privatbesitze

Rossiiskii Gosudarstvenni Voennyi Arkhiv [Russisches Staatliches Militärarchiv, ehemaliges „Sonderarchiv"], Moskau (RGVA)

Stiftung Denkmal für die ermordeten Juden Europas, Berlin

Stiftung Gedenkstätte Deutscher Widerstand, Berlin

Ullsteinbild, Berlin

Walter-Frentz-Collection, Berlin

www.mamerki.com [20.2.2021]

www.ostpreussen.net [20.2.2021]

## Literatur

Aufstand des Gewissens. Militärischer Widerstand gegen Hitler und das NS-Regime 1933–1945. Begleitband zur Wanderausstellung des Militärgeschichtlichen Forschungsamtes, im Auftrag des Militärgeschichtlichen Forschungsamtes herausgegeben von Thomas Vogel, 5. völlig überarbeitete und erweiterte Auflage, Hamburg/Berlin/Bonn 2000.

Baur, Hans, Mit Mächtigen zwischen Himmel und Erde, Preußisch-Oldendorf 1971.

Becker, Manuel/Löttel, Holger/Studt, Christoph (Hrsg.), Der militärische Widerstand gegen Hitler im Lichte neuer Kontroversen, Berlin 2010.

Below, Nicolaus von, Als Hitlers Adjutant 1937–45, Mainz 1980.

Boockmann, Hartmut, Deutsche Geschichte im Osten Europas. Ostpreußen und Westpreußen. Berlin 1995.

Buck, Gerhard (Hrsg.), Das Führerhauptquartier 1939–1945. 3. Auflage Leoni am Starnberger See 1983.

Bullock, Alan, Hitler und Stalin. Parallele Leben, Berlin 1991.

Dietrich, Otto, Zwölf Jahre mit Hitler. München 1955.

Domarus, Max, Hitler. Reden und Proklamationen 1932–1945, München 1965.

Eberle, Henrik/Uhl, Matthias (Hrsg.), Das Buch Hitler. Geheimdossier des NKWD für Josef W. Stalin, zusammengestellt aufgrund der Verhörprotokolle des Persönlichen Adjutanten Hitlers, Otto Günsche, und des Kammerdieners Heinz Linge, Moskau 1948/49, Bergisch Gladbach 2005.

Ehlers, Dieter, Technik und Moral einer Verschwörung. 20. Juli 1944, Frankfurt am Main und Bonn 1964.

Feldmeyer, Karl/Meyer, Georg, Johann Adolf Graf von Kielmansegg 1906–2006. Deutscher Patriot, Europäer, Atlantiker, Hamburg u.a. 2007.

Fleming, Gerald, Hitler und die Endlösung, Frankfurt/Main und Wien 1987

Forschungsstelle für Zeitgeschichte in Hamburg (Hrsg.), Der Dienstkalender Heinrich Himmlers 1941/42. Hamburg 1999.

Friedländer, Saul, Die Jahre der Vernichtung. Das Dritte Reich und die Juden. Zweiter Band 1939–1945, München 2006.

Fröhlich, Elke (Hrsg.), Die Tagebücher von Joseph Goebbels. Teil II: Diktate 1941–1945, 15 Bände, München u. a. 1993 ff.

Der Frontarbeiter OT. Jahrgänge 1941–44.

Georgi, Friedrich, Wir haben das letzte gewagt. Freiburg 1990.

Giesler, Hermann, Ein anderer Hitler. Bericht eines Architekten, Leoni am Starnberger See 1978.

Görlitz, Walter, Kleine Geschichte des deutschen Generalstabs, Berlin 1967.

Görlitz, Walter (Hrsg.), Generalfeldmarschall Keitel – Verbrecher oder Offizier? Schnellbach 1998.

Görtemaker, Heike B., Hitlers Hofstaat. Der innere Kreis im Dritten Reich und danach, München 2019.

Gottwaldt, Alfred/Schulle, Diana, Die „Judendeportationen" aus dem Deutschen Reich 1941–1945, Wiesbaden 2005.

Grenz, Rudolf, Der Kreis Rastenburg. Ein ostpreußisches Dokumentarwerk, Marburg/Lahn 1976.

Der großdeutsche Freiheitskampf. III. Band. Reden Adolf Hitlers vom 16. März 1941 bis 13. März 1942, München 1943.

Halder, Franz, Hitler als Feldherr, München 1949.

Hammerstein, Kunrat Freiherr von, Flucht. Aufzeichnungen nach dem 20. Juli. Olten, Freiburg i. Br. 1966.

Heiber, Helmut (Hrsg.), Goebbels Reden 1939–1945. Bd. 2, München 1972.

Heiber, Helmut (Bearb.), Akten der Partei-Kanzlei der NSDAP. Rekonstruktion eines verlorengegangenen Bestandes. Bearbeitet unter Mitarbeit von Hildegard von Kotze, Gerhard Weiher, Ino Arndt und Carla Mojito, München u.a. 1983.

Heiber, Helmut (Hrsg.), Hitlers Lagebesprechungen. Die Protokollfragmente seiner militärischen Konferenzen 1942–1945, Stuttgart 1962.

Heinemann, Winfried, Selbstreinigung der Wehrmacht? Der Ehrenhof des Heeres und seine Tätigkeit, in: Manuel Becker/Christoph Studt (Hrsg.), Der Umgang des Dritten Reiches mit den Feinden des Regimes, Berlin 2010, S. 117–129.

Heinemann, Winfried, Unternehmen „Walküre". Eine Militärgeschichte des 20. Juli 1944, Berlin und Boston 2019.

Herbst 1941 im Führerhauptquartier. Berichte Werner Koeppens an seinen Minister Alfred Rosenberg. Hrsg. und kommentiert von Martin Vogt, Koblenz 2002.

Heusinger, Adolf, Befehl im Widerstreit. Schicksalsstunden der deutschen Armee 1923–1945, Tübingen und Stuttgart 1950.

Hillgruber, Andreas (Hrsg.), Staatsmänner und Diplomaten bei Hitler. Vertrauliche Aufzeichnungen über Unterredungen mit Vertretern des Auslandes 1939–1941, Bd. 1, Frankfurt/Main 1967, Bd. 2, Frankfurt am Main 1970.

Hoffmann, Peter, Claus Schenk Graf von Stauffenberg. Die Biographie, München 2007.

Hoffmann, Peter, Claus Schenk Graf von Stauffenberg und seine Brüder. Stuttgart 2004.

Hoffmann, Peter, Die Sicherheit des Diktators. Hitlers Leibwachen, Schutzmaßnahmen, Residenzen, Hauptquartiere, München, Zürich 1975.

Hoffmann, Peter, Widerstand, Staatsstreich, Attentat, 4. neu überarbeitete und ergänzte Auflage, München 1985.

Holmsten, Georg, Deutschland, Juli 1944. Düsseldorf 1982.

Hubatsch, Walther, Hitlers Weisungen für die Kriegführung 1939–1945. Dokumente des Oberkommandos der Wehrmacht, 2. Auflage Koblenz 1983.

Jacobsen, Hans-Adolf (Hrsg.), „Spiegelbild einer Verschwörung". Die Opposition gegen Hitler und der Staatsstreich vom 20. Juli 1944 in der SD-Berichterstattung. Geheime Dokumente aus dem ehemaligen Reichssicherheitshauptamt, Stuttgart 1984.

Joachimsthaler, Anton, Hitlers Ende. Legenden und Dokumente, Augsburg 1998.

Jochmann, Werner (Hrsg.), Adolf Hitler – Monologe im Führerhauptquartier 1941–1944. Die Aufzeichnungen Heinrich Heims, Hamburg 1980.

Junge, Traudl, Bis zur letzten Stunde. Hitlers Sekretärin erzählt ihr Leben. Unter Mitarbeit von Melissa Müller, München 2003.

Kárný, Miroslav u.a. (Hrsg.), Deutsche Politik im „Protektorat Böhmen und Mähren" unter Reinhard Heydrich. Eine Dokumentation, Berlin 1977.

Karlauf, Thomas, Stauffenberg. Porträt eines Attentäters, München 2019.

Kießel, Georg, Aufzeichnungen des SS-Obersturmbannführers Dr. Georg Kiesel [richtig Kießel], in: Nordwestdeutsche Hefte, 2 (1947) 2, S. 5 ff.

Kißener, Michael, Die Aktion „Gewitter", in: Manuel Becker/Christoph Studt (Hrsg.), Der Umgang des Dritten Reiches mit den Feinden des Regimes, Münster 2010, S. 185 ff.

Klein, Peter (Hrsg.), Die Einsatzgruppen in der besetzten Sowjetunion 1941/42. Die Tätigkeits- und Lageberichte des Chefs der Sicherheitspolizei und des SD, Berlin 1997.

Korpalski, Edward (Hrsg.), Das Führerhauptquartier im Bild. Ketrzyn 1997.

Kotze, Hildegard von (Hrsg.), Heeresadjutant bei Hitler 1938–1943. Aufzeichnungen des Major Engel, Stuttgart 1982.

Kramarz, Joachim, Claus Graf Stauffenberg. Der Mann des Widerstandes gegen Hitler, München 1965.

Kriegstagebuch. Tägliche Aufzeichnungen des Chefs des Generalstabes des Heeres 1939–1942. Hrsg. vom Arbeitskreis für Wehrforschung, bearbeitet von Hans-Adolf Jacobsen, Band 3: Der Rußlandfeldzug bis zum Marsch auf Stalingrad. 22. Juni 1941–24. September 1942, Stuttgart 1964.

Kroener, Bernhard R., „Der starke Mann im Heimatkriegsgebiet". Generaloberst Friedrich Fromm. Eine Biographie, Paderborn 2005.

Lang, Jochen von, Der Adjutant. Karl Wolff: der Mann zwischen Hitler und Himmler, München 1985.

Lang, Jochen von, Der Sekretär. Martin Bormann: Der Mann, der Hitler beherrschte, Stuttgart 1977.

Leber, Annedore/Freya Gräfin von Moltke, Für und Wider. Entscheidungen in Deutschland 1918–1945, Berlin 1962.

Leyen, Ferdinand Prinz von der, Rückblick zum Mauerwald. Vier Kriegsjahre im Oberkommando des Heeres, München 1965.

Linge, Heinz, Bis zum Untergang. Als Chef des Persönlichen Dienstes bei Hitler. Hrsg. von Werner Maser, München 1982.

Longerich, Peter, Heinrich Himmler. Biographie, München 2008.

Longerich, Peter, Joseph Goebbels. Biographie, München 2010.

Loßberg, Bernhard von, Im Wehrmachtführungsstab. Bericht eines Generalstabsoffiziers, Hamburg 1950.

Malecki, Andrzej, Reiseführer Wolfsschanze, Ketrzyn 1981.

Manstein, Erich von, Verlorene Siege, Frankfurt am Main u. a. 1955.

Martens, Stefan, Hermann Göring. „Erster Paladin des Führers" und „Zweiter Mann im Reich", Paderborn 1985.

Maser, Werner (Hrsg.), Wilhelm Keitel – Mein Leben. Pflichterfüllung bis zum Untergang. Hitlers Generalfeldmarschall und Chef des Oberkommandos der Wehrmacht in Selbstzeugnissen, Berlin 1998.

Meindl, Ralf, Ostpreußens Gauleiter Erich Koch – eine politische Biographie, Osnabrück 2007.

Militärgeschichtliches Forschungsamt (Hrsg.), Das Deutsche Reich und der Zweite Weltkrieg, Band 4: Der Angriff auf die Sowjetunion, Stuttgart 1983.

Militärgeschichtliches Forschungsamt (Hrsg.), Das Deutsche Reich und der Zweite Weltkrieg, Band 8: Die Ostfront 1943/44. Der Krieg im Osten und an den Nebenfronten, München 2011.

Militärgeschichtliches Forschungsamt (Hrsg.), Das Deutsche Reich und der Zweite Weltkrieg, Band 9/1: Die deutsche Kriegsgesellschaft 1939 bis 1945. Politisierung, Vernichtung, Überleben, München 2004.

Misch, Rochus, Der letzte Zeuge. „Ich war Hitlers Telefonist, Kurier und Leibwächter", Zürich und München 2008.

Model, Hansgeorg/Bradley, Dermot, Generalfeldmarschall Walter Model (1891–1945). Dokumentation eines Soldatenlebens, Osnabrück 1991.

Mühleisen, Horst, Hellmuth Stieff und der deutsche Widerstand, in: Vierteljahrshefte für Zeitgeschichte 39 (1991), S. 339 ff.

Mühleisen, Horst (Hrsg.), Hellmuth Stieff – Briefe, Berlin 1991.

Müller, Christian, Oberst i. G. Stauffenberg. Eine Biographie, Düsseldorf 1970.

Müller, Rolf-Dieter, Reinhard Gehlen. Geheimdienstchef im Hintergrund der Bonner Politik. Die Biografie. Teil 1: 1902-1950, Berlin 2017.

Moll, Martin (Hrsg.), „Führer-Erlasse" 1939–1945, Stuttgart 1997.

Müller-Hillebrand, Burkhart, Das Heer 1933-1945. Entwicklung des organisatorischen Aufbaues. 2 Bände, Darmstadt 1954 und 1956.

Nationalsozialismus, Holocaust, Widerstand und Exil 1933–1945. Online-Datenbank. DeGruyter 2020.

Neumärker, Uwe/Conrad, Robert/Woywodt, Cord, Wolfschanze. Hitlers Machtzentrale im Zweiten Weltkrieg, 4. aktualisierte Auflage, Berlin 2012.

Neumärker, Uwe/Knopf, Volker, Görings Revier. Jagd und Politik in der Rominter Heide, Berlin 2007.

Picker, Henry, Hitlers Tischgespräche im „Führerhauptquartier“, Stuttgart 1976.

Pletzing, Christian (Hrsg.), Vorposten des Reichs? Ostpreußen 1933–1945, München 2006.

Rahn, Werner u.a. (Hrsg.), Kriegstagebuch der Seekriegsleitung 1939–1945, Teil A, Band 59/II, 16. bis 31. Juli 1944, Berlin u.a. 1995.

Reichsgesetzblatt 1941, Teil I.

Reichsgesetzblatt 1944, Teil I.

Reuth, Ralf Georg, Goebbels. Eine Biographie, 4. Auflage München 2005.

Royce, Hans/Zimmermann, Erich/Jacobsen, Hans-Adolf (Bearb.), 20. Juli 1944, 3. Auflage Bonn 1964.

Salzig, Johannes, Die Sippenhaft als Repressionsmaßnahme des nationalsozialistischen Regimes. Ideologische Grundlagen – Umsetzung – Wirkung, Augsburg 2015.

Schaub, Julius, In Hitlers Schatten. Erinnerungen und Aufzeichnungen des persönlichen Adjutanten und Vertrauten Julius Schaub 1925–1945, Stegen 2005.

Schlie, Ulrich, Claus Schenk Graf von Stauffenberg. Biographie, Freiburg im Breisgau 2018.

Schmädeke, Jürgen/Steinbach, Peter (Hrsg.), Der Widerstand gegen den Nationalsozialismus. Die deutsche Gesellschaft und der Widerstand gegen Hitler, München 1994.

Schmidt, Paul, Statist auf diplomatischer Bühne 1923–45, Bonn 1953.

Schmidt-Hackenberg, Dietrich, 20. Juli 1944 – Das „gescheiterte" Attentat. Untersuchung eines geplanten Fehlschlags, Berlin 1996.

Schmundt, Rudolf, Tätigkeitsbericht des Chefs des Heerespersonalamtes, General der Infanterie Rudolf Schmundt, fortgeführt von General der Infanterie Wilhelm Burgdorf, 1.10.1942-29.10.1944, hrsg. von Dermot Bradley und Richard Schulze-Kossens, Osnabrück 1984.

Schramm, Percy E. (Hrsg.), Kriegstagebuch des Oberkommandos der Wehrmacht (Wehrmachtführungsstab) (KTB), 8 Bände, Studienausgabe, Herrsching 1982.

Schroeder, Christa, Er war mein Chef. Aus dem Nachlass der Sekretärin von Adolf Hitler, München und Wien 1985.

Schulz, Alfons, Drei Jahre in der Nachrichtenzentrale des Führerhauptquartiers. Stein am Rhein 1996.

Schwerin, Detlef Graf von, „Dann sind's die besten Köpfe, die man henkt". Die junge Generation im deutschen Widerstand, 2. Auflage, München und Zürich 1994.

Seidler, Franz W./Zeigert, Dieter, Die Führerhauptquartiere. Anlagen und Planungen im Zweiten Weltkrieg, München 2000.

Sieg, Martin, Im Schatten der Wolfschanze. Hitlerjunge auf der Suche nach Sinn. Autobiographische Skizze eines Zeitzeugen, Münster 1997.

Sösemann, Bernd, Verräter vor dem Volksgericht. Die denkwürdige Geschichte eines Filmprojekts, in: Manuel Becker/Christoph Studt (Hrsg.), Der Umgang des Dritten Reiches mit den Feinden des Regimes, S. 147–163.

Sonnleithner, Franz von, Als Diplomat im „Führerhauptquartier". Aus dem Nachlaß, München, Wien 1989.

Speer, Albert, Erinnerungen, Frankfurt am Main 1969.

Stahlberg, Alexander, Die verdammte Pflicht. Erinnerungen, 2. Auflage Berlin 1993.

Steinbach, Peter, Widerstand. Ein Problem zwischen Theorie und Geschichte, Köln 1987.

Steinbach, Peter, Widerstand im Widerstreit. Der Widerstand gegen den Nationalsozialismus in der Erinnerung der Deutschen. Ausgewählte Studien, Paderborn 2001.

Steinbach, Peter/Tuchel, Johannes (Hrsg.), Widerstand gegen den Nationalsozialismus, Bonn 1994.

Steinbach, Peter/Tuchel, Johannes (Hrsg.), Widerstand gegen die nationalsozialistische Diktatur 1933–1945, Bonn 2004.

Szynkowski, Jerzy, Wolfsschanze. Erinnerungen von Zeitzeugen, Kętrzyn 1997.

Szynkowski, Jerzy/Wünsche, Georg S., Reiseführer Das Führerhauptquartier (FHQu) Wolfsschanze, Kętrzyn/Rastenburg 2001.

Szynkowski, Jerzy/Wünsche, Georg S., Wolfsschanze und das Attentat vom 20. Juli 1944, Kętrzyn/Rastenburg 1997.

Trevor-Roper, Hugh Redwald, Hitlers letzte Tage, Frankfurt am Main und Berlin 1965.

Trevor-Roper, Hugh Redwald (ed.), The Bormann Letters. The private correspondence between Martin Bormann and his wife from January 1943 to April 1945, London 1954.

Tuchel, Johannes, „... und ihrer aller wartete der Strick." Das Zellengefängnis Lehrter Straße 3 nach dem 20. Juli 1944, Berlin 2014.

Tuchel, Johannes, Vor dem „Volksgerichtshof". Schauprozesse vor laufender Kamera, in: Gerhard Paul (Hrsg.), Das Jahrhundert der Bilder 1900–1945, Göttingen 2009, S. 648–657.

Ueberschär, Gerd R., Stauffenberg und das Attentat vom 20. Juli 1944. Darstellung, Biographien, Dokumente, Frankfurt/Main 2006.

Uhl, Matthias/Pruschwitz, Thomas/Pohl, Dieter/Leleu, Jean-Luc/Holler, Martin (Hrsg.), Die Organisation des Terrors. Der Dienstkalender Heinrich Himmlers 1943–1945, München 2020.

Unsere Ehre heisst Treue. Kriegstagebuch des Kommandostabes Reichsführer-SS, Tätigkeitsbericht der 1. und 2. SS-Inf-Brigade, der 1. SS-Kav.-Brigade und von Sonderkommandos der SS, Wien u.a. 1965.

Die Verfolgung und Ermordung der europäischen Juden durch das nationalsozialistische Deutschland 1933–1945 (VEJ), 16 Bände, München u.a. 2008 ff.

Vat, Dan van der, Der gute Nazi. Albert Speers Leben und Lügen, Berlin 1997.

Vollmer, Antje, Doppelleben. Heinrich und Gottliebe von Lehndorff im Widerstand gegen Hitler und von Ribbentrop, Frankfurt am Main 2010.

Warlimont, Walter, Im Hauptquartier der deutschen Wehrmacht 39–45. Grundlagen, Formen, Gestalten, 3. Auflage München 1978.

Wehner, Bernd, Dem Täter auf der Spur. Die Geschichte der deutschen Kriminalpolizei, Bergisch-Gladbach 1983.

Wildhagen, Karl Heinz (Hrsg.), Erich Fellgiebel. Meister operativer Nachrichtenverbindungen. Ein Beitrag zur Geschichte der Nachrichtentruppe, Hannover 1970.

Williams, Max, Heinrich Himmler. A photo history of the Reichsführer-SS, Stroud 2014.

Zeidler, Manfred, Kriegsende im Osten. Die Rote Armee und die Besetzung Deutschlands östlich von Oder und Neiße 1944/45, München 1996.

Zeller, Eberhard, Geist der Freiheit. Der 20. Juli, 5. Auflage München 1965.

Zeller, Eberhard, Oberst Claus Graf Stauffenberg. Ein Lebensbild. Paderborn 1994.

Zduniak, Jan/Ziegler, Klaus-Jürgen, Wolfsschanze und Hitlers andere Kriegshauptquartiere in Wort und Bild, Kętrzyn 2002.

Zimmermann, Erich/Jacobsen, Hans-Adolf (Bearb.), 20. Juli 1944. Hrsg. von der Bundeszentrale für politische Bildung, 5. Auflage Bonn 1964.

## Danksagung

Die Autoren danken allen Archiven und Institutionen,
die sie bei diesem Projekt unterstützt haben, so unter anderen:

Dr. Martina Bitunjac, Moses Mendelssohn
Zentrum für europäisch-jüdische Studien Potsdam

Dr. Petra Behrens,
Gedenkstätte Deutscher Widerstand

Dipl. Mus. Susanne Brömel,
Gedenkstätte Deutscher Widerstand

Sarah Friedrich M.A.,
Stiftung Denkmal für die ermordeten Juden Europas

Prof. Dr. Winfried Heinemann, Berlin

Dr. Gerhard Keiper,
Politisches Archiv des Auswärtigen Amtes Berlin

Prof. Dr. Rolf-Dieter Müller, Stahnsdorf

Christin Sandow M.A.,
Gedenkstätte Deutscher Widerstand

Prof. Dr. Peter Steinbach,
Gedenkstätte Deutscher Widerstand

Dipl.-Pol. Silke Struck,
Gedenkstätte Deutscher Widerstand

Matthias Uhl,
Deutsches Historisches Institut in Moskau

Fabian Waßer,
Bayerische Staatsbibliothek, Abteilung Karten und Bilder

# Die Verfasser

## Johannes Tuchel

Geboren 1957 in Hamburg. Studium der Politischen Wissenschaft in Hamburg und Berlin. Diplom-Politologe 1981. 1989 Promotion zur Organisationsgeschichte der NS-Konzentrationslager. 1988–91 im Referat Gedenkstätten der Senatskanzlei des Landes Berlin, seit 1991 Leiter der Gedenkstätte Deutscher Widerstand in Berlin, seit 1994 auch der Stiftung Gedenkstätte Deutscher Widerstand. 2001 Habilitation. Seit 2008 apl. Professor für Politikwissenschaft am Fachbereich Politik- und Sozialwissenschaften (Otto-Suhr-Institut) der Freien Universität Berlin, seit 2009 Lehre am Touro College Berlin. Zahlreiche Veröffentlichungen zu Verfolgung und Widerstand in der NS-Diktatur.

## Uwe Neumärker

Geboren 1970. Studium der Germanistik, Slawistik und Geschichte in Berlin und Moskau; 1997/98 Verlagstätigkeit; 2000/01 Kulturmanager des Instituts für Auslandsbeziehungen Stuttgart im Memelland (Litauen), 2002 wissenschaftlicher Mitarbeiter der Stiftung Denkmal für die ermordeten Juden Europas, ab Herbst 2003 dort auch Presse- und Öffentlichkeitsarbeit, ab September 2005 Geschäftsführer, seit 2009 Direktor der Stiftung Denkmal für die ermordeten Juden Europas. Veröffentlichungen zu ostpreußischen und litauischen Themen und zu Fragen der NS-Diktatur.